中國知青

半個世紀的

血淚史

（四）

青春驚恐的逃亡

自由兄弟 編纂

Contents
目次

第一章
六十年代知青逃亡回城的抗爭

第一節　文革初期知青要求回城的風潮

回眸知青上山下鄉二十多年的歷史，也可以說是一部血淚抗爭回城的歷史。若是追根溯源，當從官方認定這一運動起源的一九五五年說起。據報導：當年十月十五日，上海98名熱血青年組成了第一支志願墾荒隊來到鄱陽湖畔九仙嶺下。一九五五年十一月二十九日、一九八四年十二月十二日胡耀邦同志曾兩次親臨此地，三次為之題名：共青社、共青墾殖場、共青城。

43年過去了，這裡仍是全國唯一以共青團的名字命名的城市，也是全國第一家農工商金融四位一體的聯合集團；這裡不僅有走向世界的羽絨製品「鴨鴨」，也還是與共青結下不解之緣的耀邦同志永遠居住的地方——一九九〇年十二月五日靜靜的富華山又一次接受了胡耀邦歸宿。如今，走在街上，坐在車上，說起這個面積只有21.1平方公里，人口只有10萬多人的共青城，可謂上至國家領導，下至平民百姓，無不津津樂道、深情關注。

然而誰也不曾想到，一九五九年，一場博大的洪水吞沒了豐收在望的莊稼，毀掉了墾荒隊員新建的家園，當時共青場就刮起了「解散風」和「回城風」。一些先來的墾荒隊員藉口種種理

由離開了此地，返回了上海。據查，如今留守共青城的五五年第一批知青只有10餘人，有的仍打算退休後返回上海安度晚年，因為那畢竟是他們生長的根。

而一九六二年至一九六六年文化大革命前，因經濟政策失誤和政治歧視而下放到農村農場的129萬多（有說是250多萬）的知青。當時的動員工作很明確，凡是不能在城市升學、就業的青年，都下鄉務農，長期安家落戶。為了鼓動更多的城市青年到農村去，官方從一開始就把這宣傳為一件很光榮的事。為此還大張旗鼓地樹立了一系列「先進知青的典型」，由毛澤東親自接見他們。但具有諷刺意味的是：這些被下放到農村去的青年，大部分卻是所謂家庭出身「不好」的青年（主要指地主、富農、歷史反革命分子、壞分子、右派分子以及城市資本家子女）。在去新疆生產建設兵團的10萬上海知青中，屬於這種情況的就占70%。其他地方的情況大同小異。

六十年代初，當血統論思潮抬頭之際，官方在貫徹「階級路線」的理由下，加強了對「黑五類」子弟在高考、就業方面的限制。每名畢業生尚未跨出校門，他們的檔案上已根據出身的不同注有「可去機密單位」，「一般」，「不宜錄取」等字樣。如果是大學招生，一旦被注明「不宜錄取」，即使成績優異，也只有落榜一途。當這些青年的升學、就業之途變得日益狹窄時，另外一條據說可以使其革命化的「光明大道」擺在了他們面前，那就是上山下鄉。

一九六五年，中國青年出版社出版了一本很有影響的政治讀物《重在表現是黨的階級政策》。書中給讀者一個明確的啟示：出身不好的青年只有走上山下鄉的道路，才能與「反動」的或者剝削階級的家庭劃清界限，才能實現「脫胎換骨」的改造，才能

有「光明的前途」。大部分知青的父母，是當時中國社會中的「賤民」，而這些知青本人，實際是作為城市「垃圾」被拋到農村去的。可想而知，在「階級鬥爭」的口號越來越甚囂塵上的農村，他們的處境一般都很艱難。返回城市的願望自然也越來越強烈。

「文化大革命」的爆發似乎使他們得到了宣洩訴求的機會。一九六六年十一月，福建省崇安縣某農場知青邱學鋒，千里迢迢跑到北京，向中央要求在農村開展「文化大革命」的權利。這年十二月十五日，中共中央發出〈關於農村無產階級文化大革命的指示（草案）〉，一些地方的場隊幹部不甘心引火焚身，轉而拿軟弱可欺的下鄉知青開刀。下鄉知青返城「造反」風潮隨之湧起。已經去到新疆、青海和海南的知青當時紛紛回到故鄉，在文革初期都曾掀起過「要求回城鬧革命」的風潮，請求有關部門安排工作。

不過，文革中大多數知青迫不及待地要求造反，還與他們時時關注的「戶口」有關。據一九六六年下放的知青拓荒牛回憶：……一九六一、一九六二、一九六三年廣州率先實行戶籍與支農就業兩個概念分開的解決城鄉就業政策，（有些類似如今的外來工就業政策）採用保留城市戶籍、口糧，人到廣東各地農墾工作，鼓勵青年積極參加社會主義建設。但是，一九六四年一月十六日，隨著中共中央、國務院發佈了〈關於動員和組織城市知識青年參加農村社會主義建設的決定（草案）〉，把上山下鄉明確定為城鎮青年學生就業的一項長遠方針，並制定了一套相應的政策措施後，有關部門卻自食其言地取消了一九六一、一九六二、一九六三年到農墾知青的「戶口保留證」及「糧油發放證」的法律效力，從而使這些早年上山下鄉「真誠的探索者」知青開始了

宣洩訴求和維權上訪，在全國採取當時的所謂「知青回流」中是比較有理據和集體的行動。

　　這些持證知青為了維護「戶口保留證」及「糧油發放證」的權力，而集中在廣州市沙面的省農墾廳、中山四路省糧食廳門前抬著棺材絕食，表示維護自己在城鎮保留戶口和糧油發放證的權利！當時的知青們稱其為「6123」行動。與此同時，廣州和佛山等地一九六六年九月上山下鄉知青通過上訪「中共中央」和「中央軍委」等有關部門，反映當時一些地方政府安置知識青年上山下鄉存在著許多不盡人意的問題，要求安排回城工作。被當時知青們稱其為「66.9」上訪行動。

　　但具有最戲劇性的是，這些當年可能會對「知青運動」健康發展能起到撥亂反正、理源清汙的一次糾正和自我修復的行動，卻被後來也同樣成為知青的當時紅衛兵，蔑視為「回流知青」而大肆受到嘲笑挖苦，甚至對他們的行動進行衝擊。最後被有關部門以各處藉口重新驅趕回到了農村農場。因為當時那個年代全社會亂成一團，各政府機構幾乎全部癱瘓，停止運作，也無人來關心和解決這些回城知青的有關問題，最後在「人要吃飯」的壓力下，這些知青只有無奈的重新回到農場農村。

　　關於這一點，我們還可以在邵允富所寫的〈下鄉時「四年保留戶口」的承諾一九六七年被廢，回鄉無望〉一文中得到印證：二〇〇四年，我在編纂一本史料時向初中同班同學邱玉蘭約稿，她是漢沽區第一批上山下鄉知識青年。她給我寄來了兩幅照片並一篇短文，記述了他們「上山下鄉」前後的一些情況。

　　一九六三年六月，河北省寶坻縣還鄉知識青年邢燕子在天津中國大戲院向應屆中學生作了以〈毛主席的號召〉為題的上山下鄉動員報告。當時，漢沽是剛剛劃歸天津市的遠市區，雖

然在青年中也開展過「學習邢燕子」的活動，但對「上山下鄉」還沒有多少宣傳，去市里聽邢燕子報告的只是全區四所普通中學的教務主任。主任們回來後也只作了一般性的傳達，主要是：誰願下鄉誰報名。政策是下鄉者可以保留四年城鎮戶口，由公安局發給「四年保留戶口」的〈證明〉，四年期滿後回原籍安排工作。兩個月後，最後真正成行的全區只有漢沽中學6人、天化中學2人、鐵神廟中學2人，6女4男共10人。他們都是生活比較困難的工人、漁民家庭中的長子長女。為了減輕家庭的負擔，他們選擇了上山下鄉的就業路。而他們的父母則是因為有了「四年後可以回來安置工作」的承諾，才同意他們去上山下鄉的。其中天化中學的孫維全、邱玉蘭是我的同班同學，那年他們只有十六歲。

一九六三年八月十二日清晨，這十名初中畢業生在漢沽火車站告別他們的親人，離開了漢沽。那時，沒有歡送的鑼鼓，沒有胸前的紅花，也沒有「寄希望、表決心」的儀式，只有一名教師一路護送他們到了天津，與天津市區的50多名初、高中畢業生會合後，當天傍晚他們就來到了河北省安次縣大北尹國營林場，開始了他們的上山下鄉生活。此後的十幾年中，漢沽區聲勢浩大、幾乎涉及到每一個家庭的「上山下鄉運動」就是從這一天開始，從這十名初中畢業生開始的，這在當時可能是誰也沒想到的事情。

從漢沽走出去的這十名初中畢業生雖然年齡較小，但漢沽人刻苦耐勞、質樸憨厚、好強向上的傳統特性在艱苦的工作和生活環境中得到充分地顯現，逐漸成為這支學生軍中的骨幹，得到了領導和群眾的讚譽。有人入了團；有人被評為先進。一九六五年，他們完成了預定的造林任務後，分批調離了安次縣林場。邱

玉蘭寄給我的兩幅照片中的一幅就是他們十個人分別時的合影，照片上的題字是：「革命青年志在四方」，時間是一九六五年一月三十日。此後，我的同學孫維全被批准參軍。邱玉蘭和漢中的張景芬調到薊縣國營林場，另一幅照片就是她們（邱玉蘭右）新的工作、生活地。照片背面標注的文字是「一九六五年七月，邱玉蘭、張景芬在薊縣北部深山林區」。邱玉蘭告訴我，這是她們的一位同事為她們照下的。

我被這幅照片強烈的衝擊力重重地震撼著。背後是灌木叢生、高不見頂的大山，一簇喬木的枝葉懸掛上角，反襯著廣闊的空間。兩間低矮的用片石壘成的草頂房，在照片上看不到門、窗的樣子和院子裡的景象，給人留下想像的餘地。「院門口」房山下一堆亂柴，另一側的斷壁上橫著一根木棍，不知晾曬的是什麼衣物。斷壁下不知是誰丟下的種子，幾株頑強成長的玉米生意盎然，標示著盛夏季節。地上參差散落著幾塊大大小小未經任何加工的石塊，一塊較平整的大石頭上斜放著一個茶缸，那可能就是她們的「桌子」和「凳子」。兩位穿著帶大塊補丁衣服、脖子上搭著毛巾、高捲著袖口的少女手挽手迎面大步走來。面對鏡頭，她們臉上綻放的燦爛笑容洋溢出陽光般的青春活力，那是兩位花季少女發自內心的笑。

……她們把美麗的青春獻給了大山，把血汗和淚水灑在了大山，大山因她們的青春奉獻而更加青綠。然而，一九六七年，「四年保留戶口，安置工作」承諾的期限已到。但那時正值「文革」初期，天津市革委會一紙文告宣佈：「四年保留戶口」政策是資產階級反動路線的產物，予以作廢。他們回鄉無望了。那一刻，他們委屈、失落、不平、憤懣……

由於當局言而無信，上山下鄉知青為了維護自身的權益而奮

起造反抗爭自然在所難免。據〈上山下鄉文獻及大事記〉載：一九六六年下半年興起的紅衛兵串連、「橫掃」、「炮轟」、「砸爛」的狂飆，導致無政府主義妖風刮遍全國。上山下鄉知識青年也多被捲了進去，不少人回城上訪、「造反」。在北京串連、逗留的就達40多萬人。中央安置領導小組辦公室被抄、被砸，工作人員兩次搬家，轉入地下辦公，編印簡訊〈下鄉上山戰線〉，同各地安置辦公室交流情況，推動工作。

一九六七年六月二十九日，中央安置城市下鄉青年領導小組辦公室向國務院報告：五月以來，下鄉知青又大量進城，估計已達40萬人以上。北方掛鋤期近，有大批進京趨勢。據來訪青年反映，現住中央各機關所設接待站的下鄉人員，以新疆的為首串連700人，將於七月三日到中南海門口靜坐，要求解決具體問題。四川、湖南等省一些下鄉青年正在省內串連，成立了幾十個組織準備七月份大批來北京，廣西的下鄉青年也在城裡建立了組織，並要求來京造譚震林的反。

當時，知青維護自身合法權益的風潮可以說是此起彼伏，就是邊遠的城鎮也不例外。據愛到發燒在〈關於知青下鄉的強制問題摘錄〉回憶：一九六五年～一九六六年，鐵嶺地區共接收下鄉知識青年4179人，其中瀋陽市下鄉青年1807人，本地區下鄉青年2045人。這一時期鐵嶺地區知識青年上山下鄉工作逐漸展開，各縣都接收了千余名下鄉青年插隊落戶，而且與年俱增，在廣大農村與城鎮開始大造知青上山下鄉重要性的輿論與宣傳教育活動，知青上山下鄉運動呈向上發展之勢。隨著「文化大革命」的開始，知青上山下鄉工作暫停。一九六六年十二月下旬，鐵嶺縣200多名知識青年以要求回城為由，在縣人委第二會議室進行絕食靜坐，請縣人委領導恢復他們的城鎮戶口。有的人損壞了桌

椅、地板等公物，用於燒火取暖。

但是，返城知青集中抨擊「黑暗的上山下鄉運動」，顯然「干擾了運動的大方向」；而全國性知青組織羽翼漸豐，又預示著這股破壞性力量益發難以控制。而且，知識青年要戶口，要工作，加重了城市經濟的壓力，也為逐年增加的待業人口提供了決策者最不希望看到的一種反面榜樣。實際上，有關「造反有理」的號召，是講給那些奉旨「造反」的紅衛兵們聽的，至於下鄉知青為維權所進行的抗爭很快就以失敗告終，也就不足為奇了。

瘋狂的年代照樣可以編織各種冠冕堂皇的口號。由此，一九六七年一月十八日《文匯報》和五月四日《人民日報》，連續發表了重要社論，系統闡述了知識青年上山下鄉的政治意義，突出強調了它在三大革命、培養和造就無產階級革命事業接班人、縮小三大差別、鞏固無產階級專政和防止資本主義復辟等方面的重大作用。同年七月九日，《人民日報》發表了題為「堅持知識青年上山下鄉的正確方向」社論。這篇社論竟從黨內兩條路線鬥爭的高度，來闡述堅持上山下鄉正確方向的必要性。其目的就是要說服城鄉群眾支持或歡迎逗留城鎮的下鄉青年迅速返回，參加農村的「文化大革命」，投入三夏戰鬥，搞好農業生產。此後，中央權威性報刊首次使用「上山下鄉」一詞。從此陸續成為全國通用的提法。也被進一步曲解為一場具有深遠意義的政治運動。

由於這些文革前出身不好的老知青，許多人都是受到政策歧視，背負著為父母贖罪的十字架去的農村。當時，許多老知青天真地以為，只要去到農村並且真誠地投入「脫胎換骨」的大熔爐，就可以改變成分，披上無產階級成員那耀眼的「翅膀」。但

是，如今他們始終還是擺脫不了出生不好的命運，甚至連城市的邊緣都沒有他們的容身之地。只要回家待的時間多上幾天，就會有人找上門來，驅趕他們儘快回去農場農村。

絕望之下，一些思鄉心切的老知青走上了一條「病殘照顧回城醫治」的特殊道路。湖北有一個女知青，本來就有腎炎，為了回城不再受到紅衛兵的指責批判，竟不惜大量服用食鹽，摧殘自己的身體，終於以喪失勞動能力診斷書，符合病殘照顧回城的要求。但誰也沒有想到，回到城市僅幾個月的時間，就因為嚴重腎衰竭離開了人世……

第二節　文革之中群體躲避追殺的逃亡

生而為人，無論在什麼社會狀態下，生存！活著！應該是任何一個人的最低權利，可是誰能想到，生活在二十世紀六十年代的中國知青，有時竟然沒有生存的權利。他們甚至會因莫名其妙政治的原因無辜地慘遭追殺。湖南知青多餘在〈江永知青大逃亡事件〉中對此有詳細的記述：

一、不能不說的話

一九六四年九月，長沙市六千多名初、高中畢業生下放到了湖南偏僻小縣江永和零陵等地，其中「黑五類子弟」占百分之八十五，這個比例在我們白水知青中還可上升到百分之九十五，且不乏學業優秀者。從數字來看，湖南的知青上山下鄉運動一開始顯然有失公允，使得六千多名知青下鄉的動機中或多或少的帶有「原罪」。

在最初的兩年裡，這些從十六歲至二十歲的年輕人幹得有聲

有色，他們積極勞動，辦夜校、組織農民學文化；有知青為病重的農民獻血，有熱心的家長捐款給生產隊建發電站；他們寫詩、寫劇本，抒發自己的理想情懷、頌揚村裡的好人好事，自編自導自演，很受當地農民的歡迎。不少人寫下了豪言壯語：「誓把青春獻給黨，紮根農村幹革命……」

江永知青的表現很快影響到了省內外，一位中央首長說：希望省省有江永。

著名導演謝鐵驪拍攝知青專題片〈在廣闊的天地裡〉，其中有一個大場景就是在江永、在我們白水公社拍攝的。他指著一座山頭上的圳景塔說：「你們知識青年下農村不就是幹革命嗎？看，那就是延安塔，衝啊！」

臨時組織起來的知青有千多人，導演一聲令下，大家就向著「延安塔」跑去，帶有「原罪」的單純少年，他們特別看重「革命的知識青年」這個稱號……

一九六五年新年剛過，江永四個長沙知青的不幸死亡，在知青中掀起了不小的波瀾。一是高澤源林場的男知青汪，因公去廣西灌陽招募民工和定打挖山鋤頭，回場路上在突來的風雪中迷路凍死；二是大遠公社兩名剛滿十七歲的女知青在一場大火中喪生，另一名跳窗的留住了性命，卻失去了美麗的容貌和健康的體魄；三是瓦屋下的男知青陳，身體虛弱又不甘落後，在堅持犁完一丘田後咳血不止，因為得不到及時的救護幾個小時之後就停止了呼吸。

他們的死必然地引發出一些問題：知青下放的生產隊多是貧困隊，本身不具備接收知青的能力，農民只能將老隊屋、豬牛欄屋稍加改造讓知青住進去，沒有任何安全措施可言（燒死的兩名女知青就是住在豬欄屋搭建的閣樓上，樓下儲備著飼料、稻草等

易燃物）；部分知青身體瘦弱承受不了超負荷的體力勞動，患病得不到醫治，意外死亡的情況仍不斷發生。

一九六六年後，隨著知青的年齡增長，不滿情緒悄然滋生。而這時，有人別有用心地在知青中挑起了一場自覺革命，寫大字報，互相批判，互相傷害。這場自覺革命的結果實質上成了日後大逃亡的前奏。知青出身之「黑」被一一披露，令當地農民十分驚愕。

一九六七年八月十三日，與江永毗鄰的道縣，由派性武鬥瘋狂演變為對「地富反壞右」及其子女的集體屠殺。「貧下中農最高法院」成立，他們的宣言是：「斬盡殺絕黑五類，永保江山萬代紅」，畫大紅勾的殺人佈告赫然在目。殺人手段之殘酷，不忍再述。

八月二十九日，湖南省駐軍解放軍陸軍47軍奉中央軍委命令「堅決制止湖南道縣的反革命暴亂」，九月初的幾天裡還只能動用軍用飛機在道縣的上空往下投「禁止殺人、殺人犯法」的宣傳單。九月二十七日，47軍和湖南省革委會籌備小組聯合發出緊急通告，直到十月十七日，歷時66天的殺人事件才徹底平息。

「暴亂」影響到周邊十個地區，與道縣相鄰的江永縣首當其衝，一個夜晚的速度，整個江永縣就已經籠罩在血腥之中，「地富反壞右」及其子女未能倖免，一條白水河成了污血河。知青中的「黑五類子弟」也不少人上了黑名單。

二、詩人之死

一九六七年八月十七日，長沙知青王伯明和一知友在飯店吃早餐時，四個端著鳥銃的農民衝了進來，「誰是王伯明？」王伯明回答：「我就是。」

「地主崽子王伯明！」呼！呼！呼！一連串的鐵砂彈在王伯明的臉上、身體裡炸響，頓時鮮血噴濺，全身烏黑，當即死亡。年僅二十二歲。

王伯明的死決非偶然。這個長沙市第三中學六二屆高中畢業生，中學生歌舞團樂隊指揮、「紅雲詩社」主筆，連考三屆大學，因出身問題未被錄取，一九六四年下鄉。在江永縣成立知青農藝隊時，因出眾的才華，成了農藝隊的一員。

王伯明和大多數知青一樣，是帶著「原罪」下鄉的。父親本人只是普通的會計人員，他的罪惡是在解放前夕為岳父，也就是王伯明的外公買了一張去臺灣的車票並將他送上了火車。因此事被判刑坐牢幾年，逢運動都是鬥爭靶子，被反復投入獄中，由反革命演變成歷史反革命，加之右派頭銜，最終失去工作癱瘓在家，對他的鬥爭才算結束。

下鄉後，王伯明對農村生活表現出了極大的熱情，他的一首小詩〈炊煙〉，寫得抒情浪漫：不是虛浮，是向上的表現／雖無雲的色彩，也想打扮藍天／狂風吹不斷我的軀體／我啊，和火熱的生活息息相連。另一首長詩〈新農民之歌〉，寫得激情澎湃：扶著犁，揚起鞭／趕著我的小黃牛朝前走／緊緊地追趕春天……這些詩句朗朗上口，在知青中影響很大。

以現在的眼光來看，無疑有些「左」，而對於一九六四年下鄉的知青來說則頗具代表性。因為出身，他們的心靈深處或多或少的存在著一種「自虐」。

挑擔子只挑得起100斤重的拼著命也要挑上150斤、200斤，以折磨自己、以肉體的疼痛求得罪惡的洗滌、靈魂的昇華；日記中經常寫些勉勵自己的話，寫學習心得，對個人的思想行為嚴格地上綱上線乃至批判。因著一份真誠，對自己有過高的要求；因

為父輩的陰影，有著超出年齡的被扭曲的成熟。

王伯明在一九六五年九月的一篇日記中寫道：「要加強文學、藝術修養，在這方面為人民做出貢獻來。要快，你的時間不多了！一年之後，將有大的變動發生。」他敏銳地感到，中國大地即將有一場重大的革命到來。

文革一開始，偏僻小縣江永沸騰了。紅衛兵旗幟到處飄揚，派性組織針鋒相對。自覺革命之後，同一批下鄉的知青被劃分了等級，有人評為勞模，有人已經內定要抓進看守所，有人已經關進了看守所。膽大的直接向省委寫信申訴，並提出了江永知青安置工作中的一系列問題。

一九六六年秋，以零陵（今永州）地委書記寧生為團長的調查團來到江永，對知青的安置工作進行考查。持正反觀點的人有過幾場大的辯論會，在辯論會上，王伯明就知青問題發表了個人觀點。他以事實為依據深入闡述，令持反觀點的人瞠目結舌。他的銳利的目光，標準宏亮的普通話，給到會者留下了非常深刻的印象。一九六七年春節零點，江永縣保守派以逮捕造反派頭頭為名，王伯明和十幾名知青被捕入獄。

可以說，王伯明是帶有「原罪」下鄉的知青中最早覺悟的人之一，他成了第一個被槍殺的目標，不是偶然、不是意外，而是有策劃的必然。

三、集體大逃亡

八月十七日，王伯明慘死的當天，消息傳遍了各大農場、各公社知青點，長沙知青極為震驚，他們悄悄地聚攏商議，不能坐以待斃，在當時已經荷槍實彈的民兵到來之前，只能逃跑。當晚，六千多名長沙知青的大逃亡拉開了序幕。

八月十九日，零陵地區的長沙知青9名死於槍殺，15名受傷。同日，連結交通要道的江永大橋被炸毀，對外聯絡中斷，長途汽車停開。之後，桃川農場知青俞沛昌中彈後流血過多死亡。

驚恐萬狀的知青逃亡大致分為三路：一是經道縣翻雙牌山去廣西全州；二是走麥嶺；三是翻過都龐五嶺去廣西灌陽。

八月十七日，江永銅山嶺農場躍進隊的知青集中在隊部「接受教育」，當場槍斃了兩名地主、兩名地主子弟，吊死了一名婦女，並說明今天處決的是第一批。在驚慌中度過了一天的知青，挨到夜深時，99人（包括女知青懷裡的小孩）悄悄地聚攏，一個挨著一個摸黑離開了隊屋。連夜緊張行軍，不敢有半點鬆懈，當太陽照耀著這支疲憊不堪的隊伍時，同時也給予了大路上的民兵更為刺目的光芒。惶恐中他們發現不遠處的一片田地裡有部隊戰士的身影，機敏的一群人向著「救星」跑去。他們忘記了滿腹心酸，忘記了飢餓困倦，綻開笑臉為軍人唱歌，和軍人一起割稻。部隊派出了一部軍車將他們送到接近株洲的火車站，上不了火車，一行人最後搭乘三部「運屍車」回到長沙。

八月十八日，一個「特派員」帶著武裝民兵來到桃川石梘村抓王伯明的妹妹王立明，就在天亮之前，她和知青點的全體知青已被村民們送走了。（殺王伯明就已夠瘋狂，，居然還要追殺他兩個更加無辜的妹妹，天理何在？）幸虧石梘村的農民深明大義、可敬可佩，為了安撫悲傷中的立明姐妹（王伯明十二歲的小妹因為學校停課鬧革命也來到了石梘村）和憤懣不平的知青，生產隊的青壯年農民都出動了，在村周支書的帶領下，為知青挑行李，走四五十里山路，一直護送到駐軍6950部隊，眼見他們安全了才返回村去。

這時的6950部隊的大院裡已成了難民所，逃亡知青首先想到的就是向部隊求救，部隊官兵給予了極大的關懷和妥善安置。像鳳亭農場、迴龍圩農場、桃川農場、銅山嶺農場等幾個大農場的知青，在部隊的保護下，一批一批地走廣西麥嶺，再往全州火車站去。

翻越都龐嶺的多是井邊公社和大遠公社的知青，當地人和廣西灌陽的農民有一條往來的山路，因人跡罕至，只有本地人知道，翻過五座山嶺就到了灌陽。井邊知青先是十幾人同行，沿途又彙集各路零散知青四十多人，山上叉路多，走到懸崖絕壁時幸遇灌陽方向而來的山民指引；雖幾遭民兵攔截，幾位領頭的知青沉著冷靜、機智應對，又有公社開出的紅頭證明作保，一路算是有驚無險。

走了一天一夜後，隊伍中發出了一個女生的虛弱的聲音：「我再也走不動了，你們別管我，快走吧。」她說著身體直往地上倒。「這哪行？既是一起出來就得一起回去！」領頭的周哥牽起她的手就走，另一名男生黃哥在她身後護著，倆人一前一後的不管山路多險，都未將她拋下。

有一對戀人，女知青體弱，她能爬上千多米高的都龐嶺就已經拼盡了氣力，何況連續翻過了幾座山嶺，男生挑著兩人的行李，邊關照體力不支的女朋友，已經累得咳出了血。隊伍中一個不滿周歲的小孩，在母親懷裡時不時發出飢餓的啼哭。其他人互相攙扶著前進，體力幾乎耗盡。

八月酷暑天山上冷風肆虐，多數人行前匆忙，衣服未帶足，有幾個知青聽說鄰隊殺了四類份子，還有十幾個知青被捆去了公社，嚇得連剛煮熟的一鍋飯都不敢吃了，拔腿就跑，哪還顧得上拿冬衣。危險眼見過去，衣著單薄的一群人卻難擋山上的風寒。

饑寒交迫的隊伍每前進一步已經顯出了萬分的艱難。

在前面探路的幾個男生發現半山腰裡有戶農家，趕忙上前交涉，請求弄點吃的東西。山民非常同情，馬上燒火做飯，還特別殺了一隻雞。飯後為他們燒了一堆火，男生圍著火堆睡在地上，女生享受優待進了裡屋；老倆口和三個女兒徹夜未眠，守護了他們一夜，第二天還煮了很多紅薯給他們帶在身上。知青感激涕零，各自掏出僅有的一角兩角錢湊攏，以表感謝。

走其他路線翻山越嶺的知青並未有如此好運，遭遇民兵的突然襲擊挨打之事時有發生。為躲避民兵的搜捕，很多人專抄荒草荊棘裡的小道走，弄得遍體鱗傷，衣不遮體。

江永大橋炸毀以後，從道縣往永州成了一條回長沙的捷徑。白水公社臨近道縣，先有一隊人僥倖混過去了，第二批走的四名男生險些丟掉了性命。他們搭上一部過路郵車，結果在暴亂中心壽雁被抓，關了六天，每天慘遭一撥一撥的民兵毆打。那些人用扁擔用磚頭將幾個手無寸鐵的知青往死裡打，四人被折磨得毫無動彈之力。

命懸一線時竟出現了奇跡，當地有一人認出了他們，這人的兄弟曾在白水搞過社教，他往來白水多次所以認識。他找來了一駕馬車，裝滿稻草，將四人藏進稻草裡戲劇性地救了出去。更幸的是，他懂草藥，隨即用草藥為他們療傷，四人得以保住性命。他們寫信給留在白水的知青：「我們被抓，生死未知，千萬不要再走這條路。」

白水知青接到信後馬上找到6950部隊的政委，請求派人去道縣營救遇難者。一位剛剛新婚的連長和幾名軍人到達了道縣，在制止兩派的鬥爭中，那位新婚的連長不幸罹難。

軍人之死使事態的發展更為險惡，部隊官兵堅定了制止「暴

亂」的決心，加強了對知青的保護。他們四處搜索，尋找滯留的知青。未有逃亡的白水知青當時正在田裡割稻，模樣裝束與農民一般無二，致使軍人未能發現。

白水知青中素有一群思想者，遇事喜歡思考、討論，在馬列著作和毛主席著作中尋求答案。危難當頭，他們固守原有的精神信仰，還心存著對於事態的一種觀望，抓革命促生產的知青難道會被殺？本村農民說不會，外隊的民兵蜂擁而來，將他們趕上了一個山坡。

在經歷了一場靈魂和肉體備受摧殘的「假槍斃」之後，他們有了清醒的計畫，兩人一組分散而行，在一個陰雨的早晨，穿上蓑衣、提著篾簍、將斗笠遮住半邊臉，從民兵的眼皮底下混了過去。幾撥人在縣武裝部集中後又在軍人的幫助下彙集馬河等公社滯留的知青一起坐車離開了江永。路上不斷遭遇武力堵截，甚至出現了槍口對著槍口的緊張對峙，憑著他們的勇敢機智最終還是闖了過去。

如果沒有部隊的保護，沒有善良的農民的幫助，六千長沙知青的命運必當重寫。

王伯明死後的三四天裡，京廣線沿途的郴州、衡陽、株洲以及廣西的全州等地火車站所有的月臺上，全被逃難的知青佔據了。正值時局混亂，列車晚點，知青上不了車。這群人幾天的疲於奔命，已是衣裳襤褸、形同乞丐，黑壓壓的一片，過路司機根本不敢停車。

可以說，大逃亡是知青情緒的大暴發，壓抑幾年的「原罪」意識徹底清醒了，飢餓者暴發出憤怒的吼聲：「黑五類子弟」何罪之有？知識青年何罪之有？他們憤然而起，衝向列車，用石頭、扁擔砸車窗玻璃，不顧死活地往裡爬。火車時開時停，他們

被當成暴徒遭驅趕，被機槍團團圍住。當瞭解到逃難知青的真實處境時，才准許上了車。

有一支從牛路口出發的隊伍，在離全州火車站六公里的地方集體臥軌。他們接到了知情人的報信和公社武裝部長開出的一張路條：「本來今天晚上要殺你們，是武裝部長說了明天再殺……」知青哪還敢有片刻停留，倉皇中連夜奔逃，幾天水米未進，身體已經虛弱到了極線；有人有錢、有人還有湖南糧票，但是沒有廣西糧票，在廣西境內連一個饅頭都買不到。他們的代表向車站、司機多方請求，遭斷然拒絕。絕望之中37人走上了鐵軌，16名男生在前，21名女生在後，一個挨著一個躺下。如此慘烈的場景，給八月的毒日頭抹上了一片淒冷的顏色。相持幾個小時後，車站被迫臨時加掛了車廂。

八月底，歷經千難萬險的六千知青終於從各路回到了長沙。那是一幅幅怎樣的流民圖！蓬頭垢面、拖著襤褸行李的人，三五人一組、幾十人一隊，既看不出年齡也難分出性別，爬煤車爬貨車回來的更是面目全非。家長最初不敢正眼看自己的孩子，看著就要落淚。

在可以容納幾萬人的體育館裡，回城知青為王伯明等人舉行了隆重的追悼會；會後，上萬人的遊行隊伍凝成的巨大悲痛，給動亂中的長沙城添了一層厚厚的陰霾。有志者組織成立了「紅一線」宣傳隊，將知青的種種遭遇編成了節目，演出場場爆滿；並自籌經費辦報紙，《紅一線報》、《反迫害報》等，一時間影響甚廣。

無奈，政府為了安撫知青，給每人每月發了9元錢、30斤糧票。但是，十月八日，中央安置辦下達了〈10.8通知〉，要求知青回農村抓革命促生產，不要逗留城市。與此同時，〈致全國貧

下中農的一封公開信〉發出，大意是：知青是響應黨和毛主席的號召下鄉的，貧下中農要關心他們，愛護他們……

〈10.8通知〉以後，「9元錢、30斤糧票」的待遇停止。各級領導開始勸導知青回鄉，並對其父母施加壓力。長沙城的大街小巷貼滿了針對知青的巨幅標語：「我們都有兩隻手，不在城裡吃閒飯」。剛剛驚魂甫定的知青，特別是父母還在監獄、五七幹校、掛牌批鬥、甚至生死不明的，看著心裡就很難過。

之後，各區派出所公開抓逗留的知青，有的派出所一天可抓三四百人，關起來然後用大卡車送回江永。江永方面也積極配合，向知青宣傳：回鄉的每人可以領5元錢、一擔穀。

此時的知青家長更是敢怒不敢言，只能含著眼淚為子女作返鄉的準備。有一位知青徐的母親將僅有的兩百元錢縫進了兒子的棉褲裡，然後跳下了長沙北門的一口「彭家井」。那口井從此遠近聞名。

按政策知青徐是不應該下鄉的，他出生時就成了棄兒，被當時一位「官太太」收養。解放前夕養父拋下母子倆獨自去了國外，從此音訊全無。養母苦熬了二十多年，年老體衰喪失了生活能力，雪上加霜的是經常挨批鬥，潔身自好的老人不堪受此羞辱。

老人以為，死可以為自己一生的苦難、為兒子蒙受的冤屈解脫。她想不到的是，她的苦難也許解脫了，兒子的頭上又加了一筆：母親畏罪自殺。家門貼上了封條，知青徐無家可歸，又不敢回鄉，只有四處流浪。

十月底，逃亡回城的知青被迫返鄉。仍有部分人躲藏下來，在長沙的河碼頭、建築工地，凡那些報酬最少、活兒最髒、社會地位最低的人堆中，必有隱藏的知青在。有人投親靠友走向遠方，往新疆、雲南、貴州……

四、尾聲

一九六七年十一月十七日，在王伯明被槍殺整整三個月的那一天，回到江永的知青找到了王伯明的屍體，有人將他和當天槍殺的地主富農份子一起葬在了亂草坡上。屍體已經腐爛，大家將他的白骨重新裝棺，為他舉行了一個遲到的葬禮。

由白水的八個光頭男生抬著櫃柩。他們先一天就商量好了，王伯明既是他們三中的學長，也是引以為表率的一位知青兄長，抬棺的事他們一定要做。八個人一律剃了光頭，衣著整齊，神情莊重，步伐一致。後面緊跟著三千多男女知青和自願參加的本地人。

隊伍行至江永大橋時，半空中突然響了一槍，氣氛頓時凝固。知青領隊馬上鎮靜下來，將隊伍迅速調整：男生站外面，女生站裡面，作好隨時拼搏的準備。頃刻之後，縣城裡鴉雀無聲。沒人敢阻攔這支沉默、憤怒的隊伍，觀望者皆凝神靜氣，所有的一切為之肅穆。

就在縣政府大樓的地坪前，知青們挖了一個很深的墓穴安放王伯明的棺柩，為了防範破壞分子，他們專門弄來了三噸水泥加上很多陶瓷片、糯米混合在一起，將墳的四周牢實封住。墓前立了一塊石碑：上面刻著：長沙知青王伯明烈士之墓。

重回江永的知青中仍有不少人未逃脫被捆綁被毆打的命運，在「一打三反」運動中，再次成了鬥爭靶子，夜裡和四類分子關在一起，白天在民兵的槍押下出工。一九六八年底，江永知青紛紛轉點，往沅江、瀏陽等地，又匯入到一九六八年的全國上山下鄉運動的洪流之中。

文革之後，王伯明之墓的墓頂被炸平了，碑沒有了，下面的墳因壘得扎實，巍然未動。縣政府大樓門前已經栽種了一片花花

草草，後人想用美麗的鮮花來掩蓋歷史的傷痕。

八十年代初，王伯明的母親收到了法院送來的一紙通知，字是列印的：「經重新審查（指王伯明的父親），原所判的反革命罪一案系錯案，現予以撤銷。」沒有一句道歉，沒有任何撫恤。這樣的通知書很多知青都已接到。二〇〇五年，幾名老知青作為國民黨抗日將領的子女，接受了由中共中央、國務院、中央軍委頒發的紀念抗戰勝利六十周年的紀念章。

讀了知青「多餘」所寫的文章之後，我在對極左邪惡犯下的血腥屠殺人類罪行憤慨痛心的同時，也由衷感謝那些深明大義的石棍村等鄉親和6950部隊官兵們，是他們在知青慘遭劫難之時，用人性的關愛織成了一張庇護之網，使六千多名可憐的逃亡知青兄弟姐妹免遭殺戮之災。願老天永遠賜福給他們！也祈禱被害的知青兄弟姐妹在天國安息！

第三節　江永知青逃亡途中的臥軌攔車

關於這起湖南江永、零陵等地知青在文革期間大逃亡的事件。二〇〇六年自由兄弟就曾經聽說過：記得那天，因為辦理單位幾個退休老工人的事務我出差全州，言談間，說起我的家鄉在湖南衡陽，曾到海南農場當過幾年知青。不料，幾個退休老工人竟爭先恐後地為我沒在湖南插隊落戶而慶倖。然後，他們七嘴八舌地給我講起了當年目睹在全州火車站所看到的零陵地區知青可憐逃亡的慘狀……

「那些知青孩子啊！當時穿著連叫化子都不如，打門爬窗，最後還躺在鐵軌上，司機也不敢開車！搞得鐵路局和地方政府如臨大敵……」

「我聽說是有人要追殺他們，說他們是黑五類崽仔。都是連夜逃出來的，什麼都沒有帶。我想給他們一點吃的，可是上面領導卻不讓。好可憐喲！有的女知青懷裡還抱著吃奶的娃娃……」

聽到幾個鐵路老工人這段讓我極其驚駭的述說，我的心一直在流血。我不明白，我的湖南父老鄉親到底是吃錯了什麼藥？為何會變得這麼鬼迷心竅？這麼野蠻殘忍，要如此血腥地追殺這些千里迢迢，遠離父母來插隊的知青，讓他們如此驚恐萬狀、日暮途窮般地踏上逃亡之路。天啊！……

關於這起湖南江永逃亡知青在全州火車站臥軌的事件，幾年來，我一直在追尋這一事件的來龍去脈。除了向當年親見親聞的鐵路員工瞭解外，後來，在〈湖南零陵「八·一九」殘殺「黑五類」知青事件〉一文中，作者余習廣講述了事件經過：這是一九六七年八月十九日，在湖南零陵地區大屠殺風暴中，零陵縣前進公社發生的屠殺下鄉知青的慘案事件。因「文革」後零陵縣城芝城鎮（亦為零陵地專所在地）改名為東風鎮，故又稱「東風鎮慘案」。

一九六七年六月二十日，湖南零陵地區「四代兩站」派和「六條戰線」派兩派群眾組織在永州城發生武鬥後，零陵地區武鬥連連。八月，零陵地區發生以道縣為中心，波及11個縣的大屠殺事件。

一九六四年九月，因實行毛澤東的階級路線，大批家庭出身不好的長沙和零陵城市青年被下放到零陵地區農村當知青。「文革」後，因長期受到階級鬥爭的壓制，下鄉知青一般都支持當地造反派，大都參加了「工湘」派。零陵地區武鬥最猖獗時，芝城鎮（零陵地專所在地）兩派大撕殺，雙方死傷數十人，其中多數是長沙市上山下鄉的知識青年。

　　因此，下鄉知青被時稱保守派的頭頭和支持該派的地方當權者視為眼中釘。而下放知青與當地農民也存在著不少矛盾。下放知青每月可領到國家津貼，農民則終年勞累也缺衣少食；知青儘管身在農村，卻仍然不變城裡人的做派；更重要的是：知青下放，國家並不減少對接受知青的社隊的糧食和農副產品的徵購任務，農民認為知青搶吃了農民口糧。等等。因此，保守派的當權者在大屠殺風潮中策劃對知青的屠殺，很容易就得到了該派農民的回應。

　　在道縣八月大屠殺開始後，道縣銅山大隊在屠殺中開始把風向轉向下鄉知青了。該大隊有二十多個知青，知青手裡有幾枝槍，為了自衛，與當地「貧下中農最高法院」進行了激烈的槍戰。知青中已有死傷，一個知青被吊死在樟樹下。在道縣八月大屠殺中，先後有7名知青遭到殺害。

　　八月十九日，道縣牛路口團結大隊牛路口知青點接到江永縣知青報信，說江永已經開始屠殺知青。二十一日，知青們接到牛路口公社武裝部準備對知青下手的消息，於是決定開始突圍。這支37人的逃亡隊伍，向西南出廣西永安關，然後曉宿夜行，過汶市，直插廣西全州方向，於二十五日在全州車站上車，返回長沙。他們中有人隨即在街頭貼出大字報：〈道縣告急！知青告急！〉，將道縣慘案和零陵地區大屠殺及知青危境公諸社會。

　　隨即，零陵縣也發生了大規模殺人風潮。在零陵縣保守派頭頭和武裝部負責人授意下，保守派民兵決定對各公社知青進行屠殺，首先就拿長沙知青開刀。風聲傳開，引起各知青下放場點的恐慌。據當事人彭稚鼇回憶：八月十八日晚，前進公社知青點周圍的山頭上突然出現許多火把，還不時傳來槍聲。長沙知青集中的這塊地方似乎已成為某種目標，這促使我們決定趕快逃離那

裡。一時間，知青們急速相伴返城。

八月十九日下午三點多鐘，下放零陵縣前進公社的20多個知青，搭乘前進公社的一輛貨車，去幾十里外的縣城，零陵知青要回家，長沙知青怕逃亡中發生意外，想去縣郵局給家裡匯寄積攢下的生活補助費。當卡車進入零陵縣城入口處，即遭到預先設伏的殺人者的伏擊。他們在公路上攔擋了三根捆在一起的杉樹。當汽車停下，知青下車搬樹時，埋伏在公路旁零陵縣東方紅小學校內的民兵們一起朝汽車開火，步槍、衝鋒槍和機槍子彈密集地射向車上，並用迫擊炮向汽車開炮。經過數十分鐘的射擊和炮轟，民兵們衝到車前，命令車上還活著的知青下車。下車知青又遭到民兵們的射殺。

在這場屠殺中，一共打死了9個知青，他們是：何小明、唐立人、楊海洲、吳德勝、陳文華、王成章、廖忠普、余澤、彭柏元。9人中，彭柏元1人是零陵知青，其餘為長沙知青。傷15人。

該慘案引起社會強烈震驚。返城的下鄉知青和家長們紛紛向湖南省革籌、湖南軍區和中央呼籲，要求嚴懲殺人兇手。在零陵，槍殺知青的派性組織懾於罪過很快解體。數日內，整個前進公社所有知青全部撤離。

「八‧一九」慘案，引發了零陵地區下鄉知青的全體大逃亡，也引發了湖南大多數地區下鄉知青的一九六七年返城風潮。（資料來源：零陵地區及縣「處遺」材料；彭稚鼈：〈血濺東風鎮〉）

我還找到了余習廣摘錄，由劉蒲生整理的零陵地區「揭批查」材料〈八月的逃亡〉；有一段關於湖南零陵逃亡知青與「暴徒襲擊」56次列車事件的記述。總算粗略瞭解這一事件的起因。現摘編如下，算是作為這一逃亡事件的補充或旁證：

這是一九六七年八月二十五日左右，在湖南道縣、江永及零陵地區大屠殺風潮中，零陵地區部分逃亡知青出逃到廣西全州後，為搶上56次列車回長沙，與車上旅客發生暴力衝突，而被上報為「暴徒襲擊列車」，幾乎招致被鎮壓的事件。

一九六七年八月開始，在湖南道縣、江永及零陵地區和周邊幾個縣發生了對「階級敵人」的大屠殺風潮，零陵地區的一些地方出現屠殺下鄉知青的慘案，一些社隊的革委會和人武部制定了進一步屠殺下鄉知青的殺人計畫。數千下鄉知青的生命受到嚴重威脅。

由此，八月中旬開始，下放到零陵地區數千長沙和零陵的知識青年開始了大逃亡。其中大部分長沙知青繞路而行，他們先後在郴州、全州、桂林火車站開始聚集，以搭乘火車返回長沙。

在全州火車站等車的知青，一連幾天都沒能擠上火車，返家心切的知青們佔領了全州月臺。第三天，他們等來了256次列車。但當時每節車廂都塞滿人，車窗關著，車門不開，知青們無法上車。隨後，當56次列車在全州站停車後，車上情況仍然十分擁擠。近千名逃亡知青不顧一切往上衝，因遭到車上旅客的反對，知青們即以手中的扁擔、杆擔，與車上旅客發生武鬥。男女知青一齊撲向車窗車門，爬進車窗，擠進列車。

上車後，一夥夥男知青，把鬱結在胸的積憤，發洩到曾經阻攔他們上車的乘客身上，並打傷十多人，搶劫了一些旅客財物。

56次列車遭「暴徒」襲擊的電訊，當即報告給了長沙鐵路局，隨即上報至北京。按有關方面指示，衡陽設立了「抗暴指揮」部，攔截列車，要嚴懲「暴徒」。「抗暴指揮」部迅速調動武裝民兵，將列車攔截在衡陽站，準備「採取有力行動，堅決打擊暴徒的囂張氣焰」。

在得知他們是從道縣等地大屠殺中逃亡出來的知青的情況後，「抗暴指揮」部頭頭決定將列車和逃亡知青一起放行。全州「暴徒襲擊」56次列車事件得以妥善解決。再經過3天的行程，知青們終於死裡逃生，返回了長沙。

江永知青大逃亡的情況，引起了長沙市民和湖南全省的極大震動，知青們一時也得到了當時省會駐軍47軍的深切同情，破例對回城知青予以保護，並由街道每月向每位知青頒發9元生活費。但在九月後，47軍即下令所有下鄉知青返鄉。

關於這一震驚全國的湖南江永等地知青逃離死亡追殺的事件。還有親歷的知青神灣村感歎道：……我已記不得是什麼時候離開江永的，只記得是和幾個知青一起走道縣，再轉經廣西的全州火車站搭火車回長沙的。是幾個別的公社的知青走我們隊路過時喊我我才走的。那個時候我還濛濛懵懂的什麼也不明白。那個時候我們隊上的知青都走了。就剩下我一個人了。好淒涼的呀！

知青久久難忘依然心有餘悸地回憶道：一九六七年長沙六千知青大逃亡始末這篇文章看得我熱淚淋漓，同病相憐啊！我也是一九六七年知青大逃亡中的一員，在一九六七年捆打批鬥的血雨腥風中，我從喬口隔河渡水走回長沙，一路上無錢坐車乘船，一個人孤零零的走百里路還要時時防備圍追諸截。回長沙後我參加了湖南知青反迫害總勤務站，參加了紅一線宣傳隊，著名的湖南知青歷史上唯一的反迫害報就是我與幾位知青一道籌辦的……

雖然我後來接受了政府的動員和招安，返回了知青點，但迎來的卻是更殘酷的批鬥，直至蒙冤入獄。

俱往矣，往事不堪回首，我們這一代人的苦難，能忘得了嗎？歷史是無法回避的，能遮掩於一時，但遮掩不了永遠。中華民族現代史上種種禍國殃民的如「反右」、「過苦日子」、「上

山下鄉」一個又一個「運動」什麼時後才能正本清源，還歷史的本來面目呢？

上面這位知青說的是，其實早在發生這樣大規模追殺知青風潮之前，不少知青就將當時種種凌辱知青的情況向各級政府領導反映過。據江永知青魁戈在〈我請陶鑄副總理把信轉交給毛主席〉中講述：一九六六年的冬天也就是十一月的時侯我隨長沙市建湘搪瓷廠一同前往北京大串連，到北京後我們住在水電部招待所（位於月壇旁邊）。

幾天後我聽說當時的中國四號人物國務院副總理陶鑄要在中南海接見我們，當時的我非常激動，我這樣一個不起眼的小人物居然有大人物接見我們……

當時我想何不趁此機會給毛主席寫一封信託陶副總理帶給毛主席。我在招待所裡抓緊時間給毛主席寫了一封信，信中詳細地講了我們下放江永農村受的種種苦難。我們的知青兄弟被捆綁吊打，我們的知青姐妹被人強姦，我們的生活苦不堪言，知青們有病也得不到治療。這些情況我都寫得非常詳細。沒過幾天來了通知，我們一行一百多人乘車來到中南海小禮堂。

當時的中南海裡面的解放軍是三步一崗，五步一哨，戒備森嚴。我們在小禮堂沒等多久，陶副總理在幾個老軍官的簇擁下來到了。陶副總理揮手向我們問好。當時我們向陶副總理反映長沙的文革情況，陶副總理也作了一些指示。他臨走時向我們握手道別，我有幸坐在前面與他握手並將寫給毛主席的信交給了他，並再三囑咐一定要將信交給毛主席。

陶副總理當時對我說一定會交給他的。並要我放心。這封信以後是否給了毛主席我也不知道。四十年過去了，陶副總理早已過世，我想可能那時的我很幼稚，也可能是一種強烈的責任感讓

我這樣做……

　　類似知青在文革中被追殺的現象在當時還有不少。甘肅兵團的知青沙秉枝在〈一椿未了的心願——尋找戰友劉繼童〉的文章中敘述道：……那是一九六七年的冬天，文化大革命在我們農建十一師農一團裡形成了兩大派，每個人都認為自己參加的組織是最革命的。由於有些觀點不一致，致使兩派對立非常激烈，造成群眾鬥群眾的局面。

　　還記得那天，天剛黑，天氣很冷，我和他（即作者後來的丈夫）在宿舍裡說話（當時我倆還在戀愛期間），忽然聽到有人敲窗戶，並低聲說：「小王，你趕緊躲一下吧，明天有可能出現武鬥，矛頭就是你。」我倆開門一看，已經沒有人影了，不知道是誰報的信。我又急又怕，苦苦哀求，求他去別的地方先躲一下風頭。可是我們身無分文，一點準備都沒有，又能去哪兒呢？急得我眼淚止不住的往下落。開始他說什麼也不走，後來看我急得直哭，為了不讓我擔心，只好同意，轉身消失在茫茫的夜色中。

　　事後他告訴我，那天晚上去團部找到好友劉繼童，在他那裡待了一晚上，第二天早上他準備扒火車去天津，臨走前，劉繼童喊了句：「小王，接著！」順手扔給他一個軍挎包，裡面裝的是幾個冒著熱氣的饅頭（要知道，這是劉繼童從嘴裡省下的乾糧）。沒等他說聲謝謝，劉繼童早已轉身跑了。就是這幾個救命的饅頭，伴他從玉門鎮到天津好幾千里的路程，他藏在運煤的車裡顛簸了一個星期，最終安全的到達了天津。從那以後，由於種種原因，他和劉繼童再也沒有見過面。

　　多年以後我們返城了，在津時他也從沒中斷過尋找劉繼童的下落，但是一直也沒有找到。而這便成了他的心病，臨終前還直念叨繼童，想親口對他說聲謝謝，可是到最後也沒有了結這份心願。

「繼童，你在哪裡？我代表繼澤謝謝你！」我無數次在心底大聲的呼喚，你可曾聽見，你可記得曾經的往事，也許這對你來說已如過眼雲煙，不重要了，但對於一個懷著遺憾而去的人來講是多麼的無奈。區區幾個饅頭在現在沒有幾個人會去在意，但在那個年代，正是這區區幾個饅頭卻拯救了一個人的生命，是一個人活下去的全部依靠。

雖說他已經走了10年了，但一想起這些年他這未了的心願，我便心如刀絞，依然淚水沾衫。在這裡，我想代我已故的愛人王繼澤向好戰友劉繼童說聲「謝謝你，我的戰友」也許你看不到這篇文字，不知道我們在找你，但這是他的遺願，我必須說出來。老天保佑你能見到這篇文字並聯繫我，願老天爺保佑我們的好戰友——好人一生平安！

據筆者後來瞭解，經過不懈的尋找，在其他知青的幫助下，作者終於找到了劉繼童，當面表示了內心由衷的謝意。總算代表已經去世的丈夫了結了一番心願。

第四節　被迫叛逃至蘇聯的首名女知青

如今，在官方或民間的許多上山下鄉的史料中，往往將蔡立堅稱之為文革中的紅衛兵插隊落戶的第一人。將曲折等人稱之為文革中的紅衛兵插隊落戶的第一批知青。其實，這是不準確的。認真考證起來，真正在文革初期以紅衛兵身分插隊落戶的第一人和第一批知青，當是天津那位被迫叛逃至蘇聯的首名女知青傅索安和她的五名高中同學。

據東方明所寫的紀實文學〈從紅衛兵到克格勃〉和有關資料介紹：傅索安，一九四九年六月五日出生於天津市的一個知識

份子家庭。她的父親是醫生，母親是一家科研單位的英語文字翻譯。傅索安從小就長得很漂亮，她的周歲照片曾被照相館放大後陳列在櫥窗裡。從生下來直到一九六八年，傅索安曾拍過不少照片，有的還請人畫上了彩色。這些照片，在傅索安越境叛逃後，都被她的父母付之一炬了。

一九六六年「文化大革命」開始時，傅索安是高中一年級的學生。她在班級裡擔任著班幹部、英語課代表，又是共青團支部副書記，是一個很具號召力的活躍分子。一九六六年八月十八日，她成為毛澤東主席首次接見的紅衛兵中的一員。接著，傅索安開始了「革命大串連」，三個月中，傅索安的足跡走到了新疆、內蒙古和東北三省，不但去城市，還下農村，她甚至還在內蒙古距中蘇界河額爾古納河不到二十公里的奇瑪村認了一位「乾娘」。

一九六六年底，傅索安回到了天津。她的母校已經有了二十多個造反組織。傅索安斷然謝絕了拉其入夥的邀請，自己發起組織了一個「橫空出世造反總部」。打破年級界限，從初一到高三都可加入，而且不限家庭出身，在不到半年的時間裡，就以文武手段取消、兼併了本校的十四個造反組織，成為全校人數最多、實力最強的造反組織。

鑒於當時特別講究「家庭出身」，考慮到自己家庭底牌不硬，傅索安把司令、副司令的位置讓給別人，只擔任常委，卻有著決定整個「橫空出世造反總部」方針大略的權力。此舉自然引起那些年齡大的高二、高三年級的學生不甘，而「橫空出世」原先的領導班子中，也有人對傅索安心懷不滿，這兩部分人經過一番密謀，於一九六八年元月初的一天，突然在總部全體委員會議上發動襲擊，解除了傅索安常委職務，只保留了她的總部委員頭銜。

　　傅索安被這個突然襲擊搞了個措手不及，經過一夜考慮，次日下午，傅索安以個人名義在「橫空出世」總部裡貼出了一份大字報，題目是：〈一次觸目驚心的政變〉。傅索安這份大字報一貼出來，馬上有三男二女回應支持。姓名分別為：金國安、費磊、李白波、王慧珍、陳冬芳。六人決定抱成一團，取名為「山下派」，與「橫空出世」總部頭頭堅決鬥爭到底。

　　「山下派」的出現，令「橫空出世」的頭頭腦腦大為頭痛，常委會反復討論，決定限制「山下派」寫大字報和標語的紙張筆墨。傅索安幾個根本沒經濟來源，當晚六人聚合於傅索安家裡，決定自己成立一個組織，出具介紹信去文具商店強行賒取。

　　但是，當時所有公章都必須憑公安局的證明才能刻。傅索安等人在萬般無奈之下，找到了一個會刻章的鄰居張厚石叫他私刻一枚印章，但張不敢私刻這個印章，傅索安惱怒之下就打了他一巴掌，沒料到這一巴掌把張給打休克了。更沒有想到的是，張當時正是文革小組要抓捕的被認為知曉薄一波六十一個叛徒案的線索人物。當校工將張送醫院搶救的過程中，江青通過彙報也聞訊此事，便武斷地認為這是有走資派在背後操控，要求謝富治嚴查此事。

　　恰巧，在接受公安部層層下達的抓捕令的民警中，有一個就是「山下派」成員陳冬芳的父親陳明忠。妻子兒女看到他十幾年來破天荒地第一次半夜回來，全家都被驚醒了，不知發生了什麼事。陳明忠沒有想到女兒正是偵查對象，便口無遮攔地把情況說了一遍，說完往床上一倒便睡。陳冬芳聽了吃驚不小，好不容易等到東方發白，就直奔傅索安家。

　　傅索安聽罷與眾人商議後，認為沒有了立足之地，只好逃跑。臨行，傅索安便把家裡的現款三百五十元全都拿走了，另外

還帶上了一本空白介紹信。這介紹信為「山下派」後來去內蒙古農村插隊落戶提供了方便。

當天下午，傅索安、李白波、費磊、王慧珍、金國安來到了天津大沽口，在金國安的伯父家住了下來。三天後，回去打探消息的陳冬芳突然來到大沽口，帶來了一個讓傅索安有些慌張的消息：她從父親盤問的言語中得知公安偵查觸角已經伸向傅索安！

傅索安當即決定：必須一個小時內就離開金國安的伯父家！去內蒙古傅索安「革命大串連」時認下的乾娘那裡。因為傅索安冷靜地分析：金國安的伯父家定在追捕範圍內。事到如今，既要要保證自身安全，逃避追捕。又要活命，找到飯吃。而當時全國的城市都在鬧「文化大革命」，根本不可能找到工作的，因此只有去農村。

傅索安一說，金國安五人都愣住了，他們絕對沒有想到，當「山下派」的結果竟會是去內蒙古當農民，一時間，他們誰也不吭聲。於是傅索安又拋出了她這幾天思考的部分內容：「文化大革命」還沒有馬上結束的跡象，這場革命在經濟上造成了很大的破壞。近兩年全國工農業等產值都直線下降，而全國的應屆畢業生卻有成百上千萬，這些人的出路安排顯然是一個大難題。估計弄到最後，中央會下命令讓各屆初高中畢業生全部去農村安家落戶……

聽了傅索安所說，那五位都表示願意一塊兒走。為了防止警方在天津火車站設卡守伏，傅索安六人決定不從天津、北京那條線走，而是從塘沽去河北唐山，再往哈爾濱進入內蒙古海拉爾，經根河去目的地。六個人湊了一下，身邊總共有三百八十元錢。臨走時，金國安擔心錢不夠，又向伯父要了一百元錢。說是他們一行去江南串連。

次日，當天津的偵查人員來到大沽口追捕時，金國安的伯父如實奉告，結果很使警方白白忙碌了一陣。由於這次事件中有陳冬芳在內，她的父親陳明忠受到了審查，不久被調離去一家工廠當保衛幹部。

於是，傅索安一行從大沽口步行趕到塘沽，購買了去唐山的火車票。抵達唐山站後，他們沒有出站，混上了開往哈爾濱的火車。接著，他們又混到了內蒙古根河（額爾古納左旗政府所在地）。之後，傅索安用保存的空白介紹信，開了一份證明六人系立場堅定的紅衛兵小將，自願要求赴邊境地區投親安家落戶，請當地政府予以支持並安置等等內容的公函。

根河屬於邊境偏遠地區，那裡的幹部十有八九連北京都沒去過，只聽說北京、天津等大城市的紅衛兵造反如何了得，現在天津的紅衛兵小將出現在面前，而且是來安家落戶的，這不禁使他們甚為激動。那些幹部熱情接待傅索安一行，請他們住進旗招待所，免費提供食宿。同時給他們出具了去傅索安的乾娘所在的奇瑪村安家落戶的公函。

兩天後，傅索安六人坐著一輛由旗人委給他們聯繫的卡車，風塵僕僕前往奇瑪村。奇瑪村位於內蒙古自治區與黑龍江省的交界處，距中國、蘇聯的界河額爾古納河不到20公里，離另一條界河黑龍江也不過百來公里。奇瑪村雖然在內蒙古自治區境內，但全村群眾均是清一色的漢族，而且百分之九十姓李。生產隊長名叫李能達，是個年近五十的憨厚漢子，他的妻子郭菊花，四十出頭兒，兩人結婚多年，卻無子女。一九六六年秋，傅索安出現在奇瑪村時，馬上引起了郭菊花的注意。好客的生產隊長讓她清出一間屋子供傅索安作臥房，她便把傅索安拉到家中，親親熱熱一起過了十天。臨走前，傅索安答應當她家的乾女兒，郭菊花夫婦

大喜過望，殺了一頭豬、三隻羊，請全村人吃飯，也算是舉行認女儀式。傅索安回天津後，不時寄包裹，把像章、食品、日用品等在奇瑪村被認為是稀罕東西的物品送給乾爹乾娘。

有了這層關係，當傅索安一行來到奇瑪村安家落戶時，自然受到了熱情的歡迎。李能達佈置村民給傅索安等人蓋了一座茅草房。全村社員每家都向來自天津的新村民贈送東西，從衣物、食物到大大小小的家具、日用品，令傅索安六人激情滿懷，熱淚盈眶。

李能達又拿著旗人委的公函去大隊部，張羅著給傅索安六人上了戶口。至此，傅索安六人成了奇瑪村的正式農民。他們也是中國文革中最早赴農村插隊落戶的知識青年。就在這年十二月，正如傅索安所估計的，毛澤東發出了「知識青年到農村去」的號召。可以想像，如果沒有後來發生的知青因為庫水問題挑起的械鬥事件，隨著「張厚石事件」的淡化，（事實上，張厚石也沒有起到江青所期待的作用。他被救醒後送往北京，但因他當年在「北平反省院」工作時只管檔案而不看檔案，所以也不能提供什麼材料，一九六九年因心肌梗塞死於北京關押點）。他們六人的行為不會被追究，而他們帶頭領先一步插隊落戶的舉動，則可能會被作為先進典型而受到大張旗鼓的宣傳表彰，各種榮譽也會隨之而來。

然而，事情的發展有時往往不會順著人們主觀想像的軌道進行，就在傅索安六人一九六八年的三月剛剛在奇瑪村安下家，準備將大批判的熱情和幹勁轉向戰天鬥地時，一起意想不到的事件，導致傅索安成了祖國的叛徒，民族的敗類，克格勃的特工。

原來奇瑪村與相距四華里的鮑家莊，一九五八年，兩村為解決長期困擾生產的水利問題，在一塊天然低窪地合修了一個小水

庫。兩年後，水庫修成在投入使用後不久，卻在庫水如何分配，每年的維修養護的勞力費用如何分攤等問題上出現了矛盾衝突，從一九六三年始雙方部分村民多次發生集體對罵。次年開始，衝突升級，出現了個別人之間的毆鬥。到了一九六六年、一九六七年，在春耕需水時節，雙方參加毆鬥的人數逐漸增加，但都有所克制，沒有動用任何傢伙，只是徒手較量，因此未曾導致矛盾激化。

北國氣候轉暖較晚，傅索安一行到奇瑪村安家落戶時，那裡剛剛開始春耕。奇瑪村方面發現，今年他們面臨著一個相當嚴峻的局面。因為鮑家莊方面在去年冬天想出了一個爭奪小水庫之水的法子：他們在靠近水庫鮑家莊地界的一側，開鑿了一個占地一畝、深約三米的蓄水池，用水泵把水庫裡的水抽上來，灌了滿滿一池。當時，他們說是為了便於實施管道式灌溉，所以奇瑪村也沒理由反對。但是，春耕開始後卻並非如此，鮑家莊仍從小水庫汲取灌溉用水。小水庫蓄水有限，鮑家莊此舉明擺著是要待水庫蓄水用盡後，獨自使用蓄水池的水。

這當兒，傅索安幾個知青開始參加勞動，雖然有些吃力，但由於已有思想準備並且迫於無奈，處於有進無退的境地，所以眾人還是毫無怨言地支撐著。他們之間當時的關係，就像是後來去插隊知青中廣泛存在的集體戶，傅索安則是戶長。鑒於當時的政治形勢和他們對文革的理解，他們盡力營造著一種和遠在數千里天津母校相同的氛圍，每天，集體戶中有「早請示、午對照、晚彙報」的儀式。晚彙報後，便是學習語錄，暢談體會，也議論生產隊的人和事。由於那幾天聽到的都是小水庫問題，大家都認為鮑家莊的做法太霸道，不講道理。

這些還是學生氣十足的知青，有人主張去找鮑家莊生產隊長

辯論。也有人主張刷出大標語造造輿論，或者乾脆把大字報貼到根河旗人委大門口去。另有一個主意是鼓動社員去縣城或者旗城靜坐請願，總之，都是大城市造反派搞的那一套。傅索安則提出了一個很實際，又似很有道理的主意：把鮑家莊的蓄水池刨開個缺口，讓水流回小水庫。

傅索安語音未落，其餘五位馬上異口同聲贊同，並且說幹就幹，要為奇瑪村做點好事。於是，六人抄起農具，悄然來到村外，在圓月當空的夜晚，順著小道直奔水庫，繞著左側的堤岸來到鮑家莊的那個蓄水池旁邊。片刻間就把蓄水池靠近水庫一側的堤岸刨開了一個口子，頓時，那決堤的水猶如一匹白練似的一瀉而出，自然而然地流回到了水庫。

次日早晨，不明真相的鮑家莊與前來澆地的奇瑪村村民為此發生了激烈的武力衝突，鮑家莊仗著人多勢眾，把奇瑪村五人打得鼻青眼腫，皮開肉綻，躺在地上動彈不得。臨走時把奇瑪村的抽水機、電線、工具作為戰利品都搬走了。當奇瑪村的李能達隊長聞訊帶人交涉，要求賠禮道歉，交還搶去的東西並賠償被打傷人員的醫藥費、誤工費時。又受到了鮑家莊的隊委的輕薄，還被擁進來十幾個社員扭住反剪雙手上綁，每人頭上套上一頂顯然是剛剛製成、漿糊未乾的高帽子，推推搡搡在村裡遊街。一直轉了兩圈方才把兩人鬆綁，逐出村莊。

奇瑪村人聽了李能達兩人眼淚汪汪的訴說後，紛紛嚷嚷著要報此仇。當天深夜，在傅索安幾人的提議下，由李能達帶領的一支二十八人小分隊，手持各種武器，悄無聲息地潛入鮑家莊。然後按照事先的分工摸到定下的鮑家莊村民家中，把報復的目標從被窩裡拖出來就一頓狠打，整個行動只不過幾分鐘時間。

這一晚，受到襲擊的鮑家莊五人個個被打傷出血，其中有三

人骨折，一人一隻眼睛被打瞎。被激怒了的鮑家莊人，沒等隊委
會開會研究，馬上有幾十名青壯年社員自發地抄起武器前去進攻
奇瑪村。這些人剛走近奇瑪村的村口，工事後面就有獵槍朝天開
槍示警，他們一看對方已有準備，只得退了回來。

失去理智的鮑家莊隊委當即召開緊急會議，天明後又召開社
員大會，公開發出「戰鬥動員令」，於是，全莊備戰，並派回、
滿族社員去其他生產隊糾集親戚前來助戰。奇瑪村方面，也加強
工事守備，還派出郭菊花等幾名社員前往鄰近漢族村莊借助外援
力量。當晚，雙方已有幾十名援兵抵達，一些人攜帶來了馬刀和
對付猛獸的雙筒獵槍。另外，鮑家莊為攻下奇瑪村的工事，還專
門請來了一個擅製土炮的回族老人，指導他們試製土炮。

就在大戰一觸即發之際，內蒙古境內額爾古納河的邊境解放
軍首先發現了奇瑪村與鮑家莊的械鬥隱情，於是緊急向上級領導
報告。當時邊境地區與蘇聯的關係正處於緊張狀況，為了防止引
起更大規模的民族糾紛事件。當天下午，根據北京發來電令，全
副武裝的一連解放軍就開進了奇瑪村、鮑家莊。接著，兩省（自
治區）的工作組人員也趕到了現場。

幾天後，工作組不無震驚地發現這次幾乎釀成驚動全國的械
鬥事件的起因，竟是這幾位知識青年尤其是傅索安造成的。用當
時流行的說法，傅索安就是「挑動群眾鬥群眾」的「黑手」。工
作組決定拿以傅索安為首的這六名知青開刀，這是因為：處理了
這幾個是外來人員，不會在當地留下什麼後遺症，也消除了引發
下一次械鬥事件的潛在因素。

傅索安此時也已經清醒地意識到工作組的打算，她與夥伴們
用招待喝酒灌醉了兩個同住監視的幹部，綁上兩人的手腳，還用
毛巾堵住了嘴巴。當晚十一時許，傅索安六人避開崗哨的視線，

逃離了奇瑪村。之後，傅索安一行捨近求遠，步行五個小時，於天亮前來到一個蒙族小鎮。他們憑著「橫空出世造反總部」的介紹信，使兵站軍人相信他們是徒步進行「革命大串連」的紅衛兵小將，不但讓他們上了一輛開往呼和浩特的軍用卡車，還送了他們一些乾糧和肉乾。幾天後，他們在飽賞大草原綺麗景色的旅途生活後，平安地抵達了呼和浩特。那天晚上，在部隊招待所裡，傅索安一行商議，最後決定依照「奇瑪模式」，另外物色一個地方去安家落戶。鑒於身邊錢鈔所剩無幾，有必要冒險回一趟天津，籌措錢鈔、糧票。

次日，傅索安一行前往呼和浩特火車站。當時，中央已經發通知申明停止學生串連，鐵路部門不准學生無票乘車。傅索安左思右想，用所帶的「橫空出世造反總部」的空白介紹信開出了一張名謂「紅東方革命形勢考察小組」。謊稱他們一行是一年前離開天津，在全國各地進行革命形勢考察的紅衛兵。經過傅索安的一番花言巧語，車站軍代表信以為真，給他們開了一張一次性使用的到天津的免費乘車證。傅索安一行上了車。旅途中商量決定繼續利用介紹信，去天津市郊結合部的一家鎮辦電鍍廠「體驗生活」，先找個落腳點住下再籌款。

就在傅索安等人剛剛在電鍍廠落下了腳之後幾天，額爾古納左旗公安處也派了四名警員順藤摸瓜火速趕到了天津緝拿逃犯。無所事事的傅索安覺得長蹲在電鍍廠裡既無前途，又不安全。便與夥伴商議去太行山區再次安家落戶。由於需要經費，她派陳冬芳先回家探探風聲。正在苦惱的陳明忠見到女兒陳冬芳突然回來，生氣地打了兩巴掌之後，二話不說，就拉著陳冬芳就到派出所投了案。內蒙古的追捕人員聞訊馬上趕往公安分局，就地審訊。稍稍幾招嚇唬，陳冬芳便來了個和盤托出。警方當即出動警

車，到電鍍廠將傅索安等五人一網打盡！

傅索安六人被捕後一小時，內蒙古警方追捕人員遵照額爾古納左旗公安處命令即刻就地審訊，次日押回內蒙古。追捕人員立刻於下半夜2點多鐘趕往看守所，分頭提審傅索安六人。審到上午八點多鐘，追捕人員已經基本查清了傅索安六人各自的罪行。

一九六八年四月三十日上午十點多，結束提審後被押回看守所監房的傅索安被單獨關進了走廊盡頭的小監房。此舉令傅索安吃驚不小，她盤想自己最後處置時前景很不樂觀，不是無期徒刑就是死緩、死刑。極度的恐懼和焦慮使傅索安原本一向很準例假未來。這為她後來幾天的越境投蘇行動提供了方便，也為她以後當克格勃特工創造了條件。因為如在例假期內跳進東北冰冷的河水中泡一段時間，肯定會得婦科疾病，而患有婦科疾病的人是不能當克格勃特工的。後來，傅索安對人說她當克格勃特工乃是「天意」。

一九六八年五月一日清晨三點多鐘，傅索安在迷迷糊糊的半睡眠狀態中被看守員喚醒，剛走出監房，雙手就被反剪過來，扣上了一副手銬。她的五個同伴也扣著手銬，已經一字兒並排在架著電網的高牆下面壁而立。但卻都是前銬。這時，看守所的大門打開了，從外面開進來兩輛警車，車上有幾名天津方面的警員跟內蒙古同行說了幾句話，雙方就把犯人往警車上押，傅索安、王慧珍、陳冬芳一輛，金國安、李白波、費磊一輛。警車很快就駛抵天津火車站，傅索安六人被命令待在一間空行李房內，十幾名警員如臨大敵一般地守在行李房周圍。

行李房裡，費磊正好坐在傅索安旁邊，這個初中二年級的學生側著臉，用稚氣未脫的眼睛望著傅索安，小聲道：「傅姐，難道我們就這樣完了？」傅索安冷冷一笑，悄聲道：「沒准吧！」

這時，那個女民警推門而進，對著傅索安喝道：「不許說話！」她拉了張椅子，在傅索安面前坐下。這個舉動使傅索安被迫取消了和費磊說幾句話的意圖，她沒有料到，這是她和費磊在人世間的最後一次對話。

傅索安一行的這次特殊旅行，是先從天津去哈爾濱，然後從哈爾濱那邊進入內蒙古。170次直快抵達哈爾濱後，按照押解計畫，他們是在四小時後，登上開往海拉爾的列車。這四小時，當然不能押著犯人出站，追捕人員就把傅索安六人押往車站派出所的治安值班室，關在里間等車。這六人中，也許是傅索安最早動脫逃念頭，但是付諸實施最早的卻是費磊。

這費磊出身工人家庭，自幼就是頑劣小子，長得又瘦又小，在學校裡人都稱他「瘦猴」。文革開始後，經過將近兩年無法無天的造反生活，他更是自由自在慣了，現在冷不防被一副銬子扣住了雙手，對於他來說，真是比死還難過。所以，費磊打定主意，認定一個「逃」字。但他不像傅索安那樣，做事會動腦筋，他是不由分說，逮住機會就幹。列車行駛途中，因為看得緊，只得甘休。現在，被關在治安值班室裡，便認為脫逃時機已到。

費磊瞅準追捕人員都去吃飯，外面只留下那個天津女民警的機會，走到門口提出要上廁所。那個女民警讓他等一會兒，他不肯，擺出一副準備大吵大鬧的架式。車站派出所的一個民警見了，便帶費磊去。到了廁所門口，那個民警用鑰匙給費磊開手銬。剛剛打開一個箍套，費磊突然蓄足勁兒地把一大口口水吐向對方臉部，隨後拔腿便跑。那個民警被口水蒙住了眼睛，伸手亂抓了一把，沒揪住費磊。待到擦去口水，定睛一看，費磊已經逃出十幾米開外，馬上緊追不捨。費磊接連跑過幾條鐵道線，來到一列停著的貨車前，這是最後一條鐵路了，過了這條鐵路翻過不

高的圍牆，就算逃出車站了。費磊毫不猶豫，低下身子往車底下鑽，想鑽過列車，攀牆而逃。後面追趕的那個民警看見列車前方已經亮出了開車信號，不禁大驚，連忙扯開嗓子發出警告：「別跑！危險！」

但是已經遲了，費磊整個身子此刻早已鑽進貨車底下，就在這時，列車啟動了。於是，悲劇發生了⋯⋯費磊之死對於傅索安五人來說，是一個嚴重的刺激，他們在接下來的旅途中，幾乎沒吃一點東西，每個人都呆呆地坐著，神情木訥，形如木偶。追捕人員從人道主義出發，自己掏錢買了燒雞，分給五個犯人吃，免得他們餓出病來。

一九六八年五月六日下午，傅索安一行被押到了額爾古納左旗公安處所在地根河，囚於公安處看守所。傅索安作為首犯，仍是單獨關押。工作組決定在五月八日、五月九日兩天舉行現場批鬥會。次日一早，傅索安等五人仍被扣上手銬，押上警車。經過長途行駛，於當夜押抵奇瑪村。押解民警從安全角度考慮，停車後沒讓押解對象下車，就在車上呆到天明。

一九六八年五月八日，工作組在鮑家莊召開批鬥會，對傅索安等六個「黑手」的罪行進行揭發、批鬥。鮑家莊的社員對「黑手」恨之入骨，除了口誅，有少數人還跳上批鬥台以暴力教訓這五人，就像當年對付地主惡霸一樣，要不是押解民警盡力阻止，五人沒准都是直著上臺，橫著下臺。五人中傅索安因是首犯，接受的教訓最為深刻，她的半邊臉面腫得像發麵饅頭，一隻眼睛呈青紫色，鼻子淌血，頭髮也被拉掉了一束。

批鬥會結束後，傅索安五人被押回奇瑪村，晚上被關押在原先他們所居住的集體戶裡。奇瑪村的社員對「黑手」的看法和鮑家莊不同，他們認為傅索安等人是為了奇瑪村。儘管他們出於無

奈接受工作組的命令安排五月九日將在奇瑪村召開的批鬥會，但當傅索安五人剛回到集體戶，已撤去生產隊長職務的李能達和妻子郭菊花，以及其他一些社員就拿著雞蛋、雞湯、肉包子、餃子等來到集體戶看望他們。郭菊花還讓人叫來生產隊衛生員，給乾女兒治療。

公安人員對於奇瑪村社員和犯人的接觸採取睜眼閉眼的態度，這倒不是他們出於同情，而是怕因阻止接觸與奇瑪村社員發生矛盾。但是，這種寬容是有限度的，一小時後，公安人員就相當堅決地勸社員離開集體戶，並且不許在外面停留。接著安排警戒措施。集體戶一共有三間屋子，東、西兩間是臥室，中間一間是客堂，公安人員把傅索安單獨關押在西屋，扣上了手銬。其餘四人關在東屋，兩人一副手銬，全部和衣而臥，他們自己就坐在客堂裡。

執行這次公務的六名公安人員中，有三人是蒙古族。他們出門時，往行裝裡塞了酒壺，因為他們基本上每天都須喝酒。這天晚上，他們無事正好喝酒，客堂裡有現成的鍋灶，他們事先向社員買了三隻雞和一些醃野味，煮了一大鍋，六個人一起吃喝。起先，他們過一小會兒就去兩個臥室打開房門往裡觀察。由於每次都見犯人睡得好好的，漸漸也就大意了。喝完酒，已經是9點多鐘了，六個人中的那位負責的張科長去兩個臥室檢查了犯人，一直仔細到查看手銬是否完好，確認不會發生什麼情況後才退回客堂。從那時到天亮還有九小時，他們輪流看守，每個人一個半小時。

安排妥當後，其餘五人馬上或靠牆或倚桌休息，張科長則在客堂裡踱步，隔一會兒就推門檢查犯人情況。一個半小時後，張科長喚醒了第二位值勤人，待對方檢查犯人人數後，就坐下休息

了。等到第二位開始執行勤務時，一直在裝睡的傅索安開始行動了。早在天津開往哈爾濱的列車上，她已經在研究不用鑰匙打開手銬的法子了。作為高中一年級的優等生，傅索安的各門功課都學得很好，琢磨各類問題都很有悟性。火車還沒開到哈爾濱，她已經弄清了手銬的結構，找到了開啟手銬的辦法。

正好這天傅索安的乾娘郭菊花送來了包子，那盛包子的竹容器馬上被傅索安看中，於是她讓乾娘把容器也留下。傅索安吃包子時，乘人不備偷偷扯下一根篾片藏在身上，這就是她打開手銬的鑰匙。十一點多鐘，傅索安待第二個值勤人進來檢查後，馬上在被窩裡鼓搗，大約花了十多分鐘，便把手銬鼓搗開了。這時，執勤人推門用手電筒照著檢查，傅索安佯裝熟睡，待那人去對面屋子檢查時，傅索安立刻輕輕爬起，打開窗子，跳窗而出，遁身黑夜之中。

據說，公安人員事先檢查過窗子，並且用白麻繩在窗子外面拴了幾道，使屋裡的人無法把窗子打開。後來發現，那白麻繩已經被人用利器割斷了。事故發生後，公安人員結合傅索安打開手銬的篾片，懷疑是李能達、郭菊花所為，進行過訊問調查，但終因無確鑿證據而作罷。傅索安脫逃大約一刻鐘後，天空忽然降起大雨。值班人員被風雨聲提醒，再次檢查東、西屋時，發現西屋裡已是人去室空，不禁大驚，馬上喚醒其他人，迅速組織追捕。

卻說傅索安從臨時監押所逃出來後，一頭紮進了黑暗，她無法選擇道路，就在野地裡深一腳淺一腳地朝著額爾古納河方向狼狽逃竄。不多久，如同瀑布似的鋪天蓋地大雨，使傅索安心裡不禁湧起一陣驚喜，她尋思這場風雨對於脫逃無疑是有利的。事實正是如此，如果不是狂風刮斷了電話線，中國方面的邊防軍在接到電話後，肯定會在額爾古納河邊設哨守伏，傅索安奔過去，正

好一頭撞進網裡。

從奇瑪村往額爾古納河邊的實際距離大約是十九公里，傅索安使出她以前在學校參加1500米長跑賽的勁道，冒雨拼命奔跑著。不知跑了多久，傅索安終於來到了額爾古納河邊。藉著電光，她看見額爾古納河的水浪在洶湧翻滾。傅索安頭腦裡閃過一個念頭：河水肯定很涼！但她無法猶豫，馬上飛快地脫下自己身上的衣服，一件件拋進河裡。當她把自己脫得只剩一個胸罩、一條褲衩時，狠狠地咬了咬牙齒，從高高的河岸上跳進了白浪之中。

傅索安在初中時，每年暑假都去海河游泳，有時甚至天天泡在水裡，練就一身好水性，這種本領在眼下救了她的性命。傅索安從水裡鑽出來的時候，感覺到河水不像想像的那麼冷。她伸展胳膊用力劃動著，最初的感覺是一種機械的麻木，但是漸漸就起了變化，河水的寒意所製造的刺激替代了麻木，使她感到周身難受，從裡到外都在疼痛。她游了一會兒，她終於感到難以支撐，手腳好似縛上了石塊，一個浪頭打來，一下子就吞沒了她……

傅索安越境位置的對岸，是蘇聯克格勃邊防管理局的第36號地區。蘇聯方面在該地區佈置了一個營的邊防部隊，就在傅索安在寒氣逼人的河水中拼命亂游的時候，遠處，一艘巡邏艇正在中速行駛著。艇上，蘇聯邊防軍人不時打開探照燈，朝主航道中國一側的河面上亂晃亂照。突然，他們發現了傅索安，將她救上了巡邏艇……

蘇聯邊防軍人很快把傅索安的情況彙報給了蘇聯特務機構。傅索安從額爾古納河叛逃蘇聯，驚動了當時的蘇共中央總書記勃列日涅夫。蘇聯高層最初想將其遣送回國，但特務機構頭子安德羅波夫根據傅索安各方面的優越條件，決定把她培養成一名克格勃特工。在經受了一系列常人難以忍受的站刑、電刑、燈刑、死

刑及種種人身污辱之後，傅索安終於使蘇聯克格勃特工機構信任，被送往特維爾諜報學校接受訓練，期間，傅索安多次遭到了培訓教官的強姦……

經過特維爾諜報學校慘無人道的培訓，傅索安成了同期學員的佼佼者。畢業後參與過震驚世界的「東京謀殺」，為執行蘇共的絕密計畫，潛伏臺灣，一九七一年十月中旬，傅索安被調到喀山克格勃第四高級特工學校任教官時，被蘇聯高層點名參與了克格勃抽調的醫學專家、痕跡專家、化學專家、攝影專家等組成的調查小組，專門前往蒙古溫都爾汗的墜機現場辨認林彪葉群等人屍體。她親眼目睹了當時參加埋葬林彪等人屍體的四個蒙古牧民重新掘開墳墓。克格勃專家如何割下林彪和葉群的頭顱，放進沸水中煮爛。如何消除了全部皮肉及軟組織，只剩兩個骷髏，然後連同林彪座機上的發動機等一併帶回莫斯科的全過程……

一九七四年四月十三日，身患肝病、飽受心上之人被擒和失去上司信任之苦煎熬的傅索安，在病房自縊身亡。年僅二十五歲。死前，她割破腕部靜脈，在牆上用鮮血寫下了一個大大的「悔」字！

看完東方明所述的傅索安逃亡傳奇和遭遇，我的心裡顯得十分沉重。如果不是江青的執意高壓追捕，以及後來工作組的批鬥，傅索安決不會走上背叛祖國的逃亡之路，這不能不說是一個悲劇。

第五節　叛逃至蘇聯知青的「不歸路」

在東方明所撰的紀實文學《從紅衛兵到克格勃》中，通過傅索安逃亡當教官與學員接觸的章節，我還看到了黃一煌、胡國瑛

以及鐘秀翔、盛煒富等一批逃亡蘇聯的中國知青，這些人由於當時中蘇處於極度敵對的狀態，結果被蘇聯的特工所利用，絕大多數人都走上了一條不歸路。據書中所載：

傅索安所教的班級，共有十名學員，都是中國人，六男四女。其中有四個是從黑龍江、內蒙古、新疆叛逃過來的知識青年，四個人是少數民族，都是一九六二年「伊塔事件」時越境的邊民，當時都是少年，現在都二十多歲了，兩個是克格勃從新加坡祕密招募來的華僑青年，那是一對戀人，但進校後兩人表面上已經斷絕了關係。當時的知識青年在文化大革命初期都當過紅衛兵，這使也是紅衛兵出身的傅索安產生了一種親近感，她對那四個知識青年的態度明顯地比對其他六個學員要好，尤其是唯一的一個女知青，傅索安更是對她如妹妹一般。

這個女知青，名叫皮勇，當時是二十一歲，上海市人。皮勇這個名字，應當是給男孩子起的，不過給這個姑娘也合適：她黑黑瘦瘦，一臉調皮相，是個不折不扣的假小子，不知打過多少次架，真是又「皮」又「勇」。皮勇的父親是碼頭工人，母親是紡織工人，當初還沒有實行「計劃生育」，所以兩口子把生孩子當作人生一大樂趣，不厭其煩地生了一個又一個，一共生了八個，皮勇排行老六。孩子多的家庭，一是經濟困難，缺衣少食，二是疏於管教，自我成型。

皮家人當時自然不曾想到，他們這種行為，竟是在為克格勃培訓一位具有特殊技能的特工。皮勇逃離家庭，晝夜不歸，住宿無從談起，碼頭、車站可以棲身，但吃飯總是要解決的，她便開始偷竊。皮勇的偷竊，分為兩種形式：一是拎竊包裹，二是扒竊錢包。別看她成績單上連掛紅燈，在偷竊方面的心眼卻是玲瓏剔透，她也沒有拜師傅，也沒有觀察、偷學，就憑自己的那份感

覺，竟然無師自通地成了一名盜竊熟手。她偷到了錢鈔，先是自己上館子、泡劇院、逛商店，胡亂花用；若還有剩餘，就叫上幾個要好同學去消費。有時也買些東西回家，大人問起來源，便說是揀的，大人也不追究，更沒有進行「拾物交公」的道德教育。

皮勇從六七歲開始自學偷竊，竟然連續十年沒失過手，這在黑道上的職業高手中也是一個驚人的記錄。到「文化大革命」開始那年，可能是因為社會治安惡化導致竊賊增多而使人們的防範意識增強的緣故，皮勇終於在一次扒竊作案時失手，被人當場逮住送往派出所。當時，神州大地大講「階級鬥爭」，派出所問案先要問家庭出身，民警一聽這小姑娘父母雙雙皆是產業工人，先已生了從寬之心。再問下去，案情又輕，便來了個「教育釋放」。

一九七〇年底，皮勇名義上算中學畢業，當時稱為「七〇屆」，要畢業分配了。皮勇的兄姐都已在上海工作，所以按政策她應當上山下鄉，學校給了三個地方讓挑選：江西、貴州、內蒙古，皮勇喜歡吃牛羊肉，便捨近求遠挑了內蒙古。

一九七一年三月中旬，皮勇和一批上海七〇屆學生離滬赴邊疆，來到內蒙古自治區陳巴爾虎旗海拉爾河畔距中蘇邊境不到百里的呼倫科爾夫屯插隊落戶。皮勇到那裡一看，呼倫貝爾大草原，牛羊成群，駿馬飛奔，不禁大感興趣，打定主意要和牧民同吃同住，同甘共苦，紮根草原一輩子。她的假小子習性得到了充分發揮，沒多久就學會了騎馬，被牧民稱為「好樣的漢族姑娘」，準備把她作為典型加以培養。但就在牧民動培養她的腦筋的時候，她卻發現自己的想法過於天真：草原上雖然牛羊成群，但那是集體的財產，並不能隨意宰殺，就像上海街頭商店裡琳琅滿目的商品，上海人不能隨意取用一樣，知識青年的伙食都是以

蔬菜為主，而且主食是粗糧。更使她難以忍受的是艱苦的勞動，一天幹下來，累得腰酸背痛，晚上難以入睡，早上爬不起來，皮勇受不了這份兒苦。

照皮勇後來對傅索安的說法，她從來沒想到過要叛逃蘇聯，她是想逃回上海，每月扒竊一兩個皮夾子，日子就過得沾了蜜一樣了。興趣好的話，三月半年盯一個「肥戶」，跟個兩天兩夜，下手竊得，少說是四位數存在銀行裡，將來出嫁時派用場。但是，皮勇的動機在無意中向集體戶的知青吐露了，結果被戶長報告了大隊部。大隊部便把她找去訓話，訓完話又揚言要把她隔離，說要查一查她過去的盜竊問題。皮勇又氣又惱，更是擔心牧民瞎來，來個大會登臺，掛牌批鬥，捆綁遊屯什麼的，於是在當天晚上偷了生產隊一匹馬，騎了就跑。黑暗中，皮勇也不辨東西南北，如瞎人騎馬一般，只管策馬亂闖，結果闖到了國境線界河邊．那匹馬似有靈性戛然止步，然後返身便走。皮勇心急慌亂，動手便打。不料那匹馬一撅屁股便把她摔了下來，拔腿飛奔而去。「篤篤」馬蹄聲驚動了附近正在巡邏的邊防軍，吆喝著往這邊趕來。皮勇這才知道自己奔錯了方向，但這時已無退路，這個誤會只怕說不清楚，她心一橫，便跳進了界河，游到了蘇聯。

蘇聯方面當時對中國叛逃者的政策已經作了調整，對於叛逃的知青，原則上都是進行特工訓練後派往中國執行任務，所以克格勃不擔心這些人中混入了「中國間諜」，這樣，對叛逃者的審查遠沒有三年前傅索安叛逃時嚴密。皮勇逃到蘇聯後，馬上被關進克格勃的看守所，訊問後她寫〈親筆供詞〉，要從七歲開始寫起，一直寫到叛逃時的情況。皮勇不敢隱瞞什麼，只得如實招供。沒想到克格勃聽說她是積年扒手，竟然大感興趣，連稱「有用的人才」。當然，這種事口說無憑，必須眼見為實，因此克格

勃特地安排了一次測試。

當時，皮勇被關在距中蘇邊境三百公里處的小城尼布楚的看守所裡，克格勃在那裡設置有一個分支機構。這種機構當然沒有身懷扒竊絕技的情報專家，這樣，最實際的測試就是讓皮勇去市場當場下手扒竊。幾個克格勃軍官把皮勇從監房裡提出來，對她說：「現在，我們要把你帶到市場上去，你可以任意對你所認為適宜下手的對象行竊，不必有任何顧慮。但是，有一點你必須注意，你別想動逃跑的腦筋，我們始終盯著你，只要你敢試一試，就會開槍把你打死！」皮勇嚇了一個激靈，連忙點頭：「是！是！」

結果，皮勇的表現使克格勃軍官大大吃驚，他們把皮勇從監區提審室往外面帶，穿過院子，進入一條連接監區和看守所工作區的長長的過道，過道盡頭是一道電動控制的鐵門，出了鐵門又穿過院子、過道，方才到門口警衛室。皮勇跟著那幾個軍官，走進警衛室，軍官在辦出門登記手續時，皮勇突然笑嘻嘻地說：「我想，我們不必出去了。」

軍官不無驚奇地問：「為什麼？」

皮勇從懷裡掏出一個煙盒，對一名軍官說：「這是您的吧？」

那軍官瞪大了眼睛，下意識地摸了摸口袋，叫著「是的」，取回了煙盒。正當那幾位在驚歎皮勇的「特殊技能」時，皮勇又指著另一個軍官：「您丟了什麼東西嗎？」

軍官一檢查，發現少了鋼筆。皮勇笑著把鋼筆還給他，這場測試就此結束。不久，克格勃就派人找皮勇談話，給她兩個選擇：一是遣送回中國；二是留下來當蘇聯特工。皮勇性格雖然有些大大咧咧，但她也知道遣送回國後會有什麼樣的結局，於是答

應當特工。這樣，她就被送往已經初具規模的「契他伊斯卡雅」特務學校，和先期被招募後抵達的那些特務學員一起，一面進行體能訓練，一面接受「政治洗腦」。至一九七一年十月底，學校對他們進行了分班分科目，皮勇因為會扒竊，被分在「情報」科目，學期三個月，主要是由克格勃的扒竊專家向她傳授系統的扒竊技能，另外學習情報心理與情報實踐，後者包括開鎖、使用各類竊聽器和製作微縮膠捲以及運送情報的方法。皮勇受到傅索安的青睞，除了她是女知青外，還有一點很重要的甚至超過前一點的是：她能喝酒。

皮勇還在兩歲時就已經從每天必飲酒的碼頭工人父親那裡沾一兩口酒了，當時是為了借此能得到幾顆花生米、半塊豆腐乾之類。後來，她開始偷竊了，自己有了錢，便常常溜到飯店去喝酒，也有時買了酒和鹵菜去公園找個角落自得其樂，有幾次曾醉臥草叢，通宵不歸。到她插隊落戶時，她的酒量已經超過男知青了。蒙古族牧民善飲，皮勇的酒量由此又得到了鞏固和發展。到了「契他伊斯卡雅」特務學校後，由於當地氣候關係，學校允許學員喝適量的烈性酒，但以不醉為前提，誰喝醉誰就進禁閉室。皮勇對這種寬鬆很是滿意，經常在餐廳或者酒吧間喝「茅臺酒」、「「西鳳酒」、「五糧液」之類的中國名酒。「契他伊斯卡雅」特務學校所有的用具、食品等等全是中國產品，生活方式也全是照搬中國的，甚至使用的錢也是人民幣，也用糧票、布票等當時中國國內使用的票證。

傅索安因為長期心緒不順，經常以酒澆愁。初到「契他伊斯卡雅」特務學校，她喜歡一個人待在寢室裡喝酒，弄一瓶酒、幾個罐頭就能混一個晚上。漸漸，她吃厭了罐頭，便去餐廳、酒吧喝酒，在那裡竟見到了皮勇。

　　傅索安暗暗吃驚，卻不露聲色，斟了酒和她暗暗比試。不到兩小時，兩人各把自己的一瓶酒喝光了，都沒有醉。師生倆互相用驚奇的眼光望著對方，心中皆暗歎「想不到」。從此，傅索安和皮勇成了一對酒友。

　　「契他伊斯卡雅」特務學校發給特務學員的薪金在克格勃所有特務學校中是最低的，這說明被他們所招募的那些特務學員，在克格勃眼裡並不受到重視，僅是赤裸裸的利用而已。皮勇的薪金是一百五十八元人民幣，相當於蘇聯一個工程師的工資，在中國上海，則是一個技師或者八級工的月工資。由於「契他伊斯卡雅」特務學校內的物價均按中國的市場物價計算，這份薪金中又不包括食宿衣著費用，所以按理說是很寬裕的。但對於皮勇來說，由於特別講究吃喝，便難免捉襟見肘。從小養成的習慣，使她喜歡請客，和傅索安結為酒友後，她便常常包下酒錢。傅索安也不是個小氣之輩，收入且高於皮勇數倍，她計算皮勇的用法是入不敷出，於是便提出兩人各付半個月，這時是一九七一年十二月上旬。這對師生酒徒喝到中旬，皮勇的薪金已經所剩無幾，偏偏她還要硬撐著想先悄悄地把下半月的酒菜費用預先付了，於是便動起了在特務學校內部扒竊的腦筋。

　　皮勇原本就是一個竊技不凡的扒手，進入特務學校後，經過克格勃專家的調教，扒竊技術迅速提高。如果按刑事作案的標準來說，她的技術可以稱得上「出色」兩字，因此，她在特務學校扒竊可謂是得心應手，只要伸手，沒有不得的。皮勇在一九七一年十二月中旬到一九七二年元月上旬這半個多月裡，共作案十一次，沒有一次失手，她的作案對象都是經過預先選擇的，專揀外國人下手，直到一九七二年元月八日，皮勇才開始受到懷疑。那天是星期六，學校俱樂部的電影院裡放映中國當時被禁映的幾

部「文革」前的故事片。皮勇看完一部〈冰山上的來客〉後，和十幾個中途離場的觀眾一起往外走，其中有一個是越南教官阮一鳴。皮勇挨近他，輕而易舉便獲得了成功。

阮一鳴是教「游擊戰」的，他沒想到在這樣一所學校裡竟然有人對他進行「游擊」。若論失竊的錢數，他是十一名受害者中最少的，僅七十六元，但他卻很當回事，當即去報告了學校……

……皮勇在證據面前，不得不供認了自己叛逃蘇聯成為克格勃特工、受訓後又潛來中國竊取氫彈試驗技術資料密件的罪行。該案於當年10月審理結束，年底，皮勇被判處死刑，執行槍決。臨刑前，皮勇對自己叛逃投蘇一舉後悔不已，痛哭流涕，她留在這個世界上的最後一句話是：「我不該這樣！」

傅索安在當教官時還遇到了一件出乎意料之外的頭痛事。也是在克格勃特務學校女教官中絕無僅有的事——她收到了一個也是叛逃知青男學員的求愛信。

這個男學員名叫黃一煌，一九四七年出生於哈爾濱市。他的父母以前都在白俄商人開的洋行當職員，因此都精通俄語，抗日戰爭勝利後曾為駐哈爾濱的蘇聯紅軍當過翻譯，後來雙雙去了蘇聯，文革前就獲得了定居證。黃一煌則留在哈爾濱和姥姥過日子，讀書成績總是名列前茅，他是一九六六屆高中畢業生，本來考上哪所名牌大學是不成問題的，但恰恰碰上文革，於是只得在家閒逛。

一九六八年夏秋之交，中國拉開了知識青年上山下鄉的帷幕，第一批是去中蘇邊境地區的生產建設兵團軍墾農場，黃一煌報了名，但一政審馬上退了回來：父母均在蘇聯，兒子去邊境地區，沒準兒會叛逃！ 這黃一煌也是個高智商的角色，政審沒通過，他就寫血書、刷大標語，還搞了幾招上不得檯面的勾當。最

後，如願以償去了軍墾農場。

頭兩年，黃一煌表現甚為出色，團裡點名讓他當了排長，又過了幾個月，提拔為副連長。一九七〇年底，正當上級在考慮要把他「扶正」時，這位副連長突然失蹤了。當時，軍墾農場的知青們對他的失蹤議論紛紛，許多人都說他越境投敵去「老毛子」那裡了，連頭頭們心裡也犯了嘀咕。但沒有證據，組織上也不好下結論，只好作為懸案掛在那裡。

其實，黃一煌從報名欲去軍墾農場時，就因在中國遭受許多歧視已經打定了叛逃投蘇的主意。之所以偽裝積極，拖了兩年多才開溜，完全是出於「穩妥」的考慮，要麼不逃，逃則必成。黃一煌逃得很順利，但到了蘇聯卻不順利。蘇聯人把他關進拘留所，先是不答理，關了三四個月後才進行和傅索安叛逃伊始差不多的審查。一直審查到一九七一年底，才把他送往傅索安任教的「契他伊斯卡雅」特務學校培訓。

這黃一煌身高1米80，魁梧健壯，相貌堂堂，是一個美男子，又是高中畢業生，並且智商高人一等，所以很受克格勃專家的看重，把他安排在高級班接受訓練。期間，聰明英俊的黃一煌對美貌的傅索安發起巧妙的愛情攻勢，經不起黃一煌的軟磨硬纏，兩人終於墜入了愛河。這事被上司發現後，克格勃總部很快就下達了處理決定：棒打鴛鴦，撤銷傅索安的教官資格，立即派人送往莫斯科。黃一煌禁閉半月，由高級班改為中級班。

黃一煌從禁閉室出來後，在中級班裡待了不到半個月就到期畢業了。在貝加爾湖畔的一個克格勃療養院裡休養數天後，即接受指令潛赴中國，在知青中發展特工，對他們進行以破壞為主的訓練，為可能發動的侵華戰爭作「敵後潛伏行動」的準備。黃一煌在動身前，要求和在蘇聯的父母通電話，未獲准，退而求其

次要求寫信，也被拒絕了。克格勃官員說等他這次完成任務從中國回來後，再考慮這些問題。

一九七二年十二月二十二日，黃一煌從烏蘇里江的冰面上越境潛入中國，搖身一變，成了「中國人民解放軍戰略情報部第一局」翻譯」經過一番活動，黃一煌把原先跟他同一軍墾農場的知識青年張邊等七人發展為特務，組成了一個特務小組。黃一煌讓張邊七人利用探親假、病假、事假等機會，分別秘赴哈爾濱、大慶、佳木斯、長春、延邊等地，由他向他們傳授爆破、投毒、收發報、格鬥、暗殺、照相等特務技能。不久，黃一煌返回蘇聯。

一九七三年十一月，黃一煌再次受派遣潛入中國東北地區進行諜報活動，被我公安機關捕獲，於一九七四年六月被判處死刑，隨即執行。黃一煌所發展的張邊特務小組，也在一九七三年底被破獲，七名成員悉數落網。

傅索安重回蘇聯特工學校是負責圖書館的工作。圖書館裡的三個姑娘，一個來自澳門，一個來自香港，另一個來自中國大陸。她們的學業已經結束，克格勃人事管理局可能還未為她們找到合適的「下家」，所以暫不分配，讓暫留學校，學校便派她們來圖書館幫忙。現在，這三人都成了傅索安的部下。

次日，傅索安正式上任。她對圖書館採取的方針是不管，任其自由運轉，自己每天在辦公室裡看書、飲茶、喝酒。這樣過了兩個多月，要看的書都翻得差不多了，傅索安陷入了無聊之中，這才想起要和那個來自中國大陸的姑娘談談。一談之下，傅索安大喜，原來這個名叫胡國瑛的姑娘也是天津人，也是知識青年。傅索安很想立刻和她詳細談談，但考慮到圖書館裡肯定裝著竊聽器，於是抑制了這個強烈的念頭，悄悄約對方晚上到自己寢室喝酒。

　　當天晚上，胡國瑛來到傅索安寢室。傅索安已經找出竊聽器，拆下了電源接頭，這樣，在監聽終端的錄音帶上留下的便是寂靜無聲，就像她平時一個人在寢室裡悶頭大睡一樣。兩人一邊喝酒，一邊暢快地聊了起來，傅索安從胡國瑛的敘述中，知曉了這個比她小三歲的同鄉的有關情況——

　　胡國瑛是六八屆初中畢業生，其父在一九五七年「大鳴大放」時被定為右派分子，解送勞改，期滿後因已被原單位開除公職，只得留場就業。這種家庭出身導致胡國瑛只能夾著尾巴做人，「文化大革命」開始也不能參加紅衛兵組織，縮在家裡「逍遙」。一九六九年春天，學校分配她去內蒙古巴紮地區插隊落戶。胡國瑛插隊的地方，地處中蘇邊境線，距額爾古納河只有十幾公里，並於兩年後當上了生產隊的倉庫保管員。一九七二年四月初，生產隊開始春播。胡國瑛沒日沒夜忙碌了幾天，弄得疲憊不堪。那天晚上，看看沒人來領種子，她想弄點夜宵吃。倉庫裡有一個電爐，那是經生產隊長特許的，讓胡國瑛晚上取暖和燒夜宵。平時胡國瑛使用時特別留心，惟恐發生火災。這天晚上也實在過於勞累了，燒著夜宵不知不覺就睡著了。她睡得很熟，還做起了夢。忽然聽得「劈劈啪啪」的聲響，睜眼一看，眼前已是火海一片！

　　胡國瑛驚叫一聲，一躍而起，抓起一把笤帚便衝起火處撲打，怎奈那火已燃燒成勢，哪裡撲得滅，反倒弄得自己身上也冒起了火星。胡國瑛無奈之下，只得奪門而逃。等她在地上打了幾個滾兒，把身上的火弄熄時，那火已經穿頂了。這倉庫離村子有一公里左右，若是等她奔回村子喚來社員救火，火神爺肯定已把整個倉庫都沒收了。胡國瑛考慮到這一點，便沒有去做此徒勞無益之事，任憑倉庫燒掉。那裡面有口糧、飼料、種子三萬多斤，

化肥、農藥、農具折合人民幣數千元，還有一座建築物也值數千元，加在一起所損失的，對於一個知識青年來說，乃是一個天文數字。

胡國瑛又想到自己的家庭出身，尋思此番後果不只是「吃不了，兜著走」，而是兜也兜不了，只怕坐牢還算寬大的哩！一時間，她只覺得頭腦裡像打翻了一盆漿糊！迷糊昏沉，定定神，決定先離開現場再說。黑夜中，胡國瑛不辨方向，亂走亂竄。不知走了多久，竟來到了額爾古納河邊。那天晚上，正好有幾個蘇聯軍人奉命潛來中國境內摸哨。中國邊防軍當然不是吃素的，那幾個「老毛子」慮及自身安全，不敢下手，萬般無奈，正準備無功而返，卻撞見了胡國瑛，於是抓了再說。

就這樣，胡國瑛到了蘇聯。自然，她不可能「堅貞不屈」像劉胡蘭那樣，而是哭哭啼啼地向蘇聯人交代了一切。以她這麼一個知識青年所知曉的中國方面的情況，當然引不起蘇聯方面的興趣，蘇聯人掌握的情況比她知曉的要多得多。但是，蘇聯邊防軍並沒有殺死她或者遣返中國，而是移交克格勃在當地的分支機構，關進了看守所。當時，克格勃已經辦起了「契他伊斯卡雅」特務學校，自然要物色合適的學員人選。胡國瑛的被關，正是出於這種考慮。

胡國瑛在看守所關了三個月，吃了不少苦頭，這才被轉往另一處條件稍好的關押點，一邊勞動，一邊接受審查。一九七二年十一月，胡國瑛被送往「契他伊斯卡雅」特務學校，開始接受特工活動訓練。傅索安去而復歸時，她剛畢業。

傅索安也談了自己叛逃來蘇的情況，由於是初次交談，她只簡單談了一些現象，未加以評論。但是，由於兩人同是天津人，又同是知識青年，所以在情感上有一種近似於天生的親和性。當

晚分手時，她們議定，今後私下將以「姐妹」相稱，胡國瑛喚傅索安「傅姐」，傅索安稱胡國瑛「胡妹」。此後，這對身處異國的異姓姐妹幾乎天天相聚，胡國瑛很快就學會了喝烈性酒，兩人的互相信任感不斷增強，漸漸到了無話不說的程度。

一九七四年三月二十八日，傅索安早上起床後就感到肝區隱痛，在與她胡國瑛喝酒量厥，經醫院很快就查明傅索安患了肝癌。就一直由胡國瑛照料。親眼目睹傅索安的病情惡化了，肝臟部位經常劇烈疼痛，疼得她渾身大汗淋漓，呻吟未絕，有時從床上滾到地上，甚至痛昏過去。而校部卻指示胡國瑛隨時記錄下她在昏迷中所說的胡話內容。這讓胡國瑛幾乎目瞪口呆：傅索安叛逃過來，為克格勃如此賣命，到頭來竟還要如此對她？這時，胡國瑛才真切地理解傅索安在進醫院前的一次次談話中，多次對自己的當初感到後悔。

就在院長找胡國瑛佈置絕密任務的次日，這天，是一九七四年四月十三日。傅索安在注射杜冷丁後，精神很好，忽然提出讓胡國瑛去圖書館走一趟，給她拿幾本長篇小說來。胡國瑛見傅索安要看書，很是高興，尋思這可以讓她分散些注意力，減輕些痛苦。於是，她馬上出去了。一刻鐘後，當胡國瑛拿著〈青春之歌〉等五本長篇小說走進病房時，不禁大吃一驚：傅索安已經用被單搓成布繩把自己吊在窗框上，一命嗚呼了⋯⋯

傅索安自殺後的兩個月零七天，一個黑雲密佈的夜晚。中蘇邊境地區的一塊野地，空曠無人。午夜過後，空中傳來一陣引擎聲，從蘇聯境內飛來一架輕型偵察機。片刻，飛機已經侵入了中國領空。須臾間，飛機已經飛到野地上空。隨著一聲鈴響，艙門倏地打開，像被一股巨力拋出似的摔出一團黑影。降落傘打開，下面吊著一個人——克格勃派遣實施諜報活動的胡國瑛。

　　降落傘飄飄悠悠漸降漸低，片刻就落到地面上。胡國瑛掏出匕首，割斷降落傘繩，和降下的裝著間諜器材的背囊一起扔在一旁，然後跑上山坡，折來一大捆樹枝，她把樹枝架在草地上，燃起了一堆大火。僅僅過了幾分鐘，隨著一陣急促的馬蹄聲，幾匹駿馬載著中國邊防軍巡邏人員來到了現場，胡國瑛站在火堆旁，雙手高舉過肩，大聲叫著：「我從蘇聯來，我向你們投降！」

　　胡國瑛被押解到有關部門，當審訊人員問她「怎麼想到這樣做的」時候，她朗聲回答：「是傅索安留下的血寫的『悔』字叫我這樣做的！」

　　而鐘秀翔當初和戀人盛煒富越境叛國，盛煒富做夢也沒想到蘇聯方面迎接他的是殘酷的毆打和體罰，他無法忍受這種遭遇，在關押處寫了一紙遺書，藏於內褲腰間，以衣服碎條搓成布繩上吊自盡了。蘇聯方面發現盛煒富死後，把屍體拖到黑龍江邊，扔在國境線中國一側的冰面上，作為對此事的了結。這個情況，鐘秀翔因和盛煒富分開關押著，所以並不知道。後來她答應當克格勃特工時，曾問過盛煒富的情況，蘇方騙她說盛煒富早已參加蘇聯邊防軍，在巡邏時被中國越境潛伏在蘇聯境內的偵察兵殺死。鐘秀翔當時聽了，大哭一場，要來一瓶酒，朝著中國方向遙奠一番，發誓要為未婚夫報仇，這也是她死心塌地為克格勃效命的原因。

第二章
七十年代初中期知青
回城的眾生相

第一節　高幹子女和有門路先行回城的知青

　　一九七一年二月，幾乎就在以運動形式開展的上山下鄉高潮的同時，為了配合「12.22」指示的宣傳，佐證「再教育」的許願，繼續動員後續的高初中生上山下鄉去往農場農村。全國計畫會議首次確定「下鄉兩年以上的知青可以作為招工對象」的政策。同時，為了安撫穩定一些發現被人欺騙之後，開始鬧回城知青騷動的心，從一九七二年開始，國家不得不利用推薦工農兵大學生，和一些廠礦企業招工以及每年徵兵的機會，開始面向上山下鄉的農村農場知青打開了一線回城的大門……

　　但是，當時國民經濟在文革的折騰下，已經處於崩潰的邊緣。國家不僅無力籌措資金擴大工礦企業基礎建設，而且在準備打仗的思想指導下，將沿海的一些大型工廠遷往「三線」。企業每年退休或自然減員的一些崗位，又大多數用於安排部隊轉業復員的軍人，這一「可以在知青中招工和招生」的政策精神，在當年只能是「水中月」或「鏡中花」，根本難以落實到知青頭上。

　　據查，根據全國計畫會議「下鄉兩年以上的知青可以作為

招工對象」的精神，各級知青辦也開始張羅起在知青中招工的事宜。由於當時招工招生可以是城鎮下放知青，亦可以是回鄉知青，還可以是復退軍人。選定機制隨意性很大，客觀上為「因人而異」打開了不正之風的「後門」。特別是當時對知青是否優秀的評價和審批的主要權利，集中在農村農場的基層領導和各級「知青辦」手中，知青能否回城往往由他們說了算。

在最初維持一段時間的稍微公開的評選形式後，一些有權有勢的官員就開始通過保送上學和招工手段「點名」將子女搞回城鎮。而這種悄無聲息，突然調離的做法，在得不到應有的批評和制止後，便為更多民眾所效仿。為了爭奪那些少得可憐的回城機會，許多知青和家長不得不想方設法通過送禮行賄，甚至不擇手段地出賣肉體和人格來達到回城的目的。換句話說，只要能將知青戶口遷回城鎮，一些人什麼事都可以做，或是什麼事都可以做得出來。對此，海南知青侯建平在〈我曾是一個知青〉有詳細地描述，也讓人從一個側面瞭解到知青為什麼要千方百計離開兵團，離開農場：

……其實，我們勝利隊只有在一九六九年時，人員還是齊的。後來，勝利隊的知青就不斷地被調出去，什麼武裝連了、醫院了、宣傳隊了、學校了。最早離開勝利隊的就是高中男生大陸。他後來調到師部，還到了海口市兵團機關工作。接著，武裝連成立，勝利隊好幾個男知青都調出去了，如壯漢、雙子、小江等。至於文藝宣傳骨幹楊子，也是很早就借調到團部或師部宣傳隊工作。再後來，東方也走了，到團醫院做採購員去了。勝利隊女知青調出的人員同樣不少。就這樣十幾個知青走剩下五、六個人，勝利隊安靜了，連副指導員老陳都說，知識青年走了，太安靜了。雖然，勝利隊很快又有大量潮汕知青補進，但這只是一個

新的開始，原來的氣氛沒有了。

　　一九七〇年時，勝利隊的廣州知青能走的、該走的都離開了。走不了的人，不是家庭太黑，就是表現欠佳，當然很失落。其實，這與後來很多人在幾年後遭遇的失落，那簡直就不算什麼了。畢竟，走掉的人還是離不開中坤農場，再遠也離不開海南島嘛。

　　但是，從一九七一年起，問題有點險惡了，有的知青開始悄悄地當兵去了，居然離開了海島。幸好，人數不多，兵團幹部還能應付這個場面，罵上幾句逃兵就是了。同時，也有很少的知青通過正常管道成為工農兵大學生，離開了海南島。

　　次年，也就是一九七二年，問題更棘手了，廣東省外貿系統不聲不響地一傢伙從兵團弄走了一二百號知青，其中有不少人還是培養了幾年的骨幹力量。雖然人數還是不多，但影響惡劣，震蕩了很多人的情緒。那時，我正好在廣州照顧生病的父親，突然收到中坤知青老古的來信，向我報告了這一突變，並說他被這個情況弄的心情很不好。我倒是心中暗笑，毫不見怪。因為人在廣州，我已聽到不少傳言，走是一定的了，問題是如何走或是何時走？那時的我很是不體諒老大哥的心情，回了封陰陽怪氣的信，對他的失落感表示不以為然。

　　我在父親的病榻前，每天都和很多來探病的人相遇，聽說我去了海南島，所有的人都對父親說，一定要把孩子趕快弄回來。父親也不說什麼，對別人的建議只是笑笑而已。

　　其實，父親心照不宣，對我在海南的去留早有想法。幾個月前，母親帶著我和大姐到韶關勞改場探望父親，在那裡發生的一幕深深地刺激了他。當時，我們一家人是在監管人員嚴密的控制下團聚的。表面上，父親可以帶著我們在勞改農場裡自由走動，

但我們不敢隨便說太多的話。直到晚飯後，父親忍不住要向我和姐姐說點什麼。他先問了姐姐結婚的事，還有姐夫、外甥。後來，他又問我，在海南好嗎？我被他這麼一問，勉強回答說，不好！而後，我的眼淚馬上湧了出來，沉重的抽噎讓我話都說不下去。父親臉色變得很難看，回頭問母親，小三入團了嗎？母親搖搖頭說，人家不要她，說家庭有問題。再說下去，全家恐怕就要哭成一團。藏在暗處的監管人員見勢不妙，很及時地溜了出來，與父親打了個哈哈：老某呀，家屬都累了，還是讓他們早點休息，明天要趕路呢。

那次會面後不久，父親就被宣佈解放了。但是他對我的流淚耿耿於懷，專案人員問他對結論有什麼意見，他只有一句話，審查我，為什麼要禍及我的女兒？孩子在海南島受的委曲大了！也許，從我在他面前哭得抬不起頭來那刻起，父親就下了決心，要想法讓我離開那裡。

我在廣州照顧父親的半年裡，廣州市革委會做了一些努力，要幫父親解決孩子的問題。他們給我們家一個回城名額，名義是照顧生病的父親。父母和我們商量怎麼辦，我主動提出把機會讓給二姐。我的識大體，讓父親更是坐立不安，他越來越迫切要快點把我調回廣州。我在廣州就一直住下去了，很快就是半年。其實，在這期間，廣州市人事局已悄悄地將廣州一些剛解放的老幹部的子女檔案調了回來，等待時機再作安排。我的檔案也在其中。由於，當時中央還是強調上山下鄉運動是大方向，人事局的人也不敢與我們明說。母親為人向來都很正統，覺得我長期無所事事很不好，便動員我先回海南邊勞動邊等待調動。

我也覺得長期等待很不靠譜，於一九七三年五月回到了中坤農場勝利隊。勝利隊的領導見我最後還是回來了，自然是黑口黑

面。不過，我的回來似乎給轉遞他們一個資訊，不守紀律還是行不通，多少平衡了他們的不滿情緒。我覺得反而有點上當了，早知他們這樣對待我，還不如賴在廣州不回。這時勝利隊的主要領導幾乎都換了，新連長姓許，指導員位置空缺，由一位從武裝連女兵排提拔的女知青擔任副指導員。

半年的養尊處優使我很難再習慣海南的艱苦生活和勞動，這次回歸成為我人生的惡夢。就像我在後來的夢境中的感覺，我每天走在勝利隊的瓦房間，很不踏實地、很擔心地想，這絕不是我的歸宿。而那些幹部們的話卻總在我的耳邊響，你要一輩子在這裡待下去的，你是走不掉的。我不在的時候，勝利隊幹部曾宣佈我的戶口已被註銷。我回來後，沒有人為他們的說法作任何解釋。

我回來後不久，連隊幹部又進行大會戰動員。經過了廣州的另一種氣氛，對他們的說法已覺得好笑，不過想到一定要離開，我還是很配合，沒有說什麼。但是，我在幹活時不外是比劃比劃，做個樣子。許連長經過我身邊，看到我在擺花架子，氣不過，走過來，不聲不吭地幹起來，要為我做個榜樣。我也以沉默回敬他，他很生氣，重重地歎了一聲，走開了。對他的暗示，我很不舒服。我實在不是他所想像的貪圖安逸之人，但我又如何向他解釋我目前狀態？反正走也是這兩三個月的事，還是忍忍吧，我對自己說。

然而，才過了一個來月，我的調令就追過來了。走後門離開海南農場的前一天，我還到橡膠林裡割膠。收工回來，文書走到我房間的窗口告訴我，明天到團部辦手續，說是到外語學院讀書。我聽了都有點糊塗，這是唱的那一齣戲呀?!但我不想多問，因為在廣州時，父母已交代過，不要亂問亂說，有通知來，走就

是了。於是，我像四年半前來時那樣，草草收拾行李，匆匆離開生活了四年的勝利隊，最終結束了知青生活。

我調動的內情是這樣的，一九七三年六月，廣州市教育局（母親工作單位）到海南兵團要求召回原外語學校的學生時，把我的名字也放進了名單之中。其實，我的名字不是我母親放進名單的，而是有位找我父親跑門子的人，為了讓他女兒進這個名單，便動員父親寫了張小條子，順便把我也捎了進去。結果，教育局調知青的領導還向我母親道歉，說不知道她還有孩子在海南。為此，我母親與父親大鬧一場，說我們毀了她一世的清白。但說也沒用，搞調動的人已經上了赴海南的飛機。

我的調離通知到時，那位知青女副指導員對此感到憤怒和無奈，很諷刺的是，她手裡還有一份團政治處要求加強知青思想工作的指導文件。她氣的將文件捧在桌上說，這叫我們怎麼做工作。她的一舉一動，馬上有人告訴了我。她不滿，其實我是知道的。但我沒吭氣，沒與她吵鬧，默默地離開了。雖然，當時的報章、文件都說上山下鄉是大方向，但所有的知青的神經都蹦得很緊，就算是提了幹、入了黨的知青也一樣，任何一個人走，對大家的情緒都是打擊。我實在太理解了，我在勝利隊不就是經歷過這種痛苦嗎？雖然強烈不滿，連隊幹部並沒有阻攔，讓我走了。我感到了有點意外。那時，海南真的有些基層幹部用反走後門的理由，將知青強硬扣在連隊。廣州市教育局調這批知青的時候，確有兩個外語學校的學生被扣了下來。所以，那位接我們離開的教育局領導見我去了，如釋重負，很是驚喜。我走時，勝利隊幹部沒有人提鑒定書的事，我也沒提。好像，我根本就不在乎。

我記得，到場部後，一位坐辦公室留鬍子的北京男知青為我辦了遷戶口的手續，他叫什麼我不知道。他竟然很認真地問我，

婚否？我氣得不理他。他居然還追問，結婚了嗎？我說，沒有！
他還有點驚訝。想必，那時，能轉戶口走的女知青很多都是通過
結婚這條路吧。除此之外，我再沒有其他的麻煩。

小珞送我到南坤，小藝則從團中直接到了那裡等我。我們
還見到在場部工作的附中同班同學瑩。到了海口，我才知道，我
們這一行人大約有一百人，約好在海口市集中。全體人馬在海口
僅住了一兩個晚上，便登上紅衛輪回廣州了。我沒有隨大部隊行
動，因為在街上買鳳梨吃，我患了急性腸炎，最後是一個人坐飛
機回廣州的。

在海南，我屬於被挑剩下的垃圾貨，赤腳沿著細細的田埂上
在廣闊天地裡走了四年，受到很多的傷害，後來被一紙調令改變
了命運。我這一走，像李玉芳離開勝利隊，傷了很多人的心，讓
很多人失落了……

**這種有權有勢的幹部子女先行一步的事例，在內蒙知青宋立
嘉〈知青返城記〉中也有簡要描述：……我們內蒙生產建設兵團
組建於一九六九年。先後參加內蒙兵團的有10多萬名知青。他們來
自北京，上海，天津，青島，寧波，呼和浩特，保定等各大城市。**

從一九七一年開始，先是高幹子弟離開兵團，返回城市，
記得我連有一位家長是駐外大使，某一日從國外回來，從北京寄
來一封外交部的公函，要求其子回北京探親。該知青請好假當天
就走了，過了幾年，偶在北京與其相遇，雖然其戶口仍在內蒙兵
團，但人卻穿上了綠軍裝。紅領章一戴，幹部服一穿，早已不是
當年的模樣。

還有一位幹部在京掌握住房大權，我團一團長正好家在北
京，等價交換，公平合理，其子返回北京，團長也住進寬敞明亮
的樓房……至於零星無幾的招工、工農兵大學生，非一般人所能

爭取。招工大都是各城市招各城市的。也有到工業團隊或被招工到鐵路、礦山，工廠當工人的。在兵團有七千八百零八人被保送當了工農兵大學生，這些人是最幸福的。

　　還有一則廣州市知青辦原副主任楊豐對記者回憶當年知青返城時「走後門」之風盛行的採訪可以印證。他說：那年，廣州地區有八萬多知識青年上山下鄉，是「文革」十年中人數最多的一年。這主要是因為有行政命令，狠抓指標。知青辦（當時）是很「吃得開」的單位，權力很大。廣州市很少有裝空調的地方，廣交會的會場有空調。我們想借那裡開會，起先那裡的負責人不借。有人告訴那人，「你不借，知青辦把你的子弟安排到最遠的地方去，你怕不怕？」人家趕緊借給我們。

　　那時各個單位都想巴結我們，有什麼就拿什麼來，為的是希望知青辦能給他們單位的子女給點方便，安排到好一點的地方。體委給足球票，新華書店給書票。當時物資供應緊張，但是我們從來不愁缺物資，很多東西都是通過內部購買。

　　來「走後門」的，除了希望安排孩子到好一點的知青點，還有一個，是希望能把孩子早點弄回城。一些幹部來找我開後門。我就說，「如果讓我幫忙找地方的話，很難找。但是你們自己找好了地方，我開綠燈就是。」不過，對於領導開口的，市知青辦一般都會照辦。省裡某個廳的副廳長是江蘇人。他兒子在「文革」中被迫弄到原籍，但他又想回廣州。我先安排他先到從化下鄉，轉個彎，去從化招工的時候，再招回廣州來。

　　省、市知青上山下鄉工作領導小組的主管領導倒是很自律。市裡有個領導硬是把兒子送去下鄉，結果那孩子想不通，瘋了。那時，政策上是「反走後門」。市知青辦這樣「睜一隻眼、閉一隻眼」，也沒少挨過批評。有一次，省知青工作領導小組的領導

批評我們，說省冶金廳給了從化民樂茶場好處，作為交換條件，茶場計畫外接收了省冶金廳的知青。省裡一個領導教我們這樣應付：「廣州市是歸省領導的，省冶金廳也是歸省領導的，市知青辦管不了他們。」就這樣，把問題推掉了⋯⋯

知青「我來也」在〈我們知青場的知青回城的例子〉中說道：⋯⋯我當年下鄉的知青場位於公社一個偏僻的水庫旁邊。由於是集體安置，所以沒有被村民克扣工分口糧和女知青被生產隊長強姦的問題，算是不幸中的一個小幸。

但是遇到有回城指標下來時，問題就來了。當年知青回城的指標是十分有限的。有哪位願意一輩子臉朝黃土背朝天地修理地球？有哪位不想回城與父母團聚？於是，當知青回城指標下來時，只有各顯神通了。下面是我們知青場幾例知青回城的例子：

A，女。全知青場最漂亮的女知青。若論表現，是輪不到她回城的。但她到管招工的領導的房間關起門來待了幾個小時（幹什麼我不知道，因為我沒看見）。不幾天後她不見了。一段時間之後，她到知青場收拾行李，才知道她已經回城了。

B，男。沒有A女的本錢。當聽到有知青回城指標的消息時，趕快回家動員父母，翻箱倒櫃，搜羅了一筆禮物送給管招工的領導。結果也回城了。

C，女。既沒有A女的那種本錢，又沒有B男那種本錢，家裡窮得叮噹響，自己又醜得白送給別人也不要。怎麼辦？只好出險招了：她找來幾個高檔空酒瓶，裡面灌上自己拉的尿（夠味吧？），那時的高檔酒還是很時興的，叫「手榴彈」，再加上幾個「炸藥包」——香煙，送到管招工的領導那。管招工的領導樂得眉開眼笑，立即在招工表上蓋了公章。C女可不敢耽誤時間，立馬就去新單位報到，並向新單位的領導說明暸情況。新單位的

領導是個好人，沒有說C女什麼。而管招工的領導發現上當時，已管不了C女了，只好自認吃啞巴虧了。

D，男。該人在校時的學習成績，在全班55人中大概排名45到55名之間。在一次臨時參加國防工程的施工中，抱著一部儀器爬腳手架時，不小心摔了下來，負了輕傷。剛好這時下了一個招收工農兵大學生的指標。他父親和教辦主任的關係很好，就把他推薦上大學了（這樣的大學生品質如何，各位可想而知）。推薦的理由是「為了保護了國防工程的重要儀器而英勇負傷」。真是天知道他是工作漫不經心、不小心還是真的為了保護儀器有意而為。不過他畢業後分配到一間中專學校教書，卻因文化水準太低，自覺不能勝任，不久就辭職下海當了一個小老闆。可惜了一個大學生的指標！

我，男。沒有A女的本錢，也沒有B男的本錢，又沒有D男那樣的關係，更不敢出C女那樣的險招。只好在知青場老老實實地待著，臉朝黃土背朝天地戰天鬥地，修理地球。直到後來知青場解散了才和大多數知青一起回了城。回憶往事，只歎唏噓！

在當時，招工回城，脫離苦海是當時每一個知青心裡的夢想。一旦這個夢想被無情的現實擊碎，相當多的知青都會陷入一厥不振的苦悶之中，有的甚至於走上絕路。知青鄒放明在〈席雨生的回城名額被否，上吊自殺了〉就揭示了這一現象。因原文較長，這裡只節選有關段落：

彎彎曲曲的山間小路走起來要比一望到底的直路感覺上輕鬆些，走過山路的人都有這種體會。今天吳子仁的興致很好，路邊清澈的溪水汩汩奔流，唱出悅耳叮咚聲，小魚兒在水中歡暢地游泳，一會兒悠哉悠哉，一會兒又迅速猛竄。

再拐過一個彎就要到知青屋了。說起來還真怪，他從來就

不曾有過今天這樣的心境，心裡在「撲通，撲通」地跳得不同以往。吳子仁定了定神，不禁大聲喊：「哎！」

「哎……」山谷裡回蕩起充滿激情的回聲。

將軍廟邊的老樟樹今天格外蔥綠親切，十人合抱的粗壯軀幹，發達的根系凸出了地面，象章魚的觸手四叉八仰。樹上有兩隻喜鵲窩，喜鵲歡快地「喳喳喳」叫個不停。

子仁為之一振，難道有什麼喜事降臨？隨即又自我圓場，喜鵲叫與喜事之間並沒有必然聯繫，只不過人們都愛聽喜鵲叫而討厭烏鴉聲。自己也太想入非非了，即使有喜事降臨，這回也應該發揚發揚風格，過去我占的便宜太多了。

舒友仕他們都出工去了，原先準備的見面客套都免了。他先收拾了一下自己的房間，把肉交給廚房裡的老鄉去紅燒，迫不及待地跑去看那塊走了火的菜地：菜地上荒兮兮的擺著一些燒剩的粗柴段，兩邊的林子都是烏焦麻黑，看起來那天的火還真不小。幸好撲救得快，否則自己現在要去大牢，出了醫院上法院。看著眼前的荒林，想想便有些後怕。

傍晚時分，舒友仕、席雨生、易旺炎、孟頤昶陸續回到知青屋。吳子仁微笑著迎接他們。舒友仕也衝著他笑了笑，算是打過招呼。其他三個人簡直就象沒看見吳子仁似的從他身邊走過。吳子仁不由得很納悶：才幾天沒見面，怎麼又生疏了。

吃飯的時候，舒友仕遞給一張通知給吳子仁。吳子仁接過一看，上面寫著：

　　慈溪林場知青排吳子仁排長：

　　　　接市革委知青辦通知，我公社分配到15名招工指標。經公社革委會，知青辦研究決定，給予慈溪林場一個名

額。你們要組織知青對此事予以高度重視，高舉毛澤東思
想旗幟，把真正突出政治表現好的知青推薦上來，於本月
二十二日之前將名單上報公社知青辦，逾期作自動放棄
處理。

公社知青辦　十月十九日

「通知是昨天才收到的，你來得正好，今晚上就商量一下
吧。」舒友仕解釋說。

看完通知，吳子仁才醒悟出他們不搭理自己的原因。他心裡
說，你們也太小看人了，今天的吳子仁不再是過去的吳子仁，看
我的行動吧。「行，今天晚上就定下來，省得大家心裡七上八下
的。大家吃完飯到我房間裡集中，討論招工的事情。」他又來了
勁開始行使排長的職權。

幾乎在同一時間，四個人前後腳來到了吳子仁的房間裡。吳
子仁將煤油燈轉得亮堂堂的。大家都很嚴肅，這是一次絕好的機
會，誰不為之心動，誰不想招工呢。

吳子仁喝了口水，乾咳了兩聲，首先作表態：「大家都到
齊了，借這個機會，我先向大家表示感謝，謝謝你們對我的關心
照顧，使我獲得了第二次生命。我們知青點好不容易才分來一個
招工名額，確實是一件喜事。怪不得我來的時候喜鵲叫個不停。
這說明公社和知青辦的領導還是看到了我們的成績和表現。說心
裡話，我很想去，婊子崽才不想。但是人要曉得好歹，要知恩圖
報，我這條命如果不是你們的及時救助，恐怕早就去了陰間。所
以，我鄭重宣佈，我個人在這次招工中棄權，至於推薦哪個去，
大家好好商量，最好是走的高高興興，留下來的也安安心心。我
先說這麼多。」

　　剛才吳子仁一看完通知，心裡就生出了讓他們走的念頭。這並不是他一時衝動，而是發自內心的感激。如果在一個月前出現此類事情，他是當仁不讓的。他表態之後，全身覺得從未有過的輕鬆。

　　稍稍沉默了一會兒，舒友仕接著發言：「我們這裡分到一個名額，確實是一件喜事，同時，也是一個難事。說心裡話，每個人都想走，但是我們要面對客觀現實，名額只有一個，走的高興是肯定的，留的安心恐怕難。究竟選哪個走我們要認真討論，既要不傷和氣，又要把事情做穩妥。現在雖然也說重在政治表現，但一旦落實到政治審查上還是要看家庭出身，我算是看透了這一點，政策不變，我再想走也走不了。不是我姿態高，我個人的意見……」舒友仕猶豫著停頓了一下說：「我的意思是選家庭出身好些的人去，免得報上去通不過白白浪費了名額。」言外之意，雖然沒有說穿卻再清楚不過。

　　易旺炎激動地站起身，眼睛睜得圓圓的大聲嚷道：「男子漢大丈夫說話爽快些，不要像女人一樣扭扭捏捏。我不信上頭說話不算數。政策不是說不唯成份論，重在政治表現嗎？不是說人的家庭出身不可選擇，道路可以選擇嗎？重在表現，什麼表現？喊口號誇誇其談就表現好？我認為未必。要拿出過硬的事實來說話。我認為哪個出工出得多，哪個工分掙得多才是硬指標，才是表現好，其他的都是虛的，假的，空的。說老實話，我也不夠格。我們這裡小席出工最多，人又老實，跟老鄉的關係也最好，應該選他走。我的意見就這些。」

　　氣氛一下子凝重起來，好幾分鐘沒人吭聲，事關一個人的前途，不能不慎重。席雨生低下了頭，他感謝易旺炎替自己說了想說但不便說的心裡話，他像是自己剛發完言般地如釋重負。他的

眼睛濕潤了。他低下頭生怕大家看見他的淚水。

　　吳子仁原以為大家會選舒友仕走，因為他在這幾個人當中有人緣，平時大家也挺信服他。眼前的情況讓吳子仁覺得意外，然而易旺炎已經明確地指名道姓，他也不好再提誰，反正自己表過態：誰走都行。他不由自主地看了一眼舒友仕。

　　舒友仕表情很坦然，平靜地說：「我剛才已經明確地表了態，可是易旺炎還說我像女人，我也認為小席這個人不錯，也希望他能走，但是……但是恐怕不一定走得了，主要是指政審，但願我是杞人憂天。」

　　易旺炎硬是強人所難地對孟頤昶說：「大家都表了態，就你沒做聲，你說你同不同意小席走。」

　　孟頤昶很不滿易旺炎這種態度，本想搶白他幾句：又不是你主持，充什麼大？但轉念一想，大勢已去，自己走已是無有指望，又不能爭，爭也白爭，乾脆順水推舟賣個乖吧。於是他瞟了易旺炎一眼說：「小席表現好，沒的話說，我同意他走。不過，我的表現也不差，少數要服從多數嘛。我就下次爭取吧。」

　　吳子仁此刻又擺起了他過去的官腔味：「今天的會議開得很好很成功，是一次團結的會議，希望今後還要像過去一樣團結。大家一致通過席雨生為招工對象，我也同意。大家都表現了高姿態，明天我就去公社彙報，好，散會。」他有種恍然若失之感，因為沒有人推薦他。雖然舒友仕點了一下，卻沒有人回應，若是大家都推薦他，他再謝絕，那不是漂亮地表現了一回，該有多麼感動人心。繼而又為這次會議的順利進行而感到欣慰，總算平平靜靜地解決了一件棘手的事情，倘若大家爭得不可開交，那才真頭痛呢。

　　第二天一大早，席雨生就興沖沖地上工去了，他的眼睛眉毛

以及心靈都在笑。在知青屋他不宜笑出來，畢竟這份幸運是建立在他人的痛苦之上的，所以只能在沒有人的地方笑。他從來沒有這樣的好心情，他一邊走一邊用小木鉤輕輕地拍打著小路邊的雜草，腳下像踩著彈簧似的一蹦一跳，嘴巴裡大聲地唱起來：

> 一座座青山緊相連，一朵朵白雲繞山轉／一片片梯田一層層綠，一陣陣歌聲隨風傳
> 哎，誰不說俺解放區好，依喲依喲……

今天他才發覺到，這一顆顆油茶桃是多麼可愛，紅的綠的黃的，一個個都鮮豔悅目。今年又是一個豐收年，樹枝都被滿樹的茶籽壓彎了，它們實在結得太多了。席雨生嫌一個個的摘太慢了，乾脆把斜背著的籮筐挪到胸前，一隻手牽住枝條，另一手順著枝條往下捋，茶籽敲打著籮筐，嘀嘀嘟嘟歡快地蹦跳，像是慶祝豐收的鼓點。原來收穫竟這麼具有勞動的詩意。他瘦小的身軀敏捷地在樹上樹下忙乎著，摘了一筐又一筐，究竟摘了幾籮筐，他已經記不清了。還數它幹什麼，過不了幾天他就要跟這裡的一切告別了。想到要告別要離開這塊曾經燃燒過青春歲月的熱土，心裡又泛起一股莫名其妙的感覺，是惆悵是眷戀還是喜悅，自己也說不來，人啊人，真是古怪，古怪得不可思議。

收工了，席雨生幾乎是一溜小跑回到知青屋。吳子仁的房門鎖著，顯然還沒有回來。席雨生的心裡有些失落。這是一個不眠之夜。席雨生在床上翻來覆去的胡思亂想怎麼也難以入睡。按常理說，他勞動了一天，應該是倒頭就入夢鄉的。他一面安慰自己：睡吧，想許多事做什麼，聽天由命，好事多磨，走得了就走，走不了就拉倒；一面卻心裡七上八下的不落神，心跳聲連自

已都聽得見，「撲通撲通」像是敲小鼓。

席雨生飄飄然覺得自己背著行李回了家。可憐的媽媽，您的兒子回來了，再也不走了。我進了工廠，從此在您跟前盡孝。母子倆抱頭哭泣，還是雨生停住抽泣滿臉是笑地對母親說：「媽，我調回工廠了，你應該高興啊！」

席媽媽巍顫顫地擦著淚說：「我高興，我高興！你從今以後不走了嗎？」

「我不走了。真的，我不走了。」驀地，門被重重地踢開，幾個凶神般的造反派扯起席媽媽就走。席媽媽悽楚地求救：「快救救我，雨生！」

雨生一步衝上前，想攔住他們。其中一個一臉橫肉的造反派狠狠地朝雨生胸口踹了一腳。雨生向後倒地，痛得在地下翻滾，滾著滾著，突然，滾下了萬丈深淵，這下完了，完了。雨生閉上眼睛，這下徹底完了。

「我沒有死，沒有完。我還躺在床上，原來是一個惡夢，一場虛驚。好危險啊！這是不祥之兆。」雨生的心裡這樣念叨，腦海裡蒙上了一層陰影。

雨生忐忑不安，魂不守舍地又度過了一天。這一天，他恍恍惚惚，好幾次從樹上跌下來。這一天的日子真長啊，好不容易捱到了收工，雨生滿腹心事的走在回知青屋的路上。山底有一個人，好像是吳子仁，是他是他！席雨生呼叫著吳子仁的名字，狂奔著朝吳子仁跑去。突然，他停下了腳步。吳子仁怎麼了，這麼嚴肅的神色，兩隻眼睛呆呆的，人像是一根木頭。

「吳子仁，你怎麼在這裡？」

「小席，你要堅強啊！你走不了啦，公社知青辦在政審時把你除名了。」吳子仁沮喪地說。雨生只感到天旋地轉，像遭到五

雷轟頂，像地陷山崩，他眼前一黑，幾欲跌倒。吳子仁趕緊上前扶住他，幫他穩住神，攙扶著席雨生走回知青屋。

當晚，在席雨生的房裡重新召開推薦會。席雨生躺在床上，用被子蒙著頭。吳子仁，舒友仕、易旺炎、孟頤昶默默地坐著。還有什麼可討論呢？事情還不是光頭上的蝨子明擺著。

時間悄悄地溜走，大家仍在沉默。舒友仕終於忍耐不住說：「搞來搞去還是老一套，說什麼重在表現，哼！騙小孩。我們幾個人也不要怪吳子仁，他的出身畢竟是工人，比我們都好。我早說過了，政策不變，我們這些人難辦，我們還是乖乖地在這裡種山，讓吳子仁早些走。」接著他有些神祕兮兮地說：「大家也不要悲觀，鄧小平出來了，政策或許有些變，好多'走資派'如今都恢復了職位，進了革委會。」

孟頤昶喪氣地說：「人家是『走資派』，說變就變成了革命幹部，我們是什麼，是『可以教育好的子女』，是『狗崽子』，兩碼事。」

席雨生禁不住嗚嗚哭出了聲，隔著被子都可以看到他在抽搐。坐在床邊的舒友仕和吳子仁都感覺到了床在顫動。他真夠倒楣的，命運偏偏捉弄他。

易旺炎今天也懶得發火了，緘口不言語。他很氣惱，他不服氣讓吳子仁走，可是又無可奈何。與其浪費名額，不如走一個是一個，畢竟還沒有深仇大恨。

吳子仁做聲不得，今天他的處境很窘迫。理解他的人還好說，不理解的人會說他耍兩面派。他已經知道公社知青辦的意圖是讓他走。如果在過去，他完全不必回來再開一個會，在公社裡將名字改了就是。可是他知道這樣做很傷人，他自己也對不住人，畢竟這是大事情，還是通過大家才好，明人不做暗事，也對

得起良心，他現在也漸漸恢復了做人的基本準則。

「前天你易旺炎說我扭扭捏捏，我看你今天還不如女人，是活人就吭個聲。事情已經這樣了，誰有回天之力?!表個態吧，早散會早睡覺，明天還要摘茶籽，為這種事熬瞇睡不值得。」舒友仕再一次打破沉默。

「那就讓吳子仁同志走吧。」易旺炎有氣無處發，只好用五個字稱呼一下表示他心中的不滿和牢騷。

「我也同意吧。」孟頤昶無可奈何花落去，只有附和。這本來就是脫褲子放屁的事。席雨生也在被子裡嗡聲嗡氣地說了聲：「同意。」

一個星期之後，吳子仁接到了公社知青辦的通知，要他辦理相關手續，去工廠報到。他心裡很高興，但在知青屋不便流露出喜悅，怕傷其他人的心。平素幾個熟悉的山農問他討要香煙和糖，他慷慨地散發了。知青們沒有一個問他要香煙要糖，他也不便散發，他知道他們和自己還有一些隔閡，四年來的隔閡不是一朝一夕就可以化解的，需要時間來淡化。

明天就要與這裡的一切告別了，說不準是永別，還來這裡幹什麼？往事不堪回首，過去無知也罷，荒唐也罷，都已經過去。回憶只能使人傷感，何必來自找煩惱，早知如此，還不如當初在學校就分配到工廠。不過，這四年的磨煉還是刻骨銘心的，特別是這次戲劇性的起起落落，使他懂得了要老老實實地做人，踏踏實實做事，玩虛的只會害己害人。來不及向邱琴告別了，以後再寫信吧，誤了明天中午的車，又得耽擱一天。吳子仁把該帶走的東西都整理好，準備明天早些出發。他睡覺的時候已經是半夜了。隔壁席雨生的房間裡還透出燈光，睡夢中他彷彿聽見雨生的房裡有東西倒地的聲響……

告別的時候來了，分手的時候到了。他跟舒友仕、易旺炎、孟頤昶鄭重的握手。他是真誠的告別，而他們卻似乎很淡漠。他發現席雨生還未起床，房門還關著，往常他早起床了。他上前敲門告別：「席雨生，我走了，以後到城裡去我家玩，你們都好好保重。」

席雨生沒有應答，一種不祥的預感襲上吳子仁的心頭，他大聲喊：「席雨生，小席，小席！」

房間裡仍是死一般的沉寂。他們仨也圍了過來，大家交換了一下眼色，易旺炎對著門猛踹一腳。門開了，藉著透進窗裡的光亮，只看見席雨生直挺挺地吊在橫樑上，一隻杌子翻倒在地。

四個人不約而同地「啊--」了一聲，連忙七手八腳把席雨生解下來，放在床上。他的身體已經冷了，他平靜地走了。說來也怪，他的模樣很安詳，舌頭並沒有像傳說的那樣拖出來。桌子上有一張絕命書，是寫給他母親的。

　　敬愛的媽媽：

　　　　原諒我很久沒有這樣稱呼過您。原諒我早早地離去。幼年喪父，中年喪偶，老年失子這人生三大不幸都無情地落在你一身。可憐的媽媽，我已經萬念俱灰，活著沒有了一點意思，沒有一點指望。與其在世上捱，不如到地下埋。那是人人都必去的歸宿，我只不過稍早了一些。

　　　　我愧受您的養育之恩，我這輩子不僅沒有任何回報，反而給您增加憂傷，給你又一次刺激，我實在不願這樣傷害您，可是沒有辦法，我對人生已經絕望，請原諒我吧。

　　　　我的死與任何人無關。

　　　　　　　　　　　　不孝兒：雨生叩首　十月三十日

　　「小席啊小席，你糊塗啊！是我害了你啊，我如果不提你的名去，你就不會死呀。……」易旺炎頓足捶胸地自責，淚水止不住流下來。

　　舒友仕的心裡亂極了，心情沉重，鼻子不由得不發酸，眼淚也不禁潸然而下，他哽咽著勸易旺炎：「你也是好心好意，誰能料到他這樣想不開，你也不要太難過，人已經死了，哭也哭不活。」

　　不料此話一出，大家都失聲哭出，畢竟四年來同在一個屋子裡睡，同在一個鍋裡吃飯，同在一塊藍天下勞動。這哭聲既是哀悼席雨生，也是為自己傷心落淚。

　　知青屋背後的山坳裡，也就是那塊曾經失火被燃燒過的土地上，砌了一座新墳。墳前立了一個無字碑，當地老鄉不興立碑。墳頭上放著一把紙紮的二胡，這是吳子仁虔心制做的祭品。一個黃紅色的小土包，標誌著這地下曾經有過一個鮮活的生命。也許席雨生的母親會將他帶走，但目前只能在這裡長眠。

　　吳子仁要走了。他為料理席雨生的後事已經耽擱了兩天。他再次來到墳前向席雨生告別，他心裡非常壓抑，他總覺得席雨生的死自己有不可推卸的責任。那天會上，如果自己不說那番話，也許不會勾起席雨生的念想。人都是靠精神支柱支撐著的，一旦絕望，精神也就崩潰了。他死了，我走了，剩下的三個人又將如何延續各自的人生道路，他有點迷茫。他沒精打采地背上背包，步履沉重地向前走。在拐彎之處，他又回過頭來看了看席雨生的墳。

　　秋風瑟瑟無情地絞殺著烏桕樹上的殘葉，幾隻烏鴉在樹枝上不時地鳴叫起單調的哀樂，使人感到悲涼而不寒而慄。周圍的

群山上，茶籽花開得分外燦爛，潔白的油茶花漫山遍野，如同下了一場大雪，把起伏的山巒妝點得一片雪白，像是為席雨生致哀……

看了此文，我不禁悲從中來，痛哭失聲，為過早夭折生命的知青兄弟姐妹，為那些中年痛失子女的知青家長們，為那個悲慘時代發生的這許許多多悲慘故事……

第二節　卑鄙的權力脅迫和無奈的靈肉出賣

因為知青爭先恐後地都想回城，一些掌握審批權力的農場農村領導就卑鄙無恥地在知青身上打起了歪主意。在知青八爪夜叉〈一九五九──二○○九，我的滄桑五十年〉第二十七節，就有這樣利用女知青想回城的心理欲行姦淫勾當的兵團連隊畜生幹部：……自我四姐趙爭鳴和馬三到了大興安嶺林區，就被分配到松嶺區壯志林場採伐連，做起了伐木工。壯志農場地處北寒之地，我四姐他們去的時候天氣已經很冷了，室外溫度已經將近零下30度，室內溫度大概能比室外高個一兩度，這還不算最冷的，最冷的時候溫度要零下45度左右，那才是真正的滴水成冰，伐木的時候出汗，汗珠子不等流到下巴那就結了冰，幹一天活回來，大家都跟冰雕似的，一個個晶瑩剔透，都要先到火爐旁邊把自己解凍了才能吃飯。

我四姐個子小力氣也小，伐木的時候跟馬三一人一頭抓住大片鋸，馬三在那邊一拉，我四姐跟著片鋸就往前跑，馬三再一推，我四姐跟著片鋸又回來了，結果一棵樹基本上是馬三一個人放倒的，我四姐淨跟著大片鋸跑步了。馬三也累，又要鋸木頭又要拉著我四姐來回跑，一天下來用的勁差不多頂別人兩天了。但

是馬三啥話也不說，咬著牙頂，我四姐看在眼裡，心中很是過意不去，吃飯的時候就把自己那份分一半給馬三吃，馬三起初害怕，以為我四姐給他下套，死活不吃，後來看出來不是下套，又跟我四姐客氣，說什麼你吃你吃我不餓，我四姐就把窩頭硬塞給他，說少廢話趕緊吃，裝什麼大尾巴狼，馬三害怕，就不敢不吃，到了最後就已經不用我四姐勸了，打回來飯先把我四姐那份幹掉一半再吃自己的。

長此以往我四姐自然就有些堅持不住，每天光跑步也累得夠嗆，有時候馬三稍微停一下，我四姐就趴在片鋸上歇一下，一歇就打盹，一打盹就壓斷一把片鋸，片鋸斷了好幾把，他們連長就急眼了，把我四姐拎過去就訓，訓著訓著發現這小姑娘一點反應沒有，仔細一看，站著睡了。連長這仔細一看不要緊，就發現我四姐是個小美人，眉清目秀，白白淨淨。這連長讀過幾天書，屬於衣冠禽獸一類。心想哎呀這不是我的林妹妹嗎？真漂亮啊，看來曹雪芹沒騙人。這小妹妹我得弄到手。

當時黑龍江身產建設兵團也處理了一批強姦女知青的幹部，這連長僥倖躲過處理，心裡還是有點害怕，不敢來硬的，就想用別的招勾引這個天上掉下來的林妹妹。某天找我四姐單獨談話，拿張招工推薦表在我四姐面前晃，問我四姐：「想回城參加工作不？」我四姐何其聰明，看了一眼說：「不想！」轉身就走。把連長氣得在屋裡來回轉悠，還不死心，隔天又拿張參軍推薦表在我四姐面前晃，問：「想參軍不？」我四姐還是那倆字：「不想。」

連長連續受到打擊，心裡恨得不行，心想我就不信收拾不了你個小妮子，我要不拿下你趙爭鳴，他媽的我跟你姓，給你當乾兒子！於是就想單獨接近我四姐尋找霸王硬上弓的機會，可是

我四姐走到哪馬三跟到哪，拎把大片鋸站在我四姐身後，跟個門神似的，你還別說，這馬三要是不說話光往那一站，絕對唬得住人，連長怕馬三犯二鋸了自己，也就不敢過於接近我四姐，天天看著自己的林妹妹在眼前晃來晃去，就是吃不到嘴裡，就把個堂堂伐木連連長急得抓耳撓腮上躥下跳。

所謂功夫不負有心狼，某天終於讓連長逮著一個機會。那天趙爭鳴去縣城買日用品，一堆姐妹讓她帶這帶那，基本都是些女士用品，到底是啥就不細說了。總之趙爭鳴帶著錢款就準備上路，馬三要跟著去，我四姐說你跟著幹啥，我要買的東西沒有你能用的，老實待著吧你。馬三莫名其妙，心說啥東西我不能用？還有我不能用的東西？但是我四姐的話在他耳朵裡就跟聖旨一樣，她說不讓去，那就死也不能去。

縣城離林場挺遠的，我四姐回來的時候天已經有點黑了，買的東西不多，因為縣城裡實在沒啥東西。我四姐拎著小包晃晃悠悠走在路上，根本沒注意有人跟著她，正走著，突然一個人斜刺裡衝出來一把摟住她，摀住她的嘴就往路邊小山上的白樺林裡拽，我四姐力氣小，掙了一會很快就沒勁了，這人把我四姐拽到小山上一個很淺的山洞裡，鬆開了手，我四姐回頭一看，正是她的連長。連長色迷迷地笑著說：「怎樣？落我手裡了吧？」我四姐心說不好，今天很危險，不能來硬的，來硬的兩個趙爭鳴也不是連長的對手，心念一轉，也笑眯眯地跟連長說：「連長，你想幹啥？」

「想幹啥？想幹你！」連長說。

「你慢著，連長，你是國家幹部，前陣子剛處理了一批幹部你不是不知道，你想想好啊。」我四姐看著連長說。

「想個屁，老子向來用小頭思考，還管球那麼多？今天不弄

了你，我他媽的跟你姓。」連長說著就要動手。

「好。」我四姐仍舊笑瞇瞇，「你是幹部我是知青，只要你不怕，我也不在乎，不過我要回城，你可要幫我的忙。」

連長大喜，連說：「沒問題、沒問題，趕緊來吧。」

我四姐說行，你先把衣服脫了吧，說著又衝連長笑了一下，笑得連長登時熱血沸騰，也顧不得天冷，三下兩下把自己脫了個精光，把衣服撇到山洞外就要動手。

「等等。」我四姐說：「衣服別亂扔啊，挺好的解放綠，都弄髒了。回頭你也給我弄一身解放綠啊。」說著站起來走出洞口撿衣服。

「你快著點吧。」連長急得直蹦。

我四姐一件一件把衣服撿起來，在洞口沖連長晃了晃，笑瞇瞇的說：「連長，再見。」說罷撒丫子就跑。

「我操！」連長站起來就想追，猛然想起來自己沒穿衣服，連忙又坐下了。

我四姐一溜煙就沒影了，連長光著屁股在洞裡急得團團轉，一邊罵一邊哆嗦，天氣很冷，沒一會連長的小雞雞上都凍抽巴了。連長心想這麼著不行，他媽的要活活凍死我啊，伸頭到山洞外面左右看看，沒人，於是兩隻手往前面一擋，撒腿就往連部跑。

當時連隊有一些知青在連部外面幹活，還有幾個民兵也在連部外面巡邏，大家正在忙活，突然看見遠處一道肉光飛速而來，盡皆大驚失色。連長遠遠看見有人，就想躲，但是凍得實在受不了，就把心一橫沖連部直奔過去。眾人以為是瘋子，就都跑過去要攔，跑近一看這人眼熟，雖然下面無甚特徵，但是脖子上面那個腦袋依稀就是連長。連長看見有人圍過來，心中一急，腳下拌

蒜，踉踉蹌蹌摔了個狗搶屎。眾人一看連長摔得如此狼狽，急忙過去扶起，連長凍得連牙都青了，結巴著說：「衣……衣服。」有人趕緊拿過軍大衣給連長披上，問：「我的連長同志，怎麼了這是？」連長說：「有……有狼。」說完裹著大衣跑進連部。

眾人面面相覷，心想怎麼這狼還喜歡扒了衣服吃肉？什麼狼這是？

連長裸體戰群狼的故事很快傳開，這回丟人丟大發了，走到哪都有人問他：「連長，你沒讓狼給強姦了吧？」，「連長，哪只狼扒的你衣服，走咱找它說理去。」，「連長，還是上醫院看看吧，要是有了小狼崽子可得趕緊打掉，這要生下來多丟人啊。」連長氣得直翻白眼，見了我四姐恨不得上去掐死她，但是一則怕再中我四姐的圈套，二則馬三總在後面虎視眈眈，想來想去也不敢下手。

連長由於小雞雞凍結性損傷，很是消停了一陣子，但是正所謂好了傷疤忘了疼，小雞雞痊癒沒多久色心又起，賤兮兮的又找各種藉口接近趙爭鳴，趙爭鳴不勝其煩，心想索性給你個痛快的，就直接去找了連長。

連長對趙爭鳴的到來很是驚訝，以為趙爭鳴服了軟，自己送上門來了，喜得連說小趙來了，坐坐坐，找我有事兒啊？趙爭鳴也不客氣，坐下就來了一句：「連長，我警告你，你要再敢纏著我，我就到場長那告你去。」

連長哪信這個，心說你一個小小知青想告連長，整個白日做夢。又想起白樺林受辱事件，不禁怒上心頭，臉色立變，一掌拍在桌子上，大喊道：「趙爭鳴！你他媽的別給臉不要臉！我告訴你，老子吃定你了，有本事你就上場長那告去，我他媽的還不信了，場長會信你個小破知青的話。」

趙爭鳴也是有備而來，豈是連長拍兩下桌子就能嚇退的，先冷笑了兩聲，然後看著連長說：「連長，別人的話場長大概不信，我的話場長一定會信。」

連長一愣，上下看看趙爭鳴，趙爭鳴也跟他對看，眼裡絲毫沒有怯意。看著這個豔若桃李又冷若冰霜的小美人，連長心裡是又恨又癢癢，問道：「你什麼意思？場長憑什麼信你？」

趙爭鳴說：「場長屁股上有顆痣！」說罷轉身出門，揚長而去。

連長又楞了，在屋裡轉來轉去琢磨這句話：「場長屁股上有顆痣？」琢磨了半天終於明白過來，一拍大腿，自己跟自己說：「我草！她跟場長有一腿！」

想通了這一點連長算徹底死了心了，他知道自己絕對惹不起場長，這老頭凶得很，要是知道自己跟他爭女人？啥也別說了，就自己刨個坑進去躺著等人家來填土吧。

我後來問趙爭鳴你怎知道場長屁股上有顆痣？趙爭鳴笑著說我怎麼會知道？我就在大會上見過場長兩回，連場長具體長什麼樣都不知道。不過我不知道連長更不知道，他難道還敢去問場長不成？場長厲害著呢，他要敢去問，場長就敢真把他扒光了餵狼。說罷又笑著搖搖頭，說其實場長挺好的一個老頭，冤枉他挺不好意思的，不過當時實在沒辦法了。我心說趙爭鳴同志您太謙虛了，這麼損的招我可想不出來。

連長不敢再打趙爭鳴的注意，就下決心要整整趙爭鳴，跟個碎嘴老娘們似的到處轉播謠言，說趙爭鳴為了早日回城常和場長搞破鞋。趙爭鳴也不在乎，誰愛說說去，既不耽誤吃也不耽誤喝，有時候上食堂打飯，大師傅還多給她一兩個窩頭啥的，趙爭鳴知道這老小子怕自己跟場長吹風，也不說破，每次都欣然笑

納。從來不怕流言蜚語，是我們家幾個孩子的一貫優良作風，黑
七類加破鞋家庭嘛，聽得最多的就是這個，還有啥好怕？

但是，對於一些無權無勢的知青群體及其家長來說，也只有
通過各種旁門左道甚至歪門邪道才能達到回城的目的。如有的男
知青不惜以娶大隊會計或隊長的傻女兒，來換得上工農兵大學或
少得可憐的招工機會；甚至冒險偷盜換錢賄賂農村的當權者；而
有的女知青只有用自己花季的身子去供那些一手老繭、滿臉皺紋
的掌權者們去肆意蹂躪、淫樂。凡此種種，其目的只有一個，就
是為了回城！在知青jhd1981〈一個被蹂躪而死的女知青〉中有
這樣觸目驚心的揭露：

……正是知青回城運動時期，知青們都使盡渾身解數，爭取
早日回城，因為誰也不知道，明天早上會不會有新的中央文件傳
達：知青停止回城，就地革命到底。

因為一切都是暗箱操作，有權勢的有關係的都回城了，剩
下的男女青年都像瘋子一樣暗中鑽營。凡是回城的，都得過三關
斬六將。這三關是，連部、營部、團部，這六將是，連長、指導
員、營長、教導員、團長、團政委。

一個文弱娟秀，患有先天性心臟病的女青年，也和大家一
樣，拼命鑽營，雖然花去了在北京當教師的母親大半生的微薄積
蓄，總算斬掉了幾個大將，通過了連營兩關，但是由於長期過度
勞累，體質太弱，她不能「獻身」，達不到黨組織「赤膽忠心」
的要求，最後在團政委那裡卡了殼。

團政委對她背來的大包煙酒、奶粉，以及北京特產果脯什
錦糖根本不屑一顧：「這些東西我太多了，家裡都堆滿了，賣都
不好賣。我只關心你在這裡十來年，思想究竟有沒有改造好？究
竟聽不聽黨的話？究竟願不願意向代表共產黨的革命幹部，現在

也就是我，獻出你的一切？困難別說給我聽，按照我黨的一貫政策，那都是要你自己去克服的。回去想清楚，否則就別再來找我了。」

女青年回去哭了一整夜，便寫了一份遺書給北京的母親，說自己回城沒希望了，只有死路一條了。

遠在北京的母親眼看鄰居同事的兒女紛紛回城，天天望眼欲穿，希望有一天女兒如天使一般突然降臨家中。她的丈夫也是一位教師，不幸因為耿直被打成右派，也是死在北大荒。如今見到女兒的信，便心急如焚趕過去。這是她在這個世界上最後一個親人了，她不能讓女兒和父親一樣也死在那個罪惡深重的沼澤地裡。

她親自去向政委陳情，訴說一家人幾十年的苦難，聲淚俱下。團政委則象一頭猛獸，在盡情欣賞這個婦人的殘存風韻，盤算著如何吞吃眼前的獵物。對於北大荒的老泥腿子，大城市的女人確實有吸引力。團政委最後似乎讓步了：「既然你大老遠地從北京趕來，我總得給你一點面子，但是我們共產黨人是講究原則的，你的女兒確實不行，那你這個母親就代她獻身，稍微表示一下對黨的忠誠吧。」

母親痛苦地低下頭，面對這個野豬般的泥腿子，她心裡直犯噁心，但為了女兒能脫離苦海，她豁出去了。

團政委隨心所欲地蹂躪了女教師一夜，第二天一整天都在回味。晚上他看到那個女青年拿一張申請表來請他簽字，他仔細端詳著這個嬌弱的生命，突然覺得她異常美麗動人，心想她的母親都那樣棒，她的味道肯定好極了，絕不能放棄黨的原則！

政委獸性急脹，腦筋一動，無恥地伸手摸著女青年的臉，扯謊說：「今天上級又有新的精神傳達了，審批標準比以前更嚴格

了，名額更少，這不能怪我。除非你自己也『獻身』革命事業，恐怕我不能把這有限的名額給你。」

目瞪口呆的女青年，盼著回家盼了10年，根本沒想到現在又節外生枝，腦子還沒反應過來，就被野豬般的團政委拖到床上蹂躪起來……

焦急不安的母親見女兒久不歸來，最後終於鼓足勇氣找過去，當她最終找到時，女兒已死在團部衛生所裡，下身被血浸透了。野豬般的政委強姦致使她女兒心臟病發作，突然死了。

她哭的死去活來，團裡專門安排了兩個又紅又專的女青年照顧她，安慰她。等她流乾了眼淚，哭啞了喉嚨之後，團裡幾個幹部便輪番找她談心：「人死不能複生，想開一點。雖然政委同志做得不對，但她畢竟死於心臟病，不能怪政委同志，只能怪你女兒沒有把握好分寸。」

「再說這件事的性質，按照黨組織的一貫定性，畢竟是你女兒勾引革命幹部下水，而且我們聽說你也曾勾引政委同志下水，這是要依法嚴懲，甚至要勞動教養的。當然政委同志革命意志不堅定，一時糊塗，犯了錯誤，也會受到黨紀處分。鑒於政委同志這方面工作做得不夠好，團黨委已決定暫停他參與知青回城審批工作，並可能給與他黨內警告處分。」

「團黨委決定，這件事關係本團的聲譽，必須嚴格保密，對任何人都不准說，否則後果自負！再說這也不是什麼光彩的事，你說給別人聽，讓你單位的同事知道了，你也沒有臉面再活下去。這裡死掉的知青太多了，太平常了，沒人感興趣的。如果你有什麼個人要求，可以向組織上提出來。再休息幾天，就回去上班吧，革命工作要緊。」

母親回城之後，再也沒有生存意念，臨死之前，她寫了一份

控訴書，抄了幾百份，咬破手指，全部按上血手印，寄給各級黨政軍領導部門。據說有一份被一位受盡文革磨難、僥倖餘生、良心復甦的老革命親手遞給了胡耀邦，胡耀邦看後勃然大怒，下令槍斃了這個政委……

知青shan yan在〈當權者強姦女知青確有其事〉中有更加詳盡的記述：……漸漸地，四周村裡剩下的知青越來越少，我們這些被剔下來的人中間也漸漸起了隔閡，誰得到了最新的招工消息都不想讓別人知道，哪怕明明知道自己根本也沒有被選中的希望──想不到的是，到了最後，連這最原始的叢林生存法則也被推翻了。

一個可怕的小道消息像野火一樣在我們中間迅速蔓延：「本省招工即將全面凍結！」很快全縣殘餘的每一個知青都知道了，每一個人也都在作最後一搏的打算，人們甚至已經顧不上再對別人隱瞞自己的打算和計畫了。用小張的話來說：「老子今天就是拚上了命，也要趕在沉船之前離開這個鬼地方！」

身在同一條就要沉沒的破船上，一個又悶又熱，氣壓低得連蚊子都懶得再叮人的八月初的深夜裡，我和小張滿眼紅絲，在小茅屋裡昏暗閃爍的小油燈下碰杯，各自把茶缸中最後的一滴劣質白酒喝幹，再把早已空了的幾個香煙盒點燃。嫋嫋升起的藍色煙霧中，我倆莊嚴地擊掌為誓，共同打好這一仗，要走一起走，要留一起留，不管如何，我們決不放棄！

倒不是我們不想和小梅兄妹倆結盟，而是近來時常看不到他們的蹤影，他們在省城有親戚，這一天晚上好像又進城裡活動去了。

小張不愧是將校之後，立刻擬定了我們的作戰計畫。因為凡是工礦企業招工的幹部到了縣上都要住在唯一的縣招待所裡，所

以我們第一件要做的大事就是要到那附近去打埋伏，先弄清楚下一批招工單位的詳細情況，再隨時根據戰局的變化作出下一戰役的相應安排。另一個要重點偵查的地點是縣知青辦公室，因為每次重要的招工會議都在那裡舉行。研究結果，小張負責偵查招待所，我則到知青辦附近埋伏，每天晚上我們碰面交換情報。

我一連埋伏了三天而毫無結果，小張那裡也基本如此。帶的乾糧快吃光了，但我們仍然不肯放棄。為了避免引起人們的懷疑，第四天我和小張調換了位置，來到了招待所外面偵查。這個招待所和縣高中只有一牆之隔，一幢兩層的紅磚小樓後面是齊胸高的玉米地。雖然大門口傳達室有個值班的老頭，但後面一望無際的青紗帳並無人特別注意，難怪小張笑話說這些個土八路沒有一點軍事素養了。

天快黑了，在悶不透風的玉米地裡埋伏了整整一天，我早已是又累又餓又渴。爬起來剛想離開，面前的招待所108室的燈亮了，窗戶上突然閃現出一個熟悉的側影。我仔細一看，心裡不由暗叫一聲奇怪，那怎麼越看越像是小梅的倩影？還沒等我細想，那個人影竟然走到了窗前，一伸手把窗簾拉開了——果然是她，嚇得我趕緊原地趴下，幸好她沒有注意到我。

隱隱地好像聽到她深深地歎了一口氣，接下去好半天也沒有再出聲。我生怕暴露了目標，就學習了邱少雲，死死地伏在陣地上一動也不敢動，只憑耳朵在仔細地傾聽屋裡的一動一靜。這樣一來，那一群一群一直在面前哼哼叫的蚊子可逮到了好機會，我也只好任由它們把我臉上，脖子上的每一條血管全都吸了個痛快。聽小張說，昨天一個縣委常委在這屋裡打電話時，無意中曾提到省裡有關於知青招工問題的新的精神快下來了。但願今天我能偷聽到更確實的情報，要是能知道是哪一家企業來招工就好了

……

也真怪，剛想到電話，屋裡的電話還真地就響了起來。這一次，我立刻聽出來接電話的是小梅的聲音，那樣溫軟動聽的廣西口音，和劉三姐的還真像！另一方不知道在說些什麼，只聽見小梅十分激動地說道：「是的，是的，黃主任，我在招待所的108室等您。……什麼？您說負責這次招工的那位冷凍廠人事處的陳副主任也會和您一起來？哎呀，這簡直太好了，我真不知道該怎樣感謝您才好呢！……什麼？不用謝？哪怎麼行呢？我有個在香港的姑媽聽說快回國探親了，您需要什麼東西請儘管說，當然，還有……」

下面的話我忽然有些聽不清楚，只覺得小梅的聲音一下子僵硬了許多，人也似乎有些不大自在起來。電話放下之後，我聽見她在屋子裡來來回回地走著，窗子也是開了關，關了開，反反復複地不停，害得我一直連頭都不敢抬起來。她這是怎麼了？才幾天不見，一向文靜的她怎麼會變得如此煩躁不安起來？

大約十幾分鐘過後，我聽見有人推門進屋，然後是黃主任的粗大嗓門：「哎呀呀，小梅姑娘你今天好漂亮啊！」我還是第一次聽到一向一本正經的黃主任用這樣的口氣說話，趕緊又向窗子底下挪了挪，惟恐漏掉了一句重要的話。要知道，我們早就風聞冷凍廠可能是最後一批來招工的企業，如今有了這樣重要的線索，那敢輕易讓它跑掉？只要能弄準確冷凍廠招工的人數和最後期限，小張說過他有辦法「緊逼盯人」，保證要讓那負責招工的人收下我們。

「黃主任，那位陳副主任怎麼還沒來？」是小梅的聲音。

「他一會兒就到，早就說好了的。」黃主任還是一副我從來沒有聽見過的大大咧咧的腔調，「我說小梅姑娘，你就甭擔心

啦，既然我答應給你辦了，你就一百個放心好啦……」

「那……那還有我哥哥呢？」小梅又怯生生地問。

「沒問題，當然沒問題，你們兄妹倆的事就全都包在我的身上啦。哈哈……」

「那……那……我真不知道該怎樣報答您了……」

「說什麼報答不報答的，你瞧你，怎麼一下子又這樣見外起來啦？剛才電話裡不是和你說了，只要讓我高興高興，一切都沒有問題，相信吧，我可是說話算數的人吶。」

黃主任接下去似乎在打開一瓶酒，我聽見「撲」的一下開蓋子的聲音，然後是酒瓶重重放在窗前桌子上的聲音，一陣濃郁的酒香從窗子裡飄了出來，肯定是有名的登封大麴，好酒啊，我不由地嚥了一下口水。喝酒，對於過去從不沾酒的我來說，這可是下鄉後學到的第二項最重要的本領；第一項本領嘛，當然是抽煙了。不會抽煙喝酒，怎麼和別的知青和貧下中農們打成一片？再說，和任何一個大小農村幹部打交道，不先「研究研究」（煙酒煙酒）一番行麼？可惜，這樣普遍的真理在當年的那些先進知青活學活用毛選講用會上竟然從來沒有一個人提到過……

我正在走神呢，屋裡忽然傳來了輕輕推搡的聲音，還夾雜著小梅低聲的「別……別……不要……不要這樣嘛……」聲音。此時就是個傻子也能明白裡面是怎麼一回事了。我覺得臉上一陣陣地發燒，差一點就要爬起來跑掉了，可轉念一想冷凍廠事關重大，又強迫自己趴在原地，依然是一動也不敢動。

「您不是說過冷凍廠的陳副主任馬上就要來了嗎？」聽得出來小梅似乎快要哭出來了。

「哈哈，哪裡有什麼陳副主任要來，我剛才是在和你開玩笑呢，」黃主任一連串的大笑聲，「實話跟你說了吧，這冷凍廠招

工可是全省最後一批了！省革委知青辦公室的文件剛剛下來了，決定從今年九月一日起，無限期地全面凍結全省的知青回城招工。」他頓了一頓，似乎故意為了增加自己話語的分量，「你可要明白，過了這個村，就沒有這個店啦！下次啥時候？文件上說得清清楚楚，再也沒有下一次啦！哈哈……」

「那……那……」小梅可憐巴巴地說，「我舅舅說了，等一收到香港的下一筆匯款，就馬上再給你送來，還和上次一樣，他會親自交到您的手裡……就請您多多幫忙吧。」

「錢，你以為我缺錢花嗎？」黃主任得意地說，「你是不知道吧？在這樣的節骨眼上，那些個急著想回城的知青，誰不搶著給我送錢？我還要挑挑揀揀才收呢。至於你嘛……我不要你再送錢，我只要你今天晚上讓我高興高興，陪陪我下面爽快就行了……」

「嗚嗚……」聽到小梅一陣陣無助的哭聲，我的胸膛裡像要著了火似的，臉上一陣陣地發燙，嘴唇也乾裂起來，我好幾次按捺不住自己，恨不能一躍而起，沖進屋裡把那個肥胖的黃主任痛揍一頓！

我還沒打定主意，屋裡的電燈突然滅了。沒有了說話的聲音，只聽見黃主任呼哧呼哧喘粗氣，然後是悉悉索索脫衣服的聲音，接著是小梅一陣陣低低地「不要，不要……我真地不要……哎喲，你的這根東西好粗，疼死人了……」的哀泣……

「你忍耐一下，等一會適應了就感到好舒服的。」那黃主任一邊淫笑道，一邊奮力將下身往小梅的體內瘋狂插去。牆壁上的影子也在不停地晃動……

「你就不怕縣委書記知道你這樣亂來嗎？」終於，我又聽見小梅幽幽的聲音，屋裡的燈也又亮了起來。

「哈哈，你算問對了，其實縣委書記搞得比我還多。那些找他批條子的女知青甚至家長，都要給他送錢，還要玩得高興才能走人，你不信去看看，他家裡的一溜七間新瓦房是怎麼蓋起來的？」得意洋洋之間，他忽然壓低了嗓門，又連連地催促道：「來，再給我插進去一次……」

「你已經得手幹了，為啥還要來？」「剛才是你的，現在是你哥的。你難道要他留下不走嗎？」「……那你就再來吧，但是要輕一些進去啊」小梅無奈地說。接下去就再也沒有任何說話的聲音了，只是床鋪瘋狂的吱吱聲。我覺得自己的腦袋像快要炸裂開一樣，只有緊緊地抓緊地裡的野草。想像著美貌的女知青被蹂躪的慘狀……

不知過了多久，裡面早已經是人去室空，我還昏昏沉沉，呆呆地趴在窗外的草地上，為小梅，也更為剛才自己的軟弱無能感到深深的羞愧。我實在想得太多了，也太膽怯了！管他什麼前途，招工，自己和家人的安危這些個烏七八糟的事，剛剛為什麼就不敢破窗而入，抓起酒瓶，砸向那個肥胖的黃臉上，再打他個痛快呢？唉，唉，真是古人說的對，百無一用是書生啊！可恥啊！可歎你白讀了那麼多的聖賢書！連這一點勇氣都沒有，還成天夢想要幹一番什麼大事業，怎麼可能呢？不對，還有小梅兄妹倆的前途呢？我剛才萬一忍不住衝了進去，不是也會壞了他們倆人的大事了嗎？這樣轉念一想，我又有了給自己辯解的藉口，可是，無論怎麼想，心裡總是像裂開了一樣……

我不記得那天晚上是怎樣走回去的了，只記得自己好像喝醉了酒，滿臉通紅，走起路來歪歪斜斜地，倒把早就等急了的小張嚇了一大跳。

後來我向小張報告時，一字都沒敢提剛才的那一幕，只把冷

凍廠來人和全省九月一日起正式凍結招工的緊急情報告訴了他。在他的周密計畫之下，我們兩人第二天馬上開始執行新的戰略部署。先是二十四小時不停地步步緊盯，接下去是軟磨硬泡，硬是把那位冷凍廠人事處的陳副主任死纏爛磨地弄得沒了辦法，最後還真地把我們招了進去。當然，小張的父親入獄前存了不少錢，此時也發揮了不小的作用。至於小梅兄妹倆，我回城之後再也沒有見過他們。後來聽說小梅進了縣辦的化肥廠，再後來就沒了消息。

更為惡劣的是有的負責招工當權者利用職權大肆姦污女知青。老樵在〈知青回憶錄之瘋蝶〉講述：我是一九七〇年十二月招工返城的。當時工廠規定：新學員不許談戀愛，新職工三年內不許結婚。三年期滿，一九七三年歲末我結了婚成了家，一年後做了父親。可以說，在知青當中，在無權無勢的人群裡，我還是比較幸運的。

一九七四年，因為勞動積極，不怕吃苦，政治表現沒有問題，而且寫得一手好文字，單位把我從第一線調到「打擊刑事案件專案組」當調查員，給予黨員身分，參加「429、430專案」工作……就在專案工作實際上即將結束之時，我卻遇上了一個女瘋子。此人叫章家雲，是工程師老胡（高工，今年七十多歲，出家在八公山白塔寺，去年我還和幾個朋友一道看望過他）的老婆，平時為人極其強梁。因為老胡家是地主成份，「文革」初期有人批鬥了章家雲。結果，章家雲精神上吃不消，瘋掉了。一直瘋了八、九年，鬧騰得越來越厲害，影響老胡沒法工作。省會合肥有一所精神病院，單位決定由專案組抽出一個人強制押送章家雲前往就診。結果抽到了我，因為我平時與老胡關係很好。還給我配一個人做幫手，姓韓，與我同齡。

　　……我們費了九牛二虎的力氣，總算把這個女瘋子弄到了合肥，弄進了精神病院。我和小韓住在市內長江飯店，每天早晨乘公車到精神病院，在那裡監視章家雲一天，晚上再回去。大約過了三、四天以後，我認識了一個名叫藍蝶的姑娘。

　　精神病院裡充滿難聞的消毒藥水的氣味，令人難受。出門右拐有個藕塘，塘岸上種著一行垂柳。時至五月，每有風起，藕葉搖弋，柳絲依風，景致十分好看。我經常到那裡去呼吸新鮮空氣，很喜歡聞著藕葉的清香的味道，藍蝶也經常過去。幾次遇見以後，相互打個招呼，漸漸就熟了起來，還互相通了姓名、年齡，她比我大兩歲。從交談中得知，她也是全國範圍第一批「上山下鄉」的，但是她目前仍在農村。她告訴我，她是一個病人，也在這裡治療。她很美麗，生得眉清目秀，面如傅粉，亭亭玉立，斯斯文文，看起來哪一點都不像精神病人。

　　大約又過了一個多星期，她的母親私下裡找了我，問我成家沒有？知道我的情況，老人家歎了一口氣，對我說，藍蝶愛上我了，在偷偷地給我寫情書哩。老人家很是愁苦，央求我，如果藍蝶向我示愛，一定不要說實話，不要一口拒絕，不然，藍蝶又會犯病了。她說，現在醫院要他們預交住院費，藍蝶她爸爸掏盡了家底，好不容易湊夠了錢，馬上就要送錢來了。

　　正在我感到為難的時候，有一天突然聽到臨時病房裡傳出藍蝶淒厲的哭叫聲和罵人的話語。我和小韓湊到那間病房的後窗看去。只見一個五十多歲的男子挨著藍蝶的母親坐在藍蝶床邊，垂著頭一聲不吭。藍蝶坐在床上，架起胳臂，全身劇烈地抽搐、顫抖著，非常憎恨地罵著他：「你這個沒臉沒皮的老右派！你為什麼不死？為什麼還要連累我……」

　　原來是藍蝶犯病了。在精神病院，一個病人大發作，往往會

刺激其他病人跟著發作。不大一會兒，幾個護士循聲跑來，藍蝶一見他們，立即赤著腳跳下床，尖叫著往外逃。有人抓過藍蝶，用橡皮棍在她頭上砸了一下。藍蝶當即昏了過去，護士們拖起她就走，這時她已經失禁，尿液順著褲腿流下，撒了一地。

晚上回到長江飯店，小韓吃一碗麵條先回房間了。我有飲酒的習慣，一個人在餐廳的一角坐下來自斟自飲。就在這時，卻意外地遇上了那個被藍蝶辱罵的中年男子。原來他是藍蝶的父親，也住在這裡。

老藍也要了四兩白酒，正在等菜。看到我，就主動地湊了過來。他說，當我站在窗外看藍蝶犯病的時候，他已經從藍蝶母親那裡知道了我。他說他知道藍蝶看中了我，但是，別說我已經成家，就是沒有成家，他家藍蝶也不配。

服務員送上菜來，我們二人並在一處，一邊共同喝酒，一邊由老藍談說他的家事和這個女兒。原來老藍是個知識份子，曾是一位中學的教導主任。「反右」時被學校內的宗派勢力給打成了「右派」。沒過多久，這個宗派勢力的代表人物也被打成了「大右派」，他這個「小右派」因此而得以平反。

老藍有五個子女，藍蝶是長女。藍蝶於一九六八年十一月份與戀人小李一起插隊。小李於一九七一年招工回城，臨走前幾天，兩個年輕人曾在一起同居，約定等到藍蝶也被招工回城的時候，他們就把婚事辦了。過了一年多，那裡開始針對女知青招工。招工辦的主任名叫周抗，三十多歲，造反派出身，是一個頗有能耐的人。周抗是個好色之徒，趁著招工的機會玩弄了好幾個有姿色的女知青。他當然也看中了藍蝶，但是他把自己的意圖表露出來以後，卻遭到藍蝶的斷然拒絕。於是，周抗故意把藍蝶給刷掉了。藍蝶去找，周抗說：「這次招工只招『工農兵』子女，

家庭出生沒有問題的才行。你父親是『右派』，你屬於『黑五類』子女，不在招工範圍。」

藍蝶回家找父親。老藍找到校方，出具了一紙公文，證明老藍是「錯劃右派」。周抗看到這個證明以後，依然說：「錯劃右派也是『右派』，反正我說過了你不夠條件，你就是不夠條件！」

這以後又是兩年過去，由於藍蝶沒能返城，那個沒有良心的小李悔掉了這門婚事，在城裡另找一個姑娘結了婚。這個打擊摧毀了藍蝶，精神開始出現錯亂現象。去年再次招工，藍蝶去找周抗，周抗乘藍蝶精神恍惚，以可以考慮額外照顧返城為誘餌玩弄了她。事後，無恥的周抗竟然當面指責藍蝶原來不是處女，說他吃虧了，罷消了事先的承諾。藍蝶被徹底逼瘋了，卻把一切罪過算到了自己父親的頭上，見到父親就罵。憤怒的老藍到縣裡告了周抗，藍蝶被公安局帶到縣醫院檢查身體。周抗先一步到縣醫院找了專查婦科的醫生，利用人際使了手腳。於是，專查婦科的醫生只給藍蝶做了一條診斷：處女膜陳舊破裂。

公安局以此宣告藍蝶一案為「右派分子誣告革命幹部」。周抗沒事，老藍卻被拘留了15天，還在學校遭到了行政記過的處分。

與我說著這些，文弱的老藍早已淚流滿面，幾番氣噎。我的拳頭也早已攢出了兩把汗，如果此時周抗就在旁邊，我想我保不准會抽出駁殼槍，一槍敲掉這個畜生！

老藍說：「藍蝶罵的對，是我對不起這個女兒，我也的確早該死掉！我不該被打成右派，連累了她，使她不能招工！我幾次下定決心尋死，但是藍蝶的問題還沒有解決，其他四個孩子不是也在『下放』就是尚未成人，我死了怎麼辦？我的妻子是小學教

師，每個月只有30多塊錢，他們怎麼生活？我一個月50多塊錢，好歹可以養活他們呀！」

回到房間裡，小韓還沒有睡著，見我滿臉煞氣，便問我怎麼了。我把藍蝶的遭遇對他說了一遍。小韓也是知青出身，大家當然同病相憐。他激動地跳了起來，大叫道：「這狗娘養的，告他、告他！到省委書記那裡告！」

恰恰湊巧，我們單位還有一個人出差在合肥，就住在我們隔壁。他叫葉天盛，曾經是省委書記李任之的警衛員，在合肥認識很多高幹，很有面子。他是一個極端老實的人，也是為人善良而富有同情心的人。我和小韓跑去找他，三言兩語一說，葉天盛滿口答應下來。

第二天，我把我們準備幫藍蝶告狀的事告訴了老藍夫婦。老藍說，狀紙是早就寫好的，他因為過來省城看女兒，也做了順便上訪的準備，所以身邊現成的就有一份訴狀，只是有些害怕，還沒有拿定主意。當天下午，小韓留在醫院，老葉帶著老藍，我作陪同，我們一起去找門路。因為老葉的特殊作用，老藍的訴狀最終送到了李任之的手上。這位軍人出身的省委書記素有辦事雷厲風行的作風，當時看完訴狀，當即簽署了命令，責成老藍所在的那個縣的領導對這件事必須「認真調查，嚴肅處理！」叫人做成公函發給了那個縣。老藍歡天喜地，感謝萬千。此後，就趕回他們那個縣等待消息去了。

又一個多星期以後，章家雲正式住院的手續終於辦妥，我們可以返回單位了。藍蝶已經恢復到了正常的狀態，但是，我再也沒有給她接觸我的機會。因為我是已婚的男人，不能再讓別的女性愛上我，這是不道德的，也是沒法為對方負責的，尤其藍蝶還不是一個正常的人。但是，在藍蝶母親的一再乞求下，我最後還

是和藍蝶做了道別……

　　35年過去了，我再也沒有回到合肥精神病院去，歲月早已抹淡了藍蝶在我心目中的形象。今年元月十一號的晚上，我的博客裡突然有了陌生人的紙條，打開一看，竟是藍蝶的父親老藍！他說，他的二女兒看到了〈我的知青歲月〉一文，介紹讓他看，他看著就想起了我，於是就找來了。

　　通過紙條，我瞭解了以後他們家以及藍蝶的情況：省委書記親筆簽署的公函送達他們那個縣以後，周抗立遭逮捕。在公安局進行調查的時候，至少有二十幾個女知青揭發了周抗。結果，周抗以「嚴重破壞上山下鄉」的罪名被判了死刑。

　　親眼看到周抗被公審，被拉去槍斃，藍蝶的病情好轉了許多。縣領導特殊照顧，讓藍蝶回了城，安排在縣中學做收發員，負責遞送報刊信件，她的病從此完全好了。但是，不堪回首的悲慘經歷使她從此閉鎖了愛情之門，她始終不肯再與男性接觸，也堅決拒絕別人對她言及婚姻之事。退休以後，她被檢查出了婦科癌症，於二〇〇八年春天去世。臨終前，藍蝶對父親、母親說：「你們要好好保重身體，替我多活幾年。」……

第三節　李慶霖的「告狀」又救走了一批知青

　　看到有權有勢和有門路的知青在家長的操縱下，紛紛通過招生招工和當兵等「後門」離開了農村農場，許多的知青不再為「廣闊天地，大有作為」的虛假口號所迷惑，此時的他們開始面對現實，就是要在艱苦的環境中堅強的活下去，還要完成人生該完成的事情，如盡可能換一個好的工作，好的環境，有的「老三屆」知青考慮沒有門路回城，又年紀不小了，便開始談戀愛找對

象，作好安家農村農場的準備。但隨之而來的房子、孩子和照顧父母等問題，又更讓他們及家人操心牽掛不已，開始成為牽動全國億萬人的更大社會問題。

這些問題的集中反映，則是在大規模上山下鄉的第五個年頭，也就是一九七三年。當時福建小學老師李慶霖實在出於無奈，冒死給毛澤東寫了一封告狀信。

一九七三年四月二十五日，毛澤東在中南海游泳池，讀了由王海容轉交來的李慶霖信後，雖然毛澤東只作了「李慶霖同志，寄上三百元，聊補無米之炊。全國此類事甚多，容當統籌解決。」的短短一句回復，但透過李慶霖長達兩千字的哭訴，使其不得不意識到知識青年問題處理不好，將來要釀成重大的社會問題。

但不管如何，毛澤東對李慶霖的來信回復，促使中央專門召開了長達一個月之久的全國知青工作會議，會議要求各級組織對全國知青生存狀況進行檢查，結果發現知青的實際的生存情況比來信中還要惡劣十倍，中央決定在嚴懲那些任意污辱欺凌知青歹徒的同時，開始有限制地對「文化大革命」中知青上山下鄉運動的政策進行了調整，以安撫日益動蕩不安的民心。

上海知青W回憶道：……一九七三年，毛澤東對李慶霖的來信作出批示後，政策變得人性化了一些。獨生子女、革命烈士子女、革命傷殘軍人子女可以回來，另外，父母有多個子女卻沒有一個在身邊的，政策上也允許有一個子女可以回來。我哥哥姐姐都在外地工作，我和妹妹又在外插隊，因此我妹妹就是根據這個政策回到了上海。她回來後，因為家庭困難，希望找到一個工作。當時她就先被安排到街道里弄生產組，每月有22元。這還是在一九七五年。

　　自由兄弟也慶倖地回憶：也就是那個時候，「沾」著李慶霖老先生的告狀信的光，作為獨生子女的身分，被政策照顧回到了父母身邊。我記得，好像是一九七三年七月中旬的一天，我們十連，還有附近的幾個連隊的全體人員，按照團部的要求，全部集中在我們連的操場，等候聽取團領導傳達中央重要文件精神。而且一個都不許漏。聽到這種通知，我心裡就有些發毛。因為第一次接到這種通知，是召開宣判大會槍斃官明華，第二次是傳達中央文件說是林彪摔死，這第三次又是什麼可怕的大事?!於是，幾百名知青全都安安靜靜的坐著，儘管太陽很大，大家都一聲不敢吭……

　　不一會，團政委在幾個隨從擁戴下，走到桌子前開始了講話：「戰士們，知青同志們，今天召開這個大會，主要是傳達偉大領袖毛主席給李慶霖同志的一封回信。」

　　會議開了差不多兩個鐘頭，那政委也真能說，除了宣讀回信和去信之外，還傳達了中央國務院有關調整和落實知青政策的會議精神，之後，還提及了一些兵團幹部或軍工欺淩污辱知青的事例，要求連隊幹部認真學習毛主席回信精神，引以為戒云云。

　　我除了盯著政委丟得滿地半截半截的「上海」牌煙蒂之外（當時真想去撿來抽一口），就記住了一句，「寄上三百元，聊補無米之炊。」的話語。300元，當時等於我們一年多的工資，可以買多少大米和香煙等東西呢？正當我還在腦子不停地換算之時，大會已經結束了。

　　「恭喜你啊！羅仔。你可以返城了……」跟我同班的綽號「秀仔」（真名叫黃三秀）突然一掌打在我的肩上，嚇了我一跳。

　　「返城？你沒在做夢吧。連探個親都那麼難批准，誰還會給你調動回城？」

　　「嘿，你沒聽政委會上說，中央有規定，凡是家中獨生子女或是父母患重病身邊無人照顧等等特殊情況的，可以寫報告申請回城嗎？」

　　「可我又不是獨生子女，上次生父來信說是重病，是為了讓我回去給他們看看，真一調查，豈不露餡？」

　　「可你是伯父的養子，這就是獨生子女了嘛！」秀仔提醒我說。

　　一言點醒夢中人。我於是趕快給連隊領導寫了一份請求照顧回城報告，連隊很快遞到團部。不幾天就回話說，只要父親單位來函證明是獨生子女，即可辦理回城手續。

　　於是，我又給已經從專政學習班回來的伯父（當時給伯父問題的結論是敵我矛盾，按人民內部矛盾處理）寫了一封去信，請他找單位人事出個證明。10多天后，伯父來信無奈地說，單位人事回復，當初不是他們介紹去的海南，現在他們也不管接收回城……

　　（許多年後，當我也成了父親工作過的單位辦公室主任時，一次與那幹部喝酒閒聊，我才知道當初他是怕我性格剛烈，回城後找他要工作，來算帳，因為他曾是「伯父問題」的專案組負責人。）

　　當晚，我情緒低落地買來了一斤木薯酒獨自喝了起來。

　　「什麼事情這麼不開心？喝酒也不喊聲老兄。」阿秀不管三七二十一端起口盅就喝了一口。隔壁的陽江知青阿門（真名李宗森）也走了過來沾些酒隱。當得知我心裡煩悶的原因時，阿秀不以為然道：「你愁什麼愁，單位不肯，你可以叫老爹去找縣知青辦啊！他們可以出證明的。」

　　「對啊！」我總算又看到一條路子，趁著酒興，又急急忙忙

給伯父寫了一封信。

伯父接信後，托人寫了請求報告，又帶著戶口，乘車幾次往返廉江，總算感動了知青辦工作人員：這樣，我們給你寫個瞭解公函，向你單位詢問是否獨生子女，他們就不好拒絕蓋章了。」

為了保險起見，伯父專程找到車間領導幹部，請他將公函帶到南寧……

在經過幾十天的奔波和等待之後，一九七三年九月五日上午，我正準備出工，連隊接到團部電話通知，請我去辦回城手續。我丟下手中的鋤頭，幾乎是一路小跑了八公里的山路，急急忙忙趕到了團部。一個穿著軍裝的參謀，打開了縣知青辦寄來的公函，一邊給我開具調離證明等，一邊向我祝賀道：「你是我們團第一個政策照顧回城的知青，真替你高興。」

當天下午，我又返回了連隊，在事務長那裡結清了伙食、工錢等。傍晚，阿秀、阿門等到水庫邊買來了十多斤「南魚」（一種不用油就可煮來吃的魚），又到伙房去要了些青菜之類的東西。而我用鐵桶買來了半桶的木薯酒。幾人傷感地全都喝得東倒西歪……

是啊，大家心裡都有難言的苦楚。而我，雖然在兵團找到了生存之所，也曾被提為副班長.但在那以階級鬥爭為綱的年代，身上背著「黑五類」子女包袱的知青，儘管怎麼努力，也是難以得到重用。與我同來的兩個鐵路子弟，因為出身好，先後都調到了師部警通排。而我連寫了多次入團申請都沒音訊，反而在一次全團所謂連隊骨幹摸底清查中，免掉了副班長。

（當時連隊的黨支部書記已由根正苗紅的副指導員擔任，家庭出身不好的吳指導員已失出話語權）之後，由於我年輕幼稚，表現了明顯的抵觸情緒，結果被調到工作更為艱苦的十連加強思

想改造。不走，又能何為？感傷之餘，趁著酒興，我將我的被子、蚊帳、棉毯，還有鐵桶全都一一作了贈送。

次日早晨，我背著一個挎包，只帶著阿門用名貴的花梨格木材送給我的一張精緻的折椅，便在幾位兄弟的依依惜別中離開了十連。當走到九連和十連分岔的路口，我的心突然有莫名的惆悵，莫大的依戀——我劫後餘生而來，又象逃兵最先悄悄離開，唯有來去都是簡簡單單，心情沉沉重重……

於今想來，不管李慶霖老先生後來的人生軌跡如何變化，也不管王海容大姐的人生命運如何沉浮，但在改變知青命運這個問題上，作為我，也許還有許多知青兄弟姐妹，都應該感謝這兩位「知青代言人和同情者」。正是他們的大無畏的舉動，才使得我和許多知青有機會告別兵團，離開海南，返回城市，重新開始新的生活。

第四節　飽含辛酸淚水與思念之苦的假離婚

廣州市知青辦原副主任楊豐回憶說，當年，早期下鄉的那一批知青開始回城了，其中也出了不少問題。當時有一條規定：知青下鄉結了婚的，對象如果是農村戶口，不能回城。我聽說，在韶關仁化縣，有一對男女青年因為這條政策，一起跳崖自殺。這樣的事情不止一例。於是，很多在農場農村結婚的知青為了回城，只好和愛人離婚了。

楊豐所說不假，當時許多已經在農場成家的知青，為了符合有關規定回城，只好狠心與自己的配偶離婚。在粵知網上，我曾看到了一則知青 aige〈生離死別〉催人淚下的故事：

招工已到尾聲，農場裡又來了幾個「收買佬」（當時知青對

招工者的幽默稱呼）阿容的名字也又有幸夾帶在招工對象的名單中。真是有喜有憂，讓阿容難以選擇自己的命運。因為她已是兩個女兒的母親，丈夫阿才是汕頭知青，不可能同時招到廣州。小倆口思索，煎熬，權衡了幾個夜晚，為了妻子和女兒，阿才決定「放」阿容回廣州的家。當時的戶籍政策是孩子戶口跟女方。阿才沖著這一條盤算好了；一家四口，轉眼間三個得了省城戶口，值！

人算不如天算，阿容到場部「面試」，「收買佬」告訴她：「本企業只招單身知青，想被招，必須辦離婚」。阿容渴望的點滴星光又被一片烏雲遮擋。離婚可牽連到一家四口，還有道德情操……阿容跌跌撞撞回到山溝連隊與丈夫抱頭痛哭了幾回。隊裡所有人都不知所措。最後，阿才不愧男人大丈夫；在離婚紙上簽了字。用他的話講：「走得一個算一個」。

阿容帶著兩個尚未懂事的女孩回到了這個熟悉而又陌生的城市。生活的奔波與艱難，阿容不得不依賴母親的資助。阿容的父親早逝。相依為命的母親在阿容回城之後總要她找個城裡人重組家庭。實在講；憑阿容的為人處事大方，勤勤懇懇，溫柔相貌，組個新家並不難。也受到不少男子漢的青睞。

然而，海南的一段情，一個人，她始終未能忘懷。女兒當然不會明白爸爸為何不回來？也不明白媽媽為何總要偷偷地往天崖海角書信寄物？隨著日子的推移，母親的嘮叨越來越多，上門的媒客越來越密。此時此境的阿容卻沒屈服於生活以及來自母親的壓力，獨自作出選擇。別離農場近三年的她回到海南農場的第三天與阿才辦了復婚手續。這回場裡許多人都流下了熱淚。這正是：「城裡何處無芳草，唯獨鍾情天涯淪落人」的真實寫照。

就因復婚，阿容徹底與母親鬧翻了，氣炸了的母親聲稱沒這

個女兒。阿容倔強地離開了家。自己動手在上班工廠附近的閒置地上搭了個遮風擋雨的棚算是新的「家」。阿容的倔強，勤懇，自立，無奈，終於感動了人，得到一些好心人的指點和幫助。經過三、四年的上上下下，奔奔波波。丈夫阿才有幸以照顧「夫妻兩地長期分居」的理由調至廣州，在一個單位裡當上雜勤工。

但調動前單位就聲明沒房子安排。阿才只好白天工作，晚上睡傳達室。總算小夫妻倆有了轉機。由「兩地長期分居」升級為「一地長期分居」。阿容和阿才在各自的單位裡都踏踏實實地工作，朴樸素素地生活。大部分回城知青的工作表現，生活境況在她倆口子身上顯現得淋漓致盡。

改革開放，工廠效益好起來。年年評上先進的阿容獲得特批有了一套房改房。（當時分房是以男方為主的，故要特批）經歷了結婚，離婚，復婚等十多年來的煎熬。阿容與阿才終於有了一個真正的家。故事講到這本可以大團圓結局。但這個世界怎麼老是捉弄好人？阿才病倒了，被查出是晚期肺癌。

煙酒不沾的阿才也得此病？太不公平了吧？十八歲就獻身海南，熬過了歲月，卻在奔小康的路上倒下。阿容再一次遭受打擊，女兒還要培養，生活還要繼續，一個倔強的女人擦去淚水，花盡所有的積蓄，變賣所有值錢的東西，借盡所有的親友，為的是多些日子能在病床邊握緊阿才的雙手。看她與阿才臨終前的一段對話就足以催人淚下；

阿才：「容……你嫁我卅年，我累了你卅年，我走後……你找個好男人替我回報你卅年」

阿容：「不！卅年太短，我要守你一輩子……」

（後記；這是我身邊一個真實的故事，僅用了代名。現在阿容的兩個女兒以大學畢業出來工作，承擔著父債女還的義務）

類似阿容與阿才這對苦命夫妻的「假離婚」而造成骨肉親人分開現象，可以說是在全國知青中屢見不鮮，比比皆是。特別是當七十年代末知青撤退的大潮把結了婚的也連帶往城裡湧時，不少已婚知青的家庭被這一大潮殘忍地撕成碎片，從此天各一方，甚至遺恨終身。在雲南西雙版納農場還產生過史無前例的五天內3000對知青夫婦的集體離婚的「紀錄」。為了符合政策規定回到各自的城鎮，不僅知青夫婦離婚，甚至是知青與他們的農村農場配偶也離婚，那怕對方是有職有位或有勢也在所不惜，從而使中國形成了最為奇特而又苦澀的一次離婚高潮。知青李生德所講述的〈假離婚的故事〉更可印證這一殘酷：

「薛希和他老婆又打起來了！」

聽到吆喝聲，我和妻子急急忙忙地從家裡出來，三步並作兩步跑到他家的地窩子，一進門，只見屋裡烏煙瘴氣。飯桌被掀翻在地，暖水瓶碎了，水和飯菜拋灑了一地，孩子在床上嚇得哇哇直哭，被子也扔到了床邊的地下。薛希的老婆小趙坐在地上，哭著，抹著眼淚。

「這又怎麼了？」妻把薛希的媳婦小趙扶到床上坐下，再去哄他的孩子；薛希手裡拿著酒杯，臉被酒精燒得通紅，用手指著自己的老婆，嘴裡不清不楚地罵著。在地窩子裡吵架，聲音是透過天窗傳出去的……

正準備上工去的戰友們聞訊都進來了，有看熱鬧的，有勸架的，有數落薛希的，有幫著我妻一起哄孩子的。見事態再沒有向前發展，大家漸漸地消散離去了。薛希悶坐著，抽著煙，不時抬眼瞅瞅自己的老婆，流露著一種無奈的眼神。

我就奇了怪了，薛希這夥計為什麼無緣無故地要跟自己的老婆幹架呢？他是天津楊柳青鎮人，從小家裡很苦的，來河西支

邊十幾年了，與天津市裡的小趙結成了夫妻，兩人生了一個小女孩，有鹽同鹹，無鹽同淡，從來沒有紅過臉。現在大家都在忙乎著辦病退回城，誰還有心思打內戰呢？

我問了幾句，也沒有問出個子丑寅卯來。俗話說，天上下雨地下流，小倆口打仗不記仇。夫妻之間的戰爭，沒有必要問得那麼明白。

收工回來，我正在家幫妻做晚飯，薛希找上門來了，沒容我讓，進門一屁股坐下，掏出自己身上帶著的香煙，一個勁兒地猛吸，給他倒上水也不喝。

我說：「什麼事啊，犯這麼大的愁？」

他憋了半天，終天開口了，說：「兄弟，看我今天對小趙那個樣兒，你是不是以為我這個人太渾啊！」

「有啥大不了的事，夫妻無隔夜之仇，過去就拉倒了！」

「這事還沒完呢！」

「到底什麼事啊！」我停住了手中的話，「你這還沒完沒了啦？」

他狠狠地吸了一大口煙，長長地出了一口氣，說：「我問你個事啊，如果為了回家，要你和你老婆離婚，你幹不幹？」

這怎麼能行呢？我不假思索地連連擺手說：「不不不，那可不行，咱不能做那沒良心的事。人家跑了好幾千里路，跑到這戈壁灘上來找咱成了家，咱能為了這丁點兒利益把人家扔了，我哪還算個人麼？」

「如果是假的呢？」

「假的？什麼假的？」

他不再吭聲，膽怯地看了我一眼，扔給我一串問號，走了。

第二天是星期天，我到農場的場部去辦事。在商店門口，

偶然碰到負責法庭工作的洪運。我和洪運曾經在一個連隊待過，他是河南人，一九六五年從部隊復員來到兵團來的，人挺好，我們是老朋友。他告訴我，薛希的老婆小趙向法庭遞交了離婚起訴書，要求與薛希解除婚姻關係，起訴理由是薛希醉酒打人，言詞懇切，訴求堅決。

這還了得，沒想到他們家竟然發生了這麼大的變故！我不敢怠慢，馬不停蹄地奔回連隊，直接找到薛希，開門見山向他發問：「憑什麼，你憑什麼要和人家小趙離婚，當年不是你死乞百賴地追人家的麼！你沒事喝那些貓尿有什麼意思！有了錯，向人家認錯嘛！」

在我們眼裡，天津西郊的楊柳青總比天津市裡低半個格，人家小趙能下嫁跟上你薛希，說不定你家是哪一輩子燒了幹條香了，你還不知足乍的！出乎我意料的是，兩個人的態度都很堅決：離！

不久，連隊裡傳來了其他團場的消息，說玉門鎮那邊的黃花、飲馬等農場的農工們為了辦理回家返城的手續，假離婚成了風。因為有些城市明文規定，只有獨身的知青才能接收回城，天津就在此列。地方當局可能考慮到，本來知青返城給他們造成的就業壓力就夠大了，如果拖家帶口地帶來一大家子人，住房、就學等問題更是難以解決，就設了這樣一個門檻。

任何政策即使你設計得再巧妙也是有漏洞的。你那兒明修棧道，我這兒暗渡陳倉，許多人就打起了假離婚官司。據說那時候，玉門鎮那兒的民事法庭一時間門庭若市，還有的家庭就真的弄假成真了。有一點是我最感到欣慰的，在我所認識的山東人中，沒有一個搞過假離婚的，由於齊魯文化的薰陶，他們跨越不了這道心理障礙和道德防線。

　　俗話說，法不責眾。在這樣的社會氛圍下，薛希才跟我說了實話。他知道我和洪運的關係，想讓我給他說個小話通融通融。這次是我找到人家洪運的，他聽完，開口第一句話就問：「他們到底是假離婚還是真離婚。」

　　「假的怎樣，真的又怎樣？」

　　洪運說：「假的就給他離；真的堅決不給離。」

　　我這才說：「假的，我敢保證，百分之百是假的。」

　　薛希和小趙的婚就這樣順利地離了，也裝模作樣地經過調解的過程，無效；又分居；最後大功告成。好在是包括審判方在內我們大家都知道要達到的目的，沒有人刨根問底，就草草結案了。財產分割，子女撫養，一切都是按照法律程序來辦的。

　　從此以後，薛希家恢復了往日的平靜，兩人一切如初，連隊裡的人都心照不宣。薛希開始幫助小趙辦理返城的手續。小趙的爸爸從工作崗位上提前退了休，小趙帶著孩子頂替他返了天津。臨走的時候，還是我和薛希到酒泉火車站去送的她。

　　此後的復婚也不存在什麼問題，但麻煩事還是出在了薛希身上。當時的形勢是在大呼隆返城的風潮中，農場裡人心浮動，那些原籍不接納的知青也鬧著要回家。國家的戶口政策有規定，辦不來准遷證是不能遷移戶口的。知青們不管這一套，鬧騰得厲害。人心散了，說什麼也攏不住人，農場領導沒有辦法，乾脆就把戶口開給你，這就是以後的「口袋戶口」問題。這是發生在一九八一年後的事情，此時我已經回到了青島，與薛希他們失去了聯絡。

　　二十年後，在一次兵團戰友的聚會上，我輾轉打聽到了薛希的電話，他在天津與我通了話。我問了他分別後的情況，他歎了口氣說：「別提了，老夥計，這麼多年來，我一直都是個黑戶，

戶口揣在口袋裡。在天津，沒有戶口遭老了罪了，全家三口擠在丈母娘家兩間小屋裡，全靠小趙一個人在集體企業裡那點工資過活。孩子又要上學，老人又要看病，到處需要錢。我這人一向好面子，為了生活也顧不得這些了，出去賣青菜，修鞋，蹬三輪，打小工，什麼活都幹了。說實在的，想想還不如在兵團呢！」

想起當年薛希風華正茂，風風火火的樣子，我不禁同情地問道：「現在呢？」

「現在還算不錯。」他說，「我們這幫人沒事的時候，就軋夥一起到上級領導機關去上訪。天津市政府還不錯，去年叫我們補了份勞動保險手續，現在每人每月可以領到900多塊錢。更重要的是，如今我真正是個天津市的人了，我可以理直氣壯地直起腰板來走路了！」

唉，我的老戰友啊，苦熬到六十多歲，你終於有了出頭之日，找到自己的精神歸宿了！祝福你，老夥計，一路走好！

除了類似這種為了回城「假離婚」，在全國知青中還有一種「假結婚」的普遍現象。內蒙兵團知青Ximm回憶道：為了回城，我們許多知青都使出了各自的高招。我團一位容貌姣好的女知青探家的途中，路遇一名大同煤礦工人，為了能將自己戶口辦到大同落戶，不僅與那礦工「一見鍾情」，而且隨之下車，不惜以身相許。成家後不久，女知青見回城目的已經達到，那礦工再無利用價值，便以情感不合為由，與對方很快分道揚鑣。

前不久，香港鳳凰衛視頻道曾播放了新疆生產建設兵團許多女知青，為了回城選擇了降低身價嫁給內地農村男人的事例，有的人甚至連面都沒有見過，只是將自己相片寄去，對方看上後來信同意，即到團部開證明，辦好遷戶手續，就收拾行裝返回結婚。這樣的婚姻基礎可想而知是多麼荒唐脆弱，難免會隨時解

體。但是，依然有成千上萬的姑娘用犧牲愛情和如意郎君的辦法，義無反顧地踏上了回城的旅途。以至於新疆兵團不得不用安排工作和「農轉非」的政策，來鼓勵男知青到農村尋找配偶，解決男女婚配嚴重失衡的現象。而這一現象不能不說是我們這一代知青人的悲哀和創痛。

在當時知青可以回城的政策中除了已婚知青不能回城外，還有一條具體政策的限制：就是國家已經安排過工作的，無論是被安排在地方公社、鄉里的農配站，還是縣城的農機廠、山鄉小學，只要工作了，領國家工資了，就不能回來了。另外在上海、北京等住房緊張狀況的城市，知青還要寫保證書，保證回城後，自己甚至孩子在長大之後，都不與親屬爭房子，才讓上戶口。於是，一些農村農場領導就常常以此「挽留」或阻撓已經安排了「好」的工作知青回城……

上述的狀況一直維持到胡耀邦等務實派重回中南海主政的一九七九年，在雲南農墾知青演出了歷史上最為悲淒浩大的潰逃式返城狂潮後，對「知青」這些不公平、不人性的政策問題才開始逐步得到寬鬆糾正，但已經無可挽回許多已經離散了的家庭和親情，還有許多失之交臂的戀情和愛情。當時全國各城鎮千家萬戶最熱門的話題及最催淚的鏡頭就是「團圓」「團聚」，這一奇特現象甚至為電視劇〈渴望〉熱播創造了濃厚的社會氛圍。

第五節　奮力擠進突然恢復高考閘門的縫隙

不知不覺，恢復高考已經30年了。如今，我國大學教育已經進入了普及時代，這一考試已經是很平常的事情了，可是在當年，高考結果一公佈，人人都在爭說大學生。誰家有一個知青考

上大學，連七親八戚也會感到臉上有光。因為它不僅是許多知青脫離苦海的轉折，而且也解決了全家為之牽腸掛肚的回城問題。宜昌女知青葉子在〈從知青到大學生〉中說道：

　　……每次回城和招工都願要男的，下鄉時都有男女比例，但不知為什麼在回城招工卻沒有。一個偶然的機遇，我當上了小學民辦老師。每逢假期還得回生產隊勞動，曾多次找過管知青的幹部說我想上學，但他們很淡漠。後來才明白，我的出身不好，根本輪不到自己。一九七六年十月，隨著「四人幫」的倒臺，傳來恢復高考制度的好消息，我高興極了，決心靠自己的努力上學！

　　然而，接到父母鼓勵信後，我倒猶豫了。因為我下鄉五年，又是家中長女，已經把父母拖累得夠慘了，再上大學，還得靠他們供養！但父母在信中斷然說：「今年是高考的第二年，不考明年就沒有機會了，我們砸鍋賣鐵，也要供你上學！」於是，我撿起放下五年的書本。

　　高考考場設在離我們隊10多公里的中學裡。頭天晚上，我們五個同行的女知青住在一個小旅館裡。本打算再看一會兒書，不巧那晚全鎮停電，五人只能圍著一盞螢火蟲似的油燈，離遠看不清，離近燈火燒頭髮，沒辦法，乾脆睡覺。那旅館的被子特薄，全身冷得抖動，一宿沒睡好。第二天一睜眼，窗外一片白茫茫，下雪了，老天爺也作對！

　　第一天考得還算湊合，第二天不理想，其他幾個姐妹也如此。從考場出來將近下午五點，我們飛快往隊裡趕，冬季天短，很快就黑了。雪後路滑，我們跌跌撞撞回到村裡已是晚上九時許。回村後，又開始了出工、收工、回集體宿舍的單調生活。鄰近春節，有人告訴我，錄取榜上有我。我飛速跑去看榜，可一點沒有「金榜題名」的激動，只是暗暗說：終於如願了！

接到錄取通知書，又忙起來。先將口糧從隊裡領出來，用車拉到糧店換糧票。第一次，糧店嫌糧食濕，只好原路返回，在隊裡曬了幾天，第二次才換成。辦戶口、轉團組織關係，不是說手續不全，就是具體辦事人不在，得一次次地跑。一次去縣城竟從車上摔下來，胳膊脫臼，還是熱心腸的老鄉幫忙接上的。

一九七九年二月，我徹底結束了知青生涯，跨進了大學的校門，人生也翻開了新的一頁。

江西兵團六團知青馨蘭在〈高考一九七七：擔水的工人上了師範，我卻落榜〉中講道：

……一九七七年，我已經上山下鄉8個年頭了，紮著兩把掃帚短辮的我，背著衝鋒槍，穿著沒有帽徽領章的軍裝，在團部武裝連擔任班長。雖經過組織考驗多次才得以加入共青團，卻眼巴巴地看著許多戰友都被推薦去了大學，自己卻由於家庭出身問題，只能一任秋水望穿，做做大學美夢而已。

因此，恢復高考，對我來說是打開了一扇命運的大門。那時沒有輔導班，只能自己看書，複習資料也是母親為我購買的。我們的初中是在喊口號和寫大字報中渡過的，初中階段的學習，就是在鬧革命和複課的折騰下進行的。到了一九七七年，我已經在中學教語文和音樂了。所以，語文和政治可以自己看，進而死記硬背，而數學複習可苦了我這個天生就對數字不敏感的數學盲了。沒有天賦還要死啃，一個個習題地做，就像當時農場的老牛拉破車，費勁不說，還沒有效率。

一九七七年，記得那是一個冬天，鄉村的隆冬特別的寒冷，我穿著一件藏青色的棉大衣。當時我們九龍山墾殖場的考生，提前一天乘車趕到高考點並住下。也不知什麼原因，高考的那天，我臉上和身上突然發出了許多的風疹塊，紅紅的，一片一片的，

以至考前監考老師對照片時，照片與我本人已經是大相徑庭了，我告訴他們病因，這才算核對無誤。

第一場考的是數學，我在考場煎熬了30分鐘就出場了（規定要30鐘後離場），接下來的語文、政治和音樂加試都考得可以，所以也就參加了體檢，體檢之後的程序是政審，我們單位一個幹部到我父母的單位外調，結果可想而知。七七年時的天空還是被階級鬥爭的迷霧籠罩著的，我的祖父問題，父親的海外問題、右派問題等等，不審還好，一審全是問題，而我這個資產階級的孝子賢孫當然是沒有了通道，最後這個名額為一個剛在我們學校初中畢業，正在為學校擔水的工人開了方便之門，他很光榮的上了師範學校。

一九七八年五月，又要開始報名了，累次因家庭出身的階級問題而被擋在門外的陰影總是在眼前掠過，喪失了信心的我已經被折騰得疲憊了。但爸媽還是鼓勵我報名，這次因音樂特殊專業只需考語文和政治，我以非常高的成績，總分80多，全市音樂專業考試第二名，文化考試第一名被上饒師專錄取（全市只有區區3個名額）。

等待錄取通知單的日子特別漫長，每天那個時刻都引頸翹首地盼望郵遞員到來，又失望地看著他們的背影消失，就在我失去等待的耐心的時候，媽媽告訴我，通知單發到家裡了，拿到錄取通知單的時候，我竟有不相信是真的感覺，一點也沒有得到的激動，只是當我帶著行李鋪蓋乘上了列車，去學校報導時，那種多年的追求，期盼實現的快意才真正油然而生。

一九七八年幸運之神叩開了我們家的大門，姊妹3人參加高考，連中3員。父親欣喜地把紅旗雜誌封面上鄧小平的照片，恭敬地掛在家中裡面房間的牆上。一直以來，我們家姐妹們亭亭玉

立，總是被人們冠以出落得漂亮，可惜卻都沒有工作的惋惜言辭。七七、七八年的恢復高考，改變了一代人的命運，在以後的學習中我特別地珍惜，曾當過班長和獲得優秀學生獎。

當時我們這一代年輕人，被定格在國家動亂加躁動這一特定歷史階段，在沒有什麼空間的農村蹉跎著歲月，幾十年的輾轉，人生的跑道曲曲折折，現在華髮早生，已無鯰魚上竿之能。遙想當年，還是像東坡先生一樣，一尊還酹江月是也。

在鳳凰衛視播出的「紅樹林」反映海南知青回城經歷中，我們也知道了一個名叫胡向東的知青參加高考的曲折過程：這位一九六八年十一月上山下鄉到海南島農場的知青，曾代表廣州幾萬名上山下鄉的「老三屆」知青，在廣場慷慨激昂地宣讀過〈致廣州父老鄉親的公開信〉，也曾在農場因看到腐敗行為憤然給總理寫過「檢舉信」。由於出身不好，一直沒有機會被推薦上大學，後來在農場成了家。

一九七七年傳來恢復高考的消息，這位十分聰明，基礎扎實的「老三屆」知青按理考取個一流名牌大學絕對不成問題。但因為工作繁忙，在不到一個月時間艱難和緊迫複習之中，根本顧不上照顧懷孕臨產的妻子。而他的妻子在產前還趕著牛車去撿柴火，最後在一張報紙上早產生下了兒子⋯⋯

當他終於如願以償地考上海南師範學院，接到錄取通知書時，心裡很是為難，一邊是剛產後不久的妻子，一邊是關係到個人前途命運的上學。去，還是不去？他猶豫再三，還是毅然在做父親七天之後，就愁腸百結的匆匆踏上了上大學之路。幾十年來，這段刻骨銘心經歷一直讓他記憶猶新，後來憑著扎實的功底，他和霍東齡等一樣都下海艱辛拼搏、自強不息，與人合作創辦了民營企業，成了知青中為數不多的，將所學知識轉變財富的

成功人士……

在〈雲南知青紀事〉的視頻中，筆者還聽到了一位名叫陳翔軍的知青講述：當他接到家裡寄來高考複習資料，此時距考試只有不到一個月的時間，但由於連隊領導不批病假複習，依然要每天上山砍壩開荒勞動。為了爭取一點時間進行複習，愁眉不展的陳翔軍與要好的夥伴講起了他的心事。夥伴同情地說了一句：「要是有個工傷，領導就攔不了你了！」

說者無心，聽者有意。陳翔軍當即要夥伴幫忙「製造」工傷，而且要「逼真」，讓隊領導看不出破綻。剛開始那兄弟很為難，下不了手，後經陳翔軍一再懇求，那兄弟才忍心用砍刀裝作無意識在砍草中將陳的腳肚子上劃了一刀，當即肉皮翻開，血流如注。雖然陳翔軍疼痛裂開嘴直叫，但卻慶倖獲得了10天的工傷假用於高考複習……

想來真是令人悲喜交集，好不心酸。悲的是，為了高考回城，百般無奈的知青竟然出此自殘年輕肢體的「苦肉計」，萬一高考不上，或是那兄弟重了手，一刀下去斷了筋骨，豈不終身變成殘廢？喜的是，這陳翔軍最終如願以償，脫離苦海，並且腿腳沒有大礙……

據統計資料，全國恢復高考後，一九七七至一九七九年共有43.9萬知青從農村農場考入大學。想來有些好笑嘲弄的是，當這些學子在一九六六年爆發的文革造反運動中把中國社會秩序，其中也包括教育秩序搞得天翻地覆之時，沒有人會想到他們所企盼的回城命運，竟要等到高等教育秩序的重新建立之後才能得到轉機。而且這一等就是10多年，當三十歲的老知青和十七歲的應屆高中生同坐進七七級的教室裡，沒有甚麼比這更能提示知青是「耽誤的一代」……

最為令人難過的是夏娜迪在〈一九七七年，知青姐姐在人間的最後時刻〉講的一個故事：上海東方電視臺新老娘舅劇組作為向國慶獻禮，推出「柏萬青，我的江西歲月」專題片。片子在開頭的時候畫面上是柏萬青一行在江西鄉下的一座山上，為一個已經逝去的上海知青掃墓。螢幕上的鏡頭大大地定格在墓碑正前方。墓碑上的字清晰可見：夏惠迪同志之墓。夏惠迪就是我的姐姐。

我姐姐原是上海市三女中六八屆高中畢業生。從學生時代起她就是熱心於學校的公益事業。在上小學時，它是少先隊的中隊長、大隊長。進入中學以後，很快就成為共青團的一員，並長期擔任學校的團幹部。她在擔任學生幹部的同時，不放鬆自己的學習，拿回家的成績報告單，父母看了總是眯眯地笑。家裡在她下面還有3個弟弟和1個妹妹。在弟妹的眼中，姐姐是我們學習的榜樣。在我們學習上碰到困難時，姐姐又是我們的老師。在父母眼裡，家中的長女幫助父母處理內外家務事。父母有事都要與她商量決定。父母對她有很高的期望。希望她在高中畢業以後，考入師範大學，將來當人民教師。

一九六九年三月八日，姐姐與我一起下鄉插隊。來到江西黎川潭溪公社文青大隊青山小隊。插隊的生活充滿艱辛和艱苦，就如柏萬青在片中所述那樣。但是我的姐姐碰到的困難還要多得多。姐姐在上小學時，因為生病，曾經休學兩年。後來的學生生涯一路過來，學校照顧她的體質，體育課全部都是免修不上的。可是到了江西農村，就沒有照顧免修了。她和其他知青一樣，同農民一起早出晚歸，在田間辛苦勞作。

她長得高高的個子，有1米76，戴著700多度的近視眼鏡。這樣的田間勞動可帶來常人沒有的磨難。插秧時節，從早到晚彎著

腰，一天下來回到家裡，直不起身板。在你累得不想動的時候，還要自己動手洗衣煮飯，還要到自留田裡澆澆水施施肥。每天下飯的菜得靠田裡長出來。在赤日炎炎的夏天，在田裡收割下成熟的早稻，又播種下晚稻。割稻脫粒都是靠手工人力硬做的。每天收工回家還要挑上兩籮筐濕的稻穀，交到生產隊的倉庫。再去田裡背回一個又大又沉的木桶。木桶是脫粒攪稻用的。

姐姐由於戴著眼鏡，身上的汗水濕氣把鏡片上了一層白白的霧，這時的她只能靠大概做各種動作，因為眼睛都看不清了。夏天勞動時，身上、腿上、手上都沾滿了泥水。要找個乾淨的地方擦一下眼鏡都不可能。在繁重的體力勞動、艱苦的生活雙重壓力下，前途又毫無希望，經濟上沒有任何來源，人的承受能力遇到了極大的挑戰。知青朋友都在通過各種管道，努力來改變自己的處境。姐姐700多度的近視眼，原本可以搞病退的。但是她幫我先辦了病退，當時平民百姓的子弟，搞病退是唯一可以試著走走的路。儘管這條路是非常難走通的。

「四人幫」倒臺以後，黨中央對知青問題重視起來。社會上開始傳播取消推薦上大學，要恢復考試入學。這對平民百姓來說又是一件大好事。我們得知這一消息後，非常的高興。姐姐每次來家信，都要求幫她收羅學習複習的資料。家裡三天兩頭的在郵局往江西寄「印刷品」。這一時期上海、江西兩地家信中唯一的話題就是複習迎考。姐姐來信上說家裡寄去的各類試卷她做起來不是很難，就是偶爾有個別難題稍微多用一些時間，也就破解了。她還很高興地告訴我們，她會不放鬆學習一定要努力加油。她還幫助一些初中的知青朋友溫習功課。

一九七七年秋收季節到了.農村開鐮收割，秋糧入庫也是一年中的大事。姐姐這時已經在公社的知青社開工廠任會計。知青

社開工廠是國家在近年裡為改善知青生活，才剛剛興辦起來的。廠裡利用江西地方上的木材、竹材資源，在廠裡加工一些簡單的電器上的小配件，比如接線盒什麼的、竹製扶梯等等。十月份的時候，廠裡根據上海長寧五金交電公司的訂單，已經制好完成了一批成品。廠裡因為聯繫不到運輸的車輛。無法送火車站托運。產品已經堆積在倉庫好幾天了。上海方面來催貨的電報一封連著一封。後來的催貨電報已經明顯表示再不發貨他們要另辟門路，不要這批貨了。廠裡領導也很著急，廠裡等著成品發往上海。回籠貨款後，等著這筆錢用。

就這樣，廠裡領導找到了我姐姐。要她幫幫忙，因為姐姐在縣交管局車輛調度有熟人。姐姐為廠裡的事，二話不說，就趕到縣城去了。車隊調度前幾天就知道潭溪社開工廠要用車，因為車輛全部下鄉運糧入庫，實在無車可派，今天看到夏惠迪找上門，調度拉不下面子只好接受下來。調度說，昨天剛好有一輛車從一線停下來，要大修了。明天讓它再跑一次吧，幫你們廠把貨解決了。我姐姐滿心歡喜回公社交差了，當然廠和社的領導也從心裡放下了壓了幾天的石頭。事故發生後，我們才知道那再跑一次的車是有了小毛病，停下準備大修的車子。

第二天天還沒有亮，滿載貨物的卡車就上路了。從黎川到光澤縣火車站，沿途都是高山峻嶺。山路曲曲彎彎，其中有一段路是很危險的，連著有十幾個彎道。公路的一邊是高山，一邊卻是深澗。駕駛員在這一路上都是全神貫注地開車。深怕一不小心出事，過了這事故多發地段以後，就進入了福建省光澤縣的地盤。離光澤還有20分鐘的路時，車輛已經行駛在平地上了，駕駛員在經過一個小時的翻山越嶺之後，到了一馬平川的路上，視野好了，心情也放鬆了，車輛的速度可能也加快了點，馬上可以到目

的地了。

就在這什麼都好的時候，前方不遠處有個養路工站在路中央，駕駛員見狀使勁按喇叭示意那人讓路，但是這個人沒有離開路中央，他站在那裡看著迎面急駛而來的貨車。在人與車快要相撞的一剎那間，駕駛員猛踩剎車，並打方向盤想要繞過此人，這輛本來有小毛病的卡車突然不行了，車子很快翻到路邊的溝裡，又藉著強大的衝力從溝裡躍上溝邊的稻田。然後在稻田裡側翻。稻田裡正在收割的福建農民被壓在車尾。車子在幾經顛簸的時候，車頭的車門自動打開，除駕駛員外，兩名在車頭的乘客被摔了出去，隨即被倒下的車身壓住……我沒有勇氣再往下寫了。

姐姐在人間的最後時刻，身上沒有任何值錢的東西。她唯一緊緊捏在手中的是一個布袋。後來人們打開布袋，看到的是數學的課本、演算的草稿紙。她可能想利用，火車站卸貨等候的時間裡，再用功一下吧。

事故發生後當天縣電報局由於發報員的疏忽，電報沒有即時發往上海。第二天江西等不到上海方面的回應，準備再追加發出一份。這時才知道，昨天的那份還在那邊躺著，趕緊發。上海有關部門知道後，再通知我們家裡已經是這天的下午了。

這天上午，我們還收到一封姐姐出事前不久寄出的信。我拆開來信，姐姐滿紙的開心話語，她告訴家裡，她的複習迎考準備得很充分，她有信心，叫父母、家裡等她的好消息。想著將近十年來的辛苦，終於能熬出頭，幸福的大門已經觸手可及。我心裡美滋滋地，迷迷糊糊躺在床邊睡著了。在夢裡，我又回到了生產隊，隊裡的婦女和我們一起在屋後的堯家山坡上曬煙葉（後來姐姐的墓地就是在這裡。），大家有說有笑幹得正歡。忽然天邊滾起了烏雲。隊長一聲號令，「要下雨，趕緊收煙葉回去！」，一

眨眼，山坡上的人都跑的無影無蹤，剩下我們姐倆還在山上。我
說，我們快點跑吧。說話間山腳下燃起了大火，火勢很快爬上山
野，我倆被大火包圍住了，姐姐說，你快跑。順勢把我一推，我
沿著山坡滾落下來，滾出火圈我回頭一看，山上的火勢更猛更大
了。姐姐為什麼不跟著出來？我急了：姐姐！姐姐！……大山響
起了回音，姐姐卻沒有應我。我發瘋了大哭大喊，從夢中驚醒過
來。頭邊床上已經被淚水濕了一片。自己被這個噩夢搞得身心疲
憊，還沒有恢復過來時，家裡來了好多人，真正的噩夢來臨了。

　　家人在事發後的第四天到達黎川縣城。廠裡的知青姐妹兄
弟已經為姐姐操辦好了一切。姐姐穿著一身新衣新鞋，靜靜地躺
在床上，知青朋友來到姐姐的床頭，輕輕地掀起蒙在她臉上的白
布，想要告訴她：「夏惠迪，你家人來看你來了。」就在此刻，
人間最傷心的一幕發生了，已經逝去四天的夏惠迪哭了，姐姐她
真的哭了。晶瑩的淚水，從她的眼眶裡滾落，順著臉頰流下。大
家都呆呆地看著這一幕。一位姐姐的生前好友上前，用手帕輕輕
地為她拭去淚水，在她的耳邊輕輕地說，輕輕地安慰她。姐姐的
淚水又一次流出。這個情景我已經深深地烙在了心上，無法抹
去，永遠都忘不了的。

　　〈高考一九七七〉的電影熱播，我們都知道那一年的高考，
改變了好多知青的命運，改變了他們之後的生活軌跡。姐姐本來
也可以在這一行人中間。可是在一九七七年的十月二十四日，一
個上海赴江西的插隊落戶的知識青年，她叫夏惠迪，她的生命永
遠融入江西的紅色土壤中。

第三章
奇特的數百萬知青「頂退」風潮

第一節　政策打開了知青「頂退」的口子

一九七四至一九七五年，隨著國際關係緩和，新建的14個生產建設兵團和農墾師先後取消，迫於知青及家長的壓力，在政策規定照顧獨生子女、革命烈士子女、革命傷殘軍人子女可以回城，另外父母有多個子女卻沒有一個在身邊的，政策上也允許有一個子女可以回城之後，國家對知青的回城政策又有所放鬆，規定因病殘或家庭確實有困難的知青也可以申請回城。

幾乎就在照顧特殊知青回城政策出臺的同時，不少地方迫於相當多的家長渴望知青子女回城，而又面臨著空前的就業壓力的形勢，靈活機動地出臺了知青子女可「頂替」父母崗位的政策。其做法是：允許符合一定條件的家長選擇自願提前退休，其子女以「一頂一」方式進入所在單位。這項「頂替」政策執行了若干年後，在大城市基本停止了，而在一些中小城市和部分壟斷行業，「頂替」依然存在或變相存在。

以上有關知青「人性化」的回城政策，當時被人們簡稱為「頂退」政策。

於是，知青回城的管道驟然多了起來：有「門路」的家長，

就設法讓知青子女入學招工當兵，有符合政策照顧家庭規定的，家長就設法開來無子女在身邊的證明辦理回城，有父母在崗在職可辦理提前退休，就想法辦理「頂替」手續。實在沒門路的知青，則挖空心思辦理重大病或傷殘喪失勞動能力的證明，演繹了一場歷史上最為奇特的「頂退」風潮……

當時所謂的「病退」，就是「因病喪失重體力勞動能力，退回原籍城市」之意。這是當時一項重要的知青政策，為了享受這一人道主義政策關懷，黑龍江兵團知青李志勤在〈我們為何盼著老娘病？盼著戰友病？〉中講述：俗話說：有什麼別有病，沒什麼別沒錢。這是眾有所知、千真萬確的真理，放在今天大概沒人反對，可在知青下鄉的年代，人們卻是盼著生病，這絕不是在說胡話，正是那個特殊年月的大家共同盼望的事情。

剛到兵團不久，盼望著家人生病，開始聽到甲戰友的家裡來電報，稱母病速回，戰友焦急的神色使自己心頭一震，悄悄地祈福著自己的母親平安無事。過了幾天，乙戰友的家裡也來電報，同樣稱母病速回，戰友從容地收拾行裝，登上連裡的油特茲，踏著雪路搖搖晃晃地駛向車站，心裡莫名其妙的竟有些小小的羨慕，希望自己的家裡也能發一封這樣的電報，但願母親是一點點的小病。以後這樣的電報越來越多，大家心照不宣明白了，那是回家的藉口，只是苦了老娘裝病。

漫漫長夜也不能天天讓母病速歸，天天勞作，多希望能休息一天，改善一下伙食。北大倉是產糧基地，然而，天天吃饅頭，不帶變花樣的。偶爾同宿舍的戰友生病了，食堂的大師傅竟端著一盆熱騰騰的麵條，上面零星著飄著蔥花，泛著油香，送病號飯來了，大家熱情的接過麵條，先替病號盛上一碗，剩下的大家瓜分共用，熱得從鼻子眼裡都冒熱氣，香得從嘴裡哈氣，就差把食

堂的盆也給吃了。病號真的發燒，滿臉通紅，巴拉一口的麵條也難以嚥下，為了不浪費，與他特哥們特姐們的戰友享用這碗麵，然後擔負起照顧的責任。以後，大家常常盼望著同屋的人生病，好能跟著蹭一碗麵條吃。

盼著老娘病，盼著戰友病，還不算什麼著急得事，最要命的是盼著自己有病。原來讓大家熱切的是病退，病到達到一定的程度，可以返城。在那個年月，沒有可以做官的父母，既參不了軍也返不了城，唯一可能做到的是讓自己得病，如肝炎、腎炎、心肌炎等。可這個病可不像傷風感冒那樣好得，連隊裡有一個北京知青，得了腎炎，一化驗呈現三個加號，結論是可以返城，給大家羨慕的不得了，真有聰明的人，竟然策劃在自己檢查身體與他借尿化驗、於是，此人即可成了大家的香餑餑，借一泡尿請一頓飯。此人並不因此濫用病尿，不是人請必到，只是在哥們的範圍才幫忙。

在那個特殊的年月，人們想得病都像瘋了，如果自己得了一點小病，家裡的人恨不得幫他鼓搗出大病來才好。我有一個弟弟，在連隊查出來肝炎，連隊安排最輕的活，看守建築材料。母親知道後悲喜交集，悲的是孩子真的生病了，喜得是找到回城的路。那時我父親剛從牛棚出來不久，家庭境遇不是太好。母親不敢不給孩子治病，又怕治好了回不來，真難呀！打聽一個偏方，說是吞泥鰍，能把黃疸瀝掉，果然，拉出的泥鰍都是黃色的，不知是黃疸染得，還是大便染得。反正病見輕，趕緊打發回去申請病退，由於大家都在趨病退的路子，病退的檢查嚴格起來，不僅在當地體檢，還要在北京體檢，雙檢達標才能取得病退的批准。我弟弟在北大荒檢查黃疸指數達到肝炎標準，可是一回北京黃疸指數就不夠，這可把母親急壞了，好不容易得了個病，還用不

上。我們分析來分析去，認為主要是弟弟一回北京，心情驟然見好，所以黃疸指數就下來了，隨著檢查的日子的臨近母親更加焦慮起來，我突然冒出一個主意，想辦法讓弟弟生氣，跟他吵架，家人認為是個好主意，紛紛上陣參與。

於是，我出奇的無事生非，說他吃了我那一份東西，不料，弟弟除了辯解外，並沒有太生氣，母親見火候不夠，戰鬥力不足，咬著牙赤膊上陣，瞪著眼睛指罵道："你越來越不像話了，在家裡就知道吃，什麼活都不幹，誰老伺候你。"母親的橫殺弟弟不僅感到突然，而且萬分委屈，紅著眼睛，大聲辯解："你們就偏向吧，偏向這死丫頭。她胡說八道，你們就信。"他真的動氣了，聲淚俱下。母親的眼睛也噙著淚花繼續說道："你一回家，能吃又能喝，一檢查身體就好了，誰老跟你著急呀。"這回母親說的是實話，把弟弟的心病也勾出來了，加重了他的鬱悶情緒，他只是默默流淚無語。次日檢查身體，幾日後，我們盼望的結果終於出現了，轉安酶指數高於正常指標，全家人總算鬆了口氣，母親又心疼又高興，總算沒讓孩子白受委屈。事後我還向弟弟表功，氣人有功，弟弟根本不領情，母親在一旁證明，弟弟才半信半疑，反正心情好多，為了慶祝檢查出病來，省吃儉用的母親做了一頓在當時可謂豐盛的晚餐。不久，弟弟的病退果然辦成了。

生病，是那個特殊年代的特殊待遇；盼著生病，是那個特殊年代的人們的特殊企盼，那個特殊年代，造就了人們的病態心理，像黑色的幽默，伴隨著我們的成長。

為了趕上這趟病退的列車，許多知青唯恐不及。夏洛在〈曹玉龍和劉德榮的病退〉講述：曹玉龍原是內蒙兵團二師十五團基建連的知青，一九七七年底「病退」回北京當工人，現在已經退

休。最近他托我記下他的回憶，寫出他的難忘往事。那件他不甘使之隨流年似水而逝的事發生在一九七七年初春：

「現在我記不得那是幾月幾號了。那時候天氣正冷，我給連裡放馬，得穿棉大衣。印象很深的是，光禿禿的地裡泛著鹽鹼的白霜，什麼都沒長。我有腦膜炎後遺症，在高原不能適應，常常感覺頭痛欲裂。那時已有病退政策，我為我這個病申請回北京，也辦得有了希望，只差一張師部醫院的診斷證明，手續就齊了。可是忽然聽說，辦手續有最後的截止日期。不是正式傳達，就是傳說：如果超過了那天，團裡就不接申請了，就不給辦了，那就得留在兵團，再也回不了家了（指回北京）。

我放馬回來，天已經擦黑，吃飯時聽大家議論，才知道消息。知道得太晚，第二天就是截止日期那天了。如果我差的診斷證明不能在第二天開到，那辦到一多半的手續就廢了。不能病退，我就得留在兵團，再也回不了家了。

也還有一線希望，那就是別錯過這個日期，趕緊去師部醫院去，開到診斷證明。可等到第二天從連裡到團裡，坐汽車到五原縣城，從五原縣城再坐長途汽車到烏拉特前旗，就算趕到了師部醫院，肯定也接近下班時間了。等第二天再走，證明是要泡湯的。所以我決定連夜趕路，徒步走到五原縣城，拼了命一早也得趕上那班去烏拉特前旗的長途汽車，早到師部醫院，早把證明開出來。

我明白，要去，不能找車，也不能在熄燈之前出發，萬一有人阻攔我，或者告發我，那就糟了。但我沒瞞班長李文才，他知道我的決定後，支持我趁夜去。他還知道劉德榮和我一樣，也只差那一張師部的證明，就把劉德榮也找來，讓我帶上劉德榮一起去。

誰都知道，劉德榮有重病，她患風濕性心臟病。帶這麼個女生趕夜路，她有心臟病，這行嗎？我猶豫了。劉德榮說，你帶上我吧。她那是懇求我了。我一想，是得帶她去，不能落下她。就差一張證明，就差一天，要被卡下，誰受得了？我就說，行！德榮，我帶你去！

直等到夜裡十一點，連裡都熄燈了，一片漆黑，我才帶著德榮出發。我往懷裡揣了一把食堂的菜刀，遇有不測，我得用這傢伙保護她，我就那麼揣了把菜刀帶她上路了。寒風刺骨！放慣了夜馬，在黑暗裡我能看得見路。德榮跟著我，無心說話，我倆一心趕路。印象很深的是，黑夜裡地邊的鹽鹼霜很白，地裡沒有莊稼，所以我說那是二、三月裡，是一九七七年的初春。夜那個靜啊，聽自己的腳步，發出一點兒沙沙的聲音。

五十里路我們整整走了一夜。後來天亮了，終於走到了五原縣城的長途汽車站。但是，德榮的腿、腳全腫起來了。她說她沒事，其實快支撐不住了。七點鐘去烏拉特前旗的那班車已經賣完了有座位的票，我們只好買了站票。帶德榮出來，我就得照顧她。我攙著她上車時，打定主意，不能讓她站到前旗，得找座兒讓她坐下。鄉間的路那麼顛，起碼還有兩個小時的路程，她怎麼能一直站到前旗！上了車，我搶先把她按在一個座位上，自己也坐在了旁邊。持票有號的人來了，讓我們起來，我按住她，什麼也不說，就是不起來。

我那是不守坐汽車的規矩，是強佔人家的座位，可我就是覺得不能站起來了。因為這倒楣的最後一天，因為辦病退，逼得她走了一夜，她累了，她犯病了，她就應該坐著！可我怎麼講這個理？這難處，這委屈我向誰說？乾脆就不說了！售票員、司機都過來了，趕我們起來騰地方，德榮挺了挺身要往起站，我一把死

死地按住了她。我瞪著眼直著嗓子，啊啊、哇哇地亂喊，裝作聾啞人護住了她，就是不站起來了。越讓我們起來，我就越喊叫，他們聲音高，我喊叫的聲音更高。就這樣管用了，售票員給拿票的人擠出個地方坐，勸他們忍讓，我和德榮坐到了前旗。

到了前旗的師部醫院，德榮已經腫的不行，上氣不接下氣，真嚇人。馬上就給她搶救了。搶救得還不晚，她緩了過來，沒出大事。天氣那麼冷，她這樣有病的人跟著我，走了五十里，走了一夜！那是一九七七年初春的事，那時我們都二十幾歲。

一晃二十五年，二○○二年夏天我們聚會那次，德榮從天津來北京了。那是我病退回北京、她病退回天津以後的第一次見面。她看見我，一把抱住我，哭了。她說『我的好兄弟啊』，就那麼抱住我，痛哭流涕。真辛酸。我也掉淚了。

二○○七年，她去世了。從那以後，我就老是回想和她趕路的那一夜。老是想，我應當把這件事寫下來，給德榮的兒子。我也給我兒子講這件事，我希望，自己的孩子能理解。那時，沒有門路的知青只能靠自己、靠互助，在患難中就產生了那樣的戰友情，就吃得了那樣的苦。我擔了那麼大的責任，德榮連命都差點丟了。

但要讓現在的年輕人懂得這件事，真困難，也真夠複雜的。他們對那個年代知道的太少，也不愛瞭解那些。上山下鄉是怎麼回事，知青是怎麼生活的，『病退』是怎麼回事，他們都不知道。我兒子說，我那麼做不對，因為我對別人的生命得負責。他不懂，我必須幫德榮，必須帶上她去前旗開證明，因為那是最後的一天，是最後的一個機會。大家都辦病退，都想回家，德榮有病，我怎麼能讓她失去最後的機會和希望？」

這是一個曹玉龍定義為「戰友情」的故事，它包含了對青年

時代苦澀生活和個人品行、氣質的追憶，也包含了對純真友情和亡友劉德榮的記憶。但我想到的不止是「戰友情」，而是親身體會過的不知道前景的迷茫和絕望。

回看一九七七年，有資料表明，事實上內蒙兵團辦理病退的政策趨向了鬆動，最終沒有門路的知青，也都以「病退」的名義趕上了返城的末班車。這使這個故事因一絲荒誕而更加沉重。當焦慮釀成「截止日期」的傳說時，有多少人像相信「廣闊天地大有作為」那樣，又將「截止日期」信以為真，結果竟造成了彌漫的恐慌，就像本文回憶的事實那樣，懷揣自衛菜刀的曹玉龍沖進了漆黑的寒夜，不顧生命安危的劉德榮長途跋涉，掙扎向前。

第二節　令人啼笑皆非的「病退」趣聞

雖然政策規定知青要患有某些大病重病，如腎盂腎炎、嚴重胃潰瘍、胃穿孔等等才能照顧回城。但上有政策就會下有對策，只要能回城，知青是什麼方法都想得出來。為了弄到一紙大病重病的診斷證明，知青們可謂是絞盡腦汁，用盡各種手段。有一陣最時興的是腎炎。一滴血，兩滴蛋清，半瓶尿，搖轉搖勻，神仙都查不出來。複查時再熬幾個通宵，皮泡眼腫效果更佳。再有就是胃潰瘍，頭天吃點豬血，第二天作個大便常規，起碼三個+。

海南知青雨林說，我們有些農友當時在驗小便時，就是拿針頭插自己的手指，然後在尿裡滴上二滴血，結果就是血尿。再帶個雞蛋，滴點蛋清下去查出結果尿裡就有蛋白，這樣就能以腎炎病退。我有個同學在東方縣，後來搞病退，聽說也是用了蛋清這一招……

還有的知青乾脆就「自辦」病退證明文件。海南知青水庫邊

人說，當年我們農場有一姓方的知青，算是一個寫字模仿高手，常常模仿師部醫院放射科譚醫生、程醫生的簽名。就連兩位醫生自已也辯認不出，真是夠絕的。不少知青在他的「簽名」下，都不同程度有了「肝炎」、「胃潰瘍」等重病而得以回城。

更絕的是，有的知青竟靠自身毅力裝病蒙混過關辦成了病退。我們農場有一個女知青在開工的時候不慎摔倒，不知是計上心頭還是早有預謀，她爬起來就胳膊夾著嘎吱窩，手不停地在自己胸前抖動。說這是腦什麼神經損傷，大小醫院都看過，就是治不好，手就是在胸前抖。抖了一年多，手臂肌肉都委縮了。大家都有眼看著，農場領導只好對她說，去辦病退吧。病退手續辦好了，走的時候，大家送她上車要幫她搬行李的時候，她說：「不用，我自己來」。她兩手提著行李上了車。手也不抖了，從此恢復正常了，大家都很佩服她的毅力！

類似這位女知青「裝」的經歷，如今的影視明星濮存昕也有過。他在〈我知道光在哪裡〉回憶：雖然是人藝演員的孩子，但演員夢曾經離他很遠。因為兩歲時患上了小兒麻痺症，他擁有一個被人叫做「濮瘸子」的童年。「那會兒，還沒有普及這種病的疫苗，好在兒童醫院正在研究中西醫結合治療的方法，我算走運，治了四十天，病情算是給控制住了。我還作為成功案例，上了新聞電影製片廠拍的新聞紀錄片，就是我們小時候看電影，故事片上映前加演的那種『新聞簡報』。」這是他這輩子在鏡頭前的第一次露臉。

小兒麻痺症給濮存昕留下一隻後腳跟著不了地的缺陷，雖然小學三年級時做了整形手術，腳慢慢能放平了，但「濮瘸子」的外號卻給濮存昕的童年造成諸多困擾。「可以說，在相當長的時間裡，我的注意力就在那條腿上，騎自行車也好，跳皮筋也好，

還有打籃球、跑步……為了練腿，各種運動都參加。」一九六九年七月，濮存昕離開北京去了黑龍江生產建設兵團，成為一名下鄉「知青」。在冰天雪地裡，他幹的活兒是在草甸子裡挖坑埋電線杆，後來混上了「美差」，在種馬班裡放馬，因為「給馬洗生殖器、配種」的事蹟，他光榮地上過黑板報，還補了生理常識課。

　　濮存昕坦言了自己人生中的一個「祕密」：為返城，他曾做過一次假。那是一九七五年底，大批知青開始返城，他也產生了不能一輩子耗在這兒的想法。「那年正搞批林批孔運動，我穿著薄衣褲站在舞臺上，很冷，說到一半時我的病腿就麻木了。我堅持演完，滿臉流出豆大的汗珠。我記得自己是一條腿蹦著下臺的，大家都看在眼裡，催促著快上醫院。那時我就心裡突然閃過一個念頭，機會來了，我可以有條件病退了。」到醫院第三天，他的發燒就好了，腿也恢復了知覺，但他決定「演」下去，他向知青們展示過自己的病腿：「知青一個個目瞪口呆，啊，你的腿怎麼是這個樣子?!」濮存昕說，一九七六年，在差不多一年的時間裡，他都在為病退做戲，「整整一年沒有脫棉褲」，還拄了一陣拐，最後終於如願開到了病退證明。於是，「濮瘸子」成了知青返城的藉口。

　　「這些事，今天提起來，並沒有要取巧或討好的意思。」濮存昕說，對於新書要不要做「個人獨白」，他曾經猶豫了很長時間，本想像上一本書《演員濮存昕》那樣只做談藝錄，最後在出版社的勸說下，決定還是寫下這些青澀年代的個人經歷。「因為不寫本身也不真實。」他承認，自己的寫作確實也有自省和懺悔的意思，「在文革時，我也打過人，紅衛兵時還瞎鬧過。沒有這個機會就說不出口。」

值得欽佩的是，當時的醫生都挺理解知青，只要是知青說明來意，一般都會睜眼閉眼開出重病證明。海南知青夢橋回憶說，我曾幫過一個知青。大概是一九七五年秋季的時候，我在街上，一個不認識的知青主動過來搭訕，一支煙還沒抽完，只幾句簡單交談，這個知青就直奔主題了：「能不能幫我開一張自治州人民醫院的醫生證明？證明我患有腦震盪，而且寫嚴重點，好辦病退用」。於是，我去醫院找了做醫生的朋友，醫生朋友也二話沒說，就給他開了張腦震盪的「診斷證明」。事後這個知青請我吃了一餐，就高興回農場不開工了，不久就病退回了廣州。期間，他還帶了幾斤帶籽的木棉來謝我，他送的那幾斤木棉做的枕頭我至今還在用。那個知青個子挺高，大鼻子。那麼多年，不記得他名字了。

旅美知青在〈回望30年走出草原〉講述道：……選拔「工農兵學員」的五、六年中，我曾五次報名。頭四次是在建設兵團的統治下，我正挨批判、被管制，明知道是「釘子」，偏要去碰碰。事先的心理準備充分，碰回來，毫不在乎，聽說某些現役幹部被我的「猖狂」氣得破口大罵，我還挺得意。

第五次報名，兵團已改回牧場，分場的頭兒換了我們知青哥們。全牧場十一個單位，十個上學的名額，每個單位限報一人。我們分場報的自然是我，要不怎麼叫「哥們」呢？結果，十一取十，被刷下來的還是我。據在場部工作的弟兄透露，主管招生的是位兵團得寵的「前朝遺少」，職位之外，還連帶繼承了兵團現役幹部對我的憎惡。傳言高考即將恢復，我不敢再碰著玩了。「碰釘子」，碰傷了，「碰運氣」，碰不起，歲數不饒人。左思右想，只能「曲線救國」，先離開牧場再說。打的主意是「病退」。

　　當時的政策是，凡下鄉知識青年，身體確實有病，不適宜繼續在農村農場生活，有醫院證明，經當地領導機關批准，原居住城市知識青年安置辦公室同意接收，可以辦理病退。單從字面看，「病」是因，「退」是果。實際上，「退」成為目的，「病」則往往是手段。既然是手段，難免真真假假、虛虛實實、花樣百出了。

　　我的病是半真半假。說「真」，我患有嚴重的胃潰瘍。這病從一九七三年起，纏了我十八年，直到最後被斯坦福醫院一個滿頭白髮的老教授，用不到兩周的時間，奇跡般地治癒。說「假」，我沒有證明。雖然我那時每天都要命地疼，可疼痛對旁人而言，也就是個抽象的概念。能往概念上蓋公章嗎？這種事，只能靠朋友。正好有位天津知青回家探親，就托了他。天津人最講義氣，一個月以後，他把一張透視片子交到我手上。「放心吧，肯定管用！」他找補上一句。

　　把片子送到旗裡的農牧場管理局醫院，托的是另一位知青，也是天津人。他一見醫生，立刻打起全副精神：「抽煙，大夫，你老先點上。這片子假不了！我們那哥們下來十年啦，容易嗎？渾身胃潰瘍啊！你老高抬貴手……」那位醫生看得很專注。當時有跡象表明，知識份子即將重新吃香，所以文化人都特別巴結差事。醫生抬頭一笑，笑得那位天津老弟心裡發毛。「沒錯，這片子是真的。」醫生終於開口，「可照片子看，他也用不著辦病退，你們該給他辦後事。」

　　天津老弟事後形容，他當下從頭頂涼到腳跟。還沒緩過勁來，醫生從抽屜裡拿出張表格，刷刷幾筆，遞到他手上，「行啦，到辦公室蓋章去吧。出門往左」。我們那哥們連「謝」都忘了說了，回來讓我好個埋怨。這麼好的東西，不能不充分利用。

後來，這片子好幾次被送到同一醫生的桌上。我們知青做事認真，每次都忘不了換個封套。到最後，那醫生連片子也不往外抽了，就用兩指捏捏封套，「又是那張片子？行啦，到辦公室蓋章去吧。出門往左……」

10多年中，我多次打聽這位給許多知青打開回城大門的醫生，可惜沒人記得他姓名。

但是知青在檢查時也有遇到那種較真的醫生，讓你病退辦不成。當時，這種因醫生認真或是知青疏忽而不成功的病退經歷也是很多。內蒙兵團知青宋立嘉在〈知青返城記〉說：我連一知青聰明過人，知道X光機對金屬物體穿透力差，遂剪一鐵片栓在胸前，經X光機透視初步診斷為「肺結核」。醫生大為驚訝，懷疑是發現了世界重大奇跡，肺結核病灶這樣大實為罕見，決定二次拍片，知青忙中出錯，將鐵片拴錯位置。醫生也開始納悶，怎麼肺結核病灶還遊移？後查出是知青自己在搞鬼，醫生大為惱火，結果自然是沒有辦成病退。

海南知青熱帶回憶這段往事就十分沮喪：……今早，到醫院體檢，使我憶起多年前的事。那是七四年國慶早上，農場廣播站，一直沿用×師××團廣播站，這天用國營××農場廣播站名稱，也就是說；昨天，我們是兵團戰士，從今天起我們是農場工人。一段時間裡，團裡知青就有議論，現役軍人就要回部隊，兵團番號很快就要撤銷。當時我在想，軍人走，我也走，他們軍人回部隊，我們知青也回城，但有什麼辦法我能回城呢？

為了回城，走後門帶名單招工，這辦法我用過多次，但每次無功而返。長期想回城念頭，一直在腦海裡，搞病退。第二天我去衛生隊，在我去衛生隊之前，服下一片麻黃素，曾聽一位父親當醫生知青說，服用麻黃素能把血壓升高，心跳也加速，誰知到

了衛生隊，醫生量血壓，正常。回到連隊，有位知青說：晚上不睡覺，通霄喝酒，第二天驗血，肝功能會有異常。後來乾脆到師醫院，（兵團雖撤銷番號，但人們還是習慣叫法）師部醫院看病要經過幾道關，一、連隊領導批准，二、衛生隊證明，三、還要開通行證等。師部醫院在三亞，從樂東縣城開往三亞的班車每天只有一趟。

經過連隊領導批准，到衛生隊開證明，衛生隊一位姓譚的醫生，給我開了一張到農墾三院就診證，譚是一位早年到農場醫生，聽說是從韶關分配到農場，很同情知青苦楚，他說：「近來那麼多知青，都要去師部醫院，」然後帶有玩笑對我說：」祝你順利到達師部醫院，完成此項艱巨任務」。

次日一早我帶上所有所需證件，搭上樂東至三亞途經我場路口班車，下午到達三亞，晚上住在榆林202廠招待所，那晚我按那位知青說法，下半夜，在白天買好一瓶竹葉青酒。喝了半瓶。

上午到了醫院，病號不少，病號中有不少知青，都在等化驗給果，一位三師十三團知青和我聊天，是位姓池的廣州知青，談到希望回城之事，他說：現在很多知青也想弄張診斷病退證明。誰知我的化驗給果，HAA正常，射濁一個＋，達不到病退條件。現在想起，實在愚蠢，用自己身體作試驗。好在一切都過去了，兩年之後，我還是通過「後門」回城。

如今，回過頭來審視這場知青「病退」回城的奇特風潮，雖然有些讓人捧腹好笑，但也讓人心裡有幾分悲愴。表面上看，這是知青們在用自己聰明的想像力在同醫院和醫生作「迷藏」，實際上則是知青們捨棄自己年輕身軀的健康，在同自己飽受壓抑的命運作鬥爭。據不完全統計，從一九七二年至一九七八年，全國有數百萬病退知青幸運地突破了各級醫院和農場的層層攔截，然

後高高興興地返回各自原來的城鎮。

雖說當時大多數知青都是以假病歷辦理回城手續的，但事實上，許許多多知青確實是帶著滿身傷病和心理創傷返回到自己的故鄉。湖南省有關部門曾事後對某公社的98名知青進行身體狀況調查：其中5人患有精神病、1人自殺未遂、1人犯罪入獄、34名患有風濕性心臟病、貧血等病症、4名被掌權者姦污！這組資料與比率，或許能夠在一個側面顯現中國知青這一代人，當年所經歷的風雨苦難和生命的不可承受之重吧！

最為令人傷感的是在這一過程中，有一些知青確實有病，但卻誤以為是醫生同情照顧，疏忽大意沒放在心上，結果喪失了最佳治療時間而釀成悲劇。海南知青CCS回憶道：在當年的病退大軍中，有個粵東籍知青特別令我難忘。小夥子到海南只有十六七歲，模樣周正。未開口先笑，待人也好。看見兄弟們一個個先後離開，而自己家中又無能為力幫忙。於是，小夥子決定也走病退之路。因平時偶爾肚痛，就想著為自己設計出一個肝病來，然後興沖沖到原師部醫院檢查，醫院卻真的檢查出肝區有異物，此時小夥子不是擔憂而是大喜過望，自信身體絕無問題，認為是醫生關照故意誤診歪打正著讓自己回城。

誤診歸誤診，回城的理由成立了也就萬事大吉。但師醫院卻建議他到海口複診，複診的結果卻是一切正常。於是小夥子更放心的高興了。後來不知他與師醫院如何交涉，最後還是如願以償病退回城。回城以後找不到工作，就一直在家待業。不久，肝區疼痛加劇，再查，確診為肝癌晚期。小夥子此時欲哭無淚，一個家庭窮苦身患絕症的待業知青，其悲慘景況不用多說，各位也能想像得出來。小夥子走時極為痛苦，劇痛、嘔血不斷地折磨他，連止痛針都基本失效。肝痛發作時直打滾，要幾個人壓住他才不

會滾下床來。最後,他是在劇痛中離開人世的。每當想到他,我的心裡總是沉甸甸的⋯⋯

也有的知青因病回城不是樂事,而是悲苦和夢魘。在宋立嘉〈知青返城記〉記道:原內蒙兵團的十四團四連連長兼指導員王志達是天津三中老高三知青。他知識淵博,好學上進,對同志虛懷若谷,同甘共苦,對工作勤勤懇懇,任勞任怨。四百來人的四連是個大連隊,王志達不知有多少個日日夜夜為之操勞,大家都說他是個「鐵人」。

一九七八年五月在一次拆舊房中,王志達被突然倒塌的房子壓在碎磚爛瓦之下,因公負傷,第六,七頸椎粉碎性骨折。後特批辦好病退回城手續,送天津醫院治療。不料受傷過重,難以治癒,一年後死去,享年二十九歲。歷史將記下其返城身死的悲哀。

更有大喜之後就是大悲的,十五團有三名女知青病退報告批下來後,個個欣喜若狂,三人抓緊辦好返城手續,準備不日回城,告別幾度風雨戰鬥的邊疆。臨行前,三位姐妹相聚一起到兄弟連隊的至朋好友處辭行,誰知禍從天降,她們乘坐的大馬車突然翻車,將三位如花似玉的少女活活壓死在車輪底下,人沒返城,香魂卻先歸故里。聞者莫不為之歎息⋯⋯

第三節　為了「病退」冒險製造的工傷致殘

說到病退,作假趣事很多,其中悲苦眼淚也很多。內蒙兵團知青宋立嘉〈知青返城記〉中曾有這樣一段讓人傷感的描述:七五年六月二十四日,國務院中央軍委下達國發(75)年九十五號文,改變內蒙古生產建設兵團體制。撤銷兵團、師兩級機構,把

農業團隊改為國營農、牧場。位於巴彥卓爾盟烏拉特前旗的十四團改為蘇獨侖農場。那時侯知青思想波動很大，紛紛要求返城，解決遺留問題。

我連一女知青，健壯的體態曲線分明，端莊的臉容文靜柔美，後患闌尾炎在團部醫院手術，誰想陰差陽錯醫生竟把她的輸卵管割斷。團部醫院出了事故，只好將這位女知青病退回城。這位女知青因禍得福的消息傳開後，在知青中引起強烈反響，有的竟想割掉自己身上那傳宗接代，男人要命的陽物，或者自殘充滿活力的青春軀體給「病退回城」製造藉口、來換取回城做代價，可見返城心切了。

雲南兵團知青八爪夜叉在〈一九五九～二〇〇九，我的滄桑五十年〉第27節中講述了他和眾知青為了病退，多次折騰自己年輕軀體，甚至不顧生死冒險製造工傷殘廢的經歷：……當時知青回城無非幾條路，參軍（轉業回城），招工，上學（當時尚未恢復高考，指的是工農兵學員，需要推薦），病退回城（後來恢復高考又加了一個考學），但這些都是有名額限制的，全捏在場長書記和連長手裡。

他們捏著名額，就像捏著知青的小命，靠著這些名額，他們要錢有錢，要人有人，被趙衛國砍死的連長方喜，就是晃著手裡的招工表格去強姦女知青的，可笑的是，直到他被趙衛國砍死那天，也沒給一個他強姦過的女知青辦過回城。再說句老實話，當時我是這麼想的：只要能回城，就算劉副連長要來強姦我，我他媽的也認了。可惜劉副連長想要的不是我的人，而是我的命。

我和趙躍進是黑七類，參軍和當工農兵學員上大學就想也不用想了，招工我們家啥門路也沒有，場裡也不會推薦我們這倆鬧事的知青，我們連招工表格啥樣都沒見過，當時還沒恢復高考，

就更不用提考學了，唯一有點希望的路就是病退。

所謂病退的希望，只是說這是唯一一條我們可能走得通的路，可是當真走起來卻談何容易，因為這個病退一定得是大病，病到喪失工作能力才行，小小感冒發燒、月經不調就想也不用想了。當時裝病的方法何止百種，眾多知識青年發揚一不怕苦二不怕死的精神，各逞奇智，跟農場幹部和醫生們鬥智鬥勇已經很多年了。

最簡單的辦法就是「肺穿孔」法，照X光的時候弄一小片錫箔貼到背心，X光一照，好傢伙，一個大黑點，眼看活不成了，病退吧。可惜這個辦法很快就不靈了，原因是大夫一認真，讓你換個方向再照，立即露餡。或者是抽用碘酒泡過的煙，肺裡也會形成陰影，但這麼幹有時候會真得上肺病，弄不好還沒回城就先掛了。還有個辦法就是吃麻黃素片，血壓會急劇升高，心跳加速，其症狀酷似風濕性心臟病，但是這個辦法有兩個缺陷，第一是麻黃素不好搞，麻黃素是治哮喘的，你得先把自己弄成哮喘，然後才有麻黃素片給你。第二是服藥劑量比較講究，服少了不行，心跳是快了，可快幾下就恢復正常了。服多了更不行，心跳也快了，可跳著跳著就停了，那可就出人命了。

這些辦法很快就被農場大夫識破了，這些大夫們醫術不怎麼樣，要是真有病讓他們治，治好的把握不大，治死的概率挺高，但是大夫們長年戰鬥在醫療第一線，經驗何其豐富，本著「寧可錯殺一千，不可放過一個」的職業精神，與妄圖病退回城的知青們頑強戰鬥，一個個練就火眼金睛，是不是裝病基本上一眼就看個八九不離十。當然不是說當時所有的農場大夫都是這樣，有些還是很有同情心的，即使看穿了知青是裝病，看著他們可憐兮兮的份上也就高抬貴手了，但是這樣的大夫太少了，要碰上一個比

現在彩票中獎的機率還小。而且知青嚴重減員，也不利於「紮根邊疆，建設邊疆」的政策，所以這些大夫一旦被發現幫助知青假病退，是要受到嚴厲處罰的，結果大夫們也就人人自危，不敢輕易放手了。

裝病很快就行不通了，可家還是想回，怎麼辦？他娘的，假的不行咱就玩真的，於是眾知青出工的時候就玩起了工傷（注意，必須是工傷才行，像趙躍進被劉副連長的耗子老公給了一槍，對不起，那是你自找的），有的故意往山下滾，摔個斷手斷腿，就能病退回城，這個辦法一度很流行，一到山上眾哥們一個個跟保齡球似的排著隊往山下滾，有個兄弟很不幸，從山上滾下來以後，手也沒斷腿也沒折，腦袋撞到一塊石頭上，直接回了天堂，連手續都省了。這個哥們出事後，這種方法試的人就少多了。因為從山上滾下去誰知道會發生什麼事？摔輕了鼻青臉腫，第二天還得上工，摔重了就像前面那哥們，想上工以後都沒得上了。像我這種一直走背字的人更不敢試，我要是從山上滾下去，不用說，指定血染邊疆了。

還有的下大雨時脫光了在外面躺著，指望淋出個高燒，再燒出個肺炎。或者乾脆大冷天穿條褲衩在外面狂奔，奔一圈回宿舍裏上被子烤火，烤得滿頭大汗再出去奔，來回幾趟基本上就開始打擺子了。有個兄弟很搞笑，不知道是腦子缺根筋還是怎的，為人所不能為，直接脫光光裸奔，裸奔就裸奔吧，反正山上地方大，隨便奔，可是這兄弟大概奔的很爽，竟然奔到了場部，恰巧被場長看見了，場長一看這還了得？這不是耍流氓嗎？就帶著幾個幹事去抓，這兄弟要是老老實實被抓了也沒事，可是他一看場長來抓他，跑得更歡了，領著場長幹事繞著場部生活區跑了三圈，引得一眾幹部家屬紛紛出來觀看，造成了極其惡劣的影響，

場長抓住他以後啥話沒有，就說他腦子有問題，是精神病，結果家沒回成，直接給送到精神病院去了。這是搞笑的。還有一個就挺慘的，有個四川女生聽說喝鹽水能得尿毒症，就拼命喝鹽水，最終真的喝成了尿毒症，如願病退回城，可回城沒多久，卻死在了尿毒症上。

上面這些辦法都很有風險，我和趙躍進都不敢試，雖然活著沒多大意思，可我們還是怕死，另外一個比較可行的辦法就是裝癲癇或者抽羊角風，這個辦法的難度在於需要很高的表演天賦，趙躍進試過一次，就在他腿傷快好的時候，兩個幹事押送他回豬場關禁閉，他從醫院小護士那要了點洗衣粉，走在路上趁著幹事不注意就把洗衣粉填到嘴裡，然後就地往路旁邊紮，結果選的地方不好，一頭紮到路邊稻田的爛泥裡邊了，趙躍進一陣窒息差點沒憋死，嘴裡的洗衣粉咽了一大半，兩個幹事把趙躍進從泥裡拔出來，趙躍進才想起此時需要抽風，於是不顧一頭爛泥，躺在地上開始蹬腿翻白眼，幸好嘴裡還有一小半洗衣粉，趙躍進用口水潤潤洗衣粉又開始吐白沫。

倆幹事見得多了，就笑眯眯的站在旁邊看著，趙躍進吐得口乾舌燥幾乎脫水，也不見倆幹事有反應，好在這時候吞下去的洗衣粉起了作用，趙躍進開始哇哇大吐，吐得死去活來。倆幹事一看真出毛病了，連忙架起趙躍進就奔場部醫院。到了醫院找大夫，大夫撬開趙躍進的嘴，就聞見一股洗衣粉味兒，心裡立馬就明白了，說不用看了，直接拉出去洗胃，趙躍進被拉到醫務室，幾個人摁住，嘴裡被插根膠皮管子一陣很灌，灌完了拎到外面去吐，吐完了拎進來再灌，把趙躍進同志灌得一佛出世二佛升天，灌了三回大夫看看差不多了，就跟幹事說好了，帶回去吧，可憐的趙躍進被兩個幹事架起來就走，一邊走嘴裡一邊還吐著泡

泡呢。

　　我沒有趙躍進的表演天賦，即便有我也不想試這招，趙躍進的例子就在那放著呢，吐了三天泡泡了還沒好。我需要另外想辦法，我上上下下打量自己，考慮著自己身體的哪部分可以捨棄不要，想來想去哪樣也捨不得，都連心連肺的，缺哪樣都疼，最後看了看自己的腿，心說就是它了，想辦法砸斷一條腿就能回城，骨折問題不大，以後應該能長好。

　　想好了方案就要等機會了，這件事一定要趁著出工的時候幹，要是不弄成工傷，就是兩條腿都斷了也是白斷，而且一定要借別人的手弄斷我的腿，自己弄斷不行，場裡會懷疑我自殘，到時候不但回不了城，還得背個「蓄意逃避再教育」的罪名，再弄個處分可就虧大了。

　　正所謂皇天不負有心人，機會說來就來了。為了繼續擴大橡膠林的種植面積，連長帶著我們上山砍樹開荒，我因為處心積慮地要弄斷自己一條腿，那天表現的格外積極，總往別的知青身邊湊，我賊眉鼠眼的樣子大概引起了王連長的懷疑，他沒說什麼，但是我能感覺到他一雙眼睛總在我身上瞄，我也不怕他，心說豁出去了，今天不是斷腿就是送命，反正我是不想再遭這個罪了。

　　我眼睛瞄來瞄去，就瞄見班長和另外一個哥們正在砍樹，那棵樹眼看著就要倒了，我心說好機會，目測了一下大概位置，幾步竄過去往樹下一站，靜等著大樹砸下來。就在我剛竄到樹下的時候，班長砍下最後一刀，大樹晃了一晃，向我站的方向倒了下來，我後撤一步，伸出一條腿，把眼一閉，心說來吧。

　　突然我屁股上傳來一股大力，我還沒明白怎麼回事呢，人一下就向前飛了出去，一個狗搶屎就摔在地上，只聽背後「轟隆」一聲響，我回頭一看，大樹已經倒了下去，樹下壓著一個人，正

是王連長。

我大驚失色，連忙搶過去看，王連長一條腿壓在了樹下，整個人呲牙咧嘴，疼得就快要暈過去了，我才明白過來是王連長踹了我一腳，自己卻沒躲開，被樹砸了。這時候其他人也圍過來，我們趕緊抬樹，好不容易把樹抬起來，把王連長拽了出來。

王連長疼得滿頭都是汗，還在有條不紊的吩咐我們：「幾個排長領著人繼續幹活，來兩個人把我抬到醫院去，小韓（我們班長），你給我抽趙超美！」

砸到了連長我始料未及，心裡很是過意不去，雖然班長沒抽我，我自己倒是想抽我自己，王連長是個好人，我不想連累他受傷。晚上我去醫院看王連長，王連長的腿上了夾板，正在病房裡呲牙咧嘴，看見我來了，老臉立即耷拉下來一尺多長，瞪著眼睛問我：「你幹啥來了？是不看我沒死還想補一下呢？」

我臉漲得通紅，說：「王連長，實在對不住，為了救我把你砸了，我來看看你。」

王連長斜著眼看著我說：「小趙，別在這跟我繞彎彎啊，你小子是故意站那不躲開的。」

我咬牙點點頭說：「是，王連長，我是故意站那的，我想砸斷自己一條腿，然後病退回城，沒想到砸到你，這個就不是故意的了，我就是想回家。」

「想回家沒錯，可是要採取正確方式，你這麼幹不是想回家，是想自殺！」王連長怒道。

「甭管是回家還是自殺，反正我是不想在這待了，我就是豁出來這條小命，死也要死在家裡。」我看著王連長說。

「小趙，你過來坐下。」王連長指了指床邊，我過去坐下，王連長又說：「小趙，我知道你想回家，咱這的知青哪個不想回

家，但是用這種方式回家怎麼行？萬一這樹倒下來不是砸到你腿上，而是砸到你頭上，你就是回家了也變白癡了。」

我冷笑兩聲說：「王連長，你說這種方式不行，那你給我指條明道，你別忘了，我是黑七類子女，前兩天又因為鬧事在場部掛了號，招工，上學，參軍，這裡面哪一樣有我的份？我不用這種方式，怕是要老死在咱農場了。」

「唉。」王連長歎了口氣說：「小趙，我明白你們不容易，老實說，做知青很苦，做個黑七類知青更苦，但是人這輩子就是這樣，成分定了就是定了，由不得你做主，這世上哪有人事事順心？誰沒個三災六難？要都像你這樣想，大家也不用活了，全死了算球。小趙，有些事能忍，有些事不能忍，還有些事你不能忍也得忍，你現在覺得不能忍，再過個20年你再想想，也沒啥不能忍的了。我一直想教你們的就是忍那些不能忍的事。小趙，人是對抗不了政策的，人家給你定好了規矩畫好了框，你就只能在這框裡面折騰，你要是折騰出了框，就會有人收拾你，你明白不明白？」

我再一次感到了自己的無力，王連長的話我有些不以為然，可是有一句他說對了，我們現在就像取經的唐僧，被孫悟空畫個圈圈關在裡面，出了圈就要倒楣，只不過孫悟空畫圈是為了保護唐僧不被妖精擄走成親吃肉啥的，那我們呢？毛主席給我們畫的這個圈，是要保護我們的嗎？不太像吧。毛主席啊毛主席，我在心裡默默的念，我們的再教育啥時候是個頭啊？

計畫失敗反倒砸傷了王連長，趙躍進被關禁閉，我的心情越發沮喪，整日烏雲密佈，我又去找了幾次老勒刀，家裡始終沒有人，養的雞早沒了蹤影，誰也不知道他去哪裡了。我去場部問小黛農關在哪裡，場部的幹事不告訴我，只說他們不知道，還追

著我問我的深刻檢查在哪裡，我懶得跟他們囉嗦，心說檢你媽的查，一溜煙跑回連部。他們又去醫院找王連長施壓，讓王連長逼我寫檢查，王連長大怒，說沒看老子腿都折了嗎？就不能讓我安生幾天？一頓拐杖把場部幹事打了出去……

類似雲南兵團知青八爪夜叉這種多次折騰自己年輕軀體，甚至不顧生死冒險製造工傷殘廢的經歷，在農村插隊落戶的知青也有發生。知青克平在〈斷指記〉中講述：我有個叫胡平的朋友，給我講過他幾十年前上山下鄉運動中病退的經歷，我忍不住寫下來和大家分享。

胡平成長於四川成都市，小學、中學都是學校裡最優秀的學生，功課總是第一名，初中畢業考試成績全市名列前茅，曾連任小學少先隊中隊長、大隊長，中學學生會負責人。一九六九年三月，胡平與成都十九中的八百余名同學一起上山下鄉，來到四川最南邊的渡口市郊區（現為攀枝花市），他被分配到總發人民公社總發大隊總發三隊。全村二十名下鄉知識青年，十二個男生，八個女生。

護送學生下鄉的唐老師向生產隊長介紹胡平是學校裡的最聰明的好學生。同時學校工宣隊（工人毛澤東思想宣傳隊）也向公社政工組移交了學生的檔案，並著重指出胡平家庭出身不好，有思想言論問題。公社的幹部頓時警覺到「階級鬥爭的新動向」。

所謂的家庭出身問題是這樣的。胡平一九四七年生於北平（北京），其父當時在國民黨軍隊中任普通文職官員。一九四九年，軍長率全軍將士在湖北金口起義，編入中共解放軍，每人發予「起義光榮」的證書。中共建國後，軍長張貞授以高官，享受「統戰」待遇。胡家的大門也掛上「光榮軍屬」的紅木牌。

一九五二年，解放軍進行整編，將起義舊軍人遣返，其父

回到原籍河南省許昌蔡莊。不幸正趕上全國上下的「鎮反運動」
（鎮壓反革命），根據最高指示，各地公安部門都必須「殺一
批，關一批」，胡平的父親以歷史反革命的罪名無辜遇害。直至
一九八三年，三十一年之後，胡平的母親才收到許昌法院的一紙
平反證明書。當時誤殺、錯殺、亂殺多如牛毛，解說為「歷史原
因」，罪魁禍首仍供若神明，自然無人承擔罪責，更無任何補
償。這是後話了。

　　一到農村，知青們馬上就發現這裡的階級劃分是極為分明，
原地主、原富農及各類階級敵人連同他們的「可以教育好的子
女」，是無情地被踩在腳下，在「無產階級專政」下遭受著名正
言順的的歧視、奴役與踐蹋。

　　當年的「殺、關、管」和「地富反壞右」分子，胡平是系於
最高級別，被認定「與共產黨有殺父之仇」，是跳進黃河也洗不
清的，可想而知，他下鄉伊始便馬上成為階級鬥爭的活靶子。更
可怕的是，他讀書好學，關心時事，思想活動多了一些，經常發
表一點言論。那個年頭的最大罪名就是「思想反動」，有思想則
反動，有言論則玩命。

　　一九七〇年秋末初冬，成都市公安人員下鄉調查一起兇殺案
件，重點目標是那些出身不好的知青。此案與胡平毫不相干，卻
啟動了公社的階級鬥爭。十一月十二日，公社領導親自主持召開
「批判胡平大會」，主要罪狀是家庭出身與思想反動。會上揭發
他閱讀並談論黑格爾等西方反動書籍，散佈「抓革命，促休息」
等反動言論。（毛主席語錄：「抓革命，促生產。」）批判會上
一些社員揮揮拳頭，喊喊口號，不過是逢場作戲，一些知青明哲
保身表示劃清界線，胡平都不在意，唯有幾個多年的好朋友，沒
一個敢站出來打抱不平，讓他十分傷心。

當天夜裡胡平難以入寐，開始意識到他的處境是任何人都幫不了的，不再埋怨自己的朋友們，他也預感到還將有更大的禍患在等待著自己。他壓下滿腔的憤恨，第二天寫了份「自我批判檢討書」，以防政工組抓住不放，繼續深挖。這是他一生中唯一的一次「低頭認罪」。

「以階級鬥爭為綱，綱舉目張。」這是任何黨組織的首要任務，對胡平的整治也只能有增無減，開始劃歸另類，責令與地富分子一起幹活，在嚴厲監視之下，胡平已身陷半勞改管制。他深感父親的陰影與他的命運聯繫得越來越緊密了。以前，父親的概念對於胡平是十分模糊的，母親從來不提父親的事，這是全家最忌諱的話題。只是在他面臨高中畢業報考大學時，姐姐向他吹了點冷風。姐姐高中畢業時，高考成績優秀，但因為家庭出身問題，所志願報考的大學都不敢錄取。

家庭的不幸，社會的不公，讓他真知灼痛地感受到，在無產階級文化大革命的「火紅歲月」中，荒謬、瘋狂、殘暴愈演愈烈，整個大陸沉淪到歷史最昏聵的時代，到哪去說理？當務之急是要先跳出火坑。

與胡平同屋的姚革，是他最好的朋友，同是十九中老高三的同學，又是學校同一個造反派組織的老戰友。姚革出身好，生產隊培養他當獸醫。胡平被批鬥的前後，大隊和公社的幹部多次找姚革談話，警告他必須站穩階級立場。姚革在公開場合不敢再與胡平親近，暗中還是相互交流肺腑之言。

一天深夜，胡平悄悄向姚革傾吐了心底的悲憤，面對終將來臨的滅頂之災，胡平斬釘截鐵地說：「長痛不如短痛！」姚革聽得心驚肉跳，他深知胡平在鄉下將會越陷越深，也只有這條血路可以逃生。在那天理喪盡的日子，幸好還有人情尚存，姚革大義

凜然，含淚願為朋友撥刀相助。

毛澤東親自發動的轟轟烈烈的驅逐城市青年「上山下鄉，接受貧下中農的再教育」的運動一開始，就遭到民眾的不滿與抵制，由於農村條件艱苦，眾多的下鄉知青患重病或受重傷，無法繼續承受農村的重體力勞動，在社會的壓力下，開始允許知青辦理「病退」「殘退」回城。雖然政策允許，但胡平之類就是有病，也是在劫難逃，必須付出最大的代價。

胡平先想到抬水泥電線杆時將腿砸傷，但實施起來很難掌握分寸，腿的用處實在太大，實在捨棄不得。猶豫來，猶豫去，設想了很多方案，下了好幾次決心，事到臨頭又都放棄了。翻來覆去摸著全身上下，最後還是決定犧牲左手，相比易於操作，只要在軋草時，左手往前多伸一點，一下子就大功告成。然而最難的還是要做得天衣無縫，並且必須要有一位有公信力的目擊者做證。

胡平與姚革分析了當時的政治形勢，認為要先拉開與批判會的間隔，以防反遭指控預謀逃避「上山下鄉」。從七〇年底至七一年九月，他一直忍辱負重，埋頭苦幹，等待時機。

一九七一年九月十二日，是個週末，十九中的先進知青代表梅耀農上區裡開會後來村裡串門。梅耀農曾是成都「8-26」造反派十九中分團團長，下鄉前是十九中革委會副主任（主任都由工宣隊代表擔任），他出身紅五類，在農村表現積極，被樹立為四川省光榮模範下鄉知青典型，後提拔為渡口市委副書記。胡平看著梅耀農跳步走來，頓悟天賜良機，給一個暗示，姚革心領神會，盛情拉住梅耀農，要他「宵個夜」再回去。

晚上八點多鐘，胡平邊砍柴邊燒火，姚革舀開水灌熱水瓶，趁梅耀農與另外兩人不注意，故意將熱水潑到胡平的右臂上，胡

平趕緊用砍刀往左手上砍，先砍了一刀，不夠狠，又連砍兩刀，然後大叫一聲，胡平的左手頓時一團鮮血，梅耀農與其他兩位同學趕緊圍過來，不知如何是好，姚革立刻拉著胡平往外走，喊著快送幹校醫務室。走出廚房的院子，胡平攥著砍傷的左手大拇指說：「哎呀，不成，沒砍斷，要補火！」

姚革跑回到住房，匆匆把騸豬的手術刀找了出來，揣在兜裡，馬上跟著胡平奔向幹校。

渡口市下放幹部集中營就在村邊，走出村口，一片漆黑，四下已無人影，路過水渠旁，胡平蹲下，把左手放在一塊大石頭上，連說：「得補，得補，得補一刀！」姚革掏出刀子站在水裡，又揀起一個石塊，把刀按在砍傷的手指上，用石頭往下砸。第一下砸得很輕，姚革還下不了這個狠心，第二下也砸得不夠有力。胡平有些著急：「不成，再來！再狠點！」

石塊砸的第三下，拇指往上一跳。因為下邊的大石頭不平，所以還有一點皮連著。血冒出的更多了，胡平滿意地說：「這下成了。」

姚革把大石頭上的血跡用水沖掉，收起手術刀。刀子沾著朋友的鮮血，十指連心，心如刀攪。

過了橋就到了「五七」幹校。幹校的人馬上找來醫生，在醫務室給胡平的手上打了一針，醫生顫抖地用紗布把斷指包好，急切地說：「趕快叫車，馬上送到大河醫院！」

幹校派了一輛吉普車，胡平與姚革坐在後邊，一名幹部與司機在前。司機抄近路要穿一條小河，平時一踩油門就過，可是此時卻在河中心打滑，耗了一個多小時。胡平咬緊牙關，一波三折，還需把消息傳開。幹部找來附近的一些老鄉，終於把汽車從小河裡推了出來。

在大河區醫院的急診室，一位姓王的外科醫生值班，王醫生胖胖的北方人，小心翼翼地擦乾淨傷指，唏噓地說：「只有截肢。」

胡平暗喜，卻哭喪地說：「大夫，您受受累，不能給接上啊？」

王醫生說：「你的心情我理解，我告你實話，這種斷指再殖的手術，我們這類醫院沒有一例成功的。」

胡平傷心地說：「大夫，反正都斷了，您就看著辦吧。」

王醫生抬著胡平的左手，輕輕地捏了又捏，說：「你是知青吧，這麼年輕，多可惜呀，我試試吧，你的骨質還比較柔軟。」

又來了一位姓趙的麻醉師，活潑的天津人，在胡平的胳膊上打了一針麻藥。胡平踏踏實實地躺在手術床上，幾個月絞盡腦汁策劃的苦略終將完成。他側著臉看見醫生把一根長釘子從拇指上端往下釘了進去，不久便昏睡過去。

送到病房後，胡平半醒過來，看著包裹的左手，悲喜交集，似乎抬頭是岸。但是拂曉之時，左手突然劇烈疼痛，忍無可忍，一時後悔莫及……

第三天，醫生來查房，醫生打開紗布看了看胡平的手指，笑咪咪地說：「啊，沒有發炎，哎，可能接好了。」

護士叫來王醫生，王醫生似乎不太相信，捧著胡平左手，仔細看了又看，摸了又摸，最後興奮地喊道：「活了，活了，肯定接活了！」其他人也激動地祝賀這第一例斷指再殖成功！

這倒是給胡平潑了一盆冰水。他躺在床上，暗自盤算，這豈不是前功盡棄，白遭了一茬罪。一肚子苦水不斷湧向心頭，幾次想破壞手術的成功，但一看到醫生護士們慈愛欣喜的目光，他再也下不了這個狠心了。天意不可違。他想來想去，還是全身為

上，出院之後就說斷肢再接，筋絡不通，拇指不能活動，誰無同情之心？

王醫生在醫院碰見女知青陳小玲，興奮地講述了胡平的手術成功。陳小玲的母親正巧是十九中的語文教師劉福春，文革中被整得很慘。文化大革運動初期，全國各地的中學校園是最血腥的，胡平非常同情學校裡被批鬥與折磨的老師，一九六六年十一月，胡平第一個貼出大字報，呼籲所有打成「牛鬼蛇神」的老師一律平反，並串聯牛棚裡的班主任郝老師，裡應外合，一舉把關進牛棚的老師全部解放，在胡平的鼓動下，「牛鬼蛇神」寫出〈造反宣言〉，理直氣壯地發動了一場解散牛棚的「革命行動」。當時這是何等敏銳與勇敢的壯舉。

那個年月，上從中南海，下至小街道，哪個「單位」不設「牛棚」？一切不順眼的人，都冠以「牛鬼蛇神」，「牛棚」可以任意虐待刑訊，稱之為「群眾專政」，是「史無前例」的一大創新，元首元帥黨員百姓，皆可隨便打入棚中。而當年敢於提出解放「牛棚」的，全國並無多人。

陳小玲極力稱讚胡平，請王醫生多多關照，也希望王醫生給胡平開一個證明，讓他可以辦理「殘退」回城。王醫生滿口答應。陳小玲找到胡平的病房，辛酸地拉著他的手，悄悄地說：「你要因禍得福啦。」

過了幾天，陳小玲又來看望，焦慮地說：「醫院可能聽了你們公社的人說了點什麼，王醫生變卦了，說上邊有指示，不准隨便給知青開證明。」

在醫院住了一星期，回到生產隊，胡平請假回家養傷，隊長感歎地說：「為口傷身呀。」

回到成都，家對面就是西城骨科醫院，醫院裡也正好有跟

家裡人熟悉的醫生，他們對胡平的醫療非常熱心，而後當他請求開一個證明時，就都吱吱嗚嗚了。在中國開假證明歷來是相當普遍，唯獨給胡平開一個真的證明，就真是不簡單啦！

天無絕人之路。轉來轉去，他找到四川省醫院的一個外科醫生，他爽快地寫了幾個清晰的小字：「喪失對掌功能，不宜重體力勞動。」拿著省醫院的證明，再去骨科醫院，骨科醫院的大夫仔細端詳了省醫院的證明後，打消了顧慮，也給胡平開了一個證明。

胡平明知自己的特殊身分，必須多幾個證明才有把握。他又回到大河區醫院，正巧碰上那個姓趙的年輕的麻醉師，他同情也多情，治病也救人，心血來潮開出第三張證明，意味深長地用天津腔說：「鷹擊長空，魚翔淺底。」給胡平又打了一針奮發劑。

半年的努力，胡平拿到省醫院，專科醫院，區級地方醫院的指殘證明書，已是無懈可擊。第一關，先找生產隊，黃隊長是一位五十多歲的老農，似乎早已心中有數：「不能幹重活，就放羊吧。」

胡平說：「放羊可以，可是收了工以後，生活也是很難一個人自理呀。」黃隊長也算心慈，彆彆扭扭地還是同意放了他。

第二關就難辦了，大隊黨支部書記老屈，是整胡平最凶的一個，當即回答：「不辦！」以後再找他，乾脆閉著眼睛不答理。在他這整整拖了一年。

在此期間，區裡幾次招聘中學教師，胡平的條件最好，但由於出身問題，始終沒人敢辦。村裡的小學校缺老師，眼睜睜地瞧著一個個依然貧下的農民的子女失學，也絕對不能讓胡平去代課。

一年就是三百六十多個日日夜夜呀，胡平磨來磨去，最後老

屈也知道擋不住，勉勉強強蓋了一個章。大隊之後又要去公社，好不容易過了公社這一關，最後又栽到渡口市知青辦。知識青年辦公室主任錢大鬍子，精明老練黨性強，他什麼理由也不說，就是故意壓著不辦。

「正入萬山圈子裡，一山放過一山攔」。當時返城的知青越來越多，已是大勢所趨，唯獨在胡平的頭上，一道一道，都要略表忠心，還給他更多的「再教育」。胡平得天獨厚，難怪異乎尋常。幸好胡平的姐姐的丈夫的同事的親戚老鄧，是渡口市復員軍人安置辦公室的負責人，復員辦與知青辦在同一院辦公，抬頭不見低頭見，老鄧問錢主任為什麼壓著胡平不批？錢大鬍子的道理很簡單：「胡平的家庭問題很複雜。」老鄧不遺餘力，大鬍子終於高抬貴手。

好事多磨，哭笑不得，瀝血辱痛周旋了兩年多，一九七三年十月胡平才拿到「回城證」。此時，村裡的其他上山下鄉的知識青年們，早已全部走光了。一支殘指，四顧茫然，早起晚歸，孤影自拔，胡平下山也。

前面所述的知青，儘管坎坷曲折，但最終還是回到了家鄉。可憐有的知青亡靈卻永遠行走在回城逃亡的路上。家在江西的農村青年余模貴在〈雷公嶺上女知青墳〉中回憶道：

贛西北邊陲，崇山峻嶺，嶺蒼崖秘，秘山秘水，水蜿溪蜒。凹形小山村，沿山腳無規則座落著10幾棟老屋30多戶人家，丁姓居多。如今屋空人稀，盡見婦孺，壯漢全外出了打工。村口左側有座不高的小山嶺名曰「雷公嶺」，相傳很久以前嶺上有顆古樟被雷電擊中焚毀，留下此名。

雷公嶺自封山後灌木茂密，松衫蔥綠，野兔築窩，腐葉如絮。上山已無路可行，我在村裡土根老表家借了把茅刀上山開

路，狗角刺劃破我手背的皮膚沁出殷殷鮮血，狼牙刺把我的褲管勾扯出不少線紗。爬上半山腰，氣喘吁吁，滿頭熱汗。我用茅刀費力撥開亂草，找出一座矮小孤零零的墳包。

我把墳頭前的雜草雜木砍掉，不要擋住遠望的視線，不要擋住逝者生前的願望。墳前一塊小小的青石板權作墓碑，墓碑已傾斜，青石板上雕刻的字，經過歲月風霜雨雪的侵蝕，字跡模糊，我用手掌擦掉污垢，尚可辨認：知青虞小黛之墓，生於一九五四年七月八日，卒於一九七三年四月三日。當地村民並不在雷公嶺上葬墳，認為不吉利。知青虞小黛選此嶺而葬，因嶺前開闊，東南朝向，朝向著東海岸邊的黃浦江。

我在小黛姐墳前哽咽，難抑悲涼。我歎息美之短暫，痛悼春之早殤。一個十九歲生日還沒來臨象花一樣鮮豔的女孩，一個從上海大都市來到著偏僻貧窮小山村的知青，默默清苦地躺在這裡34年，小黛姐你在地下冷嗎？你的靈魂回到過魂牽夢繞的故鄉大上海嗎？和你爸媽團聚了嗎？還記得我這個小弟弟嗎？小黛姐，小弟弟有愧，34年中只是第二次來看你，你曾很喜歡我母親炒的南瓜子和花生，吃得是那麼有味和香甜，把一臉的幸福留給了我母親，把一臉的笑意留在我心裡。今天我給你帶來的南瓜子和花生，可惜不是我母親親手炒的，我母親也離世8年多，是我從炒貨店買來的，可能沒有我母親炒的香。

小黛姐，我也很喜歡你從上海南京路冠生園帶來的「大白兔」奶糖，當你用纖纖小手遞給我，接過你帶著體香的奶糖，輕輕入口，甜在嘴裡，醉在心上，讓我知道了世界上有如此甜蜜誘人的東西，猜想著上海到底是一個怎樣的奇妙都市和美麗天堂。十三歲情竇朦朧的我，對你不知道是一種怎樣的情感和心音。今天站在你墓前，希望墳塋下的你，早已化著一抹彩雲，與藍天共

舞；早已化作一個美貌仙女，在天宮裡養兔種花，過著沒有階級
鬥爭沒有無產階級專政沒有貧富差距沒有煩惱舒心愜意隨心所欲
的小資日子。

虞小黛一九七〇年春與6個上海知青（3男4女）在敲鑼打鼓
喜氣洋樣的熱鬧氣氛中被送到這個小山村，她是4個女知青中最
漂亮最引人注目的一個，在我當時有限的見識無限的無知裡，
我認為她是全世界最漂亮的女人。她鳳眼明眸，既有江南女子
的輕盈蔥靈，又有上海都市的洋氣風情，名字中有個「黛」，氣
質中有〈紅樓夢〉中黛玉的敏感憂鬱，命運中有黛玉相似的悲慘
宿命。

這樣一個女子，這樣一個嬌小姐，過慣了錦衣玉食式的富裕
生活，怎耐農村廣闊天地的捶打？怎經風雨毒日的摧殘？在高強
度的勞動中怎能適應和吃得消？挑穀子其他女知青挑上七八十斤
能挺住，她挑上五十斤搖搖欲墜。紅薯當飯，沒有油水的蘿蔔當
菜，吃得她花容失色。簡陋老屋的宿舍裡群蚊飛舞老鼠唱歌，使
她難以安眠。這裡是修地球的場所，不是藝術家的搖籃，她在這
裡的價值不抵一個文盲，她在這裡的作用不及一個村婦。

虞小黛從小受母親藝術薰陶，在少年宮的芭蕾舞隊中是拔尖
之苗。她把她的舞蹈細胞，毫不知覺的用在了勞動生產之中，聽
社員們議論過，虞小黛插秧和耘禾，那麼優美和有韻律，不像在
勞動，倒像在表演。我清楚記得一個細節，有次看見虞小黛在曬
穀場上彎腰繫鞋帶，連彎腰繫鞋帶的動作也有一種特殊美感打動
我心。

虞小黛的到來，象一朵稀世之花，盛開在小山村，花美之
譽，遠傳村外。山民都在驚歎上帝神手造人，能造出這樣的美胚
子。有一段時間，村裡常有些陌生男人來訪，有的來走親戚，有

的來找知青，有的來採草藥，有的來買雞蛋，有的根本就沒什麼理由。虞小黛的美，大隊民兵連長，一個彪壯如牛、形如黑塔的漢子，曾當眾放言：「要能和虞小黛睡一覺，第二天拉去槍斃也值了！」

歪嘴生產隊長在虞小黛剛來時對她有些欣賞和照顧，後來不知什麼原因，不僅在生產隊的集會上經常點名批判她資產階級思想嚴重，脫離群眾，表現極差，勞動安排盡給她小鞋穿。有人說隊長捅破窗戶紙偷看虞小黛洗澡被她發現，挨了頓臭罵；還有人說隊長對虞小黛有過不軌行為，但沒得逞。

「接受貧下中農再教育，在廣闊天地練紅心」，小山村不是虞小黛能夠持久生存的地方，剛來的第一年還見她有些笑容，體態容貌變化不是很大。第二年臉上的笑容已遠離，膚色氣色大不如前。很多個夜靜人深的時刻，女知青宿舍常傳出哭泣聲，從聲音能辨別出是虞小黛，只有她才沒有毅力壓抑住長夜裡孤寂悲苦的心聲。

虞小黛喜歡到我家來串們，她可能覺得與我母親接觸沒有太大的距離。我家從縣城下放而來，我母親是一個非常和善好客有優良美德的女人，氣質裡仍留有城裡人那些感覺得到說不出的東西。我家有什麼好吃的，我爸偶爾從城裡過來帶了零食，我媽都會毫不吝嗇的給虞小黛吃。有時在昏暗的煤油燈下，虞小黛和我母親像一對感情融洽的母女聊家常，虞小黛帶上海方言式的普通話我母親聽起來有點吃力，我母親偶爾聽錯她詞句的意思，虞小黛會孩子氣的笑一笑，也不更正。兩個人沒什麼話說時，虞小黛就靜靜地看著我母親納鞋底。

那時，我有一支小竹笛，能吹一些簡單的革命歌曲。是虞小黛教會了我〈南京之歌〉、〈小路〉、〈三套車〉等當時違禁但

在知青中很喜愛、流行的歌曲。當我吹奏這些歌曲熟練了，有進步了，在樂曲中有了技巧，會得到虞小黛的讚揚和鼓勵，我心裡甜滋滋，對這個漂亮的大姐姐有深深的好感。她有舞蹈天賦，有很深的芭蕾舞基本功，但在村裡，誰也沒見過她任何一個動作和表現。只是有一次我和她聊到樣板戲芭蕾舞〈紅色娘子軍〉時，在我強烈的好奇心和要求下，她用穿著白色塑膠涼鞋的腳，尖起腳，做了個芭蕾舞造型動作給我看，使我大開眼界。以後我常常想，為什麼她從不在山村裡談論和展示她喜愛的東西，可能她認為在這樣的地方和環境下談芭蕾，是對高雅藝術的褻瀆和糟蹋。

到了下放的第三年，農村的艱苦生活虞小黛再也難以忍受和堅持，當時知青回城的政策還沒解凍，知青不能靠正常的管道回城。她聽到可靠消息說，如果有縣醫院的病況證明，可以回上海。當時有不少知青用各種方法故意弄殘自己的身體，有的知青砸掉手指腳指，有的燒傷自己，虞小黛不知聽了誰的主意，說吞石灰可以弄成嚴重的胃病。

可憐的虞小黛，一心想著回上海，想逃離苦海，想去尋找和探望自己唯一的親人——父親，迫不得已用一種這樣可怕的手段來弄病自己，用一種極傻的方式來葬送青春。不知她吞了多少石灰，吞下石灰後胃穿孔大出血，知青戰友們，還沒送她到縣醫院，就沒了氣，一朵美麗之花，凋謝在贛西北這個不起眼的山村裡。她臨終說出最後四個字是：「我要回家」。她這樣做，不僅沒有走出小山村，而且永遠留在了小山村。

聽說虞小黛的母親死於文革之中，她母親是一個滬劇表演藝術家，慘遭迫害。父親是上海市委一個高層領導，在新四軍裡和劉少奇共過事，文革期間一直身陷囹圄，杳無音信。就這麼一個獨生女兒，被一個錯誤的歷史浪潮，席捲到農村接受再教育，如

花年華，魂斷山村。我不知道文革後虞小黛父親的命運如何、是死是活？我不知道虞小黛當初6個知青戰友在國家改變了政策返回上海後狀況如何？虞小黛一直待在贛西北的雷公嶺上，孤墳一座，野草圍裹，魂淒魄悲，仰天哭泣！

在以後34年裡，我數次到過上海。當靜立在夢幻迷離的黃浦江邊和漫步在霓虹閃爍的南京路上，我理解和明白了虞小黛迫不及待想回上海的原因。當年下放時7個知青家都在南市區，我有空特地到南市區的石庫門和弄堂裡轉轉，希望能奇遇與虞小黛一起插隊的6個戰友，希望從他們口中瞭解虞小黛家中的情況，希望了卻虞小黛想回家的心願。有一次在城隍廟排隊買南翔小籠包還認錯了人，有個排在前頭的禿頂中年男人很象知青范雙平，想想這是自己犯了常識性的錯誤，真正的老上海居民，南翔小籠包再有名也不會象我們一個沒見過世面、想嘗美食的外地人來這裡排隊。

知青虞小黛墳頭向著東南方向，遙遠再遙遠的的天際——那裡是繁華大都市上海。

一個美麗的城市女孩子，為了返城回家，居然吞吃了石灰自殘，葬送了自己花一樣的生命，可見她想要回故土的心情有多強烈，痛惜之餘又產生多少憤怒和無奈……

第四節　因病退受阻而引發的慘烈戰鬥

不過，最為慘烈的還是一些知青，因病退受到有權者的無端刁難，於激憤中挺而走險，結果釀成人身傷亡的悲劇。知青mygjd在〈邊防戰士和兵團戰士的一場血腥戰鬥〉中講述了一個催人淚下，令人深思的故事：

一九七五年與一九七六年交接之間，由於鄧小平提出了讓一些有病的知青，可以在醫院證明的情況下，允許辦理病退返城的政策，於是，各地知青不管真病，假病，紛紛湧向醫院，託人情，走門路，想方設法要搞上個「病退」。也有的，在沒人情，沒路子的情況下，不惜以身試病，如——喝醋精，引出胃潰瘍；抽浸過典酒的煙，造成肺結核；吃灰黃黴素，誘發高血壓等等。這些人後來成了真正的病人，以至有終身殘廢的。

我說的這件事是北京的幾個知青，其中有兩個是真病，另外三個是起鬨加搗蛋，眼見著哥們有病不能回，就打抱不平到團部找參謀長論理。可這參謀長也是一肚子的氣，本來他好好地在南方一個部隊當營長，就是褲襠裡的玩意兒不老實，被涮到北大荒來了。有了鄧小平這個病退政策後，叫他幹上了團病退小組組長。別看他在團司令部說不上話，可全團上萬名知青想要弄個病退回城？他可是大權在握啊！

這幾個北京知青找了他無數次，參謀長楞是不同意，還說他們都是裝出來的。不過當時也有個事實，一下子把知青全放跑了，大田裡的活誰來幹？

眼看看兩好友越來越乾瘦下去，有時連下床都困難，仁小子決定再去一趟團部，找參謀長論理。連隊到團部有好幾十里路，這仁小子帶著那兩朋友的全部病歷和醫院的診斷證明，頂著風雪上路了。臨近中午時分，總算走到了團部，一打聽，參謀長回家吃飯了。行，堵他的家門去，三人一商量，就往參謀長家去了。

參謀長正在有滋有味地喝著一併山西「汾酒」，（也不知是那個知青送的？）。突然見這仁小子楞頭楞腦地衝了進來，打斷了他的酒興，頓時從炕琴裡拿出了手槍，指著他們，讓他們滾出去。這仁小子一看，倒還真不敢往裡闖了。

在團部商店，三人買了點吃的，心想沒辦法，只有到團司令部門口去等了。約摸下午兩點來鐘，參謀長晃晃蕩蕩地來了，三人上前和參謀長打招呼。本來只要參謀長稍微說幾句讓他們過幾天來的脫詞，也就過去了，誰知參謀長一見這三人，上來就是一頓臭罵，臨了在轉身進司令部時，回頭又狠狠地說了一句「他媽的，全團的知青走光了，也輪不到你們！」

完了，三人心想，我們倒無所謂，可那躺在炕上的那兩個哥們怎麼辦？回去吧。三人誰也不再吭聲，幾十里的路上，風雪交加，寒風撲面，三人的心裡，也如同這零下二三十度的天氣一樣，一片冰冷。回到連隊時，天色早已黑透了。三人上了炕，倒頭便睡。

第二天起床後，三人中的一個對那病得不輕的兩人說「哥兒倆放心，我仁人一定把你倆的病退搞好。」

北大荒的冬天，連隊裡除了挖排水溝，就是積肥，沒有其他的事好幹。這三位北京知青在上工的路上叨咕了幾句，三人把手握在一起，重重地搖了搖，然後分頭去幹活了。

下工回來吃飯後，三人坐在炕上對那倆人說；「團部的事有點眉目了，我們今晚還得去一趟，要不明天去遲了，找不到參謀長，又得誤事兒，你倆放心吧，我們有仁人呢，還怕被狼啃了去？」三人說完，就悄悄地離開了宿舍。

夜色還是淡淡的，三人向著連隊武裝排的倉庫慢慢地走去。那時，建設兵團沿邊境地區的連隊，都有一個武裝排，不過裝備不多，也就是幾支七六式步槍，幾支衝鋒槍，有的連隊還有六〇迫擊炮，主要的用處是平時訓練時用用的。

三人打量了看守倉庫的老頭，偷偷摸進了倉庫，每人扛上一支步槍和一支衝鋒槍，背上了一箱手榴彈和二箱子彈後，就消失

在連隊後面的完達山中。他們沿著平時走慣的山間小道，向團部走去。山路雖不好走，可比走大路近了有一半的路。當他們翻過一個小山包時，團部的燈光已經看得見了。三人在小山包上坐下來休息了一陣，抽了幾支煙，討論著怎麼幹掉參謀長的方案。有的說；光幹掉參謀長一個不解氣，得滿門幹掉。有的說；事已如此，後正我們也不會有好結果，乾脆，把病退小組的全幹了。

這裡還在討論著，團部機關已是得到消息了。那個被打暈的老頭沒多長時間就醒過來了，一看倉庫少了這麼多的武器彈藥，便急急地向連長，指導員報告了。連長，指導員聽了老頭的報告，便立即搖電話到團部，團長，政委一聽，急忙派出警通連在團部周圍警戒起來。佈置完後，再搖電話到那個連隊，問為什麼會這樣？連隊回答說是為了病退的事，確實有兩個北京知青是真病，現在連炕都下不來了，估計是找參謀長的麻煩去了。

團長聽後，立刻把參謀長叫了過來，問他是怎麼會事？參謀長一聽團長說那幾個小子找上門來拼命了，頓時一楞，說不出話來。團長罵了一頓參謀長說；「你他媽的是自己在找死，還不他媽的把家屬搬出來。」事情到了這份兒上，誰也沒法想像後面的結局是什麼？團長又立即向師部彙報了情況，師長指示很明確──和平解決，真有病的為什麼要扣壓住？免去團參謀長職務和團病退小組長職務，隔離保護。（誰知道這個參謀長還得罪過其他知青沒有？）

和平解決？團長和政委等領導，司，政，後三套人馬都到了，一時也沒好辦法。

團部的背後也是山林，這幾個小子是抱著拼命的勁頭來的，三支七九式步槍，三支衝鋒槍，兩箱子彈近千發，一箱手榴彈一百來個吧。真要讓這三人從團部背後沖過來，後果不堪設想。

想了一會團長說話了；「把打獵隊調上後山，警通連守衛團部前的公路，不准讓一個人進入警戒線以內。」

警通連長問；「萬一他們用火力強行通過，打還是不打？他們死了也就三個人，可是我們會死傷多少？」

「先喊話，讓他們放下武器。真有病的，馬上辦理病退手續。其他的從輕處理。」團長在煙霧騰騰的司令部辦公室裡來回轉著走著。又說「打獵隊在山後馬上下上野豬套子，越多越好。李連長，讓警通連的戰士，現在就上山喊話。」

警通連除了連長，指導員是現役軍人，其他的十有八九是知青。誰肯去呢？黑燈瞎火的，說不定就做了冤死鬼。連長，指導員回到連裡，一問，誰都不吭聲。

「你們都是老鄉，」李連長說；「上去好說話，他們也不是沖你們來的，多去幾個吧……」

「連長，」一個知青戰士說；「你讓參謀長自個兒上去不就行了，何苦來害我們呢？」

「你們真的都不想上去勸勸他們？」

「全團病退的走了多少了？為什麼非把他們扣下了？」一個北京知青說；「還不是沒有錢送參謀長喝酒。」

「連長，什麼也別說了，你向團長報告去，就說警通連沒人願意上山，頂多把我們弄下大田去幹活。」

李連長向團長報告了，團長向各連隊下了命令，組織搜山。又向師部通報了情況，說是團裡的知青們不配合，老職工更加不肯管閒事。團長請示，是否讓邊防部隊來處理一下？

師長一聽，這還了得，反了天了，要是讓這股囂張氣焰彌漫開去，北大荒上百萬知青都照樣畫胡蘆，還怎麼保衛邊疆？師長請示了兵團司令部，得到的答覆是──可以請邊防部隊來處理一下。

　　邊防部隊來了，來了一個連。

　　天色還在蒙朧中，山上的三小子還在不在小山包上？根據打獵隊及警通連的報告，團部四周沒有發現異常情況。邊防連的人一聽，趁天色還在蒙朧間，迅速包圍了這個小山包。

　　山上的三個北京知青，一直在考慮怎麼能在不傷害到無辜的人時，一下把參謀長一家給幹了？等他們商量好時，夜色已經淡薄了。三人一看，白天是肯定幹不成了，於是就準備轉到團部的後山上去，在那裡等到天黑就下手。往團部後山上走，勢必要通過公路，等他們站起來要往山下走時，卻發現了山腳下佈滿了一大批當兵的人。三人知道是那個被他們打量的老頭，醒來後報告了。事到如今，後悔也來不及了，那老頭平時也盡和他們套近乎，當時也確實下不了手把他打死。三人返回山包頂上，相互看了看，就此放下武器下山去，命是肯定能保住的的，不過判個十年，八年的，是肯定少不了的。他媽的，便宜了參謀長這王八蛋！

　　三人在山包頂上商量了一會，拼了，於其坐牢，不如死在這裡算了，也算對得起那哥兒倆了。於是，三人在山包頂上構起了簡陋的工事，把一箱手榴彈全打開了蓋，所有的槍也全上滿了子彈，每個人的身上捆上一棵手榴彈，然後，又把剩下的幾個窩窩頭，全啃下了肚子。一股死亡之氣充滿了全身的每一個細胞。

　　天色微亮時，山下傳來了高音喇叭的聲音「你們被包圍了，趕快投降，團長說了，可以對你們從輕處理……」

　　高音喇叭的聲音在反復地叫著，山包上沒有一點的回音。公路靠團部的一側，站滿了各連隊趕來的知青，他們的心裡，也希望這三個人能好好地下山來。可是一看到山邊那隊荷槍實彈的邊防軍時，心裡面卻是生出一種不祥的感覺。

　　時間在慢慢地過去，師部打電話來催問，團長如實報告，說是還沒動靜。師長叫團長立馬去叫邊防軍的連長聽電話，團長立時派警衛員跑步去通知。一會功夫邊防軍的連長就跑步過來了，從團長手中接過電話，只是「是、是，……。」地是了一通後，便返身跑了回去。

　　太陽沒有出來，天空中飄起了細碎的雪花，站在公路一側的人們，沒有一個去理會空中飄下來的雪花。

　　過了約五分鐘的時間，就開始聽到了邊防軍向山上進攻的聲響，邊防軍在樹叢中慢慢地向上摸索著前進，山包離團部有一千五百米左右，站在公路一側的人，看不見樹叢中邊防軍的行動。山包不高，也就百把十米的高度。有一會兒了，公路邊的人們估摸著邊防軍該到山包頂上了，怎麼還沒動靜？會不會這三小子在這山包上凍了一夜，凍壞了吧？

　　公路邊的人們正在這麼想時，突然間，一陣連續的手榴彈爆炸聲在山包頂下響了起來，接著步槍聲，衝鋒槍聲也橫掃了下來，樹叢上的積雪被紛紛地震落在地，被積雪壓彎了的樹枝又蠹直了。

　　過了不長時間，只見十幾個邊防軍抬著幾個人，急急地朝團部衝來，臨近了一看，是幾個負傷的邊防戰士。團衛生隊早已等候在公路一側了，立馬把這些負傷的戰士送進衛生隊搶救治療。那個邊防軍的連長向團長報告說；「這不行，我們的槍彈根本打不上他們，手榴彈也沒法扔，上面的樹木太密。團長，怎麼辦？」

　　團長深吟了很久後，向師部報告了情況。

　　山包上還在響著槍彈聲和手榴彈的爆炸聲。又有幾個邊防軍戰士被抬了下來。「團長，」邊防軍的連長有點急眼了，「這樣

下去肯定不行，山上有一小子往下投彈又遠又準，……」。「是啊，」站在一邊的警通連李連長說；「六九年來的，還上過珍寶島和老毛子幹過。本來是想把他留在警通連的，可這小子哥們義氣太重，死活要回自己的連隊，……唉……」

「這怎麼能行？我帶的盡是些新兵蛋子，……」邊防軍連長的話還沒說完，團長過來了，他對李連長說；「把你們連裡的迫擊炮借給他們用，這是師部的命令。」李連長一聽，楞了一下，心想這不是要他們的命了嗎？李連長有點猶豫不決地站在那裡沒動身。「快去，」團長回頭問邊防軍的連長；「你們有會用迫擊炮的嗎？」邊防軍的連長想了下說；「有幾個，但是不是請你們合作一下？」團長看了李連長一眼，「團長，」李連長趕緊說；「借炮可以，借人？團長，沒人會去的。」

邊防軍的連長一聽也沒辦法，只好叫了自己手下的兵扛了三門迫擊炮，向小山包跑去。

山包頂上，三個人還沒有受傷的，看著山包下躲在樹叢後的邊防軍，一人說；「只要能挺到夜裡，我們就可以想辦脫身了。」另一個說；「就是衝出去，也無路可走，現在是邊防軍在和我們幹。」還有一個說；「一上午過去了，說不定他們去找什麼厲害玩意來對付我們呢。」

正在他們說話的時候，山下又傳來了高音喇叭的聲音；「你們現在放下武器還來得及，再這樣下去，只有死路一條！……」。

三人聽了，相對看了看，檢查了一下手中的槍彈，每人分散在一棵樹墩後面，默默地等著最後命運的到來。山下樹叢中的邊防軍沒有沖上來，仍是躲在樹叢後，槍口瞄著山頂。高音喇叭喊了一陣，沒聲息了，就在這時，從三個方向同時發出了迫擊炮的

炮彈，一下子炸的他們抬不起頭來。

人，到了這個時候，連命都無所謂了，還有什麼好怕的？那個手榴彈扔得最遠最准的知青，他把幾個手榴彈捆在一起，連續地向山下扔去。樹叢後的邊防軍戰士，一聽到迫擊炮的爆炸聲，心裡都長長地歎了口氣，他們知道山上的幾個知青是絕對不會衝下來的，只要守住山邊就行了。

迫擊炮的爆炸聲響了有十幾分鐘，山頂上靜悄悄的沒有了聲響，邊防軍的戰士們小心地，慢慢地向山頂上摸上去。

完了，全都完了。山頂上已沒有了一個完整的身軀，鮮紅的血染紅了小山包上的每一寸土地。邊防軍戰士看著這場景，一時說不出話來。

第五節　煩人揪心的「求人」回城之路

與一些高幹子女或有"後門"者相比，那些沒有政策照顧，或是頂職、病退等條件的知青，他們回城的艱難經歷就更為心酸。海南知青軍工的回憶頗為苦澀：……第一次是一九七三年，堂兄利用花縣航運局安排工作為名，發出公函到農場，商調本人回花縣水運社.農場不予理睬。第二次，舅舅以南海縣鹽步糧食加工廠證明，發到農場，誰知差點惹禍「企波台」（挨鬥），好在家庭成份三代貧農，四代乞丐。指導員叫我寫份檢討，著重說明個人放鬆學習和世界觀改造，要牢固樹立一輩子紮根思想，因為倒流回城是干擾上山下鄉運動。

第三次是一九七五年底，父母以退休為名，到市知青辦徵詢退休子女頂職事項，當時知青辦工作人員答覆，只要符合條件，可以考慮。然後通過姑父在遠洋公司帶名單招工，可惜我當時在

嶺門農場會戰，不知何原因，那年我沒有被招回城。直到七六年二月，在一片反擊右傾翻案風聲中，海軍企業到農場招回軍工子弟，我幸運回到朝思夜想廣州城。

與筆者按獨生子女政策照顧回城相比，知青chenyhang以『解困』為由，搞辭退回城的。走得也十分煩惱：本人是自願報名到海南農場的。當時是想與在四清運動時重劃的「資本家」家庭成份劃清界線；又由於自己受「讀書無用論」的毒害甚深，已無心在學校讀高中了；早點自食其力。因為在家多次與媽媽「鬧革命」，每月才得到二角、五角的零用錢，實在有些不好意思。

第二天就要起程了，前一晚姑姐為我餞行請我吃飯，並受了一次姑姐的忠、仁、孝、義的「封資修」教育。姑姐說，你媽在廣州的四個孩子，三個已經去當知青去了。如今你這身邊最後一個孩子，也要離開媽媽遠行，你的良心何在？當時自己心裡有些動搖，但戶口已經辦了遷出手續，船票也發了下來。

當晚，我回到家後，和媽媽坐在一起，徵求媽媽對自己去海南有什麼意見。媽鼓勵我說，既然你自己決定的事，自己就要堅強點。並牽掛地說，今後有什麼事情不能解決的，就多寫信回家。我終於情不自禁，和媽媽抱頭痛哭了一場，就像現在的電視劇描寫生離死別的情景差不多。去太古倉碼頭，媽媽為我送行，但人太多被擁擠散了。為此，在海南的日子裡，我非常想念媽媽。

幾年後，有次媽媽的來信說：現在有政策，身邊無子女的可以照顧搞一個回家，你願意回家的，就搞你回家。我當時猶如黑暗中的紅軍遙望到北斗星那樣，剎時人生充滿希望。

於是，媽媽從基層的售貨商店開始，四處奔走於各部門，直到市知青辦，共蓋了37個公章，用時三年多。最後一次媽媽寄來

海南的信中說，我給你辦的「照顧母親」辭職回城的批准公文，已經寄出一個月了，你為什麼還沒回家？問的我一頭霧水，如夢初醒。托司務長到場部一問才知，為了搞好自兵團改制恢復為農場的第一號工程——建設龍偉水庫，上級要求集中所有人員和精力大會戰，所有辦理調動的手續也暫停一個月。龍偉水庫主壩峻工後，一天，我正在舉著鋤頭狠狠的挖灌溉管道時，突然聽到一個聲音大聲的叫我：「司務長找你，馬上回連隊。」我高興地知道，返城的日子終於到來了。

　　我和司務長有一段不為人知的交情，見到司務長後，他拿出公文和我的檔案給我看，並交代好應辦的手續，最後慎重地用燭蠟封好檔案，蓋上第四十二個公章。我連忙收拾好行李，辦好托運，幾個要好的知青趕著牛車給我送行告別，到查苗鎮時已是黃昏。當時鎮上的中心飯店已經打烊沒東西吃了，在我們的再三要求下，才答應破例延長營業時間。我趕緊買了幾瓶紅燒豬肉罐頭，請飯店給我們做了一桌兩款四碟的飯菜，草草將就一餐，大家相對無語。當晚，我獨自一人在車站附近的查苗旅店失眠了一夜。自辦好手續的第三天，我走了，心裡發誓再也不回來了。可是，三十年後的去年國慶，我回訪了農場，回去看看心有牽掛的龍偉水庫和老工人……

　　知青海佑在〈兵團解散——大返城〉中也講述當時一些知青曲線回城憂愁：……不知是中央發了幾號文件，建築兵團突然一個早上上級首長宣佈解散了，於是解放軍忙著找首長返回原部隊，戰士們忙著托關係大返城大分配，全連上下亂做一團，最突出的是青島來的戰友，家長們來了，兄弟姐妹來了，各種關係都來了，找出路托人上大學。濟南來的戰友孫少赤，其父是省委組織部長，其母曾在省大報上發表過「革命老媽媽送子務農」的大

塊文章，不聲不息的去了上海紡織學院。青島人最有本事，多數的門路全湊在一起，大部分返回青島了。濟南孩子傻了，既沒關係又沒有門路，只好另想歪門斜道。最典型的是張士安、田一民。

張士安當初年齡偏大，外號小三十，在當地找媳婦都很困難，很想快速離開這裡，所有的招兒都使了，哭鬧找，效果不明顯，一批批調令也沒有他。大家勸他說，這次不走你就死定了，最後不知道哪個高人想了個餿主意，你就上吊吧，找來繩子，和煙把兒當道具，嚇唬指導員，一個電話打到連部，謊說張士安準備上吊了，現在人都找不到了，於是連首長慌了神，趕緊動員全連官兵，一定要找到張士安，在馬場工地，某一個小山坡上，打著手電筒找到了他，正在一棵樹下發愁發呆呢，滿地是全排戰友湊的煙把兒，一根幹活用的草繩，搭在樹上，一派自殺場景，連領導命令大家趕緊抱住張士安，驚呼太懸了！晚到一步就造成慘劇。通知文書，這批去平陰紡織廠的名單去掉一名，補上張士安，於是張士安去了平陰，至今還在平陰紡織廠工作，聽說最近下崗了，過著要飯的日子。

還有一個田一民，據報告說，田下到連部，把行李和鑰匙放到了連部，徑直去了劉家寨水庫，說是要跳水庫。連部的領導又慌了，發動大家去搶救，大家風也似的跑到水庫邊，發現他還沒有跳，正在準備之中，便一個箭步抱住他，說連支部已經定了這批有你，好說歹說總算拉了回來。後來支部決定，此人有神經病，允許病退返城，這位大哥因禍得福，回來後竟在濟南長途汽車站謀了份工作，據別人說是在站內帶著黃袖章管理汽車站的秩序工作，幹的還不錯，一直幹到安全退休，改革開發後，一不留神成了大老闆，那幾年濟南來了一批臺灣人，想在濟南搞婚紗攝

影樓，叫「非凡」，找不到地方，全是老田想辦法給安排的，臺灣人稱他為四爺，在濟南成了個人物。也有運氣好的，某大學一老教授，趕上落實知識份子政策，調回孩子，去了大學，寫了幾十篇省級以上的論文，領導重視其才，提拔成了處長，濟南供電局的文總工程師，也是趕上落實知識份子政策，調回了供電局這樣衣食無憂的好單位，現在的月薪也四五千元了，還有很多戰友通過不同的管道也大返城了。

很滑稽，我又沒趕上這一波，據說是年齡小身體好，是個單身的好材料，又是可以教育好的子女重點培養對象。這一待，在一個兔子不拉屎的地方就是十年，終於我煉成了材。

而知青zhuoming在〈回城〉中述說求人招工的經歷，更是十分苦澀的故事：……去海南的知青，不！全國千百萬上山下鄉的知青，當初喊著「紮根農村」的口號踏出家門、奔赴鄉村邊陲時，相信沒有多少人想過，這一去何時才能返家？若不能回城終老於邊陲鄉村將如何度過？膚淺的閱歷，簡單幼稚的思維，伴隨著愚昧的衝動，幾乎改寫了這一代人的一生。

直到一九七三年，一股「回城風」悄悄潛入神洲大地各個角落的知青世界，以招生的名義第一次通過正式管道卷走了一批知青。這股風，像一石擊水，激發了知青群堆裡的一陣漣漪。這一大群全無後門可走的流放者們的前途似乎有了一線曙光。人們開始期盼，開始聯想，開始彷徨。期盼有朝一日能輪到自己。

可是，到了一九七六年，隨著留下的知青越來越少，「風勢」漸而趨弱。最可憐哪些仍然是留在原地風刮不動的人兒，眼看同來的同學摯友一個個；一批批歡天喜地的返回城市，而自己望穿秋水卻境況依然。

我，當時就是這批可憐蟲中的一員。作為錢行話別的角色，

我送走了一茬又一茬的同學摯友。廣文、大唐、簡仔、波兄等都相繼回程了，唯獨我孤零零一人還留在農場裡。令我感觸尤深的是一九七五年的春節前，我一直送簡仔和大唐他們到海口市秀英港上了船，目送大船離港遠去。當我回到離海口市近兩百公里的山溝溝農場連隊裡，推開我和簡仔十四號颱風後共同建造的茅屋的木門時，一股腐黴的氣味沖面而來，人去樓空。那種失落，那種惆悵，幾乎將自己整個兒完全壓垮。那個深沉的春節假日在我腦海裡是一遍空白，昔日的歡聲笑語，昔日的無憂嘻鬧，已經成為夢境而不再了。

到了一九七六年，時局動蕩。我在不意中捲入一宗無休止的事件旋渦之中，使我「有幸」體驗人生的另一極端，經歷一段難忘的低沉日子。正直此刻，一股強勁的「回城風」刮至。憑直覺，這股風似乎已是強弩之末，意在攜帶餘下的遊子。若不及時把握機會，恐怕是「蘇州過後，無舟可乘」了。但當時自己所處環境極為不利，在幾乎絕望的心景下，為了擺脫困境，趕乘這股「季後風」，我不得不刻意地做了一些違心的工作。要緊的是盡快擺脫那旋渦。

我通過親戚遠道從香港寄來一些治哮喘的特效藥，打通了患有嚴重哮喘病的工作組組長這道坎。而事實上，我的事只是一些雞毛蒜皮的小事，就連他們工作組內部也不以為然。加上我平常人緣頗好，所以我的事很快就被淡忘了，再沒有人打擾了。另外，經城裡親友的打點，在廣州找了一家願意接收單位。聽說將會帶著我的名單到海南來招工。為求保險，家裡人還找到了一位當年在海南行政區工作的官員協助，打通農墾總局的關係。至此，萬事具備，就待與廣州來人接頭了。

為免生枝節，此事我並沒有驚動農場裡的人。但要到海口市

與來人接頭，農場當年幾乎沒有請事假的先例，更何況是辦回城調動?!幸好我當時任教的小學校長為我創造了個機會，要我到海口市為學校球隊買球衣。一個好心人！出海口要場部開通行證，否則無法住旅店。平時到場部要來回走四個多小時的山野公路，這天連隊裡的司務長卻破天荒地借給我隊裡唯一的一輛自行車。又是一個好心人！

我騎車到場部的路上，恰好有場裡一台大解放汽車從後趕上，「吱」的一聲在我前面停下，司機向我招招手，示意我上車。平常這些司機大佬像皇帝般難與之巴結，也不知道今天怎的，真有點受寵若驚之感。不管怎樣，也算是一個好心人。

我連忙把自行車搬上汽車，一手扶著木攔杆，一手扶著自行車一路狂奔。崎嶇的土公路使得汽車劇烈地顛簸，使得我很難站穩。一下猛烈顛跳，被拋起來的自行車腳架重重地砸在我的腳丫子上，疼得我眼冒金星，但兩手仍不敢撒手。到了場部，也顧不得傷口疼痛，立刻辦好通行證就往回跑。一直回到連隊，才有暇察看。傷口的血已經凝固了，將傷口與布鞋粘在一起，要強忍劇痛才把鞋脫下來。原來腳指被砸開一個大口子，也顧不上許多，到衛生所草草包紮，第二天一早就匆匆上路。尷尬的是，由於腳指受傷，穿不了布鞋，大晴暑天卻穿上一雙水靴上路。

經過這一下挫折，當時我就有預感，這次行程不太順利，用廣州人的話說是「踢腳」！果不其然，由於趕不上到海口的班車，要轉到嘉積市再等過路車。幾經周折，當汽車到達海口市已經是華燈初照的時分了。這兩百公里不到的路足足折騰了一天！這還沒完，那汽車沒入車站，卻轉到公安局去了。十幾位警員圍住汽車，乘客要一個一個地下車，逐個搜查，連水靴都得脫下檢查。一打聽，原來該車經過的一個市鎮裡發生盜竊案，丟失

了幾塊「上海牌」手錶。這也不奇怪，當年幾百塊錢也算是大案子了。

晚上九點多，饑腸碌碌的我才找到了農墾第三招待所，疲憊不堪的我也顧不上吃喝，倒頭就睡。半夜，也不知是幾點了；被一陣急促的鑼聲驚醒，說是鄰近一民居起火，要我們立即疏散。跟著是消防車呼嘯而至，看來是睡不成了，乾脆踱出招待所，傻乎乎的一路溜躂直到天亮。

一大早就來到廣州來的招工人員居住的農墾一所和二所。在那裡與幾位同農場別的隊的知青不期而遇。相信也是同道中人，都是來活動招工的事兒。大家心照不宣，相互寒暄幾句也就各行其事了。為了避免「走後門」之嫌，廣州招工人員都被隔離開來。幾經周折，方才打聽到關係人的所在。但也不知什麼原故，來人就是不肯見我，無可奈何之下只好退出。此時已經是下午兩點多了，絕望、失落籠罩我，心亂如麻，已完全忘卻午飯未吃。我在大街上漫無目的地踱著。難道就這樣放棄？腦海裡又浮現出茅草房的孤清……不！絕不放棄！

已是下午三點多了，我再也顧不上什麼禁忌，直接上辦公大樓找那位行政區官員。他姓趙，是個大好人，我甚至連一根煙都沒給遞，他卻為我多方奔走，直接找到了農墾局的關係，也難為他了。而最後的結果是——等待消息。

原來，當時作為招工一方，往往都會帶著本單位的職工子弟，或者親戚朋友下鄉子女的名單到農場裡點名要人。由於我父親早就退休了，我也就成了無主孤魂，而農墾局作為放走這些被「欽點」人員的附帶條件，也會要求招工單位將一些農墾局指定的關係人員帶上。我可能就屬於附帶著的一類吧，能否捎帶上？帶到哪兒？也只能被動地等待。然而，到了這種田地，等待，也

許是最好的結果了。

事情告一段落，幾天過來，繃緊的神經一下鬆弛下來，感覺十分疲乏。已經是下午六點鐘了，咕咕直叫的饑腸告訴自己，今天幾乎滴水未沾。在昏暗的路燈下尋覓到一所小食店糊亂交待了肚子。經過昨夜的驚駭，不敢再住三所，轉到五所住。這五所是一座舊祠廟改建的，大堂裡擺上十幾張兩層架子床。我找到了對號的床位，鄰床熟睡似是父子的一老一少，因為太困了，也沒洗刷就和衣就寢。蒙矓中醒覺，明天還要為學校買球衣，內長褲口袋裡的九十多塊錢和二十多尺布票總是牽腸掛肚的。於是下意識地將裝有「鉅款」的褲子纏繞在脖子上方才安心睡覺。想不到，我這愚蠢之極地舉動；恰恰向人展示了「此地無銀三百兩」。

第二天一覺醒來，只見那褲子已被解了下來置於床邊，褲兜裡已是空空而也，鄰床的一對父子也已杳如黃鶴。叫喊？報警？追查？結果都會一樣，枉然！彷徨中，我根本無暇顧及如何去完成學校買球衣的任務；也未及想到過如何賠償幾乎占我大半年工資的九十多塊錢公款。眼前身無分文，如何離開這傷心地也成大問題。可幸的是，在我近乎絕望的候時又碰到同農場的幾位知青。他們借給我十塊錢路費，方才解了我燃眉之急。

返回農場，我幾乎變賣所有值錢的家當，收音機、棉衣、舊手錶等物品，事實上，當年我也真沒幾樣值錢的東西，總算是湊齊清還了九十多元的公款。最難的是那布票，那年頭，每年每人就那麼一丈三尺六的配額，各家都自顧不暇，東借西湊的還欠幾尺，最後還得向城裡的家人求助，好歹應付過去。

直到一九七七年初，我才被一家鋼廠招了工，總算圓了回城夢。可憐辛辛苦苦幹了足足八個多年頭，八年啊！回城時卻是囊

空如洗！就連托運行李所需的十二塊錢還得向別人借！！慚愧之餘，又有幾許苦澀。

　　看了知青zhuoming述說的這個為了回城愁腸百結的問題，讓我真有一種莫名其妙的心酸悲憤，我真想為這位知青也是廣大知青對著蒼天問上幾句：「當初我們響應號召來到農場，吃盡人間艱苦，奉獻寶貴青春，到底何錯之有？為什麼不能象當年一樣敲鑼打鼓，披紅戴花地歡送我們回城，而要走得這麼狼狽？這麼傷感？這麼沉重？這麼後悔？」

第四章
粵海知青拼死的怒海偷渡之旅

第一節　難以遏制的偷渡香港洶湧怒潮

　　從六十年代開始到七十年代末，在這長達10多年的時間，中國知青尤其是廣東和海南知青除了利用各種手段逃離農村農場回城的同時，還有一個奇特的逃亡現象，就是偷渡香港成風。說到偷渡，我們這裡先有必要簡述一下粵人逃港的歷史。據有關報導，很長時間，「偷渡香港」在內地都是一個十分敏感的問題。但在廣東卻是一個家喻戶曉，十分普遍議論的話題。

　　由於當時也沒有互聯網，再加上報刊等媒體的封鎖，廣東以外的省份知道粵人逃港的消息很少。因為一九七六年前能進入香港市區就立即能得到香港身分證，偷渡的人越來越多，高峰期每年成功逃港者有近二十萬人（一九七四，七五年港英政府的數字），因此當時偷渡香港在廣東只是小事一樁。偷渡不成功被邊防軍抓住送回來，最多也是辦學習班兩禮拜就放人，可是外地省份就會被當作投敵叛國。有一個真實的例子，一個家住廣州郊區農村大學畢業後被分配到山西的原籍廣東的人春節回穗探親，跟著村裡人去偷渡被抓回來，送回山西被判死緩，家人火速到北京上訴才改判為十五年，這是一九六八年的事情。

　　其時，從十八世紀末，香港被腐敗無能的晚清割讓給英國已有一百多年歷史，但是，香港並不是從成為殖民地後其經濟就開始領先於大陸的，而是相當長的一段時間香港的發展不是低於大陸起碼也是平衡的，這從粵港兩地的民眾直到一九五八年前還能自由進出異地居留就能得到佐證。

　　二戰後，按照開羅宣言的精神本來是由國民政府收回香港，但英國反悔不幹，蔣介石只得改為中國政府委託英國在香港接受日本投降，英國還是不幹，氣得蔣介石幾乎五孔出煙，頻頻在廣東調動王牌軍隊示威，但除此之外又有啥法？英國就是不交回香港，這是弱國無外交的一個生動的例子。

　　一九四九年，解放軍橫掃大陸逼近羅湖橋，這時先前在國共對持長江天險時就貿然把英國軍艦開進長江，被在北岸的解放軍搶先開炮打得狼狽回逃的英軍，作出了棄守香港的決定並已經在做撤退的準備，但毛澤東突然一聲令下，解放軍到了羅湖橋邊昭然停止前進，中共同時發表聲明不承認帝國主義強加於中國人民的不平等條約。當時的毛澤東非常的自信，解放軍不佔領香港就是要比較看資本主義與社會主義到底哪個制度優越。

　　五十年代的香港經濟比不上大陸，五八年前與廣東的邊界是沒有限制的，當時香港由於經濟蕭條失業率高，相當數量的港人還回到廣東就業定居。可是接下來的一九五八年大躍進的全面失敗，三年大災荒和文革，急速地拉開了兩地經濟間距大的鴻溝。

　　從六十年代開始到七十年代末，廣東各地出現了持續的逃港潮，先是四鄉的農民，最高峰期間是大量知青逃港的一九七三年和一九七四年，每年有近二十萬人逃港成功（港英政府公佈的數字），現在北朝鮮逃到韓國的人，經過50年才剛剛到達一萬人，而只有幾百萬人口的彈丸之地的香港，在高峰期的大陸偷渡客每

年就將近二十萬，當時的情勢的火爆可想而知， 最近香港文匯報公佈當時的粵人逃港曾多次驚動了中南海的高層包括周恩來曾多次批示。

當地有個公社主任李廣鎮也講述了他終生難忘的三件親歷事件：

第一件事，就是一九六九年四月七日，我到大鵬工作的第二天。當時我到東山漁業大隊檢查工作，要先踩單車然後搭船過海。下午我剛剛坐船回來，吃晚飯時公社的電話就響了，說送我過海的那條船已經裝了人偷渡到香港去了。

第二件事是一九七二年一月，現在的南澳鹿嘴村，一個山海風光特別優美的自然村，一夜之間，全村50多人除了一個走親戚的，全部逃港，後來瞭解到是被香港來的一條船接走的。

第三件事發生在兩年後，這次是南澳的一個叫馬料河的自然村，也是一夜之間，全村30多個男女老少全部跑光。這件事一天後才被發現，因為設在行政村的學校老師發現這個村的學生都沒有來上課，結果到村裡一看，已空無一人。

回顧這一段歷史，李廣鎮的心情很沉重地說，「身為幹部，心裡慚愧啊！」

到了一九七八年重新開放，港人回來探親，身上的毛衣羽絨衣全被親戚當為寶貝搶走。當時的大陸毛衣要憑票，所謂的衛生衣也要憑票，幾乎中國城市的每個家庭手裡都有幾十種甚至上百種的票證，可見當時物質的短缺與貧乏。鄧小平後對粵人逃港做過專門的批示，指出要挾制逃港潮，光靠邊防軍不行，關鍵是要開放搞活經濟，提高大陸的生活水準。鄧親自提議並批准在深圳建立第一個特區，現在看來，廣東開放的先走一步應當是與粵人逃港潮有關。

今天的大陸與香港相比，在人均收入方面雖然還有很大的差距。但是近年來隨大陸經濟的發展，大量的港人回內地就業，因為大陸生活費的低廉，近十萬的退休港人長期在珠三角定居，每年還有上千萬的大陸遊客訪港，所有這些都是粵人逃港時期不敢想像的，不得不承認是鄧小平改革開放的一個碩果。

據偷渡成功的好友山人的記憶：六十年代初大逃亡時在邊境是「即捕即介」。即遣送回去。但進入市區就沒人管你，到了文革時期，逃亡到了香港水域就可以由警方送往市區通知親友來領走及發給身分證。後來偷渡的人多了，一九七六年開始實行「抵壘政策」，凡在進入市區前抓到的人會被遣返大陸，成功地進入市區者可發給身分證。再後來偷渡者實在太多，一九八〇年底取消了抵壘政策，所有非法入境者不會得到身分證，一經查獲立即遣返。所有雇主必須雇用有身分證的人，違法者重罰。法例實施前有三日寬限期，當時吸引了許多大陸居民作最後的衝刺。當年那一班逃亡者今天進入老年，他們的教育程度低.除了少數成功者豐衣足食之外，大多數生活艱難，令人歎息。

由於有了這「一線生機」，當時一些想回城又苦於沒有門路的知青，或者是雖然回了城，但又苦苦找不到工作的知青，只好冒險地踏上了怒海偷渡港澳之旅。其中尤其以一九七〇至一九七八年期間為最盛。最初只是少數知青難以忍受農村農場生活的艱苦和心情的壓抑，利用探親機會悄悄潛去邊境偷渡逃港，後來是越來越多，幾乎是成群結隊前往邊境冒險一搏。

網友真知加灼見在〈七十年代九死一生的香港偷渡路〉講道：……七十年代九死一生的香港偷渡路從一九七〇年開始，廣州知青偷渡潮開始大規模出現。廣州人把逃港稱作「督卒」，這是借用下象棋的術語，十分生動傳神，卒子往前拱，就是過界

河，只能向前，不能回頭。偷渡者也有很多是游泳過去，很多偷渡的知青都知道，一旦踏上這條路，就不能回頭，偷渡失敗被抓回原單位或街道，就永無出頭之日。還有一點，成功偷渡到香港的人，直到改革開放之後，才敢回來。當時，偷渡的知青們有一句話，「濕開了頭，就一定要濕到腳」。所以不少人一而再、再而三地偷渡。

一九七一年，我讀初一的時候，常和同學去市郊的大金鐘水庫游泳，發現很多人在裡面來回游，我們知道，這不是一般的游泳，而是在做偷渡訓練。當時，有一首歌專門寫這種游泳「教腳求前程，做知青要勁努力，學游泳」。在粵語裡，「教腳」就是偷渡之意。

「督卒」並不容易。根據一位數次偷渡的朋友介紹，當時主要有三條偷渡路線，各有危險性。

一是中線。即在梧桐山、沙頭角一帶的陸路，翻越鐵絲網，稱作網區。從這裡過去，又稱作撲網。其實，這種網很難翻過去。因為鐵絲網向人的一面是蛋捲狀的，要有技巧，才能翻過去。而且，探照燈、哨崗和警犬，都是致命的危險。當年，朋友畫過一張網區的地圖，詳細標注出探照燈、崗哨的位置。這些地圖在知青中流傳，很多人也把自己的心得寫在上面。要對付警犬，也是危險的事，當時，知青稱警犬為「大貓」，說起來，都會談虎色變。不知從哪裡來的一種說法，說警犬很怕聞到老虎糞便的味道，一聞到，就會失去追蹤能力。於是，有人打起廣州動物園老虎籠的主意，去偷老虎尿。

二是西線。大概是在今天深圳南頭附近下水，幾千米的水路。這條線也不容易，因為要到達這裡也不容易。水面上的民兵巡邏很嚴。

　　三是東線。即在惠陽和深圳之間，距離香港有十多公里的水面，要乘自製的橡皮艇過去。與中線、西線相比，東線的防守較鬆。但是，東線也很危險，這裡海浪很大，很多人淹死在這裡。我的朋友說，這是偷渡技術中難度最大的。

　　走東線的人，首先要去惠陽，所謂夜渡東江，就是指先偷渡惠陽，然後走十多天的山路，才能到達海邊。後來抓偷渡的封鎖線，甚至移到廣州的大沙頭，這裡是廣州的水路客運站。竟然有些偷渡者在大沙頭就被人抓住，時稱「大沙頭一板」（所謂「一板」就是指偷渡一次被抓，很多人是「幾板」以後才成功的）。後來，又有人扒火車，藏在去往香港的貨車中。走這條線，一要收買鐵路的人，二是可能會被車廂中的貨物壓死。為了對付扒火車偷渡的人，開車的時候，故意來幾次急剎車，藏在貨物堆裡的人，常常被貨物壓死。到了香港，卸車的工人經常發現偷渡者的屍體。

　　偷渡者被抓後，一般先進收容所，偷渡者稱為「蹲格仔」。離開收容所，就被押回原地原單位，接受改造，本人要受到處罰，還會連累家人。居委會的人經常對我說，某家有人偷渡，經常要去這些人家裡開批鬥會。一位知青回憶說：「我的一位好友，正在「向組織靠攏」，不料，他在寶安當知青的姐姐姐夫一起偷渡到了香港，他趕緊和我商量，要不要告訴組織？幾年後，開放了，他家率先使用的電鍋、電視機等，就是他姐姐從香港帶回來的……

　　最為有趣的是，七十年代偷渡香港的深圳人不敢回來，家裡人又拿不到證件赴港，於是雙方約定日子，在沙頭角的橋兩頭相會。相隔僅僅30米左右，隔著關口見面喊叫。但無法接觸，此情此景令人感動，這就是當年沙頭角著名的一景「界河會」。

聽說大多數人偷渡的地點一般選在蛇口，這裡距香港4公里。最近的一個下水點在海邊公路125公里路標處。最適合的時間是每年八月和九月的初三到十八之間。因為根據海潮漲退規律，當地人總結出的諺語：初三十八水頂流。若是在這段時間下水，就會很順水，不用太費力就能遊到對面香港。否則，極費力不說，還可能被潮水給送回來。

據說，雖然當時的邊防軍巡查得很嚴格，但總有人能想方設法蒙混過去。因為海邊是大片的紅樹林，偷渡者往往會躲在林中，趁邊防軍換崗的短暫時間迅速下水。當時中英以水為界，不論潮漲潮退，只要一下水，就出了中方地界，無權再管。不過，即便能夠下水，也只是成功了一半。因為很多人下水後，由於海面寬闊、波濤洶湧，常常會出現體力不支或突然抽筋，這時就只能大聲呼救，幸運者能夠被漁船救下，而倒楣者只有葬身大海。

那段時間，凡是有偷渡想法的知青都悄悄苦練游泳。據說一次「紅衛輪」經過香港至澳門的「飛線」（專門劃出供兩地客輪航行的水域）時，曾有幾個經過周密籌畫的探親回城知青突然同時躍下海中，拼命向香港水域遊去。等到輪船停下轉頭想追捕，他們早已離得很遠。後來每當輪船經過這段水域之時，有關人員都加強了警備。儘管有關部門和各級組織採取種種高壓的手段，但仍然無法遏制當時的知青偷渡逃亡「怒潮」，有的知青是反復多次才得以偷渡逃港成功。

曾在增城插隊的知青嘉嘉在〈知青歲月〉講道：……我們生產隊的男知青阿強，高大的個子，白淨斯文，文靜如書生。他對人總是笑咪咪的，說話很和氣。也是男生中首先主動與我們姐妹說話打招呼的人。在我們生產隊的知青中他是最先學會農業技術的，他蒔田比有的農民還快還好。

　　然而，有一天他突然不見了。等他重新出現在我們的面前，卻是鬍鬚拉雜又黑又瘦的，原來他是去偷渡香港不成功被抓回來了。他從此變得沉默寡言。

　　後來他又去了，這次更不幸，他被抓回來公社以後，被當成壞分子掛著牌子，拉去墟鎮遊街批鬥了。他回到生產隊之後，我們幫助他整理宿舍裡的家當，發現他的床鋪都給白蟻蛀了。我們把那黴爛的被子席子拿到樹下點火燒著，那白蟻還畢哩叭拉地飛出來。我悄悄地問他：「被整得那麼慘的，你還敢去嗎？」他神色黯然地說：「我現在已經是壞分子了，不去以後在這裡怎麼活下去呢？」我聽後心裡好不悲戚。

　　他的第三次偷渡終於成功了。雖然我不贊成他這樣的冒險行為，但也為他慶倖。從此我沒有再遇到他。聽人說他偷渡到香港以後去美國讀書了，生活得不錯。

　　知青亞東說，那時節，鄰居家的孩子幾次都光著頭從樟木頭（當時對偷渡者的收容機構所在地，男的抓住要剃光頭）回廣州，屢戰屢敗，始終沒成功。他曾向我要鐵路過香港車的列車卡號（業內叫「編組」），我很為難，作為調度，這種洩密的罪好大，只能硬著頭皮告訴他，我幫不了你。

　　知青書恒說，當年，我的很多同學在海豐插隊落戶，由於生活的極端艱難，很多人走上了逃港這條路。有一個女同學，跟著一幫男同學一次次地艱難跋涉，鑽樹林、爬山道，跳到海裡游，卻一次次被抓回來，被拉到各個知青點批鬥；而她則毫不動搖，最終在第七次總算過去了。知青的這些辛酸史，只有知青才能理解。

　　在海南知青aige〈海的兒子〉文章中，詳述了插隊知青逃港的故事：陽光終於西落，洗去身上的汗臭，又徘徊在深山老林鮮

見的坦地上。兩排十余米的土牆茅草房最東端夾著大夥常夢見的
地方——伙房。伙房是填肚皮的源地，在大夥的眼裡固然重要，
但我對伙房旁的小茅屋卻「情有獨鍾」。

茅房裡住著司務長，他保管著米、油、鹽。柴嘛，遍山都
是，沒那個領導蠢到命他保管柴。遵照領導的安排他每隔兩周要
到四十里開外的團部拖「給養」，帶「指示」，也順便揣帶知青
們的書信來往。只要他那關閉了一整天的茅屋，窗戶小洞透出油
燈的閃爍，那一刻鐘，大夥都不約而同向那靠攏，以求得點慰籍
的補充。他手裡的信件都已分完，我最後離開時他示意我留下，
壓低聲腺：「你有一封，香港來的，到我手裡就這樣。」我心裡
懸了一下，馬上意識到⋯⋯

接過他特別放在衣袋裡的信，水波紋郵戳浮著英女皇的頭
像，封口明顯有拆過的痕跡，但我不懷疑司務長，急切關心的是
信的內容。撕開後，煤油燈下，很簡單的一排字：「小×：我已
順利到港，來信寄荃灣牛頭角道⋯⋯濟」

濟是我同窗，「文革死黨」，將要離開學校，我倆相約到海
南農場，可最後他對我說：他不能離開廣州太遠，請我原諒他違
背諾言。「死黨」已在我心裡打上折扣，無奈，各奔前程。太古
倉碼頭見證他強忍的淚，招手目送我的離去。隨後他在近郊「投
親靠友」。

相隔二年後在廣州見面，我淪為剛踏出醫院的「病貓」，他
卻有著「鋼條」般的體格，更令我羨慕的是他有寒冬臘月，單衣
一件的體魄。他還告訴我，時不時會到「南方玉雕廠」前二沙島
珠江河道上「操水」。那裡是我倆中學時代經常裸泳的地方。

我問：還經常游泳，農村插隊不累嗎？「要練好水性。」
「有必要嗎？」「有！」他用手指了指東南方向。

　　我明白，他要幹什麼。那時候黑話叫「起撈」。我家住新河浦，小時候上學放學走恤孤院路，要經過「東區法院」，印象中在法院公告欄裡常有一些判罪的光頭照，判詞是「外逃，叛國投敵」。從小在我的心目中，這是了不得的罪行。

　　「莫非要叛國投敵？」我試探著。

　　「是探親，不是叛國。」回答得很坦然。

　　「就你一個人？」

　　「兩個，還要帶上老師的兒子。」

　　「老師的兒子？」

　　「是小學老師的兒子，叫小杜，他很慘，父母在文革初雙雙跳了樓，父親死了，母親落得個終身殘疾，他與母親被疏散離開廣州，剛滿十八歲。」

　　「他也有親戚在哪邊？」

　　「我有等於他有！」回答得很堅決。

　　我開始猜測，濟當初違背諾言的苦衷。我將要回海南前幾天，濟帶小杜來家見了一面。要不是嘴上多了點汗毛般的鬍鬚，還真是個「愣小子」。我打趣調侃他：「要做毛主席的好孩子哦！」。

　　「不，我要做海的兒子！」。小杜毫不示弱。

　　第二天，我在覆信中問：「小杜到否？」濟的回信裡有這樣一行字，「請不要懷疑我的人格，我能上岸，小杜就能上岸」。這使我徹底原諒了「死黨」阿濟。海的兒子，你將何去何從？

　　那夜，漆黑、風寒、白頭浪，濟與小杜在大鵬灣的海水裡搏擊，浸泡將近六小時後爬上一海礁，小杜只剩下支撐呼吸的力氣。天亮，濟一絲不掛，赤條條的揮動內褲引來香港水警，水警將他倆「撈」上了岸。這是小杜十五年後的述白。整整十五年！

小杜從南面北上跨過了羅湖橋，濟已移居大洋彼岸。要辦的都辦了，在大陸再沒有牽掛，濟哥在彼岸等著我。小杜再次離開廣州時，帶走的是父母已平反的兩盒骨靈。

第二節　「白雲山事件」與九死一生的偷渡

與知青偷渡怒潮密切相關的一次戲劇性事件，是一九七四年的重陽節，廣州爆發「登白雲山事件」。據網載資料：重陽登高，本來是中國古老的習俗。而在當時，正值文革第九個年頭，在恐怖的政治高壓之下，老百姓已經淡忘了這種被指為「四舊」的傳統節日和民間習俗了。但在那一年的重陽節，忽然有十幾萬人湧上了白雲山，而且幾乎全部是知青。

據說，在重陽節前夕，廣州市悄悄流傳一個傳說，說有一個廣州知青多次「督卒」失敗後，上到白雲山散心，在一塊大石頭上睡了一覺，夢中出現一位皓首仙人，告訴他一條「督卒」路線。醒後，他依照指示，終於成功去了香港。當時盛傳重陽這一天，哪個搶先登上白雲山的，就會「轉運」，偷渡香港將會馬到成功。於是在白雲山的登高人潮中，到處都有人兜售所謂的「棋盤」，亦即是偷渡香港的路線圖。

當時的廣州白雲山，交通設施遠遠未到今日這麼便利的程度，莫說是空中纜車，連進出白雲山的路徑也沒幾條。措手不及的公安機關，當即緊急出動公安幹警，但也無法制止和疏散這十幾萬人。當天很多從山上下來的人，很多被公安人員攔截，要登記所在單位，追問登山的原因，當局後來還開展了全城大追查。但是也難以在十幾萬人中找出製造所謂「政治謠言」的罪魁禍首呢？最後只好不了了之。

以後幾年的重陽節前，有關部門都如臨大敵般地做好應急準備。時至今日，重陽節總使我想起當年那些知青，「遙知兄弟登高處，不插茱萸買棋盤」，那是一種什麼樣的民族記憶啊。突發性的白雲山事件，其實是當時一種社會矛盾和政治危機的必然昭示。也是知青的命運和全國人民的命運當時墜入黑暗深淵的一聲絕望的呼喊！

因為盛行的逃港風背後，潛藏的是廣東當時的一種特定社會現象。其主要對象是下鄉滯留城市的知青和城市、城鄉待業青年，據說，當時在廣州白鵝潭一帶常有黑鴉鴉的游泳大軍。陸路撲網的那前赴後繼的隊伍；在東莞、惠陽等臨近香港邊界一帶的山上，佈滿著日伏夜出準備晚上偷渡的人員，其情景可謂歎為觀止。

可憐的是有的知青雖然偷渡成功，但是途中歷經了九死一生的折磨。知青怒潮說：我的一個插隊的女同學，跟男朋友出海偷渡，半途中那男人怕負擔離她而去（但他也沒能靠岸），她一個人抱著車胎在海上孤零零的漂。後來在海上撈上一個女的，誰知那女的晚上睡著了，又掉到海裡了。而她在海上漂了兩天之後，在快要死的時候，遇到了一艘漁船，受到了十幾天悲慘的蹂躪……還算那幾個禽獸有點良心，之後將她扔在了離香港的較近的海邊。

類似的悲慘遭遇，生於香港，成長在國內，在沙頭角當過知青，現居美國的知青羅志威在〈那年我救了個想偷渡到香港的女知青〉有著更加詳細的講述：一九××年四月。月夜。沙頭角海灘。又該我放哨了，任務是防偷渡。

月光靜靜地瀉在整個村莊，隱約可見梧桐山巍峨的身影。梧桐山是深圳河畔最高最大的一座山，若想從深圳以東偷渡，必

經此道。多少人用生命下著賭注，跋山涉水以求到達「自由世界」。他們左躲右閃地在山林裡亂竄。獵人布下的陷阱，兇猛的野獸，以及險峻的山路，都是他們致命的剋星。過了梧桐山，馬上要穿越邊防軍和民兵的監視網，下海泅渡。在極度疲憊恐慌的狀態，嗆入幾口鹹得令人作嘔的海水，心一慌，就可能葬身魚腹……這種事早已司空見慣了。

今天心情極糟，倒不是為了這預防偷渡的差使，或為了那些偷渡而逝去的靈魂，二妹的來信讓我牽腸掛肚了一整天：三弟病重，急需營養品。中英街上什麼都有，但摸摸上衣的口袋，除了一支學習文件用的鋼筆外，一無所有。剛下鄉時，母親輾轉托人送來的二十塊錢，早已用光。平日在生產隊埋頭苦幹，拼死拼活賺工分，整年下來，除去預支的口糧，反而欠生產隊的錢。去向沙頭角英界的親友借吧？再怎麼說我也是香港新界望族後代，給家人丟了面子，也傷了從不低頭的自尊。

更令人傷感的是：今天是我的生日！我家六兄妹，我是老大，我的生日，又正好是父母結婚紀念日。每年今天，全家都會慶祝一番。可此刻，父親在海南島被「軍管」，母親在粵北山區蹲牛棚，六兄妹各散東西。生日應有的祝福、許願、憧憬、夢想，都變得遙遠、空洞。「年方廿加一，夢已萬千留；初曆星雲變，國事鎖家愁。……」

微涼的海風輕拂著我，抖醒了沉思。已呆坐了兩三個小時，手腳都麻木了。走走吧，拍拍軍大衣上的沙粒，我沿著海灘走去。

漫步在無人的岸際，踩著軟軟的細沙，望著空靈的海灣，夜是如此寂靜，如此幽深：深藍色的天空、淺藍色的海水、灰藍色的礁石、暗藍色的梧桐山，像一團藍精靈般環繞著這邊防小鎮。在那粼粼波光的另一面，就是我的先輩生活了十幾代人的家鄉！

雖近在咫尺，卻遠似天涯。家鄉，在這藍色的夜幕下，更顯出神祕的美。命運似乎在開著我的玩笑：香港出生的「本土居民」，卻扛著共產黨的槍，站在「中方」的一邊，監視著自己的故鄉。

我們是客家人，中華民族中很特別的一支：它起源於中原，世代遷徙流離，現已分散在中國各省。我的祖先，曾在湖北、湖南、江西、福建居留過，最後遷移到香港新界。轉瞬間幾百年。曾祖父將自己「賣豬仔」，到巴拿馬開拓運河。祖父在美洲白手起家，發跡後，返回香港「落葉歸根」。在與梧桐山相對的紅花嶺下，在沙頭角英占區的海邊，購田蓋屋。沒過多久，日寇侵華，父親和他的七兄妹一起，投身抗日游擊隊，順便將同是望族出身才十五歲的我媽「拐帶」從軍。據說我外祖父氣得出動電船去追殺我爸。在我眼前的海面上，就曾掀起過那機動艇的劃痕，這都成為歷史了。抗戰後，父母返回香港搞地下工作，為了掩護身分，我媽回到娘家，後來生下了我。外祖父雖然對我爸恨之入骨，卻能容忍我這「匪種」。我出生的那天，愛財如命的外祖父破例地讓家中成群的僕人吃了一頓芝麻糊。父親可不像外祖父那麼寬宏大量，為了讓我與地主資本家徹底決裂，把我送到廣州讀書。這些變化，對於幼年的我，不過是保鏢換成了警衛員、女傭換成了勤務員，我照樣過著無憂無慮的童年，只是，有了後面一連串的歷史誤會……

空氣中散發著一股鹹腥味，濕漉漉的，有種莫名的東西讓人感到壓抑，以及不可名狀的沉重。浪花啃咬著岸邊的礁石，海風在洞孔中低吟著古老的歌，先輩們曾在這藍色的海灣譜寫了無數的故事。我有種預感，屬於我自己的故事也將在這裡發生。

端著槍，我心不在焉地巡視著海灘。忽然，我看到在不遠處一塊礁石傍，朦朦朧朧中有個半浮半沉的物體。我的心緊了一

下，悄悄將子彈推上槍鏜，向影子慢慢靠攏。直覺和經驗告訴我：那是個人體，而且已死了！老天爺真會安排，三弟的營養品有著落了。當時有規定，凡在沙灘上發現偷渡者的屍體，就近挖三尺深坑埋了，可向大隊領八塊錢「清理費」。遇到死人總有點不舒服，我也不想發死人財。只是職責在身，一定要去看看。礁石離岸很近，我涉水三兩步，便將屍體拖了上岸。

是個女的？我愣了。其實，男女平等，一樣八塊。可這具女屍非常特別，露著胸露著腹露著腿，一絲不掛。憑她光潔的肌膚、起伏的曲線，我猜測她很年輕。零亂的長髮纏繞著她的臉，我看不清她的容顏。在皎潔的月光下，白玉無瑕的胴體透出迷人的寒光。那修長的腿，那平坦的小腹，還有⋯⋯，這是我長大後第一次與女人的胴體如此靠近，忍不住把視線放在她最突出的地方：豐滿、圓潤。我的血液在加速流淌，好想伸手去撫摸她那柔嫩白晰冰涼的肌膚，哪怕只碰一下，哪怕只摸一次。其實，我並不是沒見過女人的胸脯，生產隊開會時就常有女社員當著我的面開懷餵奶。似乎，只要是為了嬰兒，女人就有權向大眾展示母親最偉大的一面。或許是出於對母親的尊重，我從沒有不安的感覺。可今夜的感覺有點異樣。女人的身體原來如此美麗，如此讓人衝動不已。

望著她我走神了，呆了。一種莫名的悲傷湧上心頭。我從三四歲就知道：人是要死的，死後埋在地裡，不會再說話，不會再動；會變泥，會變灰。死亡的陰影，時不時會冒出來襲我的神經。記得有一次，在公共汽車上，看著一雙雙緊把著扶杆的人手，突然冒出個古怪的念頭：這些手遲早都會變成泥，變成灰。現在面對這具美麗的胴體，對死亡的無奈，對生死無常的悲切更加強烈了。分開貼在她臉上的秀髮，一張多麼俊俏的臉，看得讓

人心動，讓人惋惜。那緊閉的雙眼不知埋藏了多少委屈痛苦。我想守著她，更想她就此醒來，讓我迷失在她醉人的眸子中。不知為什麼，我想起童年「聽會」的一首歌：「我願做一隻小羊，跟在她身傍……」。美麗、死亡、浪漫、悲哀、藍色、白色、黑色，全混淆在一起了。讓我靜一下，讓我揣想她的美麗她的風韻，讓我幻想著時光倒流，讓我認識她保護她阻止她教育她……。可如今眼前的她已香消玉殞了，只有埋了她。我真捨不得這麼做。

突然，我感到她的頭動了一下，我被傷感冷卻的血又沸騰起來。她還活著？揉揉鼻孔，似無氣息，摸摸胸口，還在跳！今夜遇鬼了？我慌忙伸手在她胸口壓了幾下，覺得不行，又趕緊做人工呼吸。我已無心遐想她的美麗，無心遐想她的性感，只想把她救活。

隨著一陣咳嗽，她嗆出了幾口水，胸腹劇烈地起伏著，微微睜開眼，迷惘地望著我，又像望著遙不可及的地方。那眼神遂遠空蒙，如蒼穹瀟瀟無際，如山水茫茫無語。只一瞬間，她又暈過去了。我也幾乎被那眼神擊昏了。我確信她還活著，真的活著。我為她高興，不知為什麼，也為自己高興。我犯愁了：按規定，抓到偷渡者應立即押送大隊部，次日再送到深圳拘留。幾天前，我們押送一批偷渡者去縣城，有個男青年走得一拐一拐的，拖慢了隊伍的速度。民兵小沈問他怎麼回事，男青年說爬山時摔傷了膝蓋。小沈說給看看。當男青年將褲管拉起露出傷口的一瞬間，小沈抬起腳猛向他傷口踢去，男青年當場就趴在地上。我瞪了小沈一眼，但不能當著「偷渡犯」的面罵他，畢竟「革命不是請客吃飯」。只是這一幕，讓我不舒服了好幾天。送她去嗎？結局可能比那男青年更慘，我於心不忍；不送吧，就犯戒了（我從未做

過違法犯紀的事）。對，她不是我抓的，是撿的，算是撿到的八塊錢收屍費又物歸原主了。我不停地鬥爭著自我安慰著。最後決心當一次英雄，救個美人。可她現在能走嗎？她這個樣子又能上哪去呢？

我們民兵站的是「自由崗」：一種鬆散的輔助性的值班制度，上下崗沒人管。天快亮了，不能再猶豫了，我決定帶她回家。

匆忙脫下軍大衣，嚴嚴地裹在她身上。稍用勁，我就把柔若無骨的她扛在背上。她的頭搭在我肩膀上，那頭長髮正好遮住她的臉，只是那雙玉腿實在太白太耀眼。如果碰上熟人，我就完了。管他的，這次豁出去了！

背著她我一個勁地往家趕，是孫悟空就好了，一筋斗十萬八千里……背上的她，是那樣的柔軟，隨著我的步伐，像波濤似地蕩漾。她的臉頰貼著我的頸窩，那股涼意透過骨髓直刺我每一根神經，游曳於我的軀體。原來，與異性如此貼近的感覺是這般微妙這般不可思議。此刻，我又希望時光就此定格，讓她永遠伏在我肩上。

沙頭角的農戶，不少人移居香港或英國。人去樓空，便由生產隊接管。我們大隊共有十五個知青，分配到幾個生產隊，每隊也就兩三個，只要願意，漂亮的青磚瓦房隨意住。怕寂寞的知青大多兩人住一棟。與我同住的阿明去鹽田訪友了，我可以放心地帶她回屋。

我將她緩緩地放在自己的床上，拉亮屋裡的燈，鋪開被子，伸手去脫她身上的軍大衣。我猶豫了，萬一她醒了怎辦？她是赤裸的，她是美麗的，也是誘人的……我的手微微地不可控制地顫抖著，像撥開荷葉露出粉藕一樣，我很輕很慢地揭開了大衣。她的肌膚一寸寸地暴露出來了，那麼近，那麼清晰，那麼唾手可

得。燈光下的她是何等的嬌媚迷人，仔細欣賞她的每一個細節，我的臉一陣陣地變紅變燙，我的手無意間劃過她的身體，我的神經抽搐得更緊了，血液奔騰著、充盈著，幾乎無法呼吸……我不行了，覺得自己幾乎立刻就要爆炸了……我想觸及她的身體，我想抱她，我無法克制的立刻就想要了她……不！不能如此！我不能辜負黨和人民的厚望，不能給家族丟臉，不能趁人之危，更不能出賣自己的良知和人格……。我再也無法面對身邊的這個女人，無法去審視她的美……。趁自己猶豫掙扎的時候，給她蓋上被子，慌忙逃出屋，失魂落魄地到了田間。

天剛濛濛亮，空曠的田野少有人跡，唯有迎面的清風，和偶爾路過的邊防戰士幾聲熟悉的問候，幾道訝異的眼神。沙頭角的農民，不必「有個好爸爸」，只因生在此地，就比中國絕大多農民幸運。沙頭角被人為地用一條「中英街」劃成兩半，沙頭角人的農田自古就散佈在分界線兩邊，雙方居民都有「橋頭證」，可以過境耕作。社員們經常到英界打散工，賣瓜菜，甚至搞點「小額走私」。賺港幣比賺人民幣容易，社員們就不介意少賺幾個工分。我們這些來向貧下中農學習的知青，一般都比貧下中農勤奮，很快就成了勞動模範。可這麼早下田也令人奇怪。這些於我都不重要了，我的心裡只有她，只有她那赤裸令人暈旋的身體。我的思路似乎裂成了碎片，不斷地狂亂地在心中徊旋著。我膨脹的肌體難以克制，難以忍受……

我拼命地揮動著鋤頭，想藉著疲憊讓自己忘卻那美麗的誘惑……不該想，不能想，革命青年以革命為重，幹吧，讓自己勞累得忘掉一切，忘掉她，忘掉那「糖衣炮彈」。鋤頭在田間揮舞著，汗水順著脊背流下來。慢慢地，欲望之火在勞碌中消褪，體力也消耗得差不多了。肚子鬧了幾次意見，也算找到個很好的回

家藉口……

我像做賊似地閃進屋，屋裡的燈仍亮著。拴上門，尋思著該走哪兒：廚房，睡房？我忍不住走向了睡房。姑娘已穿上了我的舊軍裝，微側著坐在床上，一頭秀髮直垂腰間，兩腳光光的掛在床沿。該給她蓋點什麼，可是自己不爭氣的雙腳似乎被她的目光釘在了門檻上，動彈不得。彷彿一動，便會失足成恨。她的眼睛如我想像般美麗，深邃，淒婉，迷茫……大大的，有些紅。這雙眼睛，能讓男人心生憐愛，能慫恿男人充當救世英雄。我受不了那種眼神，只好把目光落在她的雙腳上，等她發話……

「你為什麼要救我？」她終於憋出了一句。那聲音，如她的容顏般柔美而略帶酸楚。話音剛落，兩行清淚簌簌而下。我該說些什麼，我能說些什麼？我什麼也沒說。她了哭起來，從淒淒切切，到撕心裂肺。聽她這麼一哭，我急了，撲過去抓起枕巾捂住她的嘴，讓人聽到還得了。她繼續抽泣著。哭吧，哭吧，把所有的委屈傷痛哭出來吧。我對她的過去一無所知，我笨拙的嘴只會說「小聲點，小聲點」外，再也沒有其他詞句可安慰她。我驚訝女人眼淚的海量，更心疼這海邊撿來的憂鬱天使。

哭聲漸小了，她累了，她睡了。她應該好久沒吃東西了，做點什麼給她吃吧。對，去捉魚，補身子。我找出氣燈、魚叉、鐵桶，就往海邊走去。

從梧桐山流下的小河，到海邊成了鹹淡水匯合的地方，那裡的魚最鮮嫩。那年代，沙頭角還沒開發，除了當地居民及駐軍，海邊人跡罕見，魚蝦也不知道人類的險惡與貪欲。在夜裡，魚兒都喜歡在岩石旁睡覺。燈光射過去，魚兒幾乎沒有反應。我背著鐵桶，一手提氣燈，一手持魚叉，順著岩石旁找獵物。看到好品種，就猛叉過去，幾乎百發百中。沒多久，就捉到一桶魚。

　　回到家，將魚頭魚肚去掉。燒開一鍋山泉水，放下三分之一桶鮮魚，慢火熬上半小時，將湯裡的魚渣全撈掉。再放另三分之一的魚，又熬半小時，再將魚渣撈掉。如此三進三出，整桶魚只熬出小半鍋乳白色的湯。這種魚湯，其濃、鮮、補，大慨只有海邊的漁家能品嘗到。喝過它，第二天身上的汗也像魚油。我把魚湯盛好，正想去看她醒了沒有，卻見她已靠在廚房門看著我。

　　「別像個鬼魂似的嚇人。來，把湯喝了。」我試探著說。順手遞過一條小板凳給她。她二話沒說，坐下來就狼吞虎嚥。

　　鄉下的廚房特別大，幾捆木柴靠牆而放，我依在柴堆上，目不轉睛盯著她看。灶火映紅了她白皙的臉，映照出她眼眸中的瞵瞵波光。本能的衝動又開始撞擊我的軀體。我趕快閉上眼睛裝睡。更難受，隔著眼皮的她似乎是裸體的。我熱出一身汗，如坐針氈，又不敢走開，只能閉目神遊。

　　「你睏了？」像從天上飄來的聲音將我驚醒。

　　「呵，不。」我睜眼看她，她不是裸體，卻渾身性感攝人。即使那纖纖玉手，也柔若凝脂，不似凡身。如果不是在爐火旁，我會懷疑她是聊齋裡的女鬼，令人又愛又怕。

　　「看來我比你大，幾歲了？」

　　「二十一。」我真恨自己不像個大男人，怎麼被她占主動了？

　　「我比你大三歲，我名秋葉，叫我秋葉姐好了。你呢？」

　　「C。W。。」她比我大，還要叫她姐，我什麼都別想了。

　　「謝謝你救了我。」

　　「你是撿的，秋葉。」我故意直呼其名。

　　「撿的？對，秋風、落葉。」憂傷又浮現在她美麗的眼神。

　　「是開玩笑的。」

　　「沒關糸，我早就凋零，習慣了。」

「……」灶火旁，我聽到一個真實的、殘酷的、悲傷的故事。

倫敦的秋天，金黃色的季節，夢幻般的時光，秋葉降生在一個藝術家的家庭。新中國成立後，隨父母回國，在南京長大。從小學琴習舞，賦詩作畫。如花似玉的她，「應揚花時，狂風來了，吹落了花蕊；該吐穗時，暴雨來了，打折了枝頭」。喪母失父。到了建設兵團，她所信賴的連隊幹部，卻成了第一個強暴她的人。她有著種種出逃的理由。水性不好，用母親遺留的一塊古玉作偷渡經費。當蛇頭把她帶到船上，突然獸性發作，強行扒光她的衣服。她拼命掙扎，大聲呼救。蛇頭怕事發，將她推下水，拋下一具救生圈就掉轉船頭走了。在刺骨的海水中，她很快就失去了知覺。

彌漫在廚房裡的熱氣，溫暖不了故事裡的悲涼。現實生活中的醜惡，極大地衝擊著我的靈魂，衝擊著我的信仰。原來世界並不那麼美好，口號很多是謊言，理想和現實也相去甚遠。

秋葉還捧著碗，倚在柴堆上睡著了。那一夜，我就像守著珍稀寶玉般守著她。我也暗暗慶倖自己沒有做出像那連隊幹部、像那蛇頭一樣的事。第二天，我去中英街，厚著臉皮向香港親戚借了點港幣，買了幾件女裝和給三弟的營養品。回到家，趕快把門拴上。秋葉換上女裝，我更訝異。無論是舊軍裝，還是我隨意買的便裝，穿在她身上都會散發出一種迷人的韻味。我的眼睛無法從她身上移開，心總在狂跳。天啊，不能再留她了。她不走。我也要逃了！

我打開一瓶給三弟買的白蘭氏雞精，迫她喝下。

「能送我過去嗎？」她輕輕地問我。

「不！」我回答得很乾脆。

兩人一直無語。夜裡，我躺在阿明的床上，胡思亂想。已

經襲擊了我兩三夜的睡意，總算把我帶進夢鄉。一串串怪夢，色情恐怖。時而在天堂，天使環繞；時而在地獄，鬼神逼迫。我想發洩，我想逃脫。迷迷糊糊間，有股溫馨柔軟的暖流，在我髮際間，在我臉頰上流淌。邊境地區養成的警覺性，令我霍然清醒。是她。秋葉象尊玉雕的女神，倚在床沿。

「幹什麼？」我不解風情地問。

「我好害怕。」秋葉說。柔軟細滑的手已放在我胸脯上。

我動也不敢動。只怕一動，防線就會崩潰。

秋葉注視著我，我望著天花板。我們都能聽到對方的呼吸聲、心跳聲。

過了好久，她歎了口氣，把手從我胸前移開。我希望它停在我身上。

「能送我過去嗎？」還是輕輕地問。

「不。」我閉上了眼睛，輕輕地回答。我怕看她。

「你的眼睛很漂亮。」她還是輕輕地說。

我沒有答話。一夜無眠。我知道，她在我床沿坐了很久很久。我聽到門栓被輕輕拉開，門開後，又被輕輕關上。她走了。不知道她是去了天堂還是地獄。我失去了夢寐以求的女孩，我保住了自己。不知是保住了「清白」還是保住了「信仰」。

第二天，我一直躺在床上。不敢出門，不敢去大隊部、不敢去海灘。我怕看到被捉住的「偷渡客」，更怕看見被海浪沖上來的物體。後來，我在自己的枕頭下，看到一張便條：「我把你的舊軍裝帶走了。你是個好人！」以後的許多年，我都反反復複地問自己：我是不是太笨了。如果她還活著，會恨我嗎？

我在山人好友的博客中曾讀到了他親述逃港的慘痛經歷。徵得同意，現將這篇〈收容站的故事〉摘錄如下：……七十年代

初，逃亡失敗被收容過的知青大概都不會忘記那段經歷。

當時收容站，每天只供應兩頓飯，每頓是半缽黴米飯，（大概三兩），根本沒有蔬菜，只有兩條鹹魚仔或是兩根鹹蘿蔔乾，吃了跟沒吃差不多，一天到晚餓得發慌，當時什麼東西都能吃下。住的是幾十人睡一個大房間，沒有床，就睡在地上。靠近角落還擺放著一隻大尿桶，夏天旺季的時候，擠滿了人，遲來的人只好睡在尿桶旁邊。房間裡面充滿了汗味和尿味，沒有特定的洗澡時間和地方，大家只有在放風的時候用水擦擦身子，要大便也是那個時候。不過時間到了，哨子一響就得馬上結束跑回來。不然，管教（管理員）就會拿著沾了尿液的掃帚進去，見人就兜頭兜腦的打，再不就用半塊半塊的磚頭或者拳頭大的石頭扔進去，不幸被擊中一定頭破血流。所以，那些人連褲子都沒穿好就會跑出來。

收容站裡面採用「以夷制夷」的辦法，不同地方的人常常產生磨擦，打架是很平常的事。我哥哥就為了女朋友被人欺負跟人打架，寡不敵眾要吃大虧的時候幸好遇上我的同學和他的同隊知青幫忙。後來我們幾個同學在香港聚會我向他表示謝意，談起來大家都很感慨。想不到我們這些曾經用心讀書的一流中學的好學生，也會用另一種身分在那個地方見面。

不要以為那時候犯了事的人才會在那個地方出現，我另一個同學就是因為回家探親的證明過了期，在家裡被從小看著他長大的街道治安人員抓到收容站的。我有一次去探望我姐姐也是因為證明寫得不是很清楚被關在大隊部一個晚上，準備第二天送到收容站，後來我姐同一生產隊的知青知道了消息，聚集在大隊部跟幹部理論爭吵，書記怕出事才放了我，不過照例要寫悔過書。

那年代，對於我們這些另類知青，寫悔過書就像現在寫求

職信一樣容易，先把自己痛罵一頓，然後說受了劉少奇的不良思想影響，最後是決心痛改前非。其實那時我從未讀過劉少奇的著作，根本不瞭解他的思想，反而是後來到了香港，在圖書館看了資料才瞭解到劉少奇三自一包的政策改變了大飢荒的農村，讓農民的生活得到改善，對他才有了好感。

逃亡途中也有過感恩的收容，哥哥的第四次逃亡就遇上了這樣的事。他們三男二女在中山買了小艇，那天晚上起錨準備橫過珠江口到香港，（當時聽說逃亡澳門抓到要遺返），不巧半途起了東風，又斷了一支槳，小艇進不了內伶仃島東面，只能在島西一直往大海飄去，天亮了，看著最後一塊礁石也過去了，小艇還是不停地向大海飄浮，風浪越來越大，他們都打定了輸數，默默地等候死神的降臨……

哥哥說，人到了那個時刻，逝去的往事如同電影般不斷地在腦海出現，童年時外公外婆父母長輩的寵愛，讀書時老師的讚賞，兄弟姐妹一起長大的情形，做知青的艱難，兩兄弟第一次逃亡在黑暗大海的掙扎，一些原來已經淡忘的片斷瞬間變得那麼清晰，漸漸地甚至出現了幻覺，他「看到了」香港的高樓大廈，「看到了」已經在香港定居兩年多的我等待著他的到來……

兩個女孩子潔芝和小美不停地飲泣，哥哥倒不是怕死，人生在世，苦多於樂，悲多於喜，本來就不怎麼值得留戀，只是他不服氣這麼年輕就要離開，還有就是不敢想像父母接到惡耗的那種心痛欲碎的情形。我們兄弟分開來走，就是為了不至一起消失令父母沒人照顧，我的一位同班同學就和他的哥哥一起永遠消失在茫茫的大海裡面。哥哥他們沒有別的辦法，只有不停地在祈禱，懇求上天再給機會他們踏上堅實的陸地。

可能是他們的誠懇打動了上天，也不知過了多少時間，就

在他們快要虛脫的時候，一艘解放軍的巡邏艇發現了他們，把他們從風浪裡救了出來，並押解到基地裡的那個小島。那裡沒有收容站，解放軍對他們不錯，吃的飯菜和戰士一樣，白米飯可以吃飽，有菜蔬，間中還有魚肉，那是我哥經歷過最好的收容伙食，不但其他收容站不能相比，甚至比我們在生產隊還要好多了。他們被關押了二十多天，每天在建築軍營的工地上做小工，他們真心真意地幹活，以感激解放軍的救命之恩。後來他們被送到珠海收容站，經中山廣州收容站送回公社。

哥哥的知青命運很坎坷，當年我們四個同校同學（另外兩個是哥哥的高三同班同學）一起到那小島當知青，第一次大家一起逃亡失敗後分開來走，我們三人都到香港兩三年了，哥哥卻屢戰屢敗，足跡遍及了深圳、東莞、廣州、中山、珠海等收容站。不過，這次還算走運，只有少數被沖出大海的逃亡者有機會活著回來。但這次失手回來沒多久，女朋友小美就離開了他，另找途徑去了香港，後來又嫁去了澳洲。這次受她母親的壓力太大，小美跟著哥哥出生入死的逃亡了三次，這次更是在鬼門關前打了一個圈，難怪她母親要幫她另找出路。哥哥沒有怪她，只是歎息大家有緣無份。

失戀和失敗沒有令哥哥氣餒，大半年以後，他們三男一女原班人馬又一次起錨，這次順風順水終於平安到達香港，時年已經是一九七四年的春夏之交，這是我們六八年當知青以來的第六個年頭。以我們六九年第一次逃亡來算，也過了五年，那小島離香港水域不足100公里，哥哥卻花了六年才能完成，套用電視紅人柴九的話，「人生有幾多個六年呢？」。

如果父母親也和舅父，阿姨一道移居香港或者外國，依照哥哥的才能和一向名列前茅的讀書成績，這時正好修完博士學位

了。至少也和表弟表妹一樣，大學畢業，而且出來工作幾年了。舅父的四個女兒，一個兒子，阿姨的一個兒子全都是大學畢業生。只有我們兄弟姐妹五人，沒有一個能正式踏入大學的門檻。唉，或者每個人都有自己的命運吧！

來到香港，阿波和潔芝這對患難鴛鴦很快結成了夫妻，又很快的移民去了美國，在地球的另一面開始了他們的新生活.哥哥和阿偉留在香港，哥哥很努力的工作，晚上又去補習英文，哥哥希望儘快追回那失去了的六年光陰（其實連文革停課那兩年一共是八年）。天助自助者，哥哥的才能很快得到了發揮，成績也超過了我們這一幫先到香港的人，十年的時間，他從一個普通的送貨員上升到一個公司經理，被一間外資企業派回國內管理一間大廠。他有能力回報了父母，讓他們有一個安定的晚年，可以抬起頭來做人。他也有了一個溫馨的家和三個女兒，可惜上天在香港只給了他19年的時間，沒有讓他看到自己的女兒以優秀的成績考進了香港大學，並修讀了學士和碩士的課程，如同我的女兒一樣，下一代的努力終於實現了我們當年渴望讀大學的夢想。

歲月如水逝去，三十多年過去了，當年那班生龍活虎的知青同伴，今天已經到了退休年齡，靜靜地到了人生的黃昏。我想，這班朋友不論今天在地球哪個角落，不論今天地位如何，回首往事，他們一定不會忘記當年那段刻骨銘心的旅程和發生在收容站裡面的許多故事。從另一個角度去看，當年那特別年代裡才會發生的特別經歷確實豐富了我們的人生，收容站裡的日子使我們學到了許多在外面和學校都學不到的東西。我們反思了自己的人生，更懂得自由的可貴，更懂得珍惜家親人和朋友，更懂得珍惜生活。我們也學會了面對失敗，在挫折中重新站起來繼續前

行，增加了面對逆境的勇氣，這些都令我們在以後的人生獲益良多。

唉，但願這些曾經發生在南中國海的故事永遠不要重複……

第三節　當年知青葬身大海的未解之謎

更有的知青踏上偷渡逃亡之旅後，就如斷線的風箏，至今杳無音信，令人牽掛不已。在jake〈輕輕的你走了〉，我曾讀到了一個沉重的故事：……有人說凡間的人都是天上的星星孕育的，地上有一個人，天上就有一顆星，然乎？否乎？我常常仰望夜空上浩瀚的星雲，在頭頂的銀河系裡，還是在宇宙虛渺的其他地方？找到了我的星座，就可以在我星座的軌跡上找到與G君星座軌跡交叉點。算來G君離開我們已幾十年了，生，在哪裡呢？死，又去哪裡呢？

G君是我的中學同學，也是好友。他為人仗義，思想成熟。我們一起打球，游泳，討論人生和理想，至於約女同學看電影，就不陪他了，我生理上還末有這種需求，那時剛剛對學習感興趣，生活剛剛翻開新鮮的令人興奮的一頁。

記得一年級尚末期末考試，文化大革命開始了，我們一起去串連，中學畢業要上山下鄉，革命從終點又回到起點，我和他相對無言，好在大家一齊去，無奈中也有一點安慰。

到了海南兵團不久，他被抽調到武裝連，新鮮的生活令他興奮了一陣，可惜不到半年，又因家庭成分不好淘汰出局，我想此事對他影響極大。回到生產連隊，他依然爭取積極，我記得他是全團第一批入團，第一批知青副班長，最後，他終於失去耐心，選擇了另一種出路。

　　到了一九七三年，兵團終於不禁止男女知青談戀愛，我也有了女朋友。我和另一個同學同三個女孩一起蓋起了一個小伙房，總算有個地方燒水煮飯讀書寫字，大家相濡以沫，相互扶持，以求渡過這艱難歲月。可就在這時，G君卻帶著手銬被「反界」回來了。之前，他已經倒流回城很久了。大概是團裡第一批偷渡香港的知青，接待的規格不低，當晚開起了批判大會，宣讀了政治處的決定，開除團籍，管制勞動。國有國法，家有家規，這沒有什麼可抱怨的，走上這條路，一切就在預料之中……

　　人們都不敢和他來往，怕受到牽連。當時他不但沒有耐寒衣物，連吃飯的碗都沒有，我只好照料起他的生活。那幾個女孩抵擋不了壓力，和我攤牌，如果和G君好就不要和她們好。我不怪她們，她們本是正經的女孩子，不想抹黑自己的前途，只是剛剛才嘗到生活的一點甜頭，又要失去。我也猶豫了許久。不久他身體調理好了，問我要了路費又偷偷回了廣州（那時買車船票要兵團通行證）。

　　隨著「教腳」（偷渡）的知青越來越多，偷渡成了上山下鄉知青的潮流（在廣東已成時尚）。正如現在沒有人不講股票，那時少有知青不講“教腳”。G君也曾叫我和他一起「教腳」，我有幾個理由不想，我在香港沒有親戚，到了那裡只能「瘥街」（睡街邊）。最重要的是怕連累家中父母親的工作.我選擇等待，等待命運的轉機。

　　一次二次，三次四次，G君不斷地被捉回來，其中有到了香港被「反介」的，也有被邊防軍捉住的，次數多了，人們也懶得理他了。戶口在農場，連隊就是他的無掩雞籠。到了他準備最後一次偷渡，我已經回城了，我們已經無話可說。那時我也找不到工作，每天去他家打聽他的消息。一般順利到達，三四天便有電

報回，如果被邊防軍捉住，一個月內也有通知了。但什麼消息也沒有，我們越等心越沉，等了一年又一年，一直等到現在。

我常常想，如果G君能夠等多一年就好了。一年後，國家開放改革了，無論是讀書，留學，做工人，做生意，他都是出類拔萃的。真是人算不如天算！其實在打倒四人幫後，形勢已開始變化，可惜他看不到這點，或者他不願看到這點，令人婉惜……

與G君還留下一點念想不同的是，有的知青則在偷渡中就石沉大海，難以生還。自由兄弟回憶說：我所在的連隊，曾有一個綽號「大頭成」的知青就因偷渡，葬身鯊魚腹中。

如今我還依稀記得「大頭成」的模樣，1。68米的身高，健壯的身板。五官十分端正的國字臉龐上總是流露出幾分不以為然的笑意，顯得十分帥氣。他為人正直仗義。記得曾有一個外號的海口知青「馬雞」（後來聽說吸毒身亡），總愛找點藉口欺侮我，都是愛打抱不平的「大頭成」制止了他。這「大頭成」還有一個特點就是大方，聽說他的母親移居香港，父親卻在廣州。每次家裡寄來什麼包裹有吃的東西，他三兩天就全部分給大家吃光。

那時，有一種阿爾巴尼亞的扁合香煙，當時覺得很好抽，他一下就給我兩合。我省著還沒抽完，他早就分光抽光了。我又給回他一合，他堅決不要。說是送了人的東西不能再要。就是這種性格，卻偏偏有幾個姑娘喜歡他，沒錢的時候總是幫他買煙，可他一個也不領情。每天早上傍晚總是光著一身健壯的肌肉，獨自到連隊修建的小水電站游泳。當時，我只想著他是在鍛鍊身體，竟沒有想到他是在為偷渡苦練體力。後來，我調到了十連，失去了來往，也就再沒有得知他的消息。

去年場友相聚，我滿以為能看到他豪爽的身影，一問，才

知道他早已不在人世。同隊的場友轉述說，一同與他偷渡的人，最後只見他揮了揮手，極力說了一句什麼話語，便沉入大海之中……

得知他的偷渡身亡的消息，我當時難過了好久，腦海中總在揣摩著他那最後的話語的含義？或許他是呼喊同伴快游開，以躲避鯊魚的襲擊。或許是交待同伴轉告他的母親，來生再盡幾分兒子孝順。

這種不成功，便成仁的故事，在許多同齡的知青記憶中都有保存。海南兵團知青五月艾曾感歎道：那時候，有多少人為了到達彼岸而年紀輕輕就葬身魚腹啊！聽說我們連就有一男一女兩個廣州知青沉在海中，至今他們的音容笑貌還時常在我的腦海裡閃現……

知青福頭說，那天看「鳳凰大視野」，有口述者回憶當年開發蛇口港口時曾挖出了四百多具屍體，這應該是那些逃港的遇難者……

當年，究竟有多少廣東知青偷渡去了香港？又有多少人葬身大海之中？如今看來也將是一個千古之謎！但是，透過培英學校作者阿陀〈一代培英人的足跡〉可見一斑：……當地知青偷渡香港的比例卻相當高。僅據手頭的資料統計：穎社302班下農村的23人中，就有12人偷渡，超過一半。其中大部分都是從番禺過去的。穎社605班，全班50人，現在可以統計到的偷渡成功定居在海外的就有9人（沒成功的人數尚待查核），穎社604班和603班，每班也有7至10人參加過偷渡。

從六八年下鄉到七八年知青回城，這十年之間培英學校有多少下鄉知青偷渡到了香港？精確的人數已不可能查到，但要算出大體準確的數目也不難，因為當時在香港的培英和真光（偷渡）

校友來往密切，經常聚會活動。根據當年的聚會組織者之一（真光）歐國梁學友回憶，兩校參與聚會常有兩百到二百二十人。加上一些不到會的，當時在港的兩校偷渡學生應有三百人上下，約占兩校總人數約二千六百人的十分之一強。

另外，偷渡失敗者（包括最後放棄偷渡和中途死亡人數），據過來人的經驗，與成功者的比例大約是4：6，估計也有兩百多人。兩者相加，可算出參與偷渡人數占學生總人數的五分之一左右，占下農村學生人數一半以上。為什麼會出現這樣的情況？主要是知青覺得在農村沒有前途。在當時不合理的制度下，番禺農村儘管有優越的自然條件，生產卻十分落後，即使在個別算是富裕的生產隊，一個強勞力的知青全年無休止地辛苦勞動，年終能分到手的往往也就是百把塊錢；實際上許多窮隊的年終分配，扣除口糧等開銷以後，就沒有錢分了，有的甚至還倒欠。

珠江三角洲本來就地少人多，當地農村是迫於無奈才按政府的要求接納了這些不請自來的「客人」。善良純樸的農民幫助這些的城裡來的學生娃安下家，關照他們的生活，手把手教他們農活，知青和農民的關係總的來說是很融洽的。可是每一個知青都知道，自己不可能在農村生活一輩子，而且當地農村也並不歡迎他們紮根。但城市又已經拋棄了他們，出路何在？少數家庭政治背景比較好的，可能努力表現自己，爭取上調當幹部以改善處境；有些初中低年級的同學，獨立生活能力較弱，乾脆就早早在農村成家，以便在當地有個依靠。

但對大多數知青而言，這兩條路都走不通。由於番禺在地理位置上正毗鄰港澳，每天收音機播放的都是香港台節目。人人都清楚那邊的生活水準要高得多，因此，偷渡就成了許多知青自然的選擇。知青下去的頭一二年，偷渡還是偶然的個別行為，大約

從第三年開始，對前途感到絕望的知青開始三五成群分別從陸路翻山越嶺或水路划船游泳突破邊防封鎖冒生命危險前往香港。

一般情況下，參與偷渡的多為男生，不僅僅是因為划艇需要體力，更多還是迷信心理——認為女人上船不吉利，可能會沉船。有的人經歷過多次失敗，被關押釋放後又再來，百折不撓，直到成功；有的人屢試屢敗，最後不得不放棄；還有的人最終葬身大海。

據隨機抽樣的六個班（105／302／304／603／604／605）的不完全統計，目前已確證死於偷渡的就有：培英數學教師沈文茂的兒子沈南武（105）以及傅瑞生、梁城根、梁啟光（304）何榮祖（604）等五人（失蹤生死未卜的沒計算在內）。

這是一個非常驚人的數字！如果照此類推，全校29個班，可能會有多少人死於偷渡？要知道，文革期間培英兩派學生捲進過廣州幾乎所有的大型動槍動炮的武鬥事件，都不曾死過一個人。下鄉期間，達到兩位數字的鮮活生命就這樣無聲無息地消失了。夫復何言？

就在看了我轉載aige〈海的兒子〉一文後，知青網友金桐玉女還感歎地留言道：「我的哥哥一九七三年追求自由，永遠做了海的兒子。」可想而知，知青因逃港而死亡的傷痛至今仍在許多家庭和親人的心中難以癒合……

知青davea在〈七十年代偷渡香港往事記憶〉說：七十年代偷渡香港往事記憶，每想起三十八年前，那兩次偷渡香港的經歷，心裡總是隱隱作痛。當年為什麼偷渡香港呢？確實是那個時代苦啊，在農村插隊當知青，基本上看不見將來的前途，當時政策是號召說紮根農村一輩子的。一天賺兩三毛的困苦生活，是很難捱的！

　　那是一九七一年深秋的十月，南粵大地還很熱，秋蟲長鳴，一個月黑星稀的漆黑的夜晚，我和我的好朋友阿邦各帶上一袋炒米，各人自帶上一個軍用水壺，天還沒有入夜，我們離開了燈火暗淡的廣州城，一路急行軍，一個夜晚我們走了大約七十公里路程！天剛微明，來到東莞某地的一個黑樹林，在一間破舊的茅棚了躲起來，等待第二天晚上再次趕路。我們在蕉林的水溝裡，滔滿軍用水壺，就著炒米和著那髒水吃過了「早飯」，昏昏的睡著。

　　挨到天黑，我們看了指南針，按照地圖的方向，再次上路，我們往保安方向一路急行軍，有時候看見前方有人，或者民兵巡邏隊，就往路邊的水溝或者灌木鑽進去。有一次躲避民兵的時候，我們伏在路旁邊一小灌木裡，阿邦竟然抓住一條很長的毒蛇，原來是是一條飯產頭！很毒的一種南方常見是毒蛇。他將打死的蛇包好，說找個地方將蛇燒了吃，當然我們是很喜歡吃蛇的，特別是飯產頭一類毒蛇，用來紅燒或者燉湯味道非常鮮美。

　　可是在荒郊野嶺是沒有什麼作料的。後來，這蛇我們在一個荒廢的破屋子裡剝皮燒了吃，今天還覺得燒毒蛇的味道是不錯的。阿邦膽子大，插隊的房東教會了阿邦抓蛇，阿邦聰明，很快就掌握了抓蛇的技術。他並且懂得找治療蛇傷的草藥。

　　急行軍三天後，我們到了保安一個山頭，對面就是九龍了！非常不幸，在準備越界行動的時候，竟然在邊界我方的一個邊防哨所很遠的地方，很不幸被一隻大狼狗發現，我給那跑過來的畜生咬了一口！第一次的偷渡就這樣失敗了，邊防軍將我們抓了回去。坐了十多天的牢房，給押回去之後還被批鬥過了。當然我們做好了心理準備，還要打算日後再次行動。

　　三十多年來我一直懷念著我的好朋友阿邦，真的不值啊。

阿邦是一個多麼聰明的青年人啊！他父親曾經是華工的教授；母親是一間化工廠的工人。而他是廣州華南師範學院附屬中學畢業的高材生啊，他的英文很了得，物理、數學、化工等學科無不精通。天文地理無不精通。可惜哪個時候上不了大學，要不，阿邦將來肯定是一名出息的科學家。

第一次「較腳」偷渡失敗，我們吸取教訓。放棄了直接南下的捷徑，這次我們選擇東面偷渡的戰略，估計要走一個星期的路程，我們請教的行家說，東面邊防軍人數不多，但是有一段很長的而且是比較險惡的山路，說山上還有毒蛇猛獸，老虎野豬什麼的，但是這些算得了什麼呢，哪個時代，年輕人膽量大，經歷豐富，而且我們都在文革時進行過長征串聯，插隊農村，高強度勞動，挖泥，開山鑿石都幹過！什麼苦沒有吃過呢！我們找到動路線的資料，知道到了大鵬灣之後還要游一段不短的海路，這條路線特點是比較安全，但是成功率高。

在出發前一個月，我們在東江的河面進行了高強度的游泳鍛鍊，以增強體質，當然這樣做的目的很明顯啊，大家看出我們又要實行再次較腳了，要不天天下水游泳幹嘛呀！可是我們不怕，有個農民子弟也跟著我們天天游泳鍛鍊，我知道他也想「較腳」。我對他說，阿寶，你是不是也想較腳啊，他說是，生活太苦了，游過去香港，找到一份工作，賺到錢，全家也有一條活路，我說這次我們走大亞灣，很艱苦的。他說沒問題，你們能走我也能走。也備足了乾糧帶上必須的用品我們再次出發。

這次從廣汕路走，果然這條路沒有碰到民兵，走了幾天，爬山涉水，歷經千辛萬苦，走了一個星期，我們終於來到了大鵬灣海邊，這裡荒無人煙，大海茫茫啊，但是看見對面的香港是燈火通明，我們三個人興奮極了，在海邊吃了最後一頓飯，扔掉所有

的東西趁著黑夜，一起跳進海裡，我們奮力往燈火通明的方向游去。看著香港方向不遠，房屋樹木歷歷在目！

忽然我聽到有哪個方向發出巨大的水聲，聽到阿邦痛苦的喊聲，「有鯊魚！」聽到到巨大的水聲以及一陣恐怖的搏鬥聲音過後，我們再也沒有聽到阿邦的聲音了。我感覺到可怕的事情發生了，我大聲的呼喊著阿邦的名字，我心裡充滿了悲傷，我不敢去救阿邦，也救不了他啊！我極力往回游。

下意識地遊回到大陸那邊的海岸，我回頭看見阿寶的水影，他一直往香港方向游去，我大哭著，阿邦死了！阿邦讓鯊魚吃了！將來讓阿邦的母親怎麼辦啊，去年他的父親也死了，剩下母親一人，好淒涼啊，我可怎麼面對我好朋友的母親啊。

爬上岸，我哭了幾個鐘頭，找一個平整的地方疲倦的昏昏睡去；天亮了，巡邏的民兵看見了我，他們沒有抓我，勸說道；回去吧，這個地方很多鯊魚。香港也不一定是好地方。這片海啊，鯊魚可多了，海裡不知道死了多少人呢！我帶上阿邦丟在岸邊的遺物，我往回家的路走去，我心裡想以後再也不去香港了，我要回去孝順他的母親，以後他的母親就是我的母親，我要照顧她一輩子。

出事之後的那年，我的一個插隊到東莞的同學找到我，神祕的說，過幾天有一條小木船可以帶幾個人到香港，問我去不去。我將阿邦給鯊魚吃掉的事情說給我這位同學知道，我說我永遠不去了，我日後要孝養阿邦的母親，我要做他母親的兒子。同學無語，一個人走了。後來我老是想，我們失算了，竟然選擇了一個這樣的地方游泳較腳到香港，也沒有調查清楚哪個地方是鯊魚出沒的地方啊！我們當年真是笨啊。

記得過了很久，阿寶給我來信了，說那天，他的腳也碰到鯊

魚了，他立刻不動，這傢伙經驗老到啊，為什麼他沒有告訴我們這個竅門呢！鯊魚就遊走了，就這樣阿寶逃過一劫。鯊魚卻將我的好朋友阿邦吃了！日後阿寶在香港一個工地找到一份工作。經常匯錢回家。一直至到八十年代後，阿寶才敢從香港回來，他回家鄉娶了個老婆。他也一直做地盤工作，文化不高，都是做地盤的。他說收入還不錯的。後來他的老婆也申請去到了香港，再後來都申請住進了公屋。日子過得還好。現在孩子一大群，都工作了。

後來，我那個同學來信告訴我，他那次來找我本想一起較腳的香港的，也是專門回廣州告別父母的，那同學到香港之後很快找到工作，由於學歷高，再後來成為一間財務公司的管理人。哪個時代，知青這個群體在香港是很吃香的，能夠較腳到達香港，肯定是膽大，文化知識高。是香港老闆眼中的香餑餑啊！我哪個同學後來娶了老闆的漂亮女兒。自己也成為老闆了，再後來他和老婆也移民到了澳洲。

不過我們失去聯繫也有二十多年了，我們的同學中，凡是下鄉插隊的都幾乎「較腳」去了香港。而同學中另外一群人，到海南建設兵團的經過八、九年的生死磨練之後全都回到廣州，他們中有的成為工程師、有的成為企業管理人員。正所謂人生如夢，轉眼三四十年過去。祖國也逐漸強大了。

作者在文章最後還特意說明：我現在是含著眼淚來寫這篇博文，關於當年的知青偷渡的事我很清楚，絕對是九死一生的！他們在十六、七歲還沒有成年的時候就被強行趕離家庭、趕離父母，到一個完全陌生的地方自生自滅，這是人世界最殘忍、最沒人性的事，他們為了生存，為了吃飽飯，冒著生命危險偷越國境，跟今天的「脫北」者一樣。他們成功的沒有多少，失敗的，

死於路上的無數。

我小姨、小舅的好幾個同學一去無回頭，全都死在路上。我兒子今年十七歲，正是當知青的年紀，試想想，今天，他被迫趕離我身邊，為了生存他也去偷渡，然後，一去無回頭，生死不知，大家說，我這一生人還怎活下去？我寧願死的那個是我。

現在我做了媽媽，終於體會那些失去孩子的知青媽媽們的心情，小舅其中一個死在路上的同學是他的鄰居，我每回跟五姑娘回娘家都經過他家的，看到他媽媽我就想起她的兒子，想到她兒子突然無聲無息的從自已身邊消失，要是我，我會瘋的……

五姑娘當年就是因為怕死，不敢偷渡，所以錯過了一段大好姻緣，令她遺憾終身。為此，我曾問五姑娘，假如時光倒流，你敢不敢跟耀偷渡去香港？五姑娘堅定的回答：敢！一定敢！！我寧願痛快的死在偷渡的路上也不願忍受無數場「運動」的折磨……

第四節　可憐「蔓莉」，一曲時代的悲歌

如今，說起知青逃港這段悲壯淒慘的歷史，依然令人痛心疾首。知青老三在〈「蔓莉」，一曲時代的悲歌〉詳細地描述了他所知道的逃港情景，並分析了知青為何冒險偷渡等深層次原因：

「我們的過去、我們的情意，我怎麼能忘記？蔓莉你怎能這樣忍心靜靜地就離去？我多麼悲傷、從此以後再也不能見到你！只有等到我死後埋葬在一起。蔓莉！」這是一首曲調悲哀、又略帶頹喪的歌曲，現今仍然流傳在卡拉○K的歌碟中，刀郎的演繹雖然抑揚頓挫，但並沒真正唱出她的味道。

這首歌，大概除了曾經插隊珠江三角洲的部分知青之外，已

經很少人知道它的來歷了。其實這首歌的內容是一個帶有強烈的時代印記的淒婉的愛情故事：一對男女知青相約一同去逃港，偷渡時，那個名叫曼莉的女知青不勝水力淹死了，那個男知青仍然緊緊地拉著她，奮力把她拖回海灘上。歌詞就是那男知青對著死去的愛人的傾訴。

我最初聽到這首歌，是從我們大隊那些比我們早幾年下鄉的社會青年那裡。他們當初下鄉之前是發有回城證的，沒想到還沒等他們三年期滿，我們老三屆又更大量地湧進鄉下，他們回城的夢想也隨之破滅。因此分外頹喪。我們雖然與他們命運相同，但那時我們從不把自己與他們劃等號，因為一來他們在當地老百姓那裡口碑實在不好：好吃懶做、偷雞摸狗（農民們這種評價可能會比較過分，但當時印象就是這樣）；二來他們普遍文化修養有限，許多意識與我們格格不入，所以彼此極少來往，況且他們和我們又不同一個村。

他們在大隊所在地的村子，我們村是大隊的「邊遠」村。反而離鄰近的另一大隊部是一河之隔，上供銷社買東西也多半划船到對岸而很少去本大隊。因此只有開知青大會、或社員大會時才會坐在一起。不記得怎麼回事，有次去大隊部開會，跟著幾個同學去了「老知青」（當年我們對他們的稱呼）的住地，聽到他們用吉他邊彈邊唱著一些諸如「曼莉」這類的歌曲，記得還有當時「地下」很流行的一首曲子「藍色的愛情」，也是在他們那裡聽來的。當時聽了只感覺得這些都是些「靡靡之音」。

當時的「逃港」，對於珠江三角洲的無論是農民還是知青都是難以回避的話題。記得初到村裡時，已是秋冬季節，北風漸緊，一天傍晚收工時，隊長特意對全體村民叮囑：「今天晚上北風很大──」我以為接下來就是要叫大夥注意防火，因為大多數

人住的都是茅草房呢！沒想到他接下來說的是：「大家把隊裡的各條船看好了，別讓人偷了往下邊跑！」「下邊」就是南邊，香港在沙田的南邊，也就成了香港的代稱。

據說，從我們村出發，如果順風、順水（大北風加上退潮）的時候，即使你不用槳劃，只要用竹竿扯上一張「格席」（用東莞特產的莞草編成的席子）當帆，六個小時就能「漂」到香港！因此「每當北風起，又是逃港時」。而且當時香港、澳門的商業廣播電臺播出的所有節目，在我們沙田都能清楚地收聽到──當局強大的電子干擾只對諸如廣州一類的大城市起作用。裡面除了許多在意識形態上與大陸格格不入的各種內容的新聞、故事、廣告之外也能聽到諸如「曼莉」一類的歌曲。當地的許多人本來就是居無定所的水上人家，隨船漂流，常常來往於廣州、香港等地之間，他們對這些城市的情況一點不感到陌生，對珠江口一帶的地形、地貌、水流、水速都有著彷彿與生俱來的熟悉和判斷能力，如果不是政府的阻隔，要去香港那真是不費吹灰之力！

而且在發生六十年代初的大躍進引起的大饑荒之前，大陸與香港之間並沒有嚴令禁止通行的，後來因為人們紛紛湧入香港，這就既成了一個「政治問題」，也成了一個香港難以承受的實際問題，才造成了香港與大陸之間的隔絕。而在我們去到沙田的那個年代，正是我國的「無產階級文化大革命」進行得如火如荼之際，對於偷渡香港──「逃港」，則更被視為叛國投敵了。一旦逃不成被抓回來，政治上被批鬥不必說，人身遭受打、罵和侮辱等等也是一種懲罰的手段。不過，那時我們剛走出校門來到農村，對於逃港的現象並沒有太多的瞭解，而且心理上還帶著學生時代「革命小將」的情結，對於逃港，我們的態度也是深惡痛絕的，記得當時我還對此寫過批判的文章。

　　我的「三同戶」的一個女兒連弟，長我3歲，在我們去插隊之前，是我們村裡少有的聰明能幹、作風潑辣的婦女隊長之一。因為逃港未遂，被抓回來，婦女隊長自然是當不成了，一副鬱鬱不得志的樣子。我們去的時候，正值事件發生之後，不久她便隨便找了個曾追求她很久的男人嫁了，出嫁那天，她藉著當地「哭嫁」的風俗，狠狠地痛哭了一大場，同時也把那男青年的迎親隊伍刁難了一溜夠以後，才悻悻地嫁到了那個離我們村很遠的村莊去。

　　她的逃港，我們當時聽說的版本是：連弟他們也忒大膽了！當然，她不是主謀，主謀是公社的一名有相當影響的幹部。而參與者都是些我們公社裡有頭有臉的人物，包括連弟和她的堂姐——同為我村的另一位婦女隊長阿喜（我們村當時分上下排，她們各為上下排的婦女隊長）。他們居然偷了公社當時唯一的一艘機帆船，動靜極大地公然駛出珠江口，快要接近香港時，在黑夜裡迷失了方向，被邊防巡邏艇發現，於是被逮了個正著。

　　至於逃港時會碰到什麼障礙也是那時聽到的，諸如電網、狼狗、潮水、鯊魚等等。但這些人為的和自然界的種種恐怖的東西，總也嚇不退那「前仆後繼」的逃港大軍。我還曾聽說，有些預謀逃港的知青，在回穗做準備工作的時候，會跑到動物公園去偷老虎的糞！因為他們聽說，那東西帶在身上，狼狗一聞到就會害怕，退縮，不敢糾纏。

　　儘管有著如此嚴屬的禁令和防範手段，但我在往返廣州至沙田的渡輪上，還是常常聽見一些知青們公然地談論關於逃港的事，毫不當作避忌的話題。例如有一次，當時是大冬天，氣候寒冷，船過蓮花山附近時，一知青指指冰冷的江水對另一知青說：「你敢跳到河裡游到蓮花塔那邊嗎？」另一知青答曰：「那得看

有什麼利益刺激了，比方說，如果那邊是HK，那我馬上就跳下水去！」

下鄉數年之後，知青隊伍有了很大的變化，有關係、有門路的逐步離開了農村，讀書的讀書、招工的招工，留下來的一些知青陷入了更為頹廢遙無期望的等待之中。他們中可能還有些人在廣州的家庭成員，隨著「清理階級隊伍」被趕回原籍或發配、下放。這樣在廣州就變得連個落腳的地方都沒有了。這種情況下，也會是逼人鋌而走險的。我們村的知青也開始有人走上了這一步！雖然被屢次抓回，但不久又再去！據說一開始，抓回來的人還要被拷著手銬。後來去的人多了，手銬不夠用，便兩人合戴一副。再後來，乾脆用繩子綁起來了事！

我是一九七一年離開沙田去到兵團工廠的，七二年，我在那裡待夠一年，可以請探親假了。我滿懷著對沙田以及那裡的農友們的眷戀之情，乘船回沙田去探望他們。快到我們公社的時候，忽然看到同村的一名男知青也在船上，當他從我身邊走過的時候，我非常興奮地喊他的名字，可奇怪的是他只對我看了一眼，臉上帶著無奈的苦笑、一副怪怪的表情走了過去，居然沒有再理我！

他的身後還一左一右地跟著兩個人！可我當時並沒有注意那兩個人，以為他們都是一塊兒去上廁所的。我好一陣百思不得其解，心想：難道我過去得罪過他？還是才分別一年就不認識我了？船到了公社的站，我從船上下到駁艇時，正好碰到同村的另兩位知青從駁艇上船，他們不顧船隻的搖擺不定和與我久別後的寒暄，劈頭就問：「你剛才在船上看見×××了嗎？」，我答：「看是看見了，可我叫他，他卻不睬我！」他們說：「他哪有心思睬你哦！他是去『督卒』剛被抓回來的！」──「督卒」，本

是廣東人下象棋時，對「拱卒過河」的稱法，後來十分形象地拿來形容「逃港」，成了那個年代逃港的專用語。

駁艇很快地就離開了渡輪，我與他倆揮手告別。這一上一下船的瞬間，所交流的這個消息，頓時讓我明白了×××剛才那怪怪的態度，同時也確實使我感到震驚！難道真要走這條路才行嗎？那時候已經是林彪事件發生之後，我已經從一個少不更事的、單純的青年，逐漸地成熟起來。對於許多問題已經開始學習從另一種角度、用別的方法去思考。

回到村裡，我聽同學們說到那知青的際遇：原來，他在廣州的家，已被掃地出門，不知被下放到了什麼地方。本來他父親是五十年代初從香港回歸大陸的國民黨殘部軍官，應該算是願意參加新中國建設、有愛國之心的人士吧！可到了文革期間，就變成了「國民黨殘渣餘孽」。何況據說他還有不少親戚在香港，設身處地替他想想，在當時並沒有合法的途徑可以申請過去，那麼唯一最簡單、也是最危險的辦法就只有「督卒」了！後來據說他又去了幾次，但都沒有成功。還是後來改革開放以後，通過正常的途徑獲取了批准去港定居才走成了。

何老漢，就是駕著大船把我們知青從公社接回村裡的那位。說起他來，那也算是個人物！他在我們村的何氏兄弟中排行老大，一輩子在船上度過，他走南闖北地去過許多地方，在當地也算是個見多識廣的人。他掌的大坭船，是專門用來交納公糧和運送公社蕉站的香蕉的，平日裡看不到他，只有一年兩造收成、交公糧那些日子，才見他把大船搖回來，停靠在村子的大埠頭上，等著我們把糧食裝倉後，再運到公社去。他的家人都在我們村，他的一兒、一女和我們年齡相仿，是我在村裡最要好的農友，而他的妻子——我們稱她阿婆的，則更是我終身難忘、對我影

響頗大的老太太。何老漢在我離開沙田多年後，他當時已是兒孫滿堂、將近七十歲的年紀，竟然也跑去「督卒」！而且是一舉成功！

原來何老漢過去是東縱「小鬼隊」成員，抗戰時期就在日本人的眼皮下往來香港東莞兩地，幫助東江縱隊偷運過食鹽藥品之類，是個優秀的游擊隊員，也是老牌水客了。在七十年代，逃港風潮接近尾聲時，由於路上危險太大，逃港分子們想起了這位老游擊隊員的價值（政府早就忘了這個游擊隊員啦，不過那年代就連東縱司令員曾生的日子也正難熬呢！），就傾家蕩產合夥買條木船，請何老漢「帶水」，就是當導航員。他曾成功地帶了「兩水」，本不想再冒險了，可是傳來消息，說他已被政府盯上，不走也不行了，於是走最後的第三趟。

我的同學中有一位是他家的「三同戶」，何老漢在臨走前還悄悄問他走不走，可以少收點錢，「百來塊吧」，可是那同學居然沒走。何老漢的「第三水」也成功了，到埗的逃港人員，「牙齒當金使」信守諾言，把他安置在商業大廈裡當「看更」，現在叫保安員。在香港的日子也算混得不錯，小有了些積蓄。可是他卻好賭，把錢輸光還欠著一屁股賭債，窮愁潦倒後又跑回了村裡來。像他這樣出入香港和大陸如同從自己家到隔壁家串門般來去自如的人，倒也確實不多見。聽起來頗有傳奇的味道。

種種的事實使我思考：逃港真的是叛國投敵的行為嗎？為什麼在那個年代有那麼多的人，不畏艱險地、不達目的誓不甘休地前往？要知道，人的價值觀總是有一條底線的，只要生存的條件能過得去，是絕不會玩命的。現在，事情已經過去了很多年，香港已經回歸了祖國，再也不是資本主義進攻大陸的「橋頭堡」了，該進行一點反思了。

其實在大陸發生過兩次逃港高潮，其時代背景都是冷戰時期，世界分為兩大陣營，總是有社會主義國家的人民逃奔向資本主義世界，原因很簡單，為了能吃飽飯，有好衣服穿。

然而兩次逃港潮卻各有具體的原因。第一次發生在六十年代初，大躍進過後，農村經濟完全崩潰了，全國城鄉發生大饑荒。這次是廣州和潮汕地區發生了逃港潮，廣州白雲路的舊廣九火車站有逃港人群衝擊火車站，連鬧三天，陳郁省長指揮平亂，最後連警車都被推翻了，老廣州都記得，也有史料記載。第二次逃港潮發生在文化大革命之末。全國經濟處於崩潰邊緣，城市居民的成年人被發配到「五七幹校」，「走資派、牛鬼蛇神」蹲進「牛棚」，接受勞動改造。學生青年被驅趕到「農村廣闊天地」，接受貧下中農再教育。城市居民家庭解體，親人天各一方，數年失去聯繫。空前的民族災難引發了空前規模的逃港潮。

當時主要是兩類人逃港。一是生活走向絕境的人，例如「黑七類」的子弟們，橫豎都是死，倒不如搏一下，也不枉此生了。這類人被抓的時候，基本上是「魚死網破」的，本來就是「無產階級專政」的改造對象，逃港被抓，罪加一等，生命也走到盡頭了。我的一個朋友，在白雲山農場當知青時，親眼看見她們隊裡的一名逃港被抓回來的青年，此人家庭出身是國民黨的高官。被抓回來後，隊裡派打手到關押他的黑屋子裡，把他脫光衣服毒打，還要其他所有知青去看！直打得他大小便失禁為止！

還有一類人就是對前途失望的，基本就是下鄉知青當中「家庭出身不好」的那部分了，眼看同學們陸續回城了，剩下幾位遊魂鬼影，還有什麼盼頭？不過知青們被抓後，只要所在的生產隊肯領人，一般都會放出來，於是還有機會再「搏」……

逃港的路上佈滿了風雨雷電，毒蛇、荊棘、狼狗、鯊魚、手

銬和刺刀……恐怕永遠不會有人公佈那年頭究竟有多少年輕的生命消失在這尋求希望的路途中。後來，香港的朋友告訴我，當時沿海岸元朗一帶的居民自發組成了救護隊，每當拂曉，搶在香港海警巡邏艇之前，撈起在海上漂浮的活人，抬到鄉公所，灌以姜湯，蘇醒後趁天黑打發出門。救人一命，權當給自己積德添壽了。

香港人也知道藏匿逃港的大陸人是非法的。那些只帶著一條命，赤身遊到香港的青年人，自發組成了同學會、同鄉會，互相救助，消息傳回大陸，又給留家的弟妹帶來了希望。人這種有思想動物，太不可思議，為了希望可以赴湯蹈火。年僅十幾歲的逃港分子，有的是為了骨肉團聚，有的是為了逃避歧視迫害，也有的只是為了能吃上飽飯。奮然飛蛾撲火，死裡求生！看看當下，十幾歲的初中生，放學鐘點，還要阿爺、阿嫲去學校門口迎接，生怕過馬路不安全，或是被壞人拐騙。

在香港海域東側的大三門島，原先是軍事重地，現在開放了，可以看到島上的暗堡，原先架設的海岸炮，炮口都對著香港方向。年輕的遊客們可能感到困惑，但是這些沉默的黑黝黝的炮洞，是向每位年輕人訴說著那個冷戰年代。「帝國主義亡我之心不死」——這就是當時中國的心態。「國門之外皆敵人」——只要跨出國境線就是叛國，那也是常理。地球上唯有中國和阿爾巴尼亞才是社會主義的明燈——多麼可怕的孤立境地！二十世紀冷戰年代，柏林牆，三八線，賢良河，深圳河成為人類近代史上最為哀傷的地方。任憑多少眼淚，也填平不了這一道道的人間溝壑。

其實，在七十年代，大量的逃港現象，中央的領導們也是知道情況的，據說後來周恩來有過指示：鑒於當時廣東特殊地理位

置以及和港澳千絲萬縷的人脈關係，對知青的逃港行為，在提法上改為「非法探親」，而不是「叛國投敵」。這在當時極左的政治背景下，應是一種很高的、實事求事的政治智慧了。其妙就妙在「探親」二字，雖然非法，但畢竟是探親。

在一九七一年左右，曾經有海南建設兵團到東莞地區招東莞知青去海南兵團，其實那是為了防止更多的下鄉知青逃港的一個舉措。但沒有哪個知青願去兵團，兵團的招工幹部幾乎是空著手回海南島的……

俱往矣。逝去的曼莉們成了那個悲劇年代的犧牲品。當改革開放的春風使意識形態的堅冰逐漸消融之後，使生產力得到解放之後，現實的昭示就更清楚了：就在我們曾經插隊的珠江三角洲一帶，富裕起來的人們誰還會想去「督卒」？而當年的「督卒」者們也不是真正的「督卒」了——過了河一樣可以回來。欣慰之餘，我們想再說的一句話就是：但願那場令不少人刻骨銘心的時代悲劇再也不會重演。所以說，「偷渡」是中國知青的重要歷史之一。

（注：文內人物俱用代名）

是啊，看了老三詳盡的述說和分析，我又想起了據說是當年香港曾攝製的一部反映內地知青逃港的電影主題歌曲，還是讓我們以其低沉憂鬱的歌詞來悼念死去的知青和告別昨天的悲痛吧！

一個漆黑的夜晚／我乘上小舟／獨自劃著雙槳奔向遠方

大海洶湧在怒吼／四處一片白茫茫……

第五章
西南知青悲壯的
「自我越境革命」

第一節　越境僅是為了染紅黑五類的罩衣

　　幾乎就在廣東知青拉開了前赴後繼、不懼生死地一批接著一批的偷渡逃港大幕的同時，雲南知青也演繹了飛蛾撲火、悲壯激昂的一群接著一群的「自我」越境革命場景。這其實是一種更為慘烈泣血的青春大逃亡……

　　如今已經眾所周知，遭送到雲南「屯墾戍邊」的知青來自全國各地，生存之艱辛超人想像，加上當地幹部對知青的欺凌盤剝至為殘酷，當年迫害知青的特大惡性案件，多數發生在雲南。一九七三年，周恩來曾憤怒地批示查處了雲南生產建設兵團「捆綁吊打」」、「姦污迫害」知青的案件，槍斃了數名首惡，幾百名幹部受到處分。

　　由於雲南知青一族所遭受的靈與肉的迫害太慘，期間曾經不時爆發出反抗迫害摧殘的怒火和抗爭，但是每每都以「莫須有」的罪名，受到了鎮壓。就在一九七八年發生數萬人罷工，以死抗爭要求回城事件之前的一九七四年，雲南曾有幾千名知青沿著滇西南的昆宛公路，喊著要回家的口號，徒步赴昆明請願。一路上

煙塵滾滾，呼聲震天，以至於昆明與北京均被驚動，最後竟然派出軍隊和民兵進行圍堵搜捕，然後逐個強行遣返。

此時，這些飽受欺淩鎮壓，而感到走投無路的知青，內心陷入了更為苦悶、寂寞、悲觀和彷徨之中。而此時的境外，緬共武裝如火如荼的發展，給了這些血性方剛、容易衝動的知青以極大的啟示和誘惑。

當時都認為，緬甸的革命是「世界革命的重要組成部分」，是中國義不容辭的「國際主義義務」。在當時極「左」的年代，出境加入緬共人民軍，按內部有關文件規定可確定為「正式參加革命」，今後就會有了與生產建設兵團戰士截然不同的待遇。因為在七十年代的雲南邊疆，兵團戰士與後來「農場工人」的戶口，是最低一級。這種戶口還不如農村戶口。農村戶口還有「農轉非」的可能，但兵團或農場戶口，卻意味著要一輩子紮根農場，沒有回城希望。

於是，從一九七〇年底至一九七八年大返城期間，一撥又一撥亡命知青。為了逃脫極左分子蹂躪的魔掌，或是為證明自己政治上的「清白」，紛紛抱著找出路的想法越過國境，投奔緬共營壘，甘為「國際革命」的馬前卒。他們打起仗十分兇悍，甚至敢端起刺刀撲上去與敵人進行白刃戰，個個都期望能用自己的勇敢和熱血，換來改變今後身分的「榮耀」。據說，當時的緬甸國防軍最怕的就是這支勁旅，只要一交火就知是何方神聖，連忙趕緊退避三舍。如今想來不知道該是中國知青的驕傲抑或悲哀？

在雲南知青鄧賢：〈中國知青終結〉「越境」一節中有這樣的描述：……一九六八年六月，一個長途跋涉的中學紅衛兵終於來到國境線中國界河一側。他是個身體單薄的男學生，稚嫩的嘴唇上甚至還沒有來得及長出軟軟的鬍鬚。他穿著一件洗得發白的

中山服，褲腿高高挽起，足登一雙解放鞋，肩頭上挎一隻草綠色書包，我猜想他的書包裡也許還珍藏著一本薄薄的手抄本〈格瓦拉日記〉。他的名字叫鄔江河，雲南省某衛生學校學生，因為衛校提前將學生分配下鄉當知青（赤腳醫生），因此他十七歲的人生足跡就從家鄉城市一直向著邊疆延伸，最後在界河邊上短暫停頓下來。

三十幾年後我有幸認識了這位原游擊隊員鄔江河。已經人到中年的老鄔嚴肅地對我說：我至今仍然堅持我的選擇。儘管金三角革命沒有成功，但是我曾經選擇一個壯麗的事業並為之奮鬥，這就足夠了，我沒有虛度人生。據我力所能及的資料查閱和採訪判斷，鄔江河是第一個參加金三角游擊隊的中國紅衛兵（知青）。他是一個帶頭吃螃蟹的勇者。

與鄔江河不同，以後成長為游擊隊旅級幹部的康國華是一個出身的叛逆者，促使他跨越國境的主要動機出自對階級偏見的勇敢反抗。康國華出身非勞動人民家庭，其父在一九四九年前曾經擁有一家牙膏工廠，對一個出身資產階級家庭的知青來說，他怎麼可能在廣闊天地「大有作為」呢？誰會來拯救一個資本家後代的渺小靈魂呢？於是在一九六九年二月，也就是康國華下鄉第二個月，這個資本家兒子悄悄離開插隊的騰衝山區，步行兩天兩夜來到界河邊。

一陣嘹亮的軍號聲擊碎界河的黎明，氤氳的霧氣在東升的朝霞中漸漸隱去。極目遠望，在界河對面黛黑色的山谷裡，男知青看見一面游擊隊招兵站的紅旗跳躍而出，這小小的一點紅色極大地鼓舞了他，他感到自己的心臟像一張帆，頓時被海風鼓得滿滿的。這一天康國華只有十六周歲，距離他徹底告別我們這個陽光普照的光明世界還有一年零七個月。

高幹子弟梁曉軍也是在一九六九年二月的一天跨過界河的。這一天是中國舊曆大年三十，通常這天晚上中國人都要吃團圓飯。但是梁曉軍無家可歸，因為他的"走資派"父親已經被打倒，身陷囹圄。梁曉軍下鄉第二天就失蹤了，他無法阻止運動，但是他能夠力所能及地同一切屈辱和不公正命運抗爭，這種抗爭的唯一方式就是幹革命。即使國內不許革命，他也要到外國去革命。男知青像一隻撲向熊熊烈火的飛蛾，決心要讓革命戰場的血與火來驗證自己，哪怕犧牲生命也在所不惜。僅僅當過一天知青的中學生梁曉軍懷著一種近乎壯烈的殉道心情，邁開堅定步伐涉過界河，走進國境對面那片濃密的金三角叢林。但是在游擊隊招兵站，這個虛報年齡的男知青險些因為身體瘦小被游擊隊拒之門外。

我的另一位泰國朋友劉義則是以逃亡的方式最終把自己變成一個外國華僑的。知青時代的劉義名字不叫劉義，叫侯景賢。侯景賢先是好好在邊疆農村插隊，後來忽然遭到「人保組」（公安機關）通緝，要把他抓捕歸案，於是他就與一個名字叫做孟遠方的男知青一同在邊疆大地上流浪。

投奔國界對面游擊隊的念頭來得很突然，像石頭砸進水裡，讓人猝不及防。當時他們躺在界河邊上休息，在漸漸深重起來的暮色天光中，他們疲勞的身體像在岩石上生了根。這時候界河對面忽然有了動靜，他們驚訝地看見，在亞熱帶黃昏的天幕背景下，高高的界河對岸像一座舞臺，一支威武雄壯的游擊隊正在從他們眼前經過。戰士們唱著歌，槍刺如林，戰馬嘶鳴，一剎那銀幕上的革命年代復活了，〈閃閃的紅星〉、〈南征北戰〉、〈萬水千山〉、〈紅軍不怕遠征難〉……獵獵紅旗和戰士扛槍的剪影像匕首一樣刺進他們的眼球。他們決定走進銀幕的故事裡去。

　　想來頗為悲愴和嘆惜，許多中國知青當年越境參加革命的動因，僅是為了染紅極左路線強加於自己身上「黑五類」的罩衣。關於這一動因以及中國知青在緬共人民軍中不怕犧牲流血的真實情況，可以從鳳凰衛視對雲南知青潘東旭的採訪中得到證實。為了方便閱讀，本人按照故事情節對口述內容和視頻旁白進行了歸納整理，如有不妥，請以原文為准：

　　在上個世紀六十年代，緬共快速發展和政府軍抗衡。中國境內大批的知青懷揣著一本描寫切.格瓦拉的小冊子，懷揣著無限參加國際革命的激情，偷越到了緬甸境內，去加入緬共「人民軍」。由於種種原因，至今也沒有人能夠準確的說清到底有多少年輕人衝上了那場異國的戰爭？又有多少人在他鄉喪生？我們現在只知道的是四十多年前的潘東旭，曾是這紅色大潮中的一名。

　　當年，也就是一九六九年一月的一天，雲南省潞西縣與緬甸僅一河之隔的芒海境內走來了兩女一男，三個神色緊張，風塵僕僕的年輕人。他們提心吊膽地來到勐固河邊界，見四周沒人，隨即迅速隱入了河邊的一片草叢之中。

　　三個躲在草叢裡的年輕人都是雲南插隊知青潘東旭和她的夥伴。她們是走了三天來到中緬邊境，他們要偷越國境，投奔對岸的緬共人民軍，參加那嚮往已久，真刀真槍的「紅色革命」。三個人中，潘東旭年齡最小。那一年，她年僅十四歲。

　　潘東旭回憶說，那個時候我想不管它怎麼樣，也要闖一闖。我堅持要往前走，同行夥伴也就跟著我一直往前走。到了國境線時，真的是手心裡都出汗了。那個時候是很緊張的，勐固河的水很淺，很清的。我趕緊把鞋脫了以後，把褲腿捲起來，第一個下水，水冰涼冰涼的。然後說，沒事，趕緊在那兒很壓低嗓門的招呼同伴，一切就像小孩子捉迷藏的那種緊張，那種心態。當到了

河岸跨上岸的時候，還來不及穿鞋的時候，我就跟那個女同學抱了起來，跳了起來。「哦，成功了！成功了！」在那兒又跳又叫的，互相抱著就像是什麼勝利了。就在那兒歡呼，很豪情萬丈的。

踏上異國的土地，潘東旭和兩個夥伴向密林深處走去，遠遠拋在身後的是那個帶給她無數屈辱的「反動」家庭。潘東旭出生於雲南騰衝縣，父母早年就讀於西南聯大。是小城裡最早的「右派」，這「黑五類」的出身，剝奪了潘東旭投身革命的權利。也給她註定了一個暗淡無光的未來，但哥哥潘國英的突然失蹤改變了一切……

潘東旭說，別人一鬥我媽媽，我哥哥就拿石頭去砸人家的玻璃。人家白天打了我媽，晚上他就去揭人家的瓦片，弄得人家就把他逮住了。逮了以後，就拿鐵絲拴了吊起來。我很記得我媽媽去跪著求人家。我哥那個時候還很小，他才十六歲。

十六歲的潘國英突然失蹤。一個月後，家裡才意外地收到了一封他的來信。這封信發自一個遙遠而陌生的地方。潘東旭哥哥在信中說，他現在是光榮的「國際主義」戰士了。還寄來了一個穿軍裝的照片。而且是特意穿著解放軍的軍裝照片。信上還特別囑咐他母親，把照片拿到革委會裡面去，給那個革委會的主任看。

潘東旭媽媽接到那個信以後，非常興奮？把兒子的照片拿著到處去給人看。並且果然拿著這個信，拿著這個照片，去找「革委會」的領導說：「我兒子現在是國際主義戰士。」但是人家就不承認。說是要有喜報才算。

後來潘東旭母親發了信說，人家不承認。於是，潘東旭的哥哥還找組織開了一個介紹信來的，正兒八經蓋著那個緬共的章的

證明，證明潘國英參加了我「緬共」東北地區特務營，但是人家還是不承認。雖然哥哥沒有讓一家人，成為光榮的革命軍屬。但哥哥身著軍裝，手握鋼槍的英姿卻深深地鎬刻在了潘東旭的心裡。

一九六八年十二月二十二日，〈人民日報〉發表了毛澤東支持青年到農村去，接受貧下中農的再教育很有必要的最高指示。知識青年上山下鄉的大潮把潘東旭席捲到了一個偏僻的小山村插隊落戶。小山村觸目驚心的貧困和同樣歧視的目光，讓潘東旭感到這片廣闊的天地並不廣闊。哥哥在信中描述的那遙遠的「紅色革命」立刻又出現在了潘東旭的眼前。

於是，潘東旭真的就好像是遇到了一個什麼磁場，將她一定要往那個方向吸一樣的。心裡非常激動。反正是屬於社會主義的邊緣人，幹什麼在國內都不可能，前途也是暗淡的。那個時候就非常想把自己去獻身革命。哪怕是犧牲，用自己的熱血，用自己的青春去證明我是革命的。儘管父母親是「右派」，但我不是「右派」。因為在國內沒有機會來證明自己是革命的，所有的道路都堵死掉了。那麼越境參加革命，就是唯一一個讓你能夠有機會證明。完成你理想的方式的唯一的道路。

於是，插隊落戶不久，潘東旭就和兩個志同道合的夥伴偷偷地離開了小山村，義無反顧地就踏上了征程，滿懷豪情地走向了心中的革命聖地。再往前走的時候立馬就有知青兵迎上來了，主動的來問潘東旭等人。你們是哪個學校的？他要是認識這個學校的，就主動問誰誰誰你認識不認識？很熱情的。並告訴某某某現在在哪個連隊，你們認識不認識？然後還問中國現在怎麼樣？「文化大革命」的情況怎麼樣？反正是相逢何必曾相識。就像是到麥加朝聖的那種信徒的那種感覺。

正是這樣一批中國知青的到來，使成立於一九三九年，幾經沉浮的「緬共」迎來了一個發展的高峰。到上個世紀七十年代初，武裝力量的迅速增強，根據地也在不斷擴大。在鼎盛時期，緬共一共控制了近10萬平方公里，大概200萬人口的土地，人民軍達到5萬之眾，與政府軍形成對峙之勢。

對於這批越過國境，投入到國際革命的中國知青真實人數，現在已經無從考證。僅有一些資料對比可以顯示，一九六六年緬共武裝大概是有數千人。而到一九六九年游擊隊人數就激增到了近三萬人。有一個曾經在人民軍徵兵站工作多年的老知青這樣回憶。他說，最多的一天，曾經創造過日接待中國知青六百人的記錄。

當時，去到緬甸的整個知青的群體的氣氛，所有的人都處在一種亢奮狀態。熱火朝天的，各種前線後方的這種軍事單位和非軍事單位，真的是像雨後春筍一樣的到處都是新房子。就像潘東旭說的，空間當中都有那種芳香的味道，真的彷彿到了一個理想世界的感覺。

緬共根據地也不斷地擴大，很多民間武裝都投到共產黨麾下，一下子那種欣欣向榮，知青兵也是越來越多，大家都相信共產主義要來了。大家都相信這場革命一定能勝利。並且認為在解放了緬甸以後，還要去解放別的國家。很多知青在一起就議論，我們最後要成立一個國際勁旅。哪裡需要我們去解放，我們就去解放哪裡。

就這樣，十四歲的潘東旭，追隨哥哥參加了緬共人民軍。成為了人民軍當中年齡最小的一名知青女兵。不久，潘東旭就踏上了硝煙彌漫的戰場。潘東旭說：「當你上到陣地的時候，那個子彈，實彈是噗噗噗的，那個流彈，是咻咻咻的，就在你前後左

右。我看見一個傷患了，就爬過去，子彈是噗噗噗噗噗噗在那打著。我就拖著他下來，那個血啊染得我一身，血塊堵在他嘴巴上，我們其中的一個女兵就說他喘不動氣了，把他血塊給拉出來，然後他深呼吸了一下，肺部只見就像沼澤地裡面冒那個氣泡一樣的，噗吐噗吐冒出血泡，實際上那個時候，他也就已經不行了。當我們飛快地把他送到臨時醫院的時候，就已經死掉了。當我從戰場上回來的時候，我覺得我又重新真真正正的長大起來了。」

在目睹了那麼近的死亡之後，潘東旭依然沒有絲毫懼怕，反而認為死亡是值得的，要奮鬥就會有犧牲。死人的事是經常發生的，這是毛主席說的。她早已經沒有那種小女孩的恐懼了，看的死亡太多了，漸漸的就淡了，會悲傷。實際上她那會也不過是十四五歲。之前都是初三，高一的學生。

從一個對戰場有著無限浪漫、想像、憧憬的女學生到和死亡打交道也面不改色的女兵。潘東旭說這蛻變彷彿也就是在一夜之間，因為戰場根本容不得太多的柔情和困惑，也容不得太長時間的心路歷程。在潘東旭心裡，哥哥始終是她最崇拜的軍人。他的哥哥潘國英，一九六八年十六歲越境當兵，是人民軍最早的知青兵之一。在不到兩年的偵察生涯當中，他執行過百餘次戰鬥任務，十幾次立功受獎，威震金三角，人送外號「中國潘」。

一九七〇年的一天，一個白髮老人拄著拐杖走進了邊境上一個人民軍的駐地，這個老人是潘東旭已經年過七十的姥姥。她因為掛念兩個自己從小帶大的孩子，一個人偷偷來到緬甸探望。得到消息後，潘東旭和哥哥潘國英很快就從前線趕回了駐地。

原來姥姥坐了一段車，坐到遮藩以後她就沒錢了，就拄著拐杖順著公路走到了營地。潘東旭絕對想不到姥姥會來。當時白

髮蒼蒼的，而且還是小腳。姥姥這個時候掏出兩顆水果糖，給潘東旭的哥哥一顆，給潘東旭一顆。老人已經沒錢買車票，她是走著路去的。她寧可揣著兩顆水果給潘東旭和哥哥，路上都捨不得吃。因為那個時候的水果糖是硬糖，糖紙都已經因為被她的體溫黏在糖果上了。所以那個糖果對潘東旭這一生來說，實在想像不出什麼東西比它更珍貴。因為在姥姥眼裡他們兩個還是孩子，不管他們是軍人也好，是什麼也好，都是她的心肝寶貝，是她一手帶大的。

兩天後，哥哥把姥姥送回了雲南老家。因部隊不批准擅自離隊，哥哥又一次被處分，由排長降為班長。帶著處分，潘國英踏上了南下戰場。一九七〇年，為打通北部根據地和中央根據地的通道。人民軍主力奔襲緬甸第二大城市臘戍，發動了規模空前的「南下」戰役。「南下」戰役如果成功，革命將成為燎原之勢不可阻擋。但「南下」戰役卻以慘重失敗而告終，主力折損過半，根據地隨即喪失三分之二。

一天，留在根據地的潘東旭突然見到了南下歸來像個討飯的哥哥。當他先找到妹妹時，她竟然認不出來。半天才看清這個人是哥哥，幾乎像個人乾似的站在那裡。衣服是又髒又破，全沾在身上了。潘東旭看著哥哥那種鬍子拉碴的樣子，然後把他推到河裡去，將衣服扔了，從背包裡面拿出一套新軍裝給他。用那種小旅行小剪刀，幫他理髮，東一縷西一縷幫他剪。

就在這時，狂熱浪漫的革命激情遭遇嚴冬寒流，「人民軍」知青兵出現了第一次回國潮。革命跌入低谷，潘東旭和哥哥沒有走，他們相信大浪淘沙留下的都是金子，並相互鼓勵一定要堅持到革命的勝利。但這個勝利，潘東旭的哥哥卻永遠不可能看到了。南下回來後不久，潘國英帶領偵察班外出執行任務返回駐地

時突然遭到敵人的伏擊。

　　敵人已經埋伏三天了，就是為了守候他。他搞偵查，前後互相之間要有距離，結果他一上去，一梭子彈掃過來，就把他的腿給打斷了，打斷了後，他就跪下去，一跪下去，他馬上就用手中的槍就壓制敵人的火力，叫後面的人撤。後面的人就迅速地撤退了，潘東旭的哥哥就再也沒有回來了。究竟埋在什麼地方，到現在都不知道。潘東旭曾經找過，但是「金三角」那個森林太浩瀚了，要想在那種森林裡面找到一具屍體，根本沒有可能，只能說是處處青山埋忠骨了。哥哥最後去世的時候只有十九歲。

　　一九七一年的冬天，潘東旭哥哥去世後不久，「滾弄戰役」爆發。潘東旭率「高機」女兵班走上了戰場。她身邊沒有哥哥的東西，只有他寫給潘東旭的信。最後的一封信裡面，潘東旭的哥哥說，身為七尺男兒就得舍己，死不還鄉。誰知一語成讖。看得出潘東旭的哥哥直到死，也沒有對他相信的東西懷疑過？為此，潘東旭就在那個駐地上挖了一個墳，為哥哥立過一個信塚。信塚上她寫了一副對聯：「烈骨蘸血書客義，冷月清風吊忠魂。」前面是很悲壯，後面有些悽愴。

　　一九七一年的冬天，緬共人民軍以果敢為基地，出動野戰軍主力四千人，全力進攻滾弄。潘東旭奉命率平均年齡不到二十歲的「高射機槍」女兵班參戰。「滾弄戰役」政府軍動用了重炮、飛機。血戰四十二天，雙方屍橫遍野，血流成河。潘東旭率女兵班擊毀敵人軍車一輛並親自斃敵數名。她和女兵班就封鎖在那個地方，打到槍管都發燙了。還沒有衝鋒的時候看見兩個人竄出來了，一梭子彈掃過去，兩個人影跳起來相繼就倒下了。

　　敵人倒下以後，這個時候潘東旭她們也停止射擊了，然後潘東旭就突然撲在那個槍托上，哭起來。她在心裡喊著：「哥！我

給你報仇了！我終於給你報仇了！」但是，當她走到戰場上去，看到敵人死的時候，報仇以後的這種快意突然消失了。敵人也有兩個年輕的士兵，被她們打死了，而且死狀同樣淒慘，當她再往上面走的時候。又有另外的兩具她哥哥的戰友。一個叫李學銀，一個叫王新全的遺體，也死在那個地方。那種感覺讓她很複雜，那個時候她就茫然地對自己發問：這到底是為什麼？

戰火、硝煙、復仇、拯救、絕望、生死，這一切的一切，在十六歲的年紀，潘東旭都已經經歷。而各種滋味，她說來到也很是平靜。雖然她們都知道這一切，其實沒有辦法不改變她日後的人生。到現在雖然從不曾有人承認潘東旭是個軍人，可是她言語間的那種果決豪爽，眼神中的堅定和俐落，還是會讓人相信，她曾經是個兵。每當採訪當中某些時候說到動情之處，潘東旭幾欲落淚，而到這個時候，她一定會要求中止採訪，因為她說她覺得，不管怎樣，自己心裡還是覺得她是個軍人，不能在鏡頭前面哭泣。

「滾弄戰役」以「人民軍」的慘重失敗而告終。「戰役」結束後不久，林彪乘飛機外逃叛國。摔死溫都爾汗草原的驚人消息，傳到了「人民軍」軍營。因為部隊有很多高幹子弟，小道消息傳得那種速度有時候比電波還快。「林彪事件」當時對知青們的打擊很大，「九一三」事件後，一場來勢兇猛的「大清洗運動」在緬共內部展開。大批的「階級敵人」、「反革命」被清理出革命隊伍。革命在潘東旭的眼裡，呈現出了截然不同的顏色。

潘東旭說，她曾見到一個女知青被迫嫁給一個老兵。那個老兵是個酒鬼，一發酒瘋的時候，就拿著槍對著她亂打，把她打得順著田野亂爬，把褲腿都打穿掉。另外有一個女生，嫁給老兵，那個老兵牙齒又稀，又往外噴，很醜的一個老男人，那個女的卻

是很漂亮的，是個邊疆的知青。當她結婚的那天晚上，她嚎啕大哭。當她嚎啕大哭的時候，讓潘東旭感覺到很恐怖，那種哭聲簡直是很無奈，但是委委屈屈的，她仍然還是上了婚床。

「大清洗」之後，有消息說國內對「知青」開始「三招一徵」。一批「知青」已經回城市，「人民軍」的「知青兵」紛紛回國。但潘東旭仍然不願離開這片埋葬著哥哥的土地。在一片蕭瑟中又堅持了兩年，但她最終還是選擇了離開。一九七四年的冬天，已年滿二十歲的潘東旭一個人走回了中緬邊境。拋在身後的是六年的青春歲月。

當她打好行囊要走的時候，那一天很是戀戀不捨。和第一次跨過國界的那種情形，截然相反。總是那種有點淒涼的感覺。想到她將要拋棄為之奮鬥的事業，潘東旭感到很茫然。她不知道回到國內以後的前途在哪裡！她回來的時候，什麼也沒有帶，當時就穿了一身軍裝。因為她沒有別的衣服可穿。只帶回來一把卡賓槍刺刀，就進入了一種新的生活。

潘東旭回國之後，還好趕上了知青大返城的末班車，也趕上了高考改革，她考上了大學。之後當過記者，當過老師，也做過生意，接受採訪的時候，她正因為投資失誤破產，生活陷入窘境。不過她說起這一切都顯得挺平靜，因為她說在經歷了那段血色青春後，面對一切都可以坦然了。她覺得自己就是一顆銅豌豆，不是寶，但捏不爛，踩不扁，越磨越光亮。

一九八九年三月緬共分裂，四個軍區演變成了「金三角」四支地方武裝。後均與緬甸政府達成和解協定。成立了擁有自己武裝的地方政府。一些留下的「知青」在其中擔任要職。八十年代後，潘東旭又多次返回緬甸。二〇〇〇年，「金三角」的一個中學因缺漢語老師，校長到中國邀請了幾個老師出境教學。一群人

來到中緬邊境準備過關，受邀老師裡也包括已經四十五歲的潘東旭。

時隔二十六年，潘東旭再次踏上了緬甸的土地。這個學校的校長張家金曾經是潘東旭革命時的敵人。打常青山的時候兩人對過陣。過那個地方的時候，潘東旭很感動。因為是她第二次再經過曾經戰鬥過的地方，而且當年她是在山上打，封鎖那座滾弄大橋。

當校長帶她從「滾弄」大橋穿過之時，觸景生情地與潘東旭講起了那場戰爭。那校長講他們那一方怎麼打，然後潘東旭就講她們在山上又是怎麼打，那校長嘆惜地說，那次你們人死得一個山凹子裡面都是。後來潘東旭又曾經碰到過逃跑的女特務，對方已經搖身一變，變成大款了，回中國來投資了。好多事令潘東旭想起來都覺得恍如隔世。

如今，在潘東旭的履歷當中，並沒有當過軍人的記錄。她無業在家，靠給小報寫些文章為生。目前開始了一部小說的創作，名字叫《寂寞舊戰場》平常連門都很少出，當然也很少會向別人提起她在那緬甸戰場上的種種情節。因為那些個詞，似乎離她這平凡的中年女性形象太遙遠了點，有點不太相稱。

潘東旭知道，她很難讓人相信十四歲的時候，她就曾經踏足戰場，被人稱為是傳奇的女兵。她也很難讓人相信，她還曾經有一個無比神勇，大名鼎鼎的哥哥，被當地人稱作是巴頓將軍。她也很難向別人說得清，曾經在一片異國的熱帶叢林當中，她曾留下了自己怎樣的理想和激情。也消磨了怎樣的血色青春。

因為這一切在歷史上幾乎找不到任何的記錄，也幾乎沒有任何的證明。只有在昆明的那些戰友經常還聚在一起時會談起那幾年的戰鬥，大家見面唯一話題就是談過去，而且百談不厭。除此

之外，潘東旭很少跟別的人聊起這段往事，因為別人不瞭解這段歷史，也不一定會感興趣……

潘東旭說，雲南知青鄧賢的書中還寫過這樣一些情況，說有的人回來以後跟別人說我曾經在哪兒哪兒參加過戰鬥，有的人會覺得他是在瞎編。因為這一段知青經歷，確實記載的不多。而且你在國境外面做過什麼？沒有人能夠證明？也幾乎沒有過報導。沒有人瞭解，沒有人承認。

想到這些的時候，潘東旭心裡有時會覺得有些落寞。但就像百年孤獨上面，那個馬孔多小鎮一樣，一陣風吹過了，曾經的喧鬧，曾經的所有東西，最後就只有那種紛紛亂亂的羊皮樹變成一些蝴蝶那種感覺。這個故事你只能自己說給自己聽。之後，潘東旭也沒有機會，也不可能去給哥哥掃墓。而哥哥的烈士身分也是沒有辦法認證，只有一個她替哥哥立的墓碑，而且還是在異國再也不可能去得到的山上，孤零零地掩沒於熱帶雨林之中……

第二節　英勇頑強，但卻是無謂的犧牲

不可否認，還有一些當時越境參加緬共部隊的知青，完全是受到了當時「輸出革命、解放全人類」等極左思想的煽動或誘惑，他們幻想著以這樣一種穿行於槍林彈雨之中的冒險，來改變自己在上山下鄉中已經感到失落悲涼的青春境遇。對於這一奇特狂熱的賭博式「逃亡」現象，以及他們在緬共軍隊英勇作戰、渴望建功的情景，雲南知青老地在〈無謂的犧牲————中國知青在緬甸〉中，有著十分生動的描述：

當時緬甸共產黨中央根據地已經被緬政府軍打得彈盡糧絕，形勢極為不利，而其東北軍區在中國的大力支持下，裝備極為

優良，解放軍還沒配備的新型仿造M16的八號步槍就已經給了緬共。為了支援緬共中央根據地，中國派出了一個由某著名將軍領導的編號為八零八團的參謀團，制定了一個打通由中國邊境到緬共中央根據地的運輸通道的軍事作戰方案，第一戰就是打下畹町鎮對面的緬方據點，時間正好是知青們修水庫之時。

大戰打響那天，上千名知青跑到畹町。畹町的地勢是兩邊都是山，緬共由中國邊境山腳向那邊山頭進攻，在這邊山上坐滿了知青和當地百姓們觀戰，那邊山上卻不見人影，不知那些穿統裙的緬兵躲在哪兒。

知青們大多經歷過武鬥，又看過不少戰爭影片或書籍，人人指手劃腳，說應當如何打、如何攻，大有拿破崙再世之豪氣。開戰之前，只見中國邊境這邊，黑壓壓聚集了近萬名緬共軍隊，在他們身後，中國軍人身著便服，以中國民兵的身分給他們壓住陣腳。再往後，沿邊境線的公路上，一字兒擺著數十門火炮，炮口直指對方山頭營房。

突然之間，一曲響亮的進行曲由高音喇叭中傳來，是那首著名的軍歌。隨後，一男一女開始高呼口號，聽著跟文革中兩派打戰時差不多。「堅決支持緬共人民軍的革命行動！打倒緬甸反動派！」等等。喊上一陣之後，喇叭聲停了，雙方陣地出現片刻靜寂，隨後，大炮轟鳴聲讓所有人捂住了耳朵，大地震得就像山要塌了似的。轉眼間，對面的營房、工事就看不見了，全部被濃煙給蓋住了。炮轟持續了十多分鐘，又忽然停住了。沒多會兒，槍聲就響了起來，只見緬共第一批人沿著山腳排成一條橫線在向上爬，後面間隔著十多米又有一排，共有三個梯隊在向上進攻。

觀戰的知青當中，不知何時跑出兩位別的縣的知青來，從他們口中傳出了令所有人吃驚的消息：在對面山上進攻的隊伍中，

第二梯隊全部是由中國知青組成的知青營！暫且先不管這消息的真偽，這一下子所有觀戰的知青們的心態全都變了，原來只是看個熱鬧，現在是全都擔上了心，大家不再吵鬧，幾乎是屏住了呼吸地關注著戰事。

此時，槍聲並不激烈，緬共向上前進似乎挺順利，已經接近對方的陣地，沒看見有人倒下。對方陣地的硝煙也散了，仍然不見一個人影。我們正猜測，是不是緬兵頭天晚上就溜了，一陣爆豆似的槍聲就響了起來。只見攻方的人全都趴了下去，也不知道傷了人沒有。雙方一陣對射之後，攻方第一梯隊的人一陣吶喊，衝了上去，被一道竹柵欄給擋住了，又臥倒在地。又一陣對射，幾個人跳起來，想去推那竹柵欄。

這邊觀戰的知青們急得大叫：笨蛋，去送死嗎？不會用手榴彈炸呀。話兒還沒落音，只見那邊就已倒下幾人，其餘人又只好趴下不動了。僵持了一會兒之後，只見後面一排有幾人貓著腰往上竄，快接近柵欄時又趴下了，隨後幾聲爆炸，哨煙過後，緬共軍隊已經衝進了對方營房。

據事後介紹，在前排的是由景頗族組成的部隊，勇而無謀。後排的知青上去了幾人，用手榴彈炸倒了竹柵欄，壓住了對方的火力，眾人一起衝鋒，得以攻破敵方防線。此後沒多會兒，槍聲驟停，對方高地上揚起一面白旗。眾知青們一陣歡呼，潮水般向對面山上湧去，那些邊防軍也不阻攔，讓我們通過過境小橋。

上去之後，屍體沒見幾個，俘虜到見了一大群，大批緬共正忙著收繳戰利品，一問起來，大部分都會說漢話，有邊疆少數民族，也有內五縣的漢族，而且還真有一夥知青在其中，數量還真不少，組成了整整一個營。他們當中居然還有跟我同校的，最引人注目的是那幾個看守俘虜的娘子軍，那個腰中別著小槍的指揮

官，就是我同校高一的。文革中她是一個造反派組織的頭兒，在中學生中算得上小有點名氣的人物，現在你看她那神氣勁，真可以用毛詩「颯爽英姿五尺槍」來形容了。

不消多說，知青們此時會怎麼想，在受到罐頭、餅乾、洋煙等戰利品招待之後，知青們也知道了當緬共的途徑。當即留下的就有十多人，其餘還留有點凡俗之心的人（包括我在內）則回工地收拾東西，準備過幾天來參加光榮的「解放全人類」的偉大事業。

因為消息走漏，我最終被我哥攔下來，失去了獻身「世界革命」，當中國格瓦拉的機會。而其他知青們，則去了無數，我不少朋友都跑出去了，瑞麗縣水庫為此差點停工。除瑞麗知青外，盈江、梁河、隴川、騰衝、保山等縣都有知青跑了出去，還有大批到農場的四川、北京、上海的知青也過去了，估計當時至少也有幾千人，組成個師都沒問題。此事立即驚動了中央，周恩來急忙下達指示，讓緬共停止招收知青當兵，這股當「格瓦拉」的熱潮才被止住了。但仍有大批知青沒回來，他們參加了第二年那場攻打臘戌之戰，有的就永遠回不來了。

話說緬共小試牛刀，勝了畹町一役之後，出乎意料之外得到大批年輕力壯、有文化、還有點兒戰爭經驗的知青生力軍，真是高興得要命，立即開始實施第二次重大戰役方案。這第二戰，按中國參謀團的戰略，緬共不是去打那唾手可得的緊鄰瑞麗弄島的緬甸第三大城南坎，而是出奇不意地奔襲其第二大城臘戌。那裡有直通海邊的火車線，占住那裡後，通往緬共中央根據地的通道就可以算是打通了一大半了。

大軍出發了，匆匆組建的知青營作為先頭部隊，沿著密林叢布的山溝，向異國內地開進。一路上行進的極為順利，只碰到

極少數的地方武裝，剛一開火敵方就已作鳥獸散了。據情報說，敵軍的精銳部隊被我方戰術所迷惑，正朝著南坎方向開進。中緬邊境的幾大民族武裝，已經被招安了，而盤踞在緬甸境內的蔣殘匪，則躲入深山，坐山觀虎鬥。因而緬共東北軍一路順風地挺進，於一個風高月黑之夜兵臨臘戍城下。

下面是我一個朋友的回憶：那天晚上十一點左右，我們連最先登上距臘戍城兩公里的山頭，部隊停下來，觀察城裡動靜。從山上看下去，城裡燈火通明，一片歌舞昇平的景象，看不出有什麼防備。眾人不由喜出望外，都認為此戰勝算在握了。指揮官一聲令下，我們打頭向城邊的火車站衝了過去。到了車站外，沒見到一個帶槍的人，只有些老百姓站在街邊看熱鬧，於是我們就一下子撲進了車站。

進了站，但見兩列極漂亮的火車停在月臺上，候車室裡有不少人在等車，一個當兵的都沒有。幾個哥們衝進站長家裡，把站長從被窩裡抓了來。當官的通過翻譯審站長時，我看有個老兄臉紅得不正常，便問他怎麼了，他忸怩了一會兒才告訴我，他們抓站長時，剛踢開門，便見那傢伙正跟老婆幹那事，幾個兄弟都沒見過沒穿衣服的女人，當即臊得退出門外，背對門站著等那傢伙出來。好在那站長膽小，先把槍給扔了出來，人才跟著出來。要是那人敢開槍，說不定他就沒命了。

我們這兒正說著呢，就聽見那站長直叫喚，大夥看他手指著對面山上，也就朝對面山上看去，車站裡的人也都跑了出來，都在看對面山上。我定睛一看，跟我們來的方向相反的山上，一條燈龍正沿著山腰蜿蜒而下，龍頭已經快到山腳了，龍尾還在山後，看那陣勢，少說也有幾百輛汽車。壞了，是敵人的大部隊趕到了。

　　我還沒回過神來，傳令兵跑來了，指揮官下令讓大家往來的方向撤退，臨走又命我們班留下，將火車頭炸了再走。我們班就我一人會用火箭筒，也只有我在訓練時打過一發彈，此任務當然地落在我頭上。我上了榴彈後，趴在一條路基上，瞄了半天，看著那兩輛據說是日本人送給緬甸的光彩照人的內燃機車頭，心裡暗自可惜，最後一咬牙，閉著眼睛扣了扳機，一聲巨響過後，碎片四處飛濺，等我睜開眼，一輛車頭已經燃起熊熊大火。

　　我正準備裝第二發彈，突然聽到我身後有一陣「噗哧、噗哧」的聲響，回頭一看，那個剛跟我說過站長之事的哥們，脖子上插著一尺多長的一塊有機玻璃片，倒在我身後，脖子上的血一陣陣直往外噴，我當即吐了一地。等衛生員和班長把他抬走後，我把剩下那輛車又炸了。我一人往車站外跑的時候，只見候車室外一大群人默不作聲地看著我，那個衣冠不整的站長則抱著頭蹲在地下，很悲傷的樣子。

　　等我趕上隊伍時，沒見到他們抬著那個受傷的哥們，班長黑著個臉，不回答我的問話，衛生員告訴我，那哥們死了，遺體被放進了一個鐵路涵洞裡。我回頭看看，只見那燈龍已經穿城而出，朝我們這邊來了。我們的人早就跑到山那邊去了，原先的先頭部隊變成了墊後的，我這個班是最後面的。

　　有什麼可說的，跑吧。跑了幾天後，被一夥民團打了個埋伏，死了好幾個兄弟，我屁股上也挨了一槍，被班長和幾個弟兄輪著背回根據地來。到根據地時，我自己都感覺到半拉屁股上那些蛆蟲的蠕動。之後部隊就把我送到昆明四十三醫院治傷，醫生告訴我，要是沒那些蛆，我早就被感染致死了。

　　下面是我另外一個朋友的經歷：我們剛翻過山頂見到臘戍城，就接到後撤的命令，一開始還很有秩序，後來就亂了套。當

官的都不見了，打了兩仗後，眼看著死了幾個弟兄，有兩個受傷的也被民團給俘虜了，其他弟兄們也都跑散了。我先是跟一幫騰衝人走在一起，有天晚上大家正在山坡上睡覺，被民團偷襲過來，又打散了。我找了個竹蓬躲了一夜，次日早上我看到一夥景頗營的路過，就跟他們走在一起，他們當中有人會說本地語言，到寨子裡還能要到吃的。

走了兩天，又被緬軍直升機打散了。我背上也受了傷，在山上躲了兩天。等到傷口不怎麼疼了，我才偷偷地於夜間摸進個寨子，找到個老鄉要了些吃的，跟他換了衣服，槍也給了他。以後就晝伏夜出，餓了摘野果吃，渴了找山泉水，也不認識路，只知道應當朝北方走，整整走了一個多月，才七拐八彎的走回了根據地。

找到我們班以後，僅剩的幾個弟兄都認不出我來了，因為我那時已是骨瘦如柴，衣襟襤褸，鬍鬚滿面，虛弱得連話都說不出來。可氣的是那個河南籍的從正規軍來的連指導員，他不但不表示一點慰問，竟然責令我回去把槍找回來。我們班幾個兄弟當場揍了他一頓，第二天就把我抬回了瑞麗縣醫院，全體溜了號，回來繼續當知青。

我這兩位朋友後來的遭遇也大不相同，前一個傷癒出院就按傷殘軍人待遇安排到一家大廠當保衛幹事，後來又進了公安部門。後一個則又在農村當了五年知青，最後一批被招工進了一家小廠，現在已經下崗了。事後總結，大家才發覺這次咱們共軍吃了個大敗仗的問題是過於輕敵。那緬甸裙子兵幾乎是未發一槍一彈，就把緬共近萬名精兵打得棄甲而逃，靠的只是戰略方針正確。

當時，緬軍有兩支精銳之師，一支由美國西點軍校畢業的軍官指揮，另一支則由蘇聯培訓的軍官指揮。他們早已洞悉共軍

意圖，將計就計佯做援南坎之狀，暗中卻在臘戌周圍伏下重兵，等緬共入甕。照常理，緬共此役極可能全軍覆沒，片甲無歸，可能是緬甸政府怕惹惱了中國人，網開一面，放走了大部分緬共部隊，大多知青也因而得以生還。但也還是有一批知青，從此留在了異國那邊的大山之中，屍骨至今不知散落何處……

由於吃了敗仗，那緬共東北軍士氣極為低落，加之原就是些烏合之眾，紀律渙散，軍官貪髒枉法，拉幫結夥，打罵士卒，知青們本來就是一時衝動去當的兵，那裡受得了這些，於是乎一走了之，只留下了一些意志堅定者。也有犯糊塗的，有幾個知青，看到緬甸政府軍生活待遇極好，而且頗受當地百姓擁護，不像緬共走到哪都不受歡迎，連蔣殘匪都不如，便作出了錯誤決定，棄明投暗去了。不料那緬甸政府怕極了中國政府，外交部照會過去，那邊立馬就將幾個仁兄五花大綁地給送了過來，只有一人在過江時跳水逃脫，其他人則進了縣大獄，以後就再也沒了音信。

……

數年之後，曾經被眾知青認為當緬共時已經戰死的哥弟倆，忽然現身昆明，據說倆人已經成為西亞有名的富商。他倆到昆之後，才發現父母均已不在人世，哥倆在父母墳前大哭三天，之後廣發英雄帖，在昆明最好的酒店宴請所有知青，我當時不在昆明，未能參加。這哥倆走時，為倆人原同寨子的知青每家都買了數萬元的物品。

第三節　走投無路的知青飛蛾撲火壯舉

關於中國知青這段被迫越境參加革命的逃亡史，雲南知青紅飛蛾有更為詳盡的描述。這位一九五〇年五月出生，一九六六年

昆明某中學畢業，一九六九年初上山下鄉於雲南邊境的隴川縣景頗山寨的小夥子。曾於一九七〇年初參加了境外的緬甸共產黨和人民軍，在異國赤色煉獄中九死一生地度過了15年艱苦卓絕、兇險殘酷的叢林戰爭生涯。歷任緬共人民軍炮連戰士、營部文書、連指導員、旅部幹事、作戰參謀、營政委、師教導隊主任、師保衛處長等職。還曾於一九七四──一九七五年由緬共黨組織選派往中國內地某軍事學校學習。一九八五年，祖國寰宇廓清，萬象更新，作者始得血盆洗手，卸鞍解甲，脫離了煙毒纏身、腐朽墮落的緬共。他在《紅飛蛾》一書中，生動地記述了「中國知青與緬共──叢林游擊十五年，金三角赤色煉獄中九死一生」的詳實情況。下麵是他「越境革命」的自述的摘錄：

……弄安，在中國版圖上很難找到這個比針尖還渺小之地，也許用顯微鏡才能發現，原來它深藏在已嵌入緬甸的我們洪洪大土的最尖端，正陰陰騎在國境線上。東方的紅太陽每天都是從這塊極西之地隱退的，遮住天邊最後一線落霞的黑黝黝的大山就是緬甸，大山背後是伊洛瓦底江畔的八莫，山腳下的弄安小寨與緬甸山水溶為了一體。這一段國界並無明顯標記，僅以山林、田地、溝坎來識別，而對國界最權威的認證則是寨子裡白了毛髮的老農。

我在這裡插隊一年直到離開，也沒判清哪塊田哪條埂哪條溝哪棵樹哪股水是自己的還是外國人的。我一慣所出洋相就是把緬甸人的田犁得板板紮紮，卻荒了自己的，辛苦一天不但一個工分沒掙著，倒被生產隊扣除10個工分，還被開除了耕牛耙田的資格，整去和婦女們一起插秧。

結果還是洋相迭出，大汗淋漓掙得大挑秧苗來，竟毫不足惜全丟到隔壁水田去了，小竹們也不識好歹，見苗就插秧，讓懶惰

的緬甸擺夷人又撿了大便宜。上山砍柴，則把自己的山林砍光後把柴堆碼到外國去。等等這些吃裡扒外的「漢奸」勾當的確讓人汗顏，可是總長不了記性，因為這些荒山野林地形太複雜了！這千夫所指的「媚外」罪行於是就貫徹了我知青下鄉生涯的始終。

每當「天上佈滿星，月兒亮晶晶，生產隊裡開大會」之日就是我難過之時，再教育領導小組（由公社大隊生產隊幹部和小竹之流知青先進分子組成）組長，高我們一等的景頗族回鄉女知青木定果指著我的鼻子聲色俱厲地痛罵「賣國賊！」但帽子越大越不傷身，我麻木了。

……

我們不得不開始正視慘澹的命運和現實，一切都從生存的角度來考慮問題了，眼睛實打實地盯到了怎樣把肚子混飽這個焦點問題上，對挖空心思整人的階級鬥爭再無興趣。要說接受貧下中農再教育最大的收穫是什麼？那就是被文化大革命扭曲的心靈和人性在荒僻的小山村中得以復甦。

然而我們復甦了，祖國大地卻沒有復甦，天空依然烏雲翻滾，黑暗陰霾之氣更令人窒息。痛苦沮喪的壞消息不斷從遙遠的昆明故鄉傳來，母親來信說：「我們已經沒有家了！你父親、奶奶、小弟被遣送農村，一家人活活拆散，原住房已被造反派霸佔，我與哥哥、妹妹被勒令搬出，擠住一間僅8平米的油毛氈破屋，簡直連豬狗都不如！你走了還算好，眼不見為淨，要不然你又得去和人家拼命惹禍。唉，你父親這一輩拋頭顱灑熱血打下的紅色江山，現在卻沒有自己的一席容身之地，一家人都要趕盡殺絕！你父親沒了工資，長期的打擊迫害使他身患殘疾，無力種田，奶奶和小弟也沒勞動力，全靠我這30多元的可憐工資救濟、維持全家生計。以後就顧不上你了，聽說外五縣還不錯，你能自

食其力，我也可少操一份心……」

　　然而母親不明實情，我實在不忍心告訴她，我身處的是不毛之地，也需要救濟才能活命！文革當局口口聲聲說不準資本主義復辟，防止階級敵人反攻倒算，可是凡打江山的老革命都成了敵人，從上到下層層清除，還殃及了全國無辜的老百姓，國家政權落到了一幫乘火打劫的惡棍、流氓、造反派手裡，到底是誰在復辟？到底是誰在反攻倒算？這就是我對文革運動最大的困惑和憤懣！

　　從那個暴政時代煎熬過來的人，與我這種家庭遭遇一般無二的人絕不在少數，亡命異國的知青都是在那種黑暗無望的社會現狀和人生境遇中憤而出走的，這是一種必然的反抗！如果沒人抗爭甚至以死相拚（包括那些被殺的、上吊的、投水的、跳樓的），中國社會就不會有今天這樣的進步。

　　……

　　除了令人窒息的政治環境外，渺茫無望的知青生活也迫使我必須對人生作出新的決斷。在這塊貧窮的邊地，連自食其力這點最起碼的生存權都難以保障，我還能再幹什麼？180元的知青安家費已提前告罄，而一年辛苦所得卻幾近於零。年終分配結果令人沮喪，我365天風風雨雨，筋骨斷體膚裂，竟只掙得50元錢！而我還算表現較老實的（在民兵槍口下還能不老實？），被定義為懶惰分子的老憨等幾個不大安分守己的「紅後代」則是全部赤字，糊口之糧都分不著。余嵐等嬌弱女生竟為負值，倒差生產隊上幾十元。而無論強者弱者，無非是五十步笑百步，50元是不可能渡過又一個365日的，知青們仍然要靠父母資助才能紮根，可我已無家可靠，向誰去伸手？

　　度過饑荒之後不得不深刻反思，這種窮荒逃得一時卻改變不

了這可悲的一世，既然還有下一個乃至無數個勞而無獲沒有指望的年頭在等待著我，再浪費青春白撒汗水何益？這種卑溦的生存方式和白開水一樣的生命毫無意義，這樣慘淡的人生應該結束了！

按照老憨、老猴我幾個雄心勃勃的龐大計畫是要用二、三個月的時間嗟遍外五縣的，那時候知青大串連風起雲湧，有的就此串到外國去了。我們剛柱棍到遮放就聞到了國際主義時尚氣息，幾個緬共傷病員點撥：只要捨得死，馬上就可以成為一個光榮的國際主義戰士！

從弄安到城子的40公里路上，我兩手空空，就背個破挎包，十足一個閒遊浪蕩的知青乞丐，開始了投奔緬共的孤獨之旅。凡出境者未被人們認可是國際主義壯舉之前，大有叛國外逃之嫌。為了不引起寨子裡的貧下中農和其他知青夥伴懷疑，我伴稱去山下的弄巴農場趕街，還玩了金蟬脫殼計，煞費苦心，洗幾件破衣服掛在屋前。

本來就在國境線上的我抬腳就可逃到異土，但我卻必須反其道而行。隴川境外全是老山兵、蔣殘匪、緬政府軍盤據之域，儘管我處於人生低谷，但我不願走極端，與祖國為敵。我活也要活得光明磊落，死也要為父母和自己爭口氣，我必須做一個頂天立地的大丈夫給所有人看看！我要繞道隴川縣城，翻拱瓦大山、潞西的西山，渡龍江、芒市大河到遮放，再從遮放翻過潞西江東山梁。縱有千難萬險，我也要投奔到緬共紅色根據地去，對這條解放全人類的國際主義道路我蓄謀已久，早已諳熟於心。

從弄安到緬甸革命聖地孟古要走三天路程。流亡途中的第一站是隴川縣城。暮色蒼茫，小得不能再小的縣城冷冷清清，灰土街上門可羅雀的小飯館早已關門打烊，在短如雞腸的街道瞬間轉

了個遍，竟無處可慰饑腸。惶惶間突然發現球場兼露天電影院邊一盞昏黃的路燈下有賣冰棍的小木箱，於是花五角錢把硬如花崗石的邊疆特產買得渣子都不剩，販者歡天喜地而去，我狼吞虎嚥，連解渴帶解餓，竟像饕餮昆明街頭巷尾久違了的美味燒餌炔。

……山下就是遮放壩子。從三臺山盤旋而下的滇緬公路穿過遮放街，沿東山腳往南邊的畹町蜿蜒而去，閃著灩瀲波光的芒市大河貫通富庶豐饒的遮放壩子，與山中奔出的龍江在嘎中匯合。踏過河面上晃晃悠悠的竹橋，經過著名的溫泉澡堂，我到達了人煙旺盛的遮放街。這裡有專門收治緬共人民軍傷病員的108醫院，鎮上隨處可見三三兩兩穿緬共軍服的友黨友軍，濃郁的國際主義氣氛使來到這裡的每個人皆耳濡目染，感同身受，心為所動。

南來北往的汽車和匆匆過客都必在遮放小憩，鎮中唯一的小飯館特別擁擠熱鬧，這裡自然而然成了來自五湖四海的知青義士風雲際會之所，不論認不認識，都盡可去除戒心，無須遮掩，暢所欲言。初來乍到，正無所適從，馬上就有唯恐天下不亂者向我煽風點火，兜售時下在知青界最流行的離經叛道高論：

「兄弟，不自由，毋寧死！寧為玉碎，不作瓦全。知青被奴役，受歧視，像狗一樣卑賤的命運必須改變，走！投緬共去！挺起胸來堂堂正正做人，與其虛度青春，浪費生命，報國無門，不如獻身異國革命，去做濟世英雄，重鑄咱們紅衛兵時代的生命輝煌，死而無憾！」

我倆周圍馬上就拱過來好幾顆知青腦袋，這些風韻猶存的頭型經過毒熱的滇西風吹日曬，仍未褪盡奶油色，大致都在二十歲左右，正所謂「恰同學少年，風華正茂。」俠客們紛紛抱拳相

拱，自報英雄出處：「我是五中的！大名項廷發！」哦，昆明大
觀樓前後的人，來自芒市法帕。此校盛產民族上層子女，以「反
動」土司頭人家庭出身的黑五類子女居多……於是，來自不同插
隊之地，素不相識的十幾個知青就在遮放小飯館納頭結拜，要同
甘苦共患難，不棄不離，信誓旦旦。

　　經過一路曲折，大家總算來到了山腳下曼海田壩裡的界碑前
才煞住腳。中緬兩山間夾峙著一塊狹長的袖珍小壩子，一條彎彎
曲曲的小溪從尚未耕作的枯褐田壩中間穿過，小溪彼岸就是緬甸
的孟古。

　　夕陽餘輝中，齊胸高的水泥界碑孤零零地屹立在田壩裡，灰
白灰白，非常醒目，長年累月的風吹日曬雨淋使界碑兩面分別用
中緬兩國文字鐫刻的字跡有些暗淡模糊，但是歲月卻不能剝蝕界
碑在我們心目中的莊嚴神聖感，我們雖然還與軍人不沾邊，但都
以標準的軍人姿態向界碑行了一個莊重的軍禮，作為向祖國最後
的告別儀式。

　　緬甸邊境小街孟古周邊環繞著一條寬不過拾米的小溪，在一
躍而不能過之際，還得耐心脫鞋捲褲腿涉過，凡投身緬共的中國
志士皆因必涉此河而享有了一個共同的諢號——「褲腳兵」，以
示與派遣出國履行國際主義義務者群的區別。

　　水底鵝卵石又滑又硌腳，有急於求成者東倒西歪之後終於
可笑地爬在水中，起而復跌，踉踉蹌蹌，其狼狽相逗得眾人哈哈
大笑。兩個女生脫下布鞋拎在手中，一手提著勉強捲到膝蓋的褲
腿，又白又嫩的小腿在岸邊探來探去，就是捨不得跨進水去。猶
豫再三，眼看過了河的男生們像群活蹦亂跳的兔子往近在咫尺的
孟古街頭飛奔而去，不得不咬牙梭下河，甫入水，毫無份量的身
體就被稍顯湍急的溪流沖得搖搖晃晃，腳下一咯一滑，差點成了

落水的鳳凰！

　　經過三天的長途跋涉，我終於離開了養育了我20年的祖國母親懷抱，愴然踏上了陌生的異國土地。這一天是一九七〇年五月十九日，恰好是我二十歲的生日。我並非刻意要用脫離母腹呱呱墜地的日子來界定人生段落和生活的新開端，但這種巧合彷彿就是天意，是命運之神安排了這一天為我進行脫胎換骨的生命重塑……

第四節　窺探緬共新兵隊的中國知青世界

　　類似「紅飛蛾」因家庭問題屢受欺凌，又吃不飽而走投無路，只好越境參加革命在當時比比皆是。這在他到達緬共根據地後所見到的情景得到了進一步驗證：……幾天後，終於從遙遠的前方來了人，來者是三營二連的文書盧源，也是昆三中的知青，他是中國知青投身異國革命戰爭的先驅者，已經是一個老資格的緬共軍人。

　　僅憑他的一紙名單認定，15個新來的中國知青就成為了三營花名冊上的正規緬共游擊隊員。事情說複雜就複雜，連諾線、何高兩個最高長官都拎球不清。而說簡單就這麼簡單，一個連隊小文書彈指一揮間，參軍就輕鬆搞定！有時候，人的命運乃至今後的一生並非完全由大人物來決定，此謂縣官不如現管也！

　　我二十歲以前的一段陳舊卑賤的生命就此結束了，一個嶄新的生命從此誕生。我終於如願以償，在異國他鄉實現了在自己的祖國不可能實現的夢想，穿上了一身威武的綠軍裝，拿起了沉甸甸的武器，成為了一名真正意義上的戰士！儘管心花怒放之後，內心深處又湧起一股決死的悲涼感和命運的苦澀感，但這畢竟是

我心甘情願的自由選擇，這種勇敢的選擇不是每個人都能做到的，我為能成為勇士而自豪不已！

緬共新兵隊前段時間的準確駐地在中緬邊界棒賽鎮的明明照相館的華僑私家空宅大院，最近剛轉移到遠離邊境已達兩天路程的孟洪深山老林裡，駐紮這裡的用意很明顯，這表示緬共部隊在自己根據地內的合法存在，對橫行霸道的獨立軍地頭蛇是一大制肘。

我們新來的13個人被安排住進崩龍族寨子的緬寺，這座破舊低矮的草房緬寺與孟牙河邊氣勢恢宏的大奘房相比是小巫見大巫，披黃袈沙的僧人也廖廖無幾，念經誦佛之聲有氣無力。這是貧窮的緬東北深山裡的一個縮影。

新兵隊指導員李明昌戴眼鏡，文質彬彬，這個雲南保山縣的老知青是一九六八年一月一日跟著緬共孟古起義紅旗踏進緬境的第一批支援緬甸革命的先驅者，首戰就失去了整條左臂。知青最崇拜的就是英雄，現在一個傑出的國際主義偶像就站在我們面前，那隨風飄搖的一隻空蕩蕩的手袖使我們馬上就把他當做電影「回民支隊」裡那位為救馬本齋而失去一條手臂的八路軍政委，僅憑這只空袖子，指導員李明昌就無言地征服了這群冥頑不馴的初生牛犢。

新兵隊已聚集了一百余名新兵，都是在棒賽、黑孟弄、孟古邊境一帶招收的，此時正值毛主席5‧20聲明發表，中國知青熱血沸騰，聞風而動，紛紛加入解放全人類的光榮行列。這批新兵尤以昆明知青為多，其次有雲南外五縣知青和極個別的北京知青、四川知青。我還意外地碰到了從小在一個廠和學校長大的夥伴任南、和雲，他倆是昆明師院附中的高中生，大我三歲，在瑞麗插隊，比我先到新兵隊三天，我們興奮地擁抱、狂跳、遍地打滾。

我們按正規程序履行了入伍手續，每人填寫了一份緬共東北軍區政治部印發的中文表格「新兵登記表」，內容名目繁多：姓名、年齡、民族、籍貫、文化程度、家庭出身、本人成份、政治面貌、原單位、家庭成員、通訊地址、入伍時間、入伍動機、本人履歷等等，完全是熟悉的中國版本。我在最要命的家庭出身一欄猶豫良久，長了個心眼，不能填「歷史反革命」，而理直氣壯地填上了「革命幹部」，事實也的確如此，何必自我作踐！

百餘個新兵編為五個班，我們為第五班，又補充了兩個新來的昆明知青給我班，其中一個還是從昆明偷偷跑來的昆明工學院的大學生。李明昌慧眼識人，指定面相特溫柔的我為班長，不過主要還因為我的軍帽比別人戴得正規，誰叫他們都大大咧咧歪扛著？

緬共新兵隊完全是一個中國知青世界，知青高度集中的狀況比之在農村插隊落戶只有過之而無不及，隊列裡看來看去都是白嫩白嫩的知青面孔，此情即使在中國軍隊裡也非常罕見，我們甚至沒有身處異邦的感覺，幾如當年校園軍訓生活和紅衛兵時代，也無非比知青下鄉生活中多了條手中槍而已。

……營部有六、七個女兵。除了小黃倆姐妹，還有幾個也是知青。李明芳，軍區政治部楊主任的妻子，營部醫生，一個年輕姣好的四川成都知識女性，我們都尊稱她大姐。楊琴，營部女衛生員，一個參加了南下戰鬥的同樣很了不起的巾幗少女，和小黃兩姐妹一樣，也是來自中國的華僑知青。

據「紅飛蛾」所述，這些知青進行新兵集訓正值六月，雨季初臨，緬東北叢林異常悶熱，全班人擠在狹小昏暗的崩龍緬寺裡輾轉難眠，翻來覆去都是汗臭、屁臭、腳丫巴臭。我的腳剛伸出蚊帳外納涼，就被肆虐的叢林毒蚊叮咬得紅斑點點，抓撓破的

地方開始發炎、紅腫、作膿，用手一擠，膿血噴湧，成了一個瘡口。

　　新兵隊的景頗族小衛生員早臘用一盒萬金油包醫百病，對我腳踝上的瘡口一抹了之，結果情況越來越糟，瘡口漸漸變成了一個指頭都放得進去的深洞，我只能每天用自己衛生盒裡的紅藥水隨便抹點對付。

　　更糟的是，除了腳下流膿滿臉生瘡，所有的人都開始窮生蝨子，這可不是通常那種讓人難堪的偶然發現，而是自己血肉之軀對小動物超大規模的飼養繁殖，其壯觀程度如大工業托拉斯瘋狂生產的複製品。脫光血跡斑斑的衣服，只見皮肉上針眼密佈，萬山紅遍，隨手還可抹下若干正與人肌膚狠命相親的「革命戰友」。把衣褲往火堆上一抖，只聽劈劈啪啪一陣炒芝麻綠豆般的脆響，外衣褲抖完，尚可拿出點勇氣和耐心來對小生命們翻捉屠殺一番後再穿，而內衣褲則實在不忍目睹，捉不勝捉，乾脆付之一炬。

　　包括女兵，所有人都剃光了頭髮、陰毛，徹底大掃除。然而無濟於事，三天一過，如魔鬼附身，肥碩的革命蟲和它們白芝麻狀的後代子孫照樣又一撮撮一堆堆一團團成建制的佔領並鞏固了它們的生活繁殖基地。我們無法剝奪寄生蟲們很不道德的生存權，怒不可遏而又無可奈何。

　　動不動就哭鼻子的兩個幹姐妹又一次流淚。恥物們對少女香軟細嫩的肉體更為青睞，姐妹倆為被不要臉的「流氓無賴」佔有了玉體而悲傷欲絕，她們不得不告別美麗，為生存而忍痛割愛，把滿頭青絲一掃而光，變成了尼姑，兩腿間的那片沼澤地也清理得乾乾淨淨，然而，還是白搭，身上仍然隨時都能翻出大把蝨子。

　　新兵隊中的又一大痛苦和恐怖就是夜間起來站崗。陌生險惡的異國環境使我們普遍患了神經衰弱，徹夜難眠，好不容易與苦難人世暫時訣別片刻，突然又被粗暴的彈腦包和吆喝叫爬起換崗。

　　夜，黑漆漆，雨麻麻，寒凜凜；人，孤零零，顫驚驚，昏沉沉。荒野中磷火幽幽，鬼影幢幢，蟲嘶狼嚎，風聲鶴唳，陰氣逼人。這是對靈肉的折磨。近來獨立軍特猖狂，這支狹隘的民族武裝消極對抗奈溫軍但卻積極反共，趁緬共主力南下、後方兵員空虛之機蠶食我紅色根據地，以搞摩擦為快事。我們新兵隊目前是緬共根據地內的一支精壯隊伍，是匪類們的眼中釘肉中刺，夜間崗哨已多次遭到冷槍襲擊，還有人莫名其妙地失蹤！是被幹掉了還是悄悄逃跑了不得而知。

　　野獸更可怕，熊、虎、豹大搖大擺踱進寨子，大大小小的毒蛇隨時在腳下游戈……

　　然而，據「紅飛蛾」所述，這支100多名知青組成的新兵隊就在攻打臘戌一役中，在與緬軍對峙衝突中，剛學會打槍的知青們就死的死，傷的傷，逃的逃，到最後其負傷返回孟洪根據地時，只剩下了幾個人，以往歌聲飛揚、人聲鼎沸的中國知青碼頭冷火秋煙。由此可見戰爭的殘酷和處境的艱難。

第五節　緬共革命的鼎盛與逃亡知青之謎

　　如今說來真有些不可思議，中國知青因上山下鄉的「逃亡」，竟在某種程度上促成了緬共革命的鼎盛。如果不是後來緬共領導大肆「內部清洗」決策失誤，這場輸出革命可能會成為「解放全人類」理論的證明和樣板。那麼，我國境內周邊將會有

更多地知青不懼生死地踏上這條「飛蛾撲火」之路。

不信，請看上海知青秦規宗的回憶：……七十年代，我黨我軍與緬共人民軍是友黨友軍關係。所以，地處中緬邊境的永德縣經常有接待外賓的特殊任務。那天，下午我和愛人接到通知，參加今晚在縣大禮堂舉行的招待會。

當天下午五時，座落在縣城北首縣大禮堂的方圍5000米範圍實行了警戒，三步一哨，五步一崗，警衛戰士全部是從臨滄軍分區警衛連的精英的挑選而來。今天，戰士們身著嶄新的軍裝，挺立手持油亮的「六四」式半自動步槍，閃著銀光的刺刀，五隻棕黑色軍犬個個精神站立在警衛戰士身邊，顯示我邊防部隊對貴賓的崇高禮節和我軍風姿。

進入大禮堂，我愛人在身後二排座位坐下，身邊是她的縣革委辦事組的機要室的幾位女同事，一位名叫楊琴，另一位是我愛人的師傅名叫胡燕秋。我與縣革委政工組的同事們坐在她們前面三排。

七時整，在永德縣委書記王保義、縣委副書記郭緒經、縣委副書記劉震、縣委常委趙映池、蔡德林的陪同下，一位身披我軍軍棉大衣，內穿我軍坦克兵黃色夾克式封口袖上裝，下著我軍軍褲，身材高大，圓臉平頭，坳黑膚色的中年人，在四名同樣軍裝腰佩「五四」式手槍的軍人和三名女軍人的簇擁下，走進會場，在我與愛人的左側方座位坐下。

這時，我才知道，此人，就是緬共中央主席德欽巴登頂同志。以前，曾在中共中央《人民日報》頭版刊登的巨幅照片時見過，真想不到親眼目睹了他的形象。除了四名貼身警衛，那三名女軍人是從前在雲南生產建設兵團的四川知青，跑到緬甸，加入了緬甸共產黨組織。其中一位是德欽巴登頂的妻子，另二位是女

警衛。

招待會上放映了朝鮮電影〈賣花姑娘〉。這次緬甸共產黨中央主席德欽巴登頂同志途徑永德是專程從緬共東北地區司令部來的，在永德縣城住一夜，經昆明，直飛北京，與中共中央毛主席周總理會見的。在這次中共緬共兩黨領袖會談之後，我人民解放軍與緬共「人民軍」的交往不斷加強。每當深夜，穿越永德縣城的國防三級公路上，塵土飛揚，數十輛軍車滿載著軍用物資，開往邊境方向。

從秦規宗的回憶中得知，連緬共中央主席德欽巴登頂的妻子和她的女警衛，都是雲南生產建設兵團的四川知青。真是有些出人意外。當年中國知青的大逃亡，竟給這個圓臉平頭、坳黑膚色的緬甸中年漢子帶來了何等的豔福。如果緬甸革命成功，中國豈不是多了一個統治友邦的「紅色女婿」？這高層領導的算盤也打得實在精明。

不過，令人痛心的是，這些越境逃亡、參加革命的中國知青，在高層的眼裡只是一些利用的小卒，沒有人關注他們的生死，也沒有人兌現當時的承諾。有的人不僅永遠看不到這場「解放人類」戰爭的勝利，而且自己卻悄無聲息地長眠在異國他鄉。

在記者楊磊《無法回家的人》紀實文學中有這麼一段催人淚下的描述：……對他們的評價始終沒有一個準確的體系，更為確切地說，沒有文字記載沒有資料統計的他們，幾乎就成了被遺忘的一群。他們曾經來過這裡，或者死去，或者流落他鄉，或者黯然返鄉，但沒有人記錄他們。

對於他們當中大多數人而言，英雄或者其他定義似乎都不重要，他們只不過是希望能夠記住。很多戰士都這麼跟我說，即使我們當初的選擇是錯的，那也必然會留下一些值得後來年輕人

借鑒的地方，「我們曾經是那麼年輕和純粹，理想就是我們的武器，而現在，沒有人知道我們做過什麼。如果不知道我們為什麼失敗，那也就無法知道最終我們將如何勝利。」

於是，我再度跟譚司令（注：**越境參加革命的中國重慶知青，緬共解體後獨霸一方，人稱司令，後被人冷槍暗殺**）提起了有關紀念碑的話題。二〇〇三年底，他突然決定帶我去一個名叫八莫的地方。那是我第一次看到知青墓地，一片一片的淹沒在東南亞肆意生長的野草之中，墓碑上的名字已經很難辨認，但頂端統一存在的紅色五星卻依然閃亮。

因為雨水沖刷，那些墳墓已經變成一個又一個的土包，有些甚至都能看到裡面缺少棺木的屍骨，偶爾，松鼠就在那些墓碑和屍骨上跳躍。我試圖將每一個墓碑上的文字都記錄下來，但最終我只能辨認出很少的一部分。

後來我選擇站在高處，希望高空這個角度可以帶給我一個全域的感覺。譚司令一把將我拉下，幾乎是氣急敗壞地沖我大吼，「你腳下沒準還有我的戰友！」他站在那裡，開始劇烈咳嗽。

那是他最生氣的一次。等他平靜下來之後，他走到每一個墓碑的前面，幾乎沒有遲疑就叫出了每一個長眠地下的人的名字。胡東國、張曉平、劉自義，一個又一個，這個人喜歡抽煙，那個人喜歡喝酒，他記得清清楚楚。然後，他就蹲在那裡，用手指清理墓碑上的荒草。

185個。地下有185個中國知青的生命。譚司令就這麼哭起來。先是低聲嗚咽，後來就是嚎啕大哭……後來我知道，像這樣成片的知青墓地在緬甸北部還有十座。至少有800個中國知青就這樣被埋沒在亂草之中。

還有更多人的墓地已經無跡可尋，他們往往就被埋在行軍

的路邊或者戰場的附近，他們甚至連名字都沒有留下。二〇〇五年，曾經在緬共中央委員會當過書記員的一個中國知青告訴我，他的估計是，最多有5000名知青或長或短地參加過緬北游擊戰爭，至少有2000人犧牲在這裡。可惜，已經沒有人知道他們是誰？屍骨何在？

進入八十年代中後期，世界格局正在發生著翻天覆地的變化。東歐巨變，蘇聯也在動盪之中，面臨解體。國際共運進入了最低潮。緬共內部的人心因此也進一步渙散。從中央到地方，從高層到基層，都在尋找今後的出路。

一九八九年四月十一日，在中國雲南臨滄地區滄源縣永和第三生產隊當過會計的佤族趙尼來，時任緬共中央後補委員、北佤縣長。中國雲南思茅地區西盟縣佤族頭人的後裔鮑友祥，時任緬共人民軍中部軍區副司令。二人率中部軍區全體官兵「起義」。十七日，鮑、趙二人在緬共中央警衛旅政委羅常保等中國知青的「內應」下，包圍了緬共中央所在地邦桑，扣押了緬共主席德欽巴登頂及其他中央領導人。鮑、趙二人很快「有禮貌」地將這批「領導人」全部送入中國境內的孟連縣。四月二十二日，成立了以趙尼來為總書記的「緬甸民族聯合黨」和鮑友祥任總司令的「緬甸民族聯合軍」。

就在鮑、趙二人起事之時，緬共中紅極一時的「八一五」軍區，這支絕大多數領導人是從中國越境出去革命的知青組成的部隊，也於四月十九日宣告脫離緬共領導，率部成立了「緬甸撣邦東部民族民主同盟軍軍政委員會」。「八一五」軍區司令林明賢兼任「主席」和同盟軍「司令」兩職。

除了雲南知青到緬甸參加革命外，我還聽到過也有上山下鄉在中越邊境的廣西和其他省市知青跑到越南、老撾，甚至馬來

西亞等東南亞諸國投身革命，參加戰鬥。據說，這些越境革命行動，都曾得到了高層的默許。由於廣西與東南亞國家相鄰的省份中有一些少數民族與東南亞國家的人屬於同一個民族。當時的中國高層領導人甚至曾明確地告訴這些國家的共產黨人，可以到中國的這些少數民族中招兵買馬，擴大隊伍。於是，一些在農村陷入困境的知青在招兵的誘惑之下，換上他國軍裝，就搖身一變成了東南亞某國的戰士，開始鏖戰在熱帶叢林之中。

關於這段歷史，知青「天晴」鑒於種種原因，只是以紀實小說《上寮軼事》呈現在讀者的眼前。書中的幾個主人公同在應該接受基礎教育的年齡時被迫荒廢了學業。胸無點墨的人卻被戴上知識青年的帽子，在幾近原始的小山村裡消磨著蒼白的青春花季。原本就沒有灌進過多少墨水的大腦，在貧困和飢餓的潮水沖刷下，幾乎成了一張白紙。兩年之後，一個個准文盲扔下了鋤頭走進兵營，在「出國部隊」的行列中走進了那片神祕的綠色——中南半島。作者在自序中強調，故事所涉及的時間、地點和事件，幾乎都是真實的再現……

對於這段撲朔迷離、淒涼悲愴的歷史，知青作家鄧賢《中國知青》第二十五章「青春似血」中感歎：……在我長達七年的知青生涯中，曾經耳聞目睹不下數十起知青越境事件，這些年輕的逃亡者或公開參加緬共，或神祕失蹤異國，總之他們中的多數人跨過國界一去不復返。一九九一年我寫作《中國知青夢》，曾經大量查閱知青檔案，追蹤和調查有關當事人。

據一位當年主管知青工作的幹部回憶說，僅他任職期間，這類事件所涉及知青人數，「……大約有幾千人吧。」他含含糊糊地說，過一會兒又補充道：「也許還多一些，後來回來一些人，總之弄不太清楚。」當時雲南有兵團知青和地方插隊知青

之分，插隊知青人數更多，無人管束，他們是這類外逃和越境事件的主要製造者。一位曾經有過此類經歷的知青作家在回憶文章中說：僅一九六九年六月，就有六百多名（插隊）知青越過邊境參加緬共。

究竟有多少知青流落金三角並且一去不回，成為這場青春大逃亡運動的犧牲品和冒險者，未見檔案數位記載。有人保守估計為七八千人，有人說應為上萬人，也有人認為除去部分陸續返回國內，留在境外的實際人數不會超過數千人。二〇〇〇年，我在國外網站查閱到一篇資料稱：一九六六年金三角游擊隊僅有數千人，到中國知青下鄉的一九六九年，游擊隊人數激增到近三萬人，鼎盛時期最高達到五萬之眾。

一位曾經在金三角徵兵站工作多年的游擊隊幹部回憶說：最多一天曾經創造日接待中國知青600人的紀錄。另據一份非官方材料透露，僅下鄉高峰的一九六九年五至八月，越過國境參加游擊隊的中國知青達數千人。

一九九八年我隻身進入金三角，尋找這些逃亡知青的命運軌跡是我採訪計畫的重要組成部分。我與其說關注知青下落，不如說重新回首青春歲月，關注自己的人生走向，要是當年我的流浪生活沒有及時回頭，我現在會在哪裡呢？我會成為作家嗎？金三角採訪千頭萬緒，無數困難和障礙像高牆一樣包圍我，令我疲於奔命。最初一段時間，我居然沒有打聽到一個知青的下落。問了許多當地人，他們都茫然地搖頭，那種困惑的眼神，好像我在打聽外星人。

但是我依然不肯放棄。我相信這些俱往矣的老知青，如同零落成泥的花瓣，他們中間有的活著，或者生如草芥，默默無聞，或者被當地人同化，成為土著。當然許多人已經變成冰涼的墓

碑，孤獨的魂魄遊蕩在歷史歲月的深處，還有的不知所終，不知所往，變成當地人口中一段傳奇故事。

在異國他鄉，這些一度發著政治高燒和狂熱迷亂的中國知青像外來的種子，被金三角土地所包容，所吸納，所接受，一切與自然生存法則相悖的偏見、信仰、理論、烏托邦很快煙消雲散，殘酷的叢林社會露出真面目。金三角就是金三角，好比狼就是狼，如果你不能變成一頭狼，你就將被狼群吃掉。我渴望走進這個未知的知青世界，渴望在這裡重新認識許多同齡人，他們在那個扭曲的年代走進國境另一端，消失在我們的視野中……

嗚呼哀哉！魂兮歸來！我流落異國的知青兄弟姐妹！

第六章
驚天動地的雲南農墾知青返城抗爭

第一節　七十年代後期知青心態和回城渴望

　　轉眼間，歷史已經翻到了一九七八年。此時，從大規模上山下鄉運動至今，很多人已經下放了十年或更長。儘管在這段時間裡，許多人通過招工招生徵兵，或者病退、困退、甚至不要戶口工作倒流回城，但全國農村農場仍有860萬知青繼續待在農村農場，其中只有86.1萬人在農村農場結婚。更多的人仍在堅守未婚，等待著政策的寬鬆，以便返回魂牽夢縈的城鎮。

　　而在當時860多萬尚未回城的知青之中，數量又以200多萬呆在已由建設兵團改為國營農場的知青和大量的「可以教育好的子女」所占的比例較大。因為兵團（農場）是國營企業，從下去第一天起，他們就已是國家職工，因此他們很少能以「招工」這一知青上調的最主要途徑回城。所以，這些知青渴望回城的情緒又最為強烈……

　　而作為文革前地富反壞右「黑五類」及文革中揪出的叛徒、特務、走資派和資產階級知識份子的子女，在當時是知青中最無望的一族。可以想像，當青春即將消逝，人生何去何從，這些仍

然呆在農村農場而感到回城無望的知青，在最後一點忍耐意志也隨之耗盡之際，難免會走向極端，做出瘋狂之舉。農民作家閭立秀在〈見證30年，知青史上驚天血案〉中，述說了一起「八條人命」慘案，就是這些知青絕望心理的反映：

西元一九七八年七月三十一日中午，短短的四十分鐘內，包括兇手在內八條人命倒在槍下。這一震驚全國的血案，是一個不足二十歲的下放知青所為。其槍法之準確，行動之快速，手段之殘忍，計畫之周密，令人咋舌，難以置信！由下放知青引發的一樁血案，震驚全國！八條人命瞬間倒在槍下。我目睹血案現場，慘不忍睹！

這件驚天血案就發生在我所在的生產大隊——安徽淮南淮豐公社夏農大隊。那時我還沒回老家長豐縣。時值三伏天氣，酷熱難當，社員們都在家乘涼睡午覺。別人休息我不能歇下，至今沒有一間房子，貧窮壓得我喘不過氣來，多拉一趟，那個聚錢的小木箱就可以增添兩角四分錢。於是，我咬緊牙關，頂著驕陽，艱難地拉著板車向山上走去。馬路被太陽曬得冒油，一腳踩上去一個鞋印……

中午時分，很少有人出門，路上顯得空蕩蕩。行走間，忽見大隊民兵營長周善愛迎面跑來。他氣喘噓噓，臉色蒼白，見他神情緊張的樣子，我忙問：「出了什麼事？」他上氣不接下氣斷斷續續地說道：「不得了啦！有人端著衝鋒槍見到大隊幹部就開火……已打死好幾個人了！……」說罷，他繼續向閭家湖方向跑去。這消息令人吃驚，難以置信。

清平世界，光天化日之下，怎麼可能發生槍擊事件？本著對歷史負責，我將親眼所見、親耳所聞的事件經過以及前因後果，真實地展現給讀者：

夏農大隊是坐落在淮南線上九龍崗火車站旁的一個村莊，離車站很近，不足千米。大隊部設在知青大院內。倪勇和千千萬萬個知識青年一樣，懷著對老人家的無限忠誠和滿腔革命熱情，告別親人走進「廣闊天地」，分配到我們大隊接受貧下中農再教育。

隨著時間的推移，一批又一批的知青被招工返城。一些家長為了讓子女能早點回到身邊，不惜花錢買路子，拉關係，走後門；還有一些女知青，為了拿到一張招工表，不得不奉獻出自己的身子。不管是內招外招，都得經過大隊革委會、生產隊革命領導小組、貧下中農協會推薦，批准蓋章後方可走人。一句話，知青的命運、前途掌握在個別人手裡。

周圩生產隊隊長周某某，以招工表為誘餌，姦污了好幾個女知青。其中一位女學生剛來不久就被他盯上，他以照顧幹輕活、推薦返城為誘餌，將她騙到了手。他的行為簡直令人髮指，只要獸行發作，不分時間，不分地點，肆意胡為，甚至多次在豬圈裡強行與該女知青發生性關係。事發後，被判七年徒刑。

到了一九七八年，大部分知青相繼返城，剩下為數不多的幾個，不是父母無能，就是家庭出身不好。在「龍生龍，鳳生鳳，老鼠生兒會打洞」的「唯成份論」的年代，家庭出身往往能左右一個人一生的命運。生在新社會長在紅旗下的倪勇，就是因為祖父有問題成了「黑五類」。在「老子英雄兒好漢，老子反動兒混蛋」的極左思潮影響下，幹部們把他視為「可教育」對象，多次招工與他無緣。

眼看著小夥伴們一個個都走了，深感命運不公，他多次找過幹部們，也曾苦苦哀求過，然而，面對一張張冷酷無情的面孔，他心灰意冷，徹底絕望了。他認為在大隊、生產隊幹部們的壓制

下，自己將永無出頭之日，於是產生了一個可怕的念頭：決心與他們同歸於盡。一場自殺性的報復計畫在悄悄進行著，而那些蒙在鼓裡的幹部並不知道，死亡正在一步步地向他們逼近……

為了迎接「八一」建軍節，大隊基幹民兵定於八月一日舉行實彈演習，並於七月三十一日上午領來了近千發子彈。按規定，子彈與槍支不准存放在一起，但是知青大院只有一間臨時的武器保管室，槍彈放在一起。

誰也未料到，這一疏忽會引發了一場驚天血案。負責保管武器彈藥的基幹民兵小宋，也是下放知青。他家住九龍崗火車站，中午回家吃飯時離開了保管室。

倪勇趁此機會砸鎖撬門，潛入室內。他取下一支衝鋒槍，迅速將槍梭裝滿二十五發子彈，接著又帶上四個槍梭。當他身上掛滿二百多發子彈，端著上膛的衝鋒槍準備離開時，恰巧小宋飯後回來堵住了門口。倪勇二話沒說，扣動扳機，小宋應聲倒下。他成了第一個死在倪勇槍下的冤魂。

隨後，倪勇挎著衝鋒槍直奔大隊書記、革委會主任周必清家。據目擊者閆立浦稱：書記全家正在睡午覺，她妻見倪勇殺氣騰騰跑來，預感事情不妙，急忙上前用身子將門堵住。倪勇瞪著憤怒的雙眼，對準她的胸口扣動了扳機。槍聲驚醒了正在熟睡中的周必清和他十四歲的兒子。他剛要起身觀望，連鞋子還沒來得及穿，就和兒子一起倒在了血泊之中。

貧協主席周某某和妻子正在吃中飯，猛地抬頭看見倪勇持槍站在門口，以為是開玩笑，並招呼他進來喝茶。啪！一聲槍響，周某倒在飯桌上。倪勇轉身就走，剛出院門就聽周妻大聲呼救：「不好啦！打死人啦！」倪勇順手將槍搭在低矮的院牆上，瞄準她射出一梭子子彈，一連打死了六條人命。

　　殺紅了眼的倪勇，端著槍去尋找最後一個目標——生產隊民兵排長陳某，在沒有任何防備的情況下，陳某也死在他的槍下。倪勇將他心中的仇人殺死後，迅速轉身回到知青大院。

　　這時，已經有人報案。公社武裝部長王某某同大隊分管石料廠的芮副主任一起向知青大院走去。剛進大院，一梭子子彈掃來，武裝部長閃身躲進屋內，芮某卻應聲倒下。不知是槍法不準，還是沒把他當目標，結果子彈沒有擊中要害部位，只是腿被打傷，後被送往醫院搶救治療。

　　倪勇開槍後，迅速跳出後窗，來到不遠處的玉米地裡，將槍口對準自己，用腳趾踩著扳機，猛地一蹬，一梭子彈射入胸膛，結束了他年輕的生命……

　　一場悲劇，八條人命。多麼可悲，多麼可怕！真是慘絕人寰，駭人聽聞！這恐怕是知青運動史上最殘酷的一頁了。倪勇用極其殘忍的手段報復行兇固然可憎、可惡、可恨，但究其根源，與當時的政治大氣候不能說沒有關係。

　　據悉，這起慘案層層上報後，曾驚動時任中央領導人的華國鋒，其專門作出批示，要求在做好善後工作的同時，注意查找上山下鄉知青工作中的存在問題，改進知青招工、入學等政策，適當照顧「可以教育好的子女」知青回城工作……

　　可是，各省市出於對城市接納能力或擔心大量勞動力的流失等各種原因，在對待知青回城的問題上的動作，就不象貫徹「12。22」最高指示那樣步調一致。這其中又以雲南、新疆、等內地的農場知青最為艱難。在廣東、福建等省市的知青已經走得差不多的情況下，這些地方農場的知青，依然還有大量的知青沒有回城。

　　據相關資料記載：從一九六八年二月二十一日，首批北京的

知青歷經14天的長途奔波，來到緊鄰中緬邊界的西雙版納傣族自治州景洪縣大勐龍東風農場疆鋒農場之後，到一九七八年底雲南知青大返城時，陸續來自北京、上海、成都、重慶和昆明等城市的雲南知青總數曾達到162萬餘人。他們當中有的在邊疆呆了10年以上，眼看著一批接著一批「有門路者」都通過招工、入學、當兵等途徑離開了農場，而他們依然在農村農場受著度日如年的煎熬……

在這種大氣候下，一九七八年十月十六日、十一月十八日和十二月七日，由上海知青丁惠民發起的雲南農墾知青曾聯名書寫了3封公開信給中央領導，信中列舉了知青生活的困苦，婉轉表達了回城的願望。短短兩月期間，在西雙版納農場留守的6萬多名知青中，一個以回城為訴求目標的群體正在形成。

但是，這些來信並沒有得到高層正面的回復，卻在一九七八年十二月，中央批准實施〈國務院關於知識青年上山下鄉若干問題的試行規定〉中，被明確告知「各國營、軍墾農場的知青不再列入國家政策的回城的照顧範圍，而作為一般的農場職工對待……」也就是說，這些農場的知青從此被關上了回城的大門。

這個消息頓時點燃了雲南農墾知青中長期壓抑的不滿情緒。恰恰此時，一名上海女知青因懷孕難產在西雙版納的一個農場衛生所大出血身亡，這一非正常死亡事件隨即引發數千名知青遊行，乃至大罷工。知青們公開打出了「我們要回家」的橫幅，並派出赴京請願團，孟定農場的知青還進行了悲壯的絕食、血書活動，表示了「不回城，毋寧死！」的決心……

關於這起知青罷工請願的經過，雲南景洪東風農場二分場十隊上海知青夏惠文在〈在鬧返城的日子裡〉有較詳細的記述，現摘要如下：……一九七六年十月粉碎四人幫後，我所在的分場、

總場原領導紛紛落馬進了「學習班」。他們中的許多人落入了前任一樣的命運。新一茬領導走馬上任後在我看來同過去沒什麼兩樣，「月亮還是那個月亮」。知青該幹啥還是幹啥，苦日子還是那個苦日子。若說感想：「城頭變換大王旗」而已。

木然地苦熬苦捱又過了兩年到一九七八年十月，我一算來農場已過8年（七〇年六月下鄉），自己老大不小怎麼辦？難道再努力一把，而後像那些老工人一樣成個家生幾個娃娃，搭個小伙房扒弄塊自留地上種點菜養幾隻雞打發一輩子？我似有不甘，做夢都想回家，回到父母身邊去，可眼前無路可走，生活對於我只是機械地重複，已徹底麻木。我不知這憂悶的日子什麼時候是個頭。

其實在當時我的想法也是毫無門路又在第一線勞動的絕大部分知青的想法。想不到十月十六日景洪農場十分場上海知青丁惠民寫了一封致鄧小平的公開信列數知青困苦提出要回家的懇求。寫信之事很快在知青中傳開，那時我所在的二分場十隊遠離主要公路，因此不知詳情只聽到片言隻語。之後又傳來丁惠民寫了第二封聯名致鄧小平的公開信。到十一月二十三日〈中國青年報〉發表評論員文章〈正確認識知識青年上山下鄉問題〉。總之，不斷傳來的各種消息讓我覺得回城似乎有了一絲希望。此時的農場，知青已人心浮動、躁動不安了。

大約在這個月底或是十二月初（七八年），我的左眼皮裡長了個怪怪的小肉丁被恩賜轉到景洪醫院，看完後當天趕不回去就住在景洪十字路口那兩層樓的江邊旅館。晚上，我聽到外面傳來很響的哇哩哇啦爭吵說話的聲音，探頭向走道一邊望去，見一門前站著好些知青，走道內外彌漫著嗆人的煙味。好奇的我反正無事便走了過去，也許是知青之間那種共同的氣息吸引了我。進房

後見左右兩側靠牆的四隻床上坐滿了知青，另有許多人或站或靠東一句西一句好像在議論什麼大事。

　　見我探頭探腦站在門口，有人招手說：「你來來來。」（後來才知，那人就是丁惠民）。他問我是哪裡的，我說是東風的，他說這裡也有東風的，八分場的，我趕緊說自己是二分場的。他問我做什麼工作？我說文書。他一連說幾個好：「我們正需要像你這樣擔任一定職務的知青來參與。」他向我簡述已經做過的事，說下一步要發第三封信並準備北上請願。第三封信發出去後肯定和前兩封一樣是不會有回音，這也是預計到的，但這可以增加我們北上的理由，我們必須這樣做！他還透露得到的內部消息：「北京正在開第二次全國知青工作會議全面討論總結調整上山下鄉的事。聽說爭論很大，不像以前那樣一邊倒，而是相當均勢。」他說這是個好現象，需要我們這裡加把火，把我們自己的想法和願望傳出去，讓他們知道知青到底是怎麼想的，把砝碼向有利於知青這邊傾斜。

　　他要求我們把這些消息都帶回去，把準備請願的事告訴大家並希望我參與一起搞，我毫不猶疑答應了，因為我覺得這是知青自己的事，向中央反映問題是應該的，不犯法。後來我才知道，在我見到他們之前，也就是十一月二十九日就在這間房裡，以丁惠民為首的40多名知青已經開了第一次聯席會議並由此統一了組織和行動。

　　火急火燎滿懷興奮之情的我趕回去後把這事同知青一說，大家圍著我七嘴八舌：啊，有這種事？知青裡有人準備鬧事啦？要求回家啦？好！好！一個個臉上透著興奮的光芒。我還將聽到的關於正在北京召開知青會議的事一講，更是激動得個個躍躍欲試。後來我去了七分場、十一分場和一分場，更遠的地方我也去

不了，我想大勐龍那邊八分場那人會管。可以肯定，不但是我，凡是從景洪回來的任何一個知情的知青都會把這消息帶下來的。

　　幾天後接到電話叫我去一分場三隊開會。選擇那裡可能是因為它的交通還算方便且靠近丁惠民的景洪農場。會議在三隊的一間知青宿舍內開的，其實也不能算是開會，嚴格說是丁惠民過來號召、鼓動及徵求第三封請願書的簽名。

　　我去時見信的後面已有成排成排的各種筆跡的簽名，於是也簽上自己的名。在落筆的那一剎那我竟然有點猶豫：這名一旦簽下去可不是鬧著玩的，要擔責的，萬一搞不成極有可能會被秋後算帳。又一想，那麼多人簽名我怕什麼？我們的要求又不是非法的，文革結束了，國家在撥亂反正，別人都在糾正冤假錯案，我們為什麼不行。知青本來就是文革的產物，是這棵毒樹上長出來的毒瘤，砍掉它也是應該的。長串的簽名相互鼓勵了我們義無反顧的決心。

　　十二月七號，他們又通知我去景洪農場招待所開知青第二次聯席會議。由於人多（大約150人）會議在橡膠林裡開。那是一塊平地，一棵棵橡膠樹默默挺立著，伸展的枝葉連成一片遮住亞熱帶的驕陽。一大群面目黑黃、衣著隨意破舊的知青坐在地上，會場出其的安靜和嚴肅。丁惠民把眼前的形勢和情況說了並在會上宣讀第三封請願書：

　　……有權勢的人早已遠走高飛，得意洋洋；有門路的悄悄溜走，不聲不響；有錢有財的買通門路，不翼而飛；剩下的只是我們這些普通工人子女，像一堆被人拋棄的東西丟在這裡，過路人也不屑一顧。

　　……八年了，這還不夠嗎？人生能有幾個八年？我們的青春僅剩兩、三年了，還能無端地消磨下去嗎？

……中國這麼大的一個地方，為什麼只有農村才是我們這批人的歸宿？難道再教育就是用這種八年來進行的簡單笨重的體力勞動來表現和實現嗎？

……八年，父母的眼淚快要流盡，我們體內的青春活力即將衰老，再這樣下去，我們實在受不了了。

我們懇求，我們請求。不求金，不求銀，只求讓我們回到父母身邊吧！

會場上靜靜的，只有丁惠民那悲憤的聲音，聽完後我流淚了，一種神聖使命感由然而起。

會議產生了赴京請願籌備總組，選舉丁惠民為總指揮，胡建國、劉先國為副總指揮。另外每個農場選一個，共6個常委還有許多委員。我是6個常委之一，算是代表東風。至於為什麼是我？我也不清楚，應該說是那突然湧來的浪潮把我捲到這裡。我知道自己的能耐，在自己的分場還能活動一下，附近幾個分場也就是吹吹風聯絡一下。整個東風農場我是沒有什麼影響力的。

說老實話，這實在不是什麼值得驕傲的事。我估計，此時的我大概已經是農場領導眼裡「要造反」的壞分子，是「一小撮別有用心的壞人」並已經上了他們的黑名單。搞砸了很可能被送去坐牢，在「首惡必辦」的範圍內。

安靜下來後，我依靠在橡膠樹上想了許多，我想到過後果，包括參加會議的人他們肯定都考慮過此事：一旦請願失敗，可能丁某某被判十年，劉某某判個八年，自己也會被關上幾年，都有可能。想想，又怎樣呢？無非是去普文勞改農場，和現在的農場也差不多，身在十七層地獄難道還怕下到十八層地獄去？知青的事，總有人害怕不幹，因為要回去大家都可以回去，成果大家享受，何必自己出頭呢？但也必定有人會站出來，這事讓我碰到

了，也許是我的性格決定，我站出來了。

當天下午，北上籌備組派人為請願的事去找州委書記，管接待的和藹可親且微笑地雙手一攤說頭頭不在。找副書記，也沒有。有人說公安局長好像也是副書記，找他去，一大群人湧到分局自然不見局長蹤影，憤怒的知青就差沒把停著的警車翻掉。

來回跑累了的知青終於火了，唯一辦法只能靠人多造成氣勢形成壓力。於是總組叫我們各個農場的趕快回去叫人，越多越好。我跑到公路上攔了一部卡車翻身而上一路顛簸灰塵滿面趕了回去直奔我們分場六隊。六隊知青人多心齊，我把事情一說立馬回應，走！我們一共去了30人不到，以六隊知青為主，還有其他隊的，工程隊也有（重慶知青略多於上海知青），趕到農場汽車隊後先找那些開車的。

這些平時感覺特別良好的汽車駕駛員看著我們不無輕蔑帶著譏諷的口吻說：「哦，好事，但我們又不能聽你的，你說派就派了？要找我們領導。」

壓住火悶頭去找車隊的支部書記。書記剛得知有一幫知青在車隊忙乎，知道大事不妙想以一走了之，不料剛好被湧來的知青攔住。他一臉無辜地說這事他作不了主並用手往場部方向一指說要找上面。

又一次被推委，知青火了，亂哄哄中有人氣狠狠地叫著說去找王××（農場場長）。由於場部離車隊不遠，我們30多人一轟而去。

場長王××此時肯定已得到車隊領導電話自然避開了。在辦公處幾十個知青找不到人已是火氣沖天，有人提議去他家自然是一片呼應於是呼隆隆直奔而去推開門場長老婆想阻止被知青往邊上一推後一擁而入。房間裡不見場長衝到後面小伙房還是沒人

影，於是乒乒乓乓稀瀝嘩啦又敲又砸，場長老婆見此尖聲大叫又哭又鬧。

看到這幅亂象，我這個「領導者」反倒有點害怕，不是怕敲壞他家的鍋碗瓢勺，而是怕打傷人或有那個不理智的傢伙頭腦發熱一激動去點把火？我立即上前想阻止卻被他們推了出來，沒人把我這個「領頭的」放在眼裡，局面無法控制。

好在沒出大事。後來我進到他家小伙房時，只見一片狼藉，裝油的罎子破碎了，油流一地（罎子大小約可裝10斤左右油，有人說有三罎子，當時很亂我沒在意）。想到我們知青一年到頭沒什麼油水，八年了，過的是什麼日子！聽說一些普通知青家長為了自己的孩子，千方百計、千辛萬苦、到處求人好不容易搞來的商調、病退函，到了你場長這裡竟如同一張廢紙，在你的眼裡知青算什麼？遠不如橡膠樹重要。

這是八年苦難積壓的怨憤和不滿的一次爆發。憤怒中，罎罎罐罐敲碎了，鍋也砸了，小伙房的頂也被掀掉一些。知青似乎還不解氣，有好事者把他家床上的被子抱起跑到門外往水溝裡一扔。冷漠的鄰居無一人出來干涉。正鬧得不可開交，在打砸聲、叫罵聲、哭喊聲混作一團時匆匆走來個幹部模樣的人，估計是團直主任之類的他面無表情地說：我答應你們，派車！你們回去吧。

回去後我打電話給其他分場說去景洪遊行的人馬上到車隊集合，沒規定多少人，想不到呼啦啦一下子湧來那麼多人，車隊的6部卡車根本不夠。臨時又抓車，不管了，抓到一部是一部。五五拖拉機也去，我們二分場有部130好乘30人，開車的是上海知青×××，在當時那種熱情和氣勢推動下，他也把車發動起來拉著知青往景洪方向開去。

這麼一搞太陽西下近黃昏，公路上熱鬧極了，汽車引擎的轟鳴聲伴隨著知青的喧叫聲、歡呼聲。一會這條叉路灰塵翻滾開出一部車，一會那條路上又冒出尖聲大叫擠滿人的拖拉機，公路上形成一條壯觀的車隊。

車子開到師部已近晚上十點，我想去接洽吃飯之事，發覺他們早有準備。師部食堂支起大鍋在煮飯炒菜。看來農場的行政機構並無鬆散，他們只是被動的應付局面。大桶大桶的飯已經蒸好放在那裡，一筐一筐的膠碗也放在地上。人多的就像上海南京路。以至於要分批吃。飯始終管夠，菜炒好一盆端上來後即被一搶而空，大桶的酸菜湯放在一邊。我想這模樣，農場的「先代會」也不過如此。至今難忘那捲心菜炒肉片的美味！

吃了飯已近半夜，景洪縣城所有的旅館招待所都被知青占了，至於一張床上擠多少人他們也管不了。沒處睡的知青一大幫一大幫在大街上晃蕩，景洪城似乎沸騰了，知青的節日真的來臨了?!

地處亞熱帶的西雙版納雖然十二月份但不冷，路邊地上到處可見橫七豎八躺著坐著的知青一堆堆在吹牛。夜深了，天空如洗，星光閃爍，我半躺在景洪大街牆邊望著一輪彎月不禁想到了遠在上海的父母，黯然淚下。

第二天，景洪大街上及各農場陸續不斷前來聲援的知青又湧到師部，只見一筐筐饅頭已經蒸好，一桶桶稀飯放在那裡，還有酸菜，隨便吃。看來師直的那些「貴族」們現都成了「支前模範」了。吃完早飯後大批激動著又無所事事的知青重又回到景洪大街上，一個個陌生、興奮、黑黃的面孔冒著油汗，知青們彼此在對方的臉上找到了自己，無形中組成了一個「同是天涯淪落人」的團體。

交通要道十字路口人山人海，有人爬到路中的碑上揮手演講，有人站在自行車上講。這裡一群，那裡一堆，一個接一個。說我們如何如何苦，吃的不好、住的太差、捆綁吊打、路費不報等等，說州委找不到人，都逃掉了。記得那時我也爬到碑上去講了，具體講什麼，忘了。我只記得那時的我很激動，語無倫次、東一句西一句，一點都不精彩。生平僅有的一次面對大庭廣眾的演說草草收場，想想私下裡吹牛我還是挺能說的，怎麼一上去就亂了呢？

既然沒人理我們，咱也豁出去了：堵路。十字路口的交通本來就已處於半堵塞狀態，如今只是將各個農場分分工，幾分鐘後路即堵死，很快就聽說堵到了思茅。這時從我們農場那個方向路口開來一部吉普，車上下來個人對堵路的知青說：「讓一讓好吧，我們是軍車有緊急軍事任務」。知青坐著說：「不行！我們要聽命令，你找我們頭頭」。

這段路我負責，有人找到我說：你負責？說情況緊急請我們讓開。我說：「不是我不同意，我就是同意了也辦不到，你看看這黑壓壓的人頭，怎麼可能會給你讓出一條路來呢？」

車門打開又下來一個趾高氣揚當官模樣的人用教訓指責的口氣說你們這樣不行！……。我拍拍邊上兩個知青的肩膀說你們去解決一下，只見那幾個知青跑過去什麼話也不說就準備動手翻車子，機警的軍人見狀不妙馬上把車倒回去，總算明白了怎麼回事，留下一片歡騰的嘲笑聲。

鬧騰的知青當晚又到州委，經過長時間的等待算是領教了領導的下馬威後書記冒出來了。他態度溫和首先指著牆上一大群同毛主席合影的人們點出了自己，而後拿出一大包蠟黃的煙絲說是從緬甸搞來的並假模假樣地說我要親自捲煙（喇叭煙）給你們

抽。他一臉和善地說很抱歉，剛從什麼地方開會趕來。我很同情你們，你們知青辛苦了，我們工作沒有做好，我希望你們如何如何，有些事我們也決定不了……

要書記贊同知青北上請願的事也確實難為他了，他決定不了，但他見過知青了，勸說過了，這就夠了。上面怪罪下來，他也算是盡到責了。知青其實也知道他決定不了，但必須先找他。找過了，打過招呼了，後面的事也就順理成章了。

第二天十二月九日正式宣佈罷工。原因自然是州委對知青開始不理不睬，後又採取搪塞的態度。我回農場後就去搶佔廣播室，其實也不是搶，管廣播的是一北京知青，很默契微笑著把鑰匙給我說你用完了還我。我估計她事先請示過領導。後來一直這樣，要用我就去拿，用完還給她。

我在廣播裡說：知青北上請願受阻，現在決定罷工並宣佈罷工紀律，有幾條，一是不許知青自己內部打架鬧事；還有就是不許鬧出什麼民族糾紛等等。因為不管出什麼事，我這個「頭」是脫不了干係的，丁惠民關照過，犯法的事咱絕對不能幹。

對於有人不罷工怎麼辦？當時我們也想好了，儘量勸阻，真的他要去幹活也沒辦法，又不能打他。後來也真的有人打電話告訴我說×連一知青小幹部上班去了，我想應該做點什麼，於是給六連負責的×××打個電話：你弄兩個人去給他點厲害，告訴他這樣是不行的，我特意關照千萬不能把人打傷，真要那樣我們都要倒楣。他說懂了，我會辦事的。很快他給我電話說搞定了：幾個人找到他後將他按在地上一瓶藍墨水往他頭上一倒，頓時滿頭藍色。

知青一旦鬧起來事情真多，特別是一些重慶知青脾氣火爆。不去管真出了事就不好辦了，那時我管東管西、疲於奔命，與其

說是職責所在還不如說怕出事今後擔責。還好七隊的上海知青張交川（矮子）一次碰到我說：蘋果頭，我協助你一道來搞這件事。後來分場知青鬧返城的事主要是我們兩個在管，當然各個連隊也有負責的。

很快又來電話說要北上，快點捐款。為自己的事大家特別賣力。記得那時我工資42元5角，我捐了20元，那是10張嶄新連號的2元紙幣，是我這個文書憑著負責發工資的小權給自己留下的。這些新錢一直沒捨得花，捐款時我心疼地把它捐了出去。因為我確實把自己當著「頭」了，既然作為頭，做事就要帶頭，多出似乎是應該的。捐款是一元起，一般是2塊。我們分場一共捐了460塊。

北上請願給我們分場分了兩個名額。當時我同張交川商量：「矮子，看樣子我是走不開了，這次你去吧。」因為當時丁惠民說了留下來的人一定要會辦事、能辦事，要不亂套了。我在搞這事之前，曾在分場宣傳隊裡吹笛子，人家都知道我蘋果頭，聯繫號召做什麼事也方便。後來北上張交川去了。聽說請願分三路，一路北京；一路上海；一路重慶，張到底去哪裡我不清楚，但他肯定去了。捐款最後也是由張帶去交給總部後勤的兩個女的，寫了個收條，聽說共1萬多塊⋯⋯

其實早在這場驚天動地，以死抗爭要求回城的事件的四年之前，也就是一九七四年八月二十八日，雲南滇西農墾知青就暴發過集體大逃亡的「瑞麗事件」。對此，雲南知青作家鄧賢在《中國知青夢》中有生動的詳述，現摘錄如下：⋯⋯那年夏天，洪水氾濫。然而更加使人惶惶不安的卻是現役軍人即將撤離師、團的消息。

「你們可以復員，轉業，調動工作，我們為什麼只能在邊疆

當一輩子知青？」另外，近期內將發生裡氏六級地震的消息更使知青們人心浮動。短短幾天，數千名知青湧向縣城，在返城要求得不到答覆的情況下，開始大批向瑞麗江橋和滇緬公路移動。

二十八日凌晨二時，守衛瑞麗江橋的邊防檢查站陳站長接到上級一道措辭嚴厲的命令。上級命令他二十四小時內不惜一切代價守住大橋，決不讓一個逃亡的知青過橋。但是唯一的限制條件是不許對人群開槍。

七時五十分，晨霧漸漸散去，第一批黑壓壓的知青隊伍出現了。方陣沉默行進。碎石公路上沒有人聲，兩個彼此敵對的方陣迅速縮短距離。一百米，八十米，五十米……突然橋頭的警報拉響了。方陣繼續前進。"砰砰砰"，士兵對天鳴槍。高音喇叭裡反復宣講政策，瓦解來犯者鬥志。知青們悲壯地挽起手臂，挽得緊緊的，有人帶頭唱起〈國際歌〉。

訓練有素的軍隊和民兵防線猶如黑色的岩石始終紋絲不動。堅強的決心和嚴明的紀律性使他們成功地阻擋了知青浪潮的輪番衝擊。就在這時，一隊人數更多來勢更加兇猛的知青方陣出現了。

形勢萬分緊急。對空鳴槍示警無效，三道民兵防線相繼被衝垮。因為上級有命令死守，所以陳站長在混亂中只好將最後一批士兵和民兵撤退到大橋入口處，手挽手組成人牆，並喊出「誓與江橋共存亡」的悲壯口號。

這是西元一九七四年夏天發生在中國西南邊陲的一個氣壯山河和驚心動魄的宏大場面。數百名全副武裝的軍人和民兵奉命堅守江橋，他們在不得開槍的被動情況下，只好將自己身體當作障礙物堵住逃亡者的必經之路。數以千計歸心似箭的知識青年則冒著危險用身體去撞擊和搖撼這道防線。

戰鬥持續到中午。知青從附近農場趕來一群水牛，許多不怕

死的男知青騎在牛背上亂踢亂砍，水牛負痛受驚，就翻開四蹄朝江橋狂奔而來。江橋防線終於抵擋不住氣勢洶洶的牛群的強大衝擊，一時間被衝得七零八落。有的士兵被踩傷，還有的竟被拖出十幾米遠。數以千計的知青在一片震耳欲聾的歡呼聲中，浩浩蕩蕩通過江橋，踏上通往中國內地也通往家鄉的康莊大道——滇緬公路。洪水決堤了。

知識青年無法無天的舉動終於驚動昆明和北京。雲南省革委會和昆明軍區遵照上級指示，派出大批部隊沿途圍追堵截，說服、動員和強行遣送知識青年回邊疆。同時發動公路沿線數十萬貧下中農和公社民兵，許以雙倍工分補貼，在千里滇緬公路上布下一張圍捕逃亡者的天羅地網。省革委會領導指示非常明確：「不許放一人漏網。」

於是短短一周內，自作自受的逃亡知青就不可避免地陷入了人民戰爭的汪洋大海。成千上萬的農民手持老式武器：銅炮槍，獵槍，鋤頭，扁擔，男女老少齊上陣，連放牛的孩子也目光炯炯，晝夜監視公路上一切可疑的行人。

一旦公路或者山坡上出現逃亡知青的身影，隨著一聲梆子響，於是我們在〈地道戰〉〈地雷戰〉裡見過無數次的壯觀場面就生動地重複再現了：農民高舉大刀長矛，揮舞鋤頭扁擔，亢奮地吶喊著，個個奮不顧身以一當十地衝向知青而不是敵人。上級規定多捉拿一名知青可獎勵工分若干，因此貧下中農紛紛煥發出極大的積極性，又有許多人為爭奪俘虜互相動手打得頭破血流。

遣返知青的工作足足進行了半個多月，各地政府出動數百輛汽車才將捕獲的知青陸續送回邊疆。僅僅事隔四年之後，也就是西元一九七八年歲末，知青北上請願團會不會遭到與「八‧二八」知青同樣難堪的失敗下場呢？……

第二節　首批雲南知青赴京請願的曲折經歷

　　是的，鄧賢的擔憂不無道理。在當時「兩個凡是」陰霾還未散去的情況下，雲南知青的罷工、請願行動從一開始，就面臨著極其險惡的環境，甚至很可能定為反革命事件而慘遭鎮壓。關於其中一波三折的經過，我們可以通過當事知青天之歌所寫的「三十周年祭」──（一九七八年雲南版納知青首批赴京請願團紀實）得到粗略瞭解。這是一篇比較客觀的史料。我只稍微進行了整理，現轉載如下，若有出入，以原文為準：

　　西元一九七八年末，雲南西雙版納各農場，一場勢不可擋的返城風暴刮起，在面對地方當局的高壓與知青內部產生是否堅持北上的暫時猶豫和分歧時。一群風華正茂血氣方剛的青年，毅然率先揚起北上先遣的大旗。他們徒步北行，歷經通關經費失竊、昆明臥軌、內地宣傳、北京跪雪的苦難，最後僅剩下十一人的堅強團體抵京。

北上日記摘錄──〈北上前夜〉

時間：一九七八年十二月十五日晚

地點：西雙版納州州委禮堂

人物：西雙版納北上請願籌備總組全體成員以及版納知青
　　　數百人。

　　在北上請願出發時刻即將來臨的時候，北上籌備總組負責人丁惠民同志提出了推遲一下再讓一步，給點時間給州委，讓他們再考慮一下作出答覆。在當時的情況下，我們按照民主集中制原則，少數服從多數，對丁惠民同志的

意見進行了表決。

就是這推遲一下，已經給我們造成了不可彌補的損失。省委、州委領導借和談機會，利用各種手段，甚至誘導、拉攏知青負責人。同時派出工作組在知青中煽動、分化、瓦解一部分知青的意志，削弱北上的信念，我們盼星星盼月亮好不容易盼出的「即將到來的時刻。此時幾萬顆心在巨烈地跳動，幾萬知青不怕疲勞，長途跋涉聚集景洪，打聽北上出征的喜訊，準備歡送北上代表。景洪街頭人山人海，大家談論著，歡心著：明天準時出發嗎？

在這種情況下，我和幾個知青代表，以二十團（勐滿農場）的名義向在場的全體知青表了個態：「請大家放心，就是天塌下來我們也能頂住，堅決北上」。此刻多少雙眼睛在盼望著我們，多少雙手沖我們伸來：你們放心去吧！我們一定作你們堅強的後盾。

預料不到的夜幕降臨了，我們的負責同志籌備總組總指揮丁惠民與省委、州委領導談話回來了。他立即召集各團代表開會，統一思想進行關於是否北上的表決。八個農場，其中兩個農場人數少沒表態，其餘一致通過：第二天準時強行北上。

此時丁惠民發言了：一、目前看來強行北上對我們不利，要想到全域，我們再給州委幾天時間考慮考慮。二、中央電話通知已學，中央關於對知青問題統籌解決的文件馬上下達，等等吧！難道誰敢與中央精神作對？三、我看省委已找我談過，可以給我們解決些具體問題，是已說好了的。

丁惠民談到這裡，代表們憤怒了，暴跳如雷。質問丁

惠民：你不是說最後等一天嗎？你曾經立過誓「就是死了也要把我抬上北京」。你簡直是出爾反爾。要只是為了改善點我們的生活，為了點油、鹽、醬、醋至於嗎？不是為了回家，大家的心有這麼齊嗎?!最後丁惠民表態：「對於北上，我不支持也不反對，我棄權」。在此情況下全體代表舉手表決，以5：3票取得了強行北上決議的通過。

然後，又有三個農場發言談到：一、丁惠民去，我們才去。因為我們是看了丁惠民的聯名信而來景洪的，他都不去了我們怎麼去。難道讓我們跟那些不明不白的人去嗎？二、從各方面看我們覺得還是要等幾天，省委、州委解決就行了，不解決咱們再北上。這些同志他們完全沒考慮到已經推遲了一天，在知青中已造成了不好的後果，對知青打擊很大。很多知青說像現在這種情況，怕沒有人再會支持你們了，很有可能會造成全域大亂。

在這緊要關頭，我們幾個團的代表再次向知青們表態：頭可斷，血可流，北上，北上，堅決北上！明天一早出發，跨過瀾滄江。那怕有數十挺機槍幾百門大炮，我們會舉起我們的大旗衝過去。

時間已過淩晨兩點，抓緊時間重新籌備。當時的州委禮堂的情況就象「十月革命」的前夜，人來人往川流不息，各自都在作自己的準備工作。等我們籌備工作完畢，版納已迎來新一天的曙光。

馬上漱洗完畢，我們整裝待發。歡送的群眾來得多早啊，幾百輛單車在前開路，北上代表夾在歡送的人群中，鑼鼓聲、口號聲、歌聲匯成一片。幾千名知青放聲高呼：「向代表們學習，祝你們成功」！………整齊的隊伍，邁

著驕健的步伐，雄糾糾氣昂昂地跨過了瀾滄江大橋。

首批請願團副團長（重慶知青×××）

於一九七八年十二月十六日凌晨

一九七八年十二月十六日首批請願團在景洪宣誓出發，徒步踏上北上征程。首批請願團隊伍剛離開版納，立即遭致雲南省委、版納州委的圍追堵截，請願團一面應付他們的糾纏，一面艱難地北行。在普洱，首批請願團與前來堵截的省、州委領導進行了對話談判。

之後，請願團沿昆洛線展開了北上宣傳。在途經思茅時，向當地群眾和過往知青進行了宣講，請願團成員在途中還印製了傳單，在公路上書寫大字報。

通關，是昆洛公路上的一個重要隘口。首批請願團經過艱難跋涉400餘公里剛到此地歇息。隨團攜帶的4000餘元經費，瞬間神祕被竊，使得已經是疲憊不堪的隊伍，頓時陷入無錢無糧的絕境。加之過往車輛均接到雲南有關方面通知，拒載北上知青，首批請願團滯留通關動彈不得。

為了不負北上重望，請願團員被迫阻斷昆洛公路，向過往司機、群眾宣傳北上精神，喚起了廣大民眾對知青的同情和支持，最後一支受感動的解放軍車隊，主動搭載請願團員駛向昆明。

首批請願團一到昆明，就被雲南省委和農墾當局纏上，請願團一邊與其對話爭取合法北上，一邊在昆明市區展開大規模的刷標語、演講等宣傳募捐活動，爭取社會同情籌集北上經費。

首批請願團與雲南省委和農墾當局幾天的對話、談判很是激烈而又尖銳，一方主張嚴禁進京、就地解決問題，承諾改善農場知青待遇。一方仍然堅持北上向中央反映問題，知青要回家。雙

方觀點南轅北轍，對話談判常常是兩方大拍桌子不歡而散。首批請願團清楚地認識到：知青要回家必須找中央，與雲南方面無謂的糾纏只能是坐失良機。在昆明幾天的募捐已經籌集了少量進京經費，時不待我，必須立即強行北上。

一九七八年十二月二十二日晚十時三十分，首批請願團打著紅旗列隊前往昆明站。當請願團以23塊手錶和證件作抵押購票時，得到車站方面明確回答：「就是有錢也不會賣票給你們」。請願團無奈之下，強行衝站登上發往北京的62次列車，當局立即停發62次列車，並將情況迅速報往中央。首批請願團為此張貼了「告全國人民書」，得到了許多旅客的同情，62次列車旅客的也用向鐵路部門張貼抗議書的形式對知青請願表示了聲援。

62次列車的停發，立刻引起了大量旅客的不滿和社會對知青的同情。更有不少過往昆明的知青前來車站聲援，一時昆明站人山人海局面混亂。國務院有關領導的指示這時回饋雲南：「如實在不行，請願知青可派數名代表進京反映情況」。為配合國務院工作，請願團主動撤離車站，與雲南省委就進京人數問題艱難地談判。雖然請願團作出大幅度讓步，但雲南省委仍堅持不准進京上訪。雙方僵持不下，談判破裂。

一九七八年十二月二十四日晚十時，首批請願團再次打著紅旗強闖昆明站，遭到了有組織的暴力襲擊。由於事前有紀律要求，先遣隊員保持著極大的克制。但聞訊趕來的各農場途經昆明的知青和過往旅客震怒了，為了保護好請願團員，雙方扭打起來。不斷有人受傷，現場一片混亂。

為了表示對暴力襲擊的嚴重抗議和避免繼續有人受傷，請願團員憤而抬上受傷團員臥上了鐵軌，進行臥軌絕食。西南大動脈瞬間癱瘓，數萬旅客滯留車站。

消息傳開，舉國譁然、朝野震驚。國家農林部副部長兼國家農墾總局局長趙凡臨危受命，率領國務院工作組緊急飛往雲南。

次日，國務院總理李先念簽發「三點緊急通知」：「一、鐵路是國民經濟大動脈，不允許任何個人和組織隨意攔截；二、毆打民警和鐵路工作人員是違法行為，如果再發生類似事件，政府將依法嚴肅處理；三、在昆明的農場知青要盡快返回農場，在當地黨委的領導下，搞好抓革命促生產……」

昆明站大批軍警開赴實施戒嚴、清場，疏散旅客，高音喇叭不斷廣播國務院通知，對臥軌知青進行反復勸誡警告。並不斷傳達國務院：「實在不行，可派數名代表來京反映情況」的指示。

在雲南省委領導和已經抵達昆明的國務院工作組親臨臥軌現場的勸導下，首批請願團見同意代表進京的目的達到，為不繼續惡化事態，饑寒交迫的請願團員們才抬著受傷的隊員，含淚撤離臥軌24小時的現場。首批請願團經過多次與雲南省委、農墾當局對話和鬥爭，最後爭取到了給與同意北上。

就在首批請願團北行路上一波三折、大造聲勢的最艱苦時刻。原先放棄北上的丁總指揮在內外壓力下，這才定下決心，領著第二批請願團悄無聲息地從版納北上，繞過是非之地昆明，經成昆線順利進京。

雖然國務院已網開一面同意在昆首批請願團數人進京，但雲南省方面仍以各種理由給以阻止，強行進京已不現實。

首批請願團總結經驗，重新作出佈署：把隊伍一分為三，一部分留在昆明繼續與雲南省有關方面周旋。另外分兩部分，趕赴上海、重慶，請求家鄉父老兄弟支持，宣傳北上請願精神，募集進京經費，爾後擇機再行北上。

兩天後，一支20餘人的隊伍打著紅旗出現在山城重慶的街

頭。他們在重慶大田灣體育場、重慶三中、重慶九龍坡區等地進行演講宣傳，雲南知青的情況讓家鄉人民的極為關注，請願行動也得到了家鄉人民群眾的極大支持，父老鄉親十分踴躍捐款。募集的經費遠遠超過從版納出來沿途募集的總和。

一九七九年一月六日，身披亞熱帶的風暴，迎著「兩個凡是」的酷寒，歷經坎坷的首批北上請願先遣團的最後十一名代表，終於由重慶抵達北京。

首批請願團剛到北京，就受到國務院辦公廳和農林部負責同志的熱情接待，並被安排住進了國家農林部招待所，除伙食外每天給予每人七毛錢的生活補貼。有關負責同志認真地告訴首批請願團，丁惠民帶領的第二批請願團昨日剛剛離京。同時向首批請願團散發了王震總理接見第二批請願團的會議紀要。

王震總理的談話紀要中，除了空洞的政治說教外，沒有對雲南知青的返城要求有絲毫的具體答覆。看來第二批請願團應該是黯然離京的，按丁總指揮的話說：「在中國見了皇帝都不答應的事就沒有辦法了」。面對嚴峻的局面，首批請願團緊急磋商，大家一致認為：我們背負著版納知青的期望而來，一定要在北京繼續抗爭，等候中央一個明確的答覆，否則無顏見雲南省幾萬名農墾知青，更對不起家鄉父老。

一九七九年一月八日，北京飄起鵝毛大雪，首批請願團的知青打著紅旗列隊來到天安門廣場，十一名隊員默跪在雪地中，每人身上都掛了一個字牌，組成了「我們要見華主席鄧副主席」的十一個大字。從上午一直堅持到下午，在凜冽的寒風中猶如一座座悲壯的冰雕。引起無數首都群眾、外賓的圍觀拍照，不少人見之憐憫地失聲痛哭。

雲南知青的命運一時間成為北京市民街頭巷尾熱議話題。不

少首都群眾、知青、幹部紛紛前來看望慰問，給首批請願團出主意想辦法，衷心希望中央能夠徹底解決雲南知青的問題。

因為首批請願團從版納憤然出走的原因是與總部有分歧，所以離開版納後，也就再沒與版納指揮總部發生過任何聯繫。但由於北京的通訊較為方便，首批請願團到京後，就能適時直接與各農場罷工知青負責人保持密切的聯繫。首批請願團每天都能夠收到來自版納各農場知青罷工請願等動態的信件和電報。

儘管此時官方媒體已反復報導了版納罷工知青總指揮給王震的檢討信，版納罷工知青總指揮也下達了復工令。但版納乃至雲南全墾區知青誓死返城的決心依然沒有改變，全雲南墾區知青要求返城的罷工運動正如火如荼地在開展著。這對於首批請願團在京的活動，無疑是巨大的鼓舞和配合。

首批請願團一邊堅持不懈地向中央、國務院領導反映情況，一邊在首都展開廣泛的宣傳、講演、靜坐活動，為使雲南知青的問題更廣泛地引起中央、國務院和全國人民的高度關注而大造輿論。他們在北京西單民主牆張貼知青現況的大字報，在北京街頭刷寫要求回家的標語，在北京人民英雄紀念碑前宣讀了不負眾望的誓言。通過一系列活動讓人們更多地瞭解雲南知青的生活現狀和回城的要求。

在此期間，他們還如實地向黨中央、國務院反映了當時雲南農場知青的心聲，受到了時任國務院副總理王任重同志、鄧小平同志的秘書親切接見和處處關心……

隨著中央、國務院調查團對雲南墾區各農場的實際情況深入調查，雲南孟定知青等農場知青爆發了更為慘烈的要求返城的絕食、罷工、血書、跪拜、慟哭等請願活動，給中央最後對雲南知青的去留定奪，起到了至關重要的作用。就這樣，首批請願團在

北京一直堅持到版納知青開始辦理戶口的喜訊傳來……

關於首批北上請願團苦難曲折經歷，南定河在〈他們不該被遺忘〉一文中，也詳述了他們對雲南農墾知青大返城抗爭中所起到的極其重大作用：……自從上海電視臺〈紀實頻道〉播出【往事】〈大返城〉以來，已經被人們遺忘的角落，那片紅土地的往事引起了大家特別是知青朋友的關注。

丁惠民提到知青裡面有些比較激進，這是大實話。在雲南省派來工作組之後，一部分激進代表認為工作組只不過是農墾和婦聯的一般幹部，只是來聽聽意見的，與知青要求的大返城相去甚遠，主張立即北上。丁惠民比較穩妥，與激進代表發生嚴重分歧，主張繼續與工作組溝通。

全體代表以舉手錶決方式，70%贊成北上。推舉產生了以黃玉海為團長，塗清亮、鄒新德為副團長，也包括劉庭明在內的首批北上請願團。現在電視裡給人們的印象好像只有丁惠民這一個請願團，其實丁惠民是第二批請願團。

首批北上請願團一路歷經坎坷，首先買不到車票，只能步行（行程800公里），接著在昆洛公路距昆明還有300公里的一個叫做通關的小鎮，裝有全部路費的皮包在眾目睽睽之下離奇失蹤，有人認為是內鬼，有人認為是農墾方面派來的「007」所為，時至今日仍然是一個謎案。

手錶換車票遭到拒絕，走投無路的知青在昆明無票登車遭到驅趕，知青們便採取臥軌的激進方式。轟動全國，時值黨的十一屆三中全會剛剛結束，為了維護安定團結的大好局面，國務院立即委派農墾總局局長趙凡即刻率領中央調查組隨雲南代表團同機飛往昆明。

趙凡這位善良的老人把知青臥軌事件作為人民內部矛盾來處

理，還批評了那些主張抓人的公安同志，並且把他們調離了公安工作。接著覺得需要聽一聽底層的聲音，便去了景洪，由此可見中央調查組急匆匆的到雲南緣於首批北上請願團的「魯莽」行為。

歷經艱辛癡心不改的激進的首批北上請願團，不想回頭，於是把僅有的剛剛募集來的一點錢買了一張車票，讓劉庭明先行趕往北京，劉庭明於一月四日剛剛趕到北京，就參加了晚上王震副總理的接見第二批北上請願團，還上演了那個冒犯首長的插曲。

首批北上請願團43人最後只有11人到達北京，已經是一九七九年是一月六日，與丁惠民的第二批請願團擦肩而過。他們依然和丁惠民請願團一樣受到了農林部熱情接待，每人還得到一件軍大衣，北京的一月漫天大雪，饑寒交迫的知青感覺到了一種家的溫暖。國務院辦公廳主任王東渝，農墾總局辦公廳主任賈大勤，像親人一樣和代表們拉家常。傳達了前幾天王震副總理的接見丁惠民請願團會談紀要。

正如丁惠民所說的那樣，黃玉海、塗清亮、鄒新德屬於激進的，通過二天的瞭解，他們基本搞清楚了第二批請願團是無功而返的情況，便決定即日起（一月八日）天天到天安門廣場，默跪請願。那幾天北京天天是鵝毛大雪，11個代表每人身前掛一塊牌子，組成了「我們要見華主席鄧副主席」的橫幅。從上午九點到下午三點，一動不動，雪很快沒齊了膝蓋，圍觀者皆悲咽失聲。

在招待所經常有一個姓王的和藹可親的幹部，知青們以為他是招待所所長，時間一長知青們和他無話不談。哪怕是對陌生人不敢說不想說的，在王所長面前卻毫無保留。王所長對知青們像父親一樣的慈祥，整天笑呵呵的。

知青們直到一月二十四日看到了二十二日中央調查組和雲南

省聯合上報的〈關於知青鬧事的處理意見〉，意見原則上同意雲南知青返城，國務院副總理王任重二十三日批准了這個文件，這在中國算得上是最快的辦事效率了。黃玉海等人才眉開眼笑的完成了五萬西雙版納知青的囑託，告別了天安門廣場，這些可愛而又激進的孩子。此時平均年齡還不到二十五歲。

一九七九年一月二十五日，中國人傳統的盛大節日除夕，國務院，農林部舉行招待晚宴，黃玉海、塗清亮、鄒新德等11人也被榮幸邀請。在熱情洋溢的晚宴過程中，「王所長」舉杯微笑著走到雲南知青面前。工作人員馬上起立恭敬的介紹：「知青同志們，這是我們國務院副總理王任重同志。」

一時間，知青們瞠目結舌，平常愛和「王所長」開玩笑的鄒新德慌忙之中，打碎了一個青花瓷碗，要掏錢賠償，王副總理伸手攔住，連連說：「不用了，不用了，」隨後請知青們舉杯，十分興奮的說：「你們的願望達到了，好好回去做好工作。這是一段歷史，希望你們回去後三、五年後，以別的面目，作為人民代表來到北京，我一定熱烈地歡迎你們！」

王副總理的這一段話，時隔30多年，鄒新德還能一字不漏的完全背下來。兩天後，農林部送來了一張紅彤彤的、蓋有國務院大印的上訪知青免票乘車證。這張有特殊意義的乘車證，從團長黃玉海手裡傳向每一個知青，大家的眼裡流出了激動幸福的淚水。50多天的艱辛結束了！

今天，我們應該記住無產階級革命家趙凡，記住和藹可親的「王所長」，記住丁惠民和景洪知青，記住盈江農場、孟定農場……記住雲南所有紅土地的知青，更應該記住被上海電視臺閉口不談的西雙版納首批北上請願團，記住黃玉海、塗清亮、鄒新德等人。我不評說功過，就沖著他們一路顛簸受了數不清的老罪，

我向他們致敬！必須的！

看完南定河的述說，我在捏一把冷汗同時，又頗為慶倖。因為雲南農墾知青大罷工走的步步都是險棋啊！如果沒有首批北上請願團臥軌這一「魯莽」行為，恐怕還真難請得到趙凡這一「欽命大臣」；如果繼續讓雲南省地方政府處理，後果實在不堪設想！再如果沒有劉庭明對王震的「冒犯」，以及首批北上請願團那11名兄弟在京跪雪請願的慘景，也真難以讓高層和中外民眾瞭解雲南知青誓死回城的堅強決心……

第三節　驚動高層北上的第二批知青請願團

首批請願團從雲南省景洪出發，由於受到雲南省各級組織勸阻，滯留途中。結果是十二月二十七日晨，由丁惠民帶領的第二批請願團繞道而行先期到達北京。當晚，第二批請願團被接到農林部招待所。接下來的幾天裡，國務院知青辦、團中央、全國婦聯、勞動部、民政部等中央部委都派員前來和請願團交談。

一九七九年的新年鐘聲敲響，又是一年過去了！知青們在北京度過了一個特殊的元旦。一九七九年一月四日，中央政治局委員、國務院副總理王震接見了請願團代表。其中的經過，重慶晚報記者張衛在〈30年前知青大返城肇始內幕〉中有著詳細的介紹，現摘要如下：……一九七八年十二月二十七日，26名代表到達北京，國家農墾總局接待了他們。他們最大的願望是「要見鄧副主席」，並提出如果鄧副主席太忙，也可由其他國家領導人接見。

一九七九年一月四日，代表們終於得到國家領導人接見。接見者是新任政治局委員、國務院副總理王震，被接見的代表限定為10人。

丁惠民說，一月四日上午的那次接見，氣氛不很融洽。面對那位以軍墾駐屯聞名的老將軍，「我們不能再像與自治州、省調查團的『談判』時那樣針鋒相對。」丁記得王副總理是在時任民政部部長程子華的陪同下，接見代表團的。老將軍一身藏青色中山裝，風紀扣緊扣，銀髮整齊往後梳，拄一根拐杖。

大家鼓掌後，本以為能聽到幾句親切的問候，沒想他表情嚴峻，突然將拐杖往上一揚，又咚咚地在地上狠狠杵，接著就是排炮般地嚴厲訓斥，代表們大氣不敢出，「完全被老將軍的威嚴震住了。他訓斥我們丟掉了軍墾的光榮傳統，現在全國都在抓綱治國，你們卻鬧事，對得起國家嗎？……」代表們全懵了，沒人敢提返城的事。接見完後，「大家都覺得該說的話竟沒說出來，有的代表急得哭了！」

王震副總理顯然也意識到了知青們的不痛快。出於靈活的領導藝術，他派人邀請全體代表當晚看電影。與白天的接見不同，王副總理沒在會議室坐等，而是站在電影院門口迎接。丁惠民坐在王副總理身邊，放映的是剛剛翻譯完成、並準備送南疆前線的〈巴頓將軍〉。電影結束後，王副總理首先打破沉默，說，西雙版納是個好地方嘛，要熱愛她；中央並沒忘記那裡，恰恰相反，要建設好那裡，鄧副主席說了，不久就要大規模投入資金，資金不夠，外匯也可以動用嘛！

這時知青中有人抱怨結婚難。王副總理風趣地說，晚一點有什麼不好，我們當年打仗，在你們這個年齡，哪裡顧得上結婚嘛！我可以給鄧（穎超）大姐說說，讓她張羅從山東江浙調一些漂亮姑娘到西雙版納，到時候讓你們走，你們可能還捨不得走嘞！

暖流正在形成，氣氛應該是不錯的，但一位姓劉的重慶知青莽撞的衝動言行，打斷了一切。當時，王副總理見大家臉上有

了笑容，又說了些安慰和鼓勵的話，讓代表們回去安心工作，中央會對大家提出的要求認真考慮的，他特別說：「你們的信我已經轉達給了華主席、鄧副主席和葉帥了。」說著，老將軍轉身欲走，這位姓劉的重慶知青忽然從後排站起身，大聲吼道：「王震，你不准走！你還沒回答我們的實際問題！」說罷就往前排衝，當即被警衛攔住。

王副總理畢竟是軍人出身，火氣也大。只見他把手中的拐杖恨恨地往地下一杵，用湖南話大聲罵了那愣小子。（罵話的大意是：你是個搗蛋鬼，你才吃了幾天乾飯，就不知天高地厚了？等等）場面一下僵住了。雙方最終不歡而散。離開電影院，丁惠民決定，全體代表立刻返回西雙版納，其沮喪可想而知……

關於王震等國家部門領導接見雲南知青第二批請願團以後，雲南知青抗爭一波三折的動態，雲南省委黨史研究室副巡視員卓人政在〈妥善處置知青返城開啟中國改革之門〉一文中有客觀詳實的記述，現摘要如下：……王震送走丁惠民等人，即向華國鋒、鄧小平彙報了剛才接見雲南農場上訪知青代表的情況，他們表示同意王震與知青們的談話。同時，王震還把知青代表寫給鄧小平的請願書送交給了小平同志。

小平同志利用這個機會，又對王震講，西雙版納這個地方一定要搞好，要搞一個規劃，國家可以不收稅，可以貸款。講到此，小平同志又親自打電話把國家計委的段雲找去一同研究西雙版納的發展問題。隨後，小平同志又指出，這個地區還可以用聯合企業的辦法搞農場。農場不要只注意發展橡膠，還可以發展多種經營，種一些咖啡、可可、胡椒、腰果等，一方面可以供出口換外匯，另外，將來國內旅遊業發展了也需要。總之，國家可投入大一點，但是要搞好。

　　王震副總理接見知青代表結束後，知青們對他的講話一時還不十分理解，認為有些地方批評得過重了，還有些想不通。直到晚上，王震請知青們在國務院看電影時又向他們傳達了華主席、鄧副主席的指示後，這才使他們的思想情緒穩定下來。

　　看完電影，全體代表連夜對華國鋒、鄧小平的指示進行認真的學習討論，認識到既然中央有了明確直接的指示，特別是王副總理和他們進行了具體的談話，那麼即使在一些方面他們還一時不能理解，但在行動上必須不折不扣地聽從黨中央的指揮。同時大家也相信，黨中央一定會對他們所反映的問題和提出的要求給予妥善處理的。故大家決定馬上返回農場儘快把黨中央以及王副總理的指示精神帶回去迅速貫徹落實。

　　第二天淩晨，丁惠民等9人離開北京取道重慶返滇。他們發出了倡議書，幫助重慶市革委動員滯留在重慶的雲南農場知青迅速回到生產崗位上。六日，劉庭明也從北京乘火車返滇。

　　國家農墾總局副局長張修竹陪同王震接見知青代表後，立即將記錄稿整理出來，於第二天報送王震閱示。他在報告中提出：你這次的接見談話，把問題講清楚了，對穩定農場局勢很有好處。建議把你這個談話記錄印發給雲南各農場，向全體職工傳達。同時，也發給其他墾區。王震即批示同意。

　　一月八日，國家農墾總局以[1979]國墾辦字十六號文件向各省、市、自治區農墾總局印發了〈關於認真貫徹執行王震同志對雲南農場來京知青談話精神的通知〉。〈通知〉說：這次西雙版納國營農場知識青年罷工事件，涉及面廣，給國家在政治上、經濟上造成一定的損失，這對進一步鞏固和發展當前我國來之不易的安定團結的大好局面，是很不利的。由於我們本身工作中存在的官僚主義等不良作風，對「四人幫」橫行時造成的冤案、錯

案、假案沒有及時昭雪、平反、糾正，對個別幹部捆綁、打罵、迫害知青的問題沒有及時處理，沒有把生活搞好，青年們不滿意、有氣，這也是引起這次罷工的原因之一。對這次事件的發生，我們是有責任的。

對所有參加這次罷工的青年，除極少數有嚴重違法亂紀行為的需要切實查明事實，給予必要的處理外，一律不得歧視和打擊。知青們要認真領會王震同志的指示精神，要看到當前在國營農場確實存在的一些問題不是一朝一夕形成的。問題的解決要有個過程，要有領導、有步驟地進行。組織這次罷工的青年同志要按照王震副總理接見時的指示，作必要的自我批評，立即解散在罷工期間成立的各種組織，回到本單位，迅速穩定局勢，堅守崗位。對少數確有特殊困難，不宜繼續在邊疆地區工作的青年職工，由所在農場與本人原籍聯繫，按調動工作的辦法，積極、妥善地加以解決。

一月二十三日，丁惠民、胡健國、劉光國寫信給王震，向他彙報離京返回雲南後的情況及思考。信中寫道：一月四日，您接見我們10位知識青年代表，深刻地體現了黨中央、華主席對我們青年的關懷。十八日我們回到雲南後，看到農場情況比較混亂，心裡很著急，10位代表分頭回到本單位向廣大青年傳達了您的指示和國家農墾總局的十六號文件，並自動解散了當初我們自己成立的組織，配合農場黨委和中央調查組做了一些工作。目前，除個別單位外，局勢基本上穩定下來了。當然存在的問題還很多，還有一些單位沒有復工，還有很多工作要做。但我們決心在黨的領導下，繼續做好工作，請黨中央、鄧副主席放心。

現在，回過頭來看看我們一兩個月所走過的道路，所做過的一些事，我們心中無不感到內疚和慚愧。特別在罷工問題上，由

於我們年輕，看問題不全面，往往感情用事，為自己想得多，為國家和人民利益想得少，所以，當時由於個別領導的一些不妥做法，我們就耐不住了，熱血一沖，就草率決定用罷工方式來表示自己的不滿，其結果雖然我們當時思想動機並沒有什麼不好的想法，但實際上給國家帶來了巨大損失，影響了全國安定團結的局面。您和程子華部長（民政部部長）批評了我們，當時我們還不服氣，現在冷靜下來想一想，思想轉了彎子。對您親切的關懷和幫助，我們從內心深深表示感激。

我們之所以會做錯事，就是因為只考慮自己，而沒有想到國家。現在經過您的批評幫助，在大量事實面前，我們從內心認識到是我們做錯了。請黨中央原諒我們，相信我們，一定會在實際工作中改正以前錯誤的。在這裡我們向您，向黨中央、鄧副主席保證，我們全體青年一定在今後的工作勞動中，為祖國早日實現「四化」而發憤百倍的努力。最後，請王副總理把我們以上的決心，向鄧副主席彙報，請他們放心。

王震收到丁惠民等3位同志寫給他的信後，於一月二十七日覆了信：新任國務院副總理王任重同志已到任就職。我即將你們的來信和鄧小平同志所作「一定要把景洪區農場加速建設好，成為有志知青英雄們的創業基地」的指示，與王任重副總理商辦。隨後，王震將該信報送華國鋒、鄧小平等領導同志閱。一月二十八日，鄧小平在啟程赴美國進行對中美兩國具有重大歷史意義的訪問前幾個小時，仍圈閱了丁惠民3人寫給王震的信。

一月二十八日，王任重副總理就丁惠民3人寫給王震的信作出批示：請國務院辦公廳主任吳慶彤把丁惠民等寫給王震副總理的信電告安平生（雲南省委第一書記），在知青中廣為散發宣傳，抓緊解決問題。根據王任重副總理的批示，國務院值班室於

一月三十日二十時打電話向雲南省委及安平生傳達了王震接見雲南農場知青代表的談話要點、丁惠民3人寫給王震的信、王震覆信的全文以及王任重的批示；《人民日報》於二月十日在頭版配發了編者按，摘要發表了王震接見10位雲南知識青年代表時的談話精神，刊登了丁惠民等3人給王震寫的信。

同時刊登了雲南省農墾總局負責人對新華社記者發表的談話。該負責人在談話中說：北京、上海、成都、重慶、昆明等城市的知識青年滿腔熱情地響應黨的號召，為邊疆社會主義建設作出了貢獻，受到了黨和人民的讚揚。但由於林彪、「四人幫」的干擾破壞，加上我們在工作中也有一些缺點錯誤，致使許多問題解決得很不及時，使許多知識青年建設邊疆的熱情受到了挫傷，這是令人痛心的。對此，我們農墾總局的領導是有責任的。我們擁護王震副總理接見雲南國營農場知青的談話。

王震的講話和丁惠民等給王震的信已被印發到各個農場。許多青年已開始認識到停工鬧事、聚眾上訪，不利於安定團結，不利於黨的工作重點的轉移，不少人還作了自我批評。目前，部分國營農場一度動蕩的局面已趨向穩定，農場幹部增強了搞好工作的信心。總之，要合情合理解決知識青年的困難，同心同德維護安定團結的局面。

同時，該負責人指出：對於農場青年們合情合理要求解決的各種實際問題，省農墾總局決定：凡是有條件解決的，立即著手解決；凡是一時不能全部解決的，將分期分批解決；對暫時難以解決的，也要積極創造條件予以解決。關於在農場工作確有困難的青年的工作調動問題，農場青年中的冤錯假案的平反昭雪問題，探親費、醫藥費等處理不當的經濟問題，知識青年的以工代幹問題，農場職工家屬和子女的落戶問題，均已著手解決。省農

墾總局已撥出500萬元專款新建職工宿舍，另撥200萬元專款修繕房屋。

第二天，《雲南日報》也全文轉載了《人民日報》刊登的這3條消息。

……

第四節　氣壯山河的孟定農場知青絕食抗爭

幾乎就在雲南兵團推舉派出第一第二批請願團時，緊鄰中緬邊界的孟定農場爆發了幾千名知青全線罷工乃至絕食的請願抗爭。對此，上海知青余杰在〈雲南知青大返城孟定知青絕食事件評述〉中詳細介紹了經過：雲南知青要求大返城最後的一擊，是發生在一九七九年一月六日孟定農場全線罷工。知青們開始了一場置之死地而後生的慘烈絕食，發生了空前絕後的悲壯一跪。在《中國知青夢》、《颶風刮過亞熱帶雨林》、《我們要回家》等書裡都有詳細的記載。孟定知青喊出「不回家、毋寧死」的仰天長嘯。這在共和國的歷史上是極其罕見的。

我在孟定農場知青罷工請願總指揮葉楓回憶文章〈二師七團請願紀實〉裡詳細瞭解了當年孟定知青慘烈的一幕。這裡我特意摘錄這篇文章：西元一九七九年一月六日十一點多，經過孟定知青罷工請願總委會的挑選登記，確定了211人為第一批絕食人員。由我（葉楓）帶隊於中午一時，走進了生離死別的招待所大院的鐵門。外面的組織工作則由周興儒、陳先富、石勇、廖紹文、向奇、魏老五……等戰友擔任。

……絕食開始後，211封「絕命書電報」，猶如一枚枚原子彈，在四川省會成都炸開了鍋，掀起一道道聲援狂瀾，繼而迅速

在全國擴散，成為千家萬戶關注的話題。……於此同時，一封封電報，信件像雪片樣飛往西南邊陲孟定。……元月七日，絕食第二天。絕食隊員出現昏倒，下午四點已經有十幾名戰友相繼昏死過去。……200多條生命逐漸走向死亡。在我（葉楓）和許世輔身後，躺著二十幾位昏迷不醒的絕食戰友……元月八日上午十點，喇叭裡放出了沉痛的哀樂，數千戰友聚集鐵門外悼念總理。悼念會場滿目淒涼。戰友們看到鐵門內昏迷的二十幾名戰友和黑紗白花簇擁的總理遺像，眼淚像斷線的珠子，不斷往下流。一位女戰友走到總理遺像前，再也控制不住悲痛，頓時號啕大哭。哭聲感染了所有的戰友，一時間，整個會場沉浸在一個悲痛的海洋中，數千男女知青同時大放悲聲，驚天動地，響遏行雲。隨著一聲「還我戰友」，人群頓時湧向鐵門，同時一起高呼「還我戰友！」

　　……周興儒與幾位委員馬上到了機要室，直接給中央國務院知青辦撥電話，周興儒憤怒地高喊：「我們是雲南生產建設兵團二師七團罷工現場，我們是二師七團罷工請願總委會！現在200多絕食人員中，已有二十多名昏迷，生命垂危。現在是群情激憤，局面難以控制，要找摧殘虐待我們的官僚們報仇，要殺人！現在是一人殺人，我們全體殺人，不殺則罷，要殺就殺個血流成河；一人放火，就全體放火，不燒則罷，要燒就燒它個白灰成地。」國務院知青辦接到這個電話不知所措，十多分鐘後，終於才回電話說：「請你們一定要控制局面，穩定大家情緒，不要做出越軌的事情，我們已電告正在西雙版納的中央調查團，星夜趕往耿馬孟定，調查問題，解決問題。」緊接著，臨滄地委書記王道川、雲南省委副書記薛濤也來電：敦促絕食知青儘快恢復進食。……團部醫院宋院長檢查了昏迷戰友的身體後堅定地說：

「我一定要向上級反映，向政府反映，若是政府不理，我將以一個醫生的名義，直接向國際紅十字會呼救。」……生死相隔的大鐵門終於被打開，昏迷的戰友立即被抬往醫院搶救……

西元一九七九年元月八日晚，中央調查團在農林部副部長、國家農墾總局局長趙凡率領下，從西雙版納的首府景洪經過一個晝夜的奔馳，於九日晚抵達耿馬……

西元一九七九年元月九日：根據中央、省、地委的通知，和與聯絡員對話，中央首長要來了！從上午起，全團人員以龍擺尾的陣勢收縮至會場，按營、連、排就地坐下……直到晚上，聯絡員才又來通知：「明天下午四點鐘，趙凡部長率中央調查團準時到團部來實地調查。」

趙凡部長不愧幾十年戎馬生涯的老軍人，一分不多一分不少準時地率調查團到達團部公路邊。……趙部長與農林部辦公室張主任等中央調查團一行，在戰友們的熱情歡呼聲中到達會場。在安排的木凳上坐下，左邊是我（葉楓），右邊坐著張主任，後面坐著調查團成員們，再後面是兩百多名站著的絕食隊員。在趙部長剛剛坐下的瞬間，幾千人的歡迎隊伍已經整整齊齊的收縮在主席臺前，……幾千人的大會場，竟然靜得沒有一絲聲音，……人們都聚精會神地睜大了期盼的雙眼，望著主席臺、望著決定我們命運的中央首長。

趙凡部長長方形的臉上，兩眼炯炯有神，……他看著幾千人用企盼的雙眼靜靜地望著自己時，再也坐不住了，站起身來，挺直他那軍人特有的、還健壯的身軀，向前跨了兩步，微微前傾，雙手扶著木桌的邊沿，對著麥克風，開始以中央首長的身分講話：「農場青年職工同志們，你們好，我受中央的委託……」

當這第一聲帶著關切語氣的「農場青年職工同志們」的話音

一出，……幾千戰友隨即一起振臂高呼：「我們是知青！我們不是農場青年職工！」……震耳欲聾的口號響徹雲霄：「八年老兵要復員！」「我們要回家！」

幾分鐘後，為使趙部長繼續他的講話，我（葉楓）擺手叫大家停止了呼口號。趙部長已經反應過來，改變了稱謂，但也沒有稱我們是知識青年：「青年同志們，我在景洪農場接到中央電話，星夜兼程從幾百公里外趕來，瞭解你們的問題，解決你們的生活、工作待遇的問題……」突然，趙部長話鋒一轉，說：「青年同志們，雲南是個好地方，有豐富的水力資源，有瀾滄江、怒江、金沙江，可以修很多水利電站；有豐富的地礦資源，有鐵礦、銅礦、金礦……」

當趙凡部長講到這裡，戰友們馬上反映到：難道趙部長一行人並不是來解決我們的根本問題的，而只是來當說客的？什麼「有豐富的水力資源，有瀾滄江、怒江、金沙江」？什麼「有鐵礦、銅礦、金礦……」猶如八年前騙我們來雲南時說的：「到建設兵團就是參軍，發槍、發衣服、發被子；樓上樓下，電燈電話，頭頂香蕉，腳踩鳳梨……」這些如出一轍的話，我們還沒聽夠啊？頓時會場又響起一片口號聲：「還我戶口！還我青春！」「八年老兵要復員！」「我們要回家！」「我們誓死要回家！」

悲傷、絕望、無奈的戰友們，就這樣經久不息地呼著口號，宣洩著對當今世道的不滿和對前途黯淡的悲憤情緒。這時有的女戰友再也抑制不住悲傷的感情，頓時失聲痛哭；哭聲迅速蔓延傳染，剛才還是幾千人激昂如雷的高呼口號，突然變成了一片哭聲；許多人在絕望的哭號中悲哀無助地跪下了，幾千衣衫襤褸，二十三、四歲的青年男女在悲嚎流淚，哭聲響徹孟定上空，驚天動地，摧人心魄；就連在遠處圍觀的傣族老鄉和農場職工們，也

情不自禁地跟著掉下了同情的淚水。

趙凡部長，這位久經沙場、臨危不懼的老革命，面對眼前這很有可能是他戎馬一生中，從所未見的場景，久久地、默默地注視著；繼而渾身索瑟，臉色鐵青地咬緊牙關，雙手緊握拳頭，竭力控制住情緒，說不出一句話來；終於，他那剛毅的眼神中，再也抑制不住了，長輩、慈父般的同情、關心的眼淚，從趙部長的臉上不停地流淌……

……趙部長一邊流著熱淚，一邊用帶著哽咽的聲音，對著麥克風大聲地說：「知青同志們，我也是一位知青家長，我有一個兒子，一個女兒，他們也在陝西下鄉插隊。我理解你們，我同情你們，你們的要求是合理的，你們的希望是能達到的。」

全體戰友們聽到趙部長的這番話，感到眼前這位老人，並不是中央派來的部長，而更象一位慈祥的父親，從遠方趕來看望、安慰正在受苦受難的兒女們。他給我們帶來了關心、更帶來了希望。趙部長話音一落，全場頓時響起了雷鳴般經久不息的掌聲。趙部長和中央調查團，在掌聲中結束了與全團所有知青的會面，在知青們的夾道歡送下，驅車回到了邊防團0298部隊駐地……

一九七九年元月二十日：堅守團部的200多知青終於等來了由趙凡、安平生等領導召開的四省、市知青工作會議的精神：「對農場知青儘量做工作，凡願意走的都放行，願意留下的歡迎。」這振奮人心的消息，直到三月初才傳達到我們孟定農場，慰藉著我們早已艱難疲憊的心靈。希望的曙光終於散發出五彩繽紛的光輝。所有堅守的戰友都沐浴在勝利喜悅之中……

西元一九七九年三月十六日，在黎明前的暗夜中，在破舊的貨車上，我們離開了生活、戰鬥了八年，愛恨交加的孟定壩，奔向光明和新生……

　　二〇〇八年底，經朋友介紹，我在新浪網上看到了〈南定河〉博客。這是雲南知青的一個博客。作者自我介紹說：「本人李根生：一九七〇年五月十二日赴雲南生產建設兵團二師七團一營七連磚瓦排，一九七九年一月病退回滬，同年九月進入上海市計程車任駕駛員，二〇〇八年一月一日下崗。於是乎開始混跡於新浪論壇、56網視頻等。因為知青生活發生在雲南耿馬孟定壩的南定河邊，因此〈南定河〉便成了我的網名。……我很同意著名知青，我們一營九連的許世輔在接受鳳凰衛視時的心裡話：「我悔，我腸子都悔青了。」……

　　根據李根生的回憶，那時孟定的知青其實並不知道在西雙版納發生了知青集體罷工，丁惠民帶隊伍上北京請願的事件。他說：「一九七八年最後一天，孟定農場大多數知青已經從收音機裡的境外通訊社報導中，聽說了中國雲南知青請願團到達北京。他們在天安門廣場打出的橫幅標語是；我們要見華主席！我們要見鄧副主席！早已經被歲月折磨的有些麻木的甚至準備接受紮根邊疆的「理想」的知青們開始躁動起來了。於是乎，在這個消息完全閉塞的邊境小鎮孟定，無數的消息迅速蔓延開來。各個連隊的知青們相互打探著，互相傳播著最新消息。絕望的人們彷彿一下子看見了希望的曙光。孟定街十二月二十四日的四營知青集會也有人大膽的講述起來，有人表現興奮，也有人表示擔憂，孟定的知青們就是以這一種複雜的心理送走了那難忘的一九七八。」

　　李根生回憶道：就在這場知青返城風波行將平息的時候。一直沒有動靜的孟定農場返城風波剛剛起步，（上述的情況根本就沒有人知道，包括境外通訊社）。五號早晨，我們磚瓦排的許榮強幾個四川知青正在開會，看到我馬上招呼我過去，劉志輝開口道，我們今天開始罷工了，你參加不？還沒有等到我回答，旁邊

張玉寶，王心結幾個就給我戴起了高帽子；「老李怎個還用問，本來就是我們全體知青的事情，肯定參加咯」。許榮強接著一句；老李不但參加，還應該是領導小組成員奧。我趕緊解釋，其實我早已經不上班羅，因為我要去昆明看病去了，所以你們還是另外找人吧。

許榮強說；「那你就在一天，算一天。還要帶領大家學習的嗎。上海人裡面應該站出來一個說話說的響的，為人正派的」。我提出；比我正的人還有啊。劉志輝開口道；「那些人沒得膽子的嘛」。我也提出；要說膽量比我大的也有啊。許榮強說；「比你膽子大的又沒有你正了噻」。上面廖紹文關照；請願小組一個要是正神，二個要敢出頭，三要說話說的響的。旁邊幾個知青指著我，異口同聲的說；你就是最佳人選囉。

見此情景，我便點頭答應下來。許榮強接著說；總委會（孟定農場知青請願委員會）的廖紹文派人來關照，請願期間大家要有組織，有紀律。說著從口袋裡摸出一張紙條，念了起來，大致意思是請願期間不准賭博，不准打架之類的十不准。當天晚上，六連的柄柄來傳達總委會的緊急通知，中央調查組來了，全體知青明天到團部集合。同時透露廖紹文沿著南定河對岸也在沿途通知。

一月六日一大早，我們磚瓦排的全體知青便趕往團部，一路上，看見公路兩旁，英雄樹（又叫木棉樹）上，貼滿了標語：8年老兵要復員，向四人幫討還血債，還我戶口，還我青春，我們要回家。到了團部，這裡早已經人山人海，和調查組的對話成了知青訴苦大會。

後來才知道這個中央調查組其實就是雲南省婦聯和省農墾總局的一些人組成的，只是來聽聽大家意見的，根本無法解決知

青戶口問題，在大家感覺失望之際，大家開始絕望，接近中午時分，忽然看見廖紹文領著四方井磚瓦排的牛兒，鍋巴等擠上臺前，廖紹文大聲詢問；「請你們表一個態，我們這一次請願，向上面反映農場的問題是不是得到憲法的保護」。臺上一個中年女同志立即回答；肯定會得到憲法的保護。廖紹文接著大聲詢問；「那就是說，過後農場方面是不會打擊報復的囉」。臺上的男同志斬釘截鐵的回答；「請廣大知青同志們放心，我們保證，沒有任何人膽敢來打擊報復」。

廖紹文聽罷，一個招手，只見牛兒遞上來一封信件，廖紹文接過來，從裡面抽出一張紙條說；「這是剛剛截獲的一封信，寫信人是灣塘磚瓦排的唯一知青黨員黃永貴。收信人是四方井磚瓦排的王碩貴連長。」（注；這二個磚瓦排同屬十三連）。廖紹文說到這裡，炯炯有神的環顧了一下會場內外，突然之間放大聲音道；「現在我來念一下這一封信的內容：王連長；根據會議精神，現將我排請願領導小組成員名單彙報如下，許榮強，李根生，王心結。落款簽名黃永貴，一九七九年一月五日」。頓時，全場譁然，臺上二位尷尬到了極點，支支唔唔的繼續一個勁的承諾和保證不會報復。下面的聽眾誰還會相信，此時的我，可想而知，徹底的傻了，蒙了。愕然之中只有欽佩農場的效率的份了。

在此之前，十二月三十日中午，趙凡先生從昆明飛抵雲南農墾總部（原雲南生產建設兵團司令部）所在地思茅，聽取了從景洪趕來的西雙版納州委書記王澤民，西雙版納農墾分局黨委書記張志誠彙報情況。農場和地方當局報上了自願參加罷工的64個（知青罷工請願的領袖和積極分子。筆者注）黑名單後，不外乎又是知青如何打人，挖公路，堵軍車，散佈政治謠言，不聽招呼勸說，破壞國家安定團結之類等等貶抑指責。農場和地方當局當

然決不會主動講一句，廣大知青長期遭受的苦難和不公正的待遇，及種種冤案和悲劇。聽了彙報後，趙凡先生給予了慰問鼓勵，說「領導特別體會你們在第一線的同志的辛苦和困難。基層幹部更困難。」指示「要宣傳憲法。要有護路隊，重要橋樑保護起來，警衛、保衛、保密都要注意。」

但是對於農場方面提供的64人帶頭的知青名單，趙凡卻旗幟分明的指出：咱們第一批工作組認為這些知青裡邊鬧亂子，要造反，都害怕了，著急了，要公安部門派人來插手。我說能這麼考慮嗎，中央沒這個精神啊，凡是對這個知青下放說兩句話的，就鬥人家，就當成人家這個反革命了。農墾方面，公安方面，那都是好同志，好心好意，但是他這個錯，判斷是錯的，這也比較好解決，說你去做做別的工作，（不要再搞公安了）馬上都安排了，也沒有批評鬥爭。

話說孟定農場，面對第一批工作組的所作所為，帶著希望而來的知青們一下子又墜入絕望和失望的谷底。忽然有人帶頭喊起了口號；不回城，毋寧死。這是最後的鬥爭。群情激奮之中，又有人大呼一聲；絕食，絕食。更多人回應著；絕食，絕食。有人大呼一聲；絕食的到我這裡報名，呼拉拉去了一大幫人，後來總委會出面，宣佈志願絕食的到語錄牌前報名。經過在400多名志願者中挑選，最終選擇了211名志願者正式參加絕食。下午一點211名絕食志願者把自己關進四合院形狀的團部招待所，擰緊水龍頭，靜靜的躺了下來。

隨著招待所鐵門「哐」的一聲關上的瞬間，一切嘈雜的聲音突然消失了，空氣彷彿凝結了，寧靜的連一根針落地也能夠聽見。隨後招待所外哭聲，口號聲此起彼伏，整個孟定壩大地在顫抖，彷彿天空在燃燒。入夜之後，上千知青在招待所四周燃起了簧

火，不時的響起聲援絕食戰友的口號和〈團結就是力量〉的歌聲。

這種氣氛到了八號達到了頂點，上午十點紀念周總理逝世3周年追悼大會就在招待所鐵門前舉行，已經昏迷的十幾個絕食知青躺在鐵門內，大會一開始，大家一起唱國際歌，聲音驚天動地，因為那不是唱，那是在哭，人群在哽咽中釋放著悲壯，地面上承載著慘烈，空氣中彌漫著淒涼，知青們在這一刻，想哭訴的絕望和失望以及委屈實在太多太多。

與此同時西雙版納的知青已經在執行丁惠民一月一日下達的復工命令，丁惠民也正在沿途各地領導的迎送之中，構思著給王震副總理寫一份認罪書。孟定知青的絕食行動，得到了中央高度的重視和關懷。中央辦公廳緊急通知趙凡火速前往處理。那時，交通條件很差，正在雲南景洪農場調查研究的趙凡帶領工作組立即乘坐軍用吉普車，即於當晚八時星夜急弛了一個通夜和白天趕到孟定，農場氣氛高度緊張，幹部們驚慌失措，不知如何處理才好。趙凡勸慰大家：「知青不可怕，你們不要緊張。知青跟我們的孩子一樣，可以做工作。我有四個孩子也是知青，兩個在山西，兩個在甘肅。」趙凡當晚住在35513部隊招待所。

第二天，趙凡先生不聽農場和地方當局的一再勸阻，不顧個人安危毅然前往孟定農場場部，一月十日對於孟定農場知青而言，是一個歷史性的日子，十六點在農場招待所鐵門前，趙凡與二千余知青見面，這一位革命前輩，先是讚賞了孟定的山和水，接著話題一轉；「孟定比我們當年的南泥灣條件好的多了，希望知青們把邊疆建設好，華主席、鄧副主席和王震副總理對你們都抱以極大的期望」。

知青們一聽還要紮根邊疆，那種絕望和失望以及委屈的情緒難以抑制的再次爆發了，全體知青齊刷刷的跪了下去，八號上

午那種悲壯那種淒涼的驚天動地的哭聲又一次再現，趙凡亦悵然淚下，趙凡後來回憶：我去了以後啊，他擺開了場面，一個大操場上，都集合到那裡。見了面時不說話，他第一個安排的就痛哭。大聲痛哭，一起痛哭，一個廣場裡邊沒有話說，就嗚嗚嗚，就是那麼哭。我呢這個4個孩子。3個女兒，一個兒子，4個孩子都是知青，在山西農村裡插隊。這樣一看知青，我也掉淚。他一看我，一聽，可找到一個看看我們的，知青有希望了，有點盼望了。這中央派來的，是這種人。那我們的困難還能解決。

在2000多名哭泣的知青面前，趙凡說：「我能體會你們的處境和要求。我將負責任把你們的要求向中央、向國務院來反映。」他勸知青們為了自己的身體停止絕食。隨後，他開誠佈公地說：「你們這麼多人要求返城，這是件大事。我們要向國務院彙報，還要同你們所在的城市商量，你們要給我們一點時間啊！」會見結束時趙凡像父親疼愛孩子般的表示了對知青們同情：個人基本同意知青們的返城要求，但要求知青們給政府協調的時間。

南定河畔頓時響起了雷鳴般的掌聲和歡呼，這一種臉浹還流淌著淚水，早已哭得紅腫的雙眼，卻瞬間變幻成發自心田的笑顏逐開，非親歷者是根本無法想像的。歷史對於錯誤的糾正常常會以過激的形式表現出來，有時猶如暴風驟雨一般，好在這一切都已經成了歷史……

感謝你們喲！我的孟定農場知青兄弟姐妹，是你們用不屈不撓的抗爭和視死如歸的氣概，為自己，也為中國上千萬受苦受難的知青打開了大返城的大門，並且順應民心終結了延續20多年的上山下鄉運動！歷史將永遠銘記你們可歌可泣的事蹟！

關於趙凡率隊趕赴雲南西雙版納解決知青罷工絕食的經過，

在鳳凰網播出的趙凡口述（在雲南知青返城的前夕）的視頻中也可以得到印證：……

解說：趙凡在一九七八年十二月二十五號發生臥軌事件的當天就飛抵昆明，在5天時間裡走訪了相關單位，而且和知青代表會面來商談解決的辦法。在趙凡率領的國務院調查組到達雲南之前，雲南省委已經派出一個工作組處理知青問題，但是沒有取得實質性的進展。

趙凡：咱們第一批工作組認為這些知青鬧亂子，要造反，都害怕了，著急了，要公安部門派人來插手。我說能這麼考慮嗎？中央沒這個精神。凡是對知青下放說兩句話的就鬥人家，就說人家是反革命。農墾方面，公安方面，都是好同志，好心好意，但是他這個判斷是錯的。其實這也比較好解決，你去做做工作，馬上都安排了，也沒有批評鬥爭。

解說：正當趙凡在昆明解決臥軌事件的時候，第二批雲南知青赴京請願團在上海知青丁惠民的帶領之下繞道成都，在一九七八年十二月二十七號到達了北京。他們在天安門前拉開標語，散發傳單，反復陳述知青的遭遇和他們回城的理由。而他們的行動也受到了政府的高度重視，在幾天之內，國務院知青辦、團中央、全國婦聯、勞動部、民政部等很多的部委都先後派人和他們會面。

趙凡在盡可能短的時間內處理了知青臥軌事件，而後馬不停蹄地奔赴景洪處理知青大罷工後期諸多的棘手問題。誰知繁重的調查工作尚未了結，一九七九年的一月八日孟定農場告急，傳來了200名知青集體絕食抗議的消息。知青們一天發出200多封電報，強烈要求國務院調查組的人前去。

趙凡：我去的時候，聽說知青已經餓了四天了，心想幾百人

出了事，餓死了人，我也不要回北京，我就死到雲南吧。就是那麼緊張。

解說：一九七九年一月八日，趙凡得到知青絕食的消息後當天晚上就從景洪出發，在路況複雜的公路上疾馳了一天一夜，到達孟定農場。為了安全原因，他被安排住進了部隊招待所。

一九七九年一月十日，趙凡一行來到了知青絕食的地點。這裡已經聚集了1500人。趙凡正準備講話，現場的所有知青突然跪下了。

趙凡：我去了以後，他們擺開了場面，一個大操場上，都集合到那裡。見了面時不說話，他們第一個安排的就是痛哭，大聲痛哭，一起痛哭，一個廣場裡邊沒有人說話，就是那麼哭。我也有4個孩子，3個女兒，一個兒子，4個孩子3個是知青，在山西農村裡插隊。我一看知青這樣，也掉了淚。他們一看我這樣，認為可找到一個關心我們的人了，知青有希望了，有點盼望。

解說：在1500多名哭泣的知青面前，趙凡說：「我能體會你們的處境和要求。我將負責任把你們的要求向中央、向國務院來反映。」他勸知青們為了自己的身體停止絕食。而在之後的一次會議上，趙凡說：「這一次遇見了請願、罷工、靜坐、絕食、包圍幹部、向工作組下跪等等方法。冰凍三尺，非一日之寒。」「今天的事不是幾個壞分子可以煽動起來的。」「而全國農場有知青160萬，過去我是穩定的看法，這一次改變了。」

雲南農場的知青大多數來自四川和上海，這兩地的黨委政府是否同意知青回城，成了解決這個問題的一個關鍵。

趙凡：上海一聽說知青在中央這兒逼著要返城，就害怕得不得了，說我上海是個大城市，我的人口最多，我的知青也最多，現在城裡還亂得一塌糊塗，剛剛喘過氣來，無論如何你可不能把

知青放回來，放回來我可沒有飯吃，可弄不了。

　　絕食還在進行。我們就把情況告訴四川省委。四川省委知道這個問題不能交給中央，不能叫他不准回來，還要出問題，他就說了話：四川的知青我們四川負責，等我們做好準備工作，給我們送回來，我們接收，安排工作。滿打滿承，全包了。這樣上海就受到啟發了，說人家四川做得漂亮啊。後來上海的轉變、北京的轉變都是在這個情況下出現的。什麼事都有個過程。

　　解說：在採訪中趙凡反復強調是中央和雲南、四川、上海等地的領導審時度勢，為雲南知青問題的解決做出了正確的決策。一九七九年一月二十一日，雲南省委書記安平生向趙凡表示，雲南省委同意四川省委提出的方案，他說：「知青願意留在農場的，歡迎。」「不願意留的統統走。」

　　趙凡：我把雲南的情況，上海的問題，四川的問題，寫了個材料，國務院轉發了，「做好工作，合情合理」，做好了準備工作，逐漸地回去。這不就把「四不滿意」變成「四滿意」嘛。

　　……

　　由於趙凡老人在解決這起知青返城大抗爭事件中，顯示了慈父般的疼愛絕食知青態度，並積極向中央反映知青的困境，與有關省市領導溝通接收和安排知青返城等事宜，被雲南知青尤其是農墾知青視為恩人，尊稱之為「知青之父」，後來成都知青戰友會還特意赴京送匾表示感謝。當然，這是後話。

第五節　雲南知青抗爭終結了上山下鄉運動

　　元月八日雲南孟定農場知青的絕食抗爭，以及趙凡反映的情況，迫使中央和各省市高層必須立即認真解決長達20多年之久

的知青返城問題。對此，雲南省委黨史研究室副巡視員卓人政在
〈妥善處置知青返城開啟中國改革之門〉一文中有著客觀詳實的
記述，現摘要如下：一月十日，華國鋒召集政治局委員胡耀邦、
余秋里副總理，中央辦公廳主任姚依林、北京市委副書記林乎
加、總政治部副主任黃玉昆、國務院辦公廳主任吳慶彤等同志，
聽取最近群眾來京上訪的情況，對如何加強群眾來訪工作問題作
了指示。其中他對雲南農場知青上訪問題也作了重要指示：最近
雲南省幾個國營農場的知識青年罷工，他們還派一些代表到北京
來上訪，應當引起我們重視。周總理在世的時候就派人去檢查
過，發現那裡存在的問題不少，看來現在還沒有解決好。對這些
國營農場，雲南省委應當下大力量進行整頓。西雙版納的自然條
件那麼好，農場辦好了，一定會吸引人們去的。農場老是辦不
好，青年們就不滿意。有問題長期不解決，他們就要請願。這不
能怪青年們。請姚依林給安平生打個電話，一定選派政治上強、
有事業心、關心群眾的幹部去農場，把農場整頓好。要認真聽取
來京上訪的人員的意見，切實幫助他們解決問題。解決的原則是
實事求是，合情合理……

　　雲南農場知青上訪要回城事件發生後，根據鄧小平等中央首
長的指示精神，雲南省委與知青原籍四川省委及上海、北京市委
就如何妥善解決這部分知青回原籍的問題進行了緊急磋商。僅半
年時間知青基本回原籍。

　　雲南省委首先跟四川省委協商四川知青的回城安置問題，四
川提出：根據對知青問題統籌解決的方針，給他們交個底，不願
意留在農場的，可以隨著國民經濟問題的好轉，逐步加以安排。
一九七二年以前下去的知青，在近兩年內採取招生、自然減員頂
替、病退和協商調動等措施，有計劃有步驟地調出農場。四川省

委將這一意見告知雲南省委的同時並向中央作了報告。

四川省委的這一意見報告中央後，中央組織部部長胡耀邦批示，徵求有關省、市意見，如無意見，即可批准。國家知青辦再將四川省委的意見印發上海、北京市委徵求意見時，上海市表示，上海這批一九七二年以前到農場的知青問題需要解決，但希望和中央七十四號文件銜接起來。上海面臨安置農場知青的壓力大，一九七九年，新疆、黑龍江等地知青提出回上海的人就需安置30萬人，任務很重。因此，要解決農場知青回城安置問題但不要規定二、三年內解決，不要給他們許願，以免今後被動。北京則不同意四川的意見。

鑒於此，一月十日，雲南省委召開常委會議研究解決農場知青問題，並於十二日向黨中央作〈關於解決國營農場知青問題的請示報告〉。其中提出：根據目前農場知青問題和反復做工作的情況，經過研究，我們同意四川省委向中央報告的意見，建議中央迅速作出決定，以利大局的安定。國務院後來同意了雲南省委的這個〈請示報告〉。

國務院調查組組長趙凡率領調查組深入農場，傾聽職工特別是知青們的呼聲，體察民情，積極開展工作。緩和了當時罷工最為嚴重的東風、勐捧等農場的局勢，及時果斷化解了臨滄勐定農場千余名知青靜坐絕食的行為。其後趙凡召開了各個層次、各種類型的知青、幹部的調查會、商討會，尋求解決知青罷工風潮的途徑和辦法。

調查組在充分調查研究的基礎上，以國務院知青辦的名義於一九七九年一月十八日向國務院報送了〈關於處理一些地方知識青年請願鬧事問題的請示報告〉，提出了6條處理意見，其主要精神：把農場辦成農工聯合企業，適當提高工資，把知青穩定在

農場；參照以往辦理病退、困退的規定商調辦理回城；城鎮職工退休後，可以尤其在農場當知青的子女回城頂替；從農場參軍的知青，退伍後可以回父母所在地安置工作；城市招工時，允許到農場商調本市下鄉知青；上海郊區到農場的青年，可以允許回原籍社隊。國務院迅即批准了這個〈請示報告〉。這實際上為農場知青回城開啟了方便之門。

一月二十一日，雲南省委以召開常委擴大會議的形式，邀請趙凡、四川省知青辦、成都市知青辦、上海知青辦的同志共同研究協調解決農場知青問題。會上，有關各方就解決雲南農場知青回原籍安置問題基本達成共識，但北京、上海市與會的同志不同意寫明解決農場知青回城的具體時限。安平生作會議總結時明確：雲南決心兩年內分期分批解決農場的7萬余名知青問題，凡是不願意留在雲南的，統統回原籍。走的辦法，按中央七十四號文件精神，結合雲南情況印發一個文件，提出具體實施辦法，報中央批准後，立即召開有全省國營農場場長、書記參加的工作會議，統一思想認識後，再加以執行。

在黨中央、國務院的關懷下和國務院調查組的幫助下，在上海、四川、北京有關省、市的大力協助下，雲南省委迅速草擬出了統籌解決雲南農場知青問題的辦法——〈關於解決雲南國營農場知青問題的意見〉。一月二十五日、二十七日，雲南省委專門召開了兩次省委常委會議討論這個草擬稿。會議在其他方面都很快達成了共識，但在解決這批知青安置問題的時限問題上仍然有不同意見（後來，為了照顧北京、上海安置知青的壓力，雲南在最後形成的文件中沒有規定安置農場知青的具體時限）。

雲南省委本著既要解決問題，又要穩定局勢，正視廣大知青合理要求的原則，對〈通知〉初稿進行了進一步修改，又與四

川省委，北京、上海、重慶市委和國務院調查組充分協商並取得
他們的同意後正式報國務院。二月六日，吳慶彤電話傳達國務院
同意雲南省委對雲南國營農場知青有關問題的處理意見的批示精
神。於是，當日雲南以省革委會的名義印發了雲革發[1979]二十
二號〈關於貫徹執行中央[1978]七十四號文件，統籌解決我省國
營農場知青及有關問題的通知〉。〈通知〉有3個重點：

一是明確規定了統籌解決農場知青的辦法。即：知青中實在
不願意留下的，由原籍省、市分期分批按辦理病退、困退；父母
退職、退休的可由子女頂替；從農場參軍又復員到原單位的可調
到父母所在地安置；上海郊區的農民按上海市革委意見，回原籍
當社員。要解決好這些問題，需要一定的時間。暫時不能走的知
青，必須堅守工作崗位，遵守勞動紀律，做好本職工作；

二是為使國營農場的職工安心工作，提高農場職工的經濟待
遇，規定：邊境地區的國營農場職工從一九七九年二月起月工資
由28元提高為32元，同時實行以基本工資加獎金的辦法，獎勵金
額按人均月12元計核。農場職工的定量商品供應，從一九七九年
一季度開始按當地其他職工同等待遇。農場職工的勞保待遇，按
國家勞動部門的規定辦理。農場職工有些損壞失修的房屋，省農
墾總局決定先拿200萬元修繕；

三是知青中尚未處理的一些冤案、錯案和假案，對知青中處
理不當的經濟問題，要求本著實事求是的原則，抓緊加以糾正、
解決。雲革發[1979]二十二號文件的制定，為農場知青回城提供
了政策依據，實現了廣大知青和家長的心願。

雲南有的農場領導幹部在貫徹執行中央七十四號文件和雲南
省革委二十二號文件的過程中，不堅持黨的原則，對極少數人的
不合理要求和行為不敢批評教育、制止；有的不顧全大局，放棄

職責，竟允許一些不該退職的知青也辦理了退職手續；個別農場甚至非常錯誤地把圖章掛在門外，隨意讓知青自己簽寫單位證明離開農場。此舉給有關省、市的安置工作帶來很多困難。雲南省革委為了及時糾正存在的問題，於三月十日發出雲革發[1979]五十三號〈關於進一步做好國營農場知青工作的緊急通知〉。該通知指出：國營農場各級領導要珍惜來之不易的農場生產、工作秩序開始恢復的局面，必須堅持原則，大膽領導，進一步認真做好農場知青的工作。對違反規定辦理退職、調動手續的，要堅決收回。

在此期間，國務院針對全國存在的知青盲目退職回城一事，發出國發[1979]一百二十一號〈關於准許退職回城青年回原單位復工的通知〉。〈通知〉明確提出：最近，一些知識青年盲目採取退職方式返市回城的作法不妥，應予制止。已辦理退職的人員提出回原單位復工的要求原單位應該准許，要歡迎他們復工，不得歧視。五月二十三日上午，雲南省委召開常委會議，強調堅決執行國務院的一百二十一號文件，凡原來知青個人單方面辦手續退職回城，現願意回來的，一律歡迎回來，相關單位應妥善安置，不能歧視。

雲南農場知青「回城」事件影響很大，驚動了中共中央主席華國鋒，副主席鄧小平，中央政治局、國務院及王震、余秋里、王任重3位副總理等中央高層。其中，鄧小平對雲南知青問題的解決先後作出過5次批示或指示，其總的精神是：知青問題是一個全域問題。「文化大革命」留下了積重難返的問題很多，國家又很窮，徹底解決知青問題要有一個過程，這要向知青們講清楚。知青要求回城，關鍵是當地經濟不發達，農場沒有辦好，限制了知青特長的發揮，人家不安心。要多給西雙版納一些政策，

多給他們一些主意，把那個地方建設好，成為有志青年的創業基地，國家要投入資金，沒有錢，外匯也要用。

若干年後，發動寫聯名信的丁惠民在回憶這段往事時感慨地說：鄧小平確實是個講求實際的人，點明瞭問題的根本，不就是窮嘛，生活沒搞好，所以知青不安心鬧著要回家。如果黨中央能夠早一點認識這一點，我們也不會鬧到如此地步了。

在召開十一屆三中全會、組織進行南疆邊境自衛反擊作戰的極其關鍵的歷史關頭，在黨中央和鄧小平的直接關懷下，在北京、上海、四川等省、市的積極配合下，加快了雲南農場知青的回城的進程。雲南採取招工、調動、頂替、病退等辦法，使原來計畫兩年左右解決完農場知青回原籍安置的問題，僅用了半年的時間，到一九七九年七、八月份就使這批雲南農場知青絕大部分都返回了原籍，從而迅速恢復了邊疆的穩定。

雲南除有農場知青問題外，還存在著農村插隊知青的問題。據統計，一九六八年底至一九七八年底，全省共動員了23萬名城鎮知識青年上山下鄉插隊，後來經過逐漸的回城安置，到一九七八年底，插隊知青還有51225人。其中，一九七二年以前792人，兩年以上9433人，一九七七年以後4.1萬人。

　　……

雲南農場的知識青年問題在全國的率先解決，促使黨中央加快了全國知青工作撥亂反正的步伐。一九七九年八月二十六日，胡耀邦在接見參加國務院知青領導小組召開的上山下鄉知識青年先進代表座談會的代表時指出：25年來上山下鄉工作做得怎麼樣？我說，有巨大成績，但不夠理想。前一個問題是講你們的。後一個問題是講我們的。我們各級領導有點毛病，總有點官僚主義，比如對你們的情況不瞭解，我們的工作方法有缺點。知青插

隊單位有的領導官僚主義嚴重，甚至違法亂紀，等等。此外，胡耀邦還明確了今後知識青年就業的方針：不止是上山下鄉這一種形式，要在大中城市廣開門路，安排一批人就業。在農村的700萬知青，黨會統籌安排回城安置。會後，國家調整政策，改進做法，廣開門路，採取多種形式，妥善安置知識青年，最後徹底否定了知識青年上山下鄉政策。

一九七九年七月二十日，國家勞動總局負責人對《人民日報》記者發表談話，宣佈一九七八年全國安置上山下鄉和支邊知青255萬人，一九七九年計畫安置395萬人就業，這個數字相當於「文化大革命」10年就業人數的總和。

除加快知青回城安置速度外，全國知識青年上山下鄉的規模也急劇收縮。一九七八年有48.09萬人，一九七九年減少至24.77萬人，且主要是安排到城鎮郊區知青農場和知青工廠。進入一九八〇年已有10個省、市停止動員知青上山下鄉，到一九八一年，各地知青工作的重心已轉向安排歷史遺留的96萬插隊知青。

一九八一年年底，隨著知青上山下鄉問題的有效解決，國務院知青辦的職能已顯淡化，於是國務院決定將國務院知青辦併入勞動總局繼續做剩餘知青的工作。後全國各省、市、自治區也仿照此辦理。至此，歷時20多年的城鎮知青上山下鄉運動退出了歷史舞臺。

通過對上述文章，以及有關媒體的各種資料、帖子和當事人的口述綜合，本人大致歸納出了雲南農墾知青這起抗爭回城在罷工事件的「進程」（若有出入，請予指正）。即：

一、一九七八年十月十六日，由丁惠民牽頭發出了給中央高層的第一封300多人聯名的公開信。信中列舉了知青生活的困苦，反映知青運動造成的「三不安心」問題，認為局面已經「嚴

重影響社會安定團結」，希望中央領導能夠重視，並隱約表明暸想回城的願望。

二、一九七八年十一月十日，西雙版納橄欖壩農場七分場上海女知青瞿玲仙因懷孕難產，在農場衛生所大出血身亡，引發數千名知青抬屍遊行，知青情緒極為憤慨。

三、一九七八年十一月十八日，成千上萬的知青就從四面八方湧向景洪州委和政府駐地，阻止有關部門強行掩埋遇難同伴，並公佈了第二封聯名信。這封信的內容則對上山下鄉政策提出質疑，明確提出了「我們要回家」的請求，在聯名信上簽名的知青逾萬人。

四、一九七八年十二月初，景洪等農場的知青率先發起了罷工。並於3日派出代表與州委和政府進行了會談，呈交了要求返城的〈罷工宣言〉。

五、一九七八年十二月七日，在等待前兩封致中央的聯名信未果的情況下，雲南墾區七個農場的三萬多知青開始了遊行，並成立了罷工總指揮部。同日發出了致華國鋒、鄧小平等高層領導的第三封聯名公開信。

六、一九七八年十二月八日，在西雙版納首府景洪，附近的八個農場知青召開聯席會議，籌備組織北上請願事宜，丁惠民被推舉為總指揮。決定十五日那天派代表進京。

七、一九七八年十二月九日，知青發佈了北上宣言，同日開始大罷工，罷工浪潮很快就席捲了雲南全省。

八、一九七八年十二月十六日，首批請願團在八個農場的代表以5：3的表決，通過強行北上決議後，從景洪宣誓出發，開始徒步踏上北上征程。隨即遭致雲南省委、版納州委的圍追堵截，進程十分艱難。更為不幸的是，在通關歇息時，攜帶的4000餘元

經費竟不翼而飛。只好堵截軍車前往昆明。

九、一九七八年十二月十七日晚，總指揮部知青得到消息，東風農場領導將知青罷工鬧事定性為反革命事件。為此，丁惠民等決定中止商議，立即赴京，由胡建國代理總指揮坐鎮西雙版納，堅持罷工。

十、一九七八年十二月十八日早上八點，由丁惠民率領的第二批北上請願團出發，當晚到達思茅，二十一日到達楊武。途中，得知第一批代表丟失了經費，正在昆明。丁惠民盤算了半天，咬咬牙讓財務劃出700元，派人給他們送去，並約他們在昆明會合。

十一、一九七八年十二月二十四日晚十時，首批請願團再次打著紅旗強闖昆明站，遭到了有組織的暴力襲擊。為了表示對暴力襲擊的嚴重抗議和避免繼續有人受傷，次日凌晨，請願團員憤而抬上受傷團員臥上了鐵軌，進行臥軌絕食。西南大動脈瞬間癱瘓，數萬旅客滯留車站。此事震驚朝野，促成了中央派員前往雲南調查知青罷工請願事宜。

十二、一九七八年十二月二十五日，就在首批請願團發生臥軌事件的當天，中央派出了以趙凡為組長的國務院調查組飛抵昆明，在5天時間裡走訪了雲南相關單位商談解決辦法。之前，雲南省委已經派出一個工作組處理知青問題，但沒有取得實質性的進展。

十三、一九七八年十二月二十七日，聞訊首批北上請願團途中受挫，由丁惠民率領的第二批請願團的26名代表，繞過是非之地昆明，經成昆線順利進京。

十四、一九七九年一月四日，第二批請願團的10名代表終於得時任國務院副總理王震的接見。由於意見分歧太大，再加上首

批請願團的成員劉庭明先期乘車到京，直呼王震其名，要求答覆回城問題，惹怒王震，雙方不歡而散。五日，第二批請願團成員倉促離京返回雲南。

十五、一九七九年一月六日，歷經坎坷磨難的首批北上請願先遣團的最後十一名代表，終於由重慶抵達北京，受到國務院辦公廳和農林部的熱情接待，並被告知第二批請願團昨日剛剛離京，同時散發了王震總理接見第二批請願團的會議紀要。但首批請願團依然堅持在京用各種方式反映雲南知青的回城訴求，直至勝利。同日，以許世輔為隊長的211名孟定農場知青，在數千名知青的聲援下，開始了驚天動地的要求回城絕食抗爭，211人的絕食引起了國內外的廣泛關注。

十六、一九七九年一月八日，國家農墾總局以[1979]國墾辦字十六號文件向各省、市、自治區農墾總局印發了〈關於認真貫徹執行王震同志對雲南農場來京知青談話精神的通知〉。同日，孟定等農場知青們一天發出200多封電報，強烈要求國務院調查組的人前去瞭解絕食知青情況。在景洪的中央調查組組長趙凡立即星夜趕往孟定。

十七、一九七九年一月十日十六點左右，趙凡等國務院調查組來到了孟定農場，當即被孟定農場數千名知青絕食、血書、跪拜、慟哭的悲壯場面所震撼，不禁悵然淚下。改變了他原先想「穩定知青情緒，鼓勵他們建設好邊疆」的初衷。在2000多名哭泣的知青面前，趙凡表示，將負責任把你們的要求向中央、向國務院來反映。並勸知青們為了自己的身體停止絕食，給中央調查組一些與地方政府協調的時間。

十八、一九七九年一月十一日，趙凡在聽取了中央和省、市調查工作組成員的彙報後，就立即向中央彙報及著手與雲南、四

川、上海、北京等省市領導就知青回城問題進行協調。時任四川省主要領導首先表示願意接收四川知青回城。

十九、一九七九年一月十二日，雲南省委向黨中央作〈關於解決國營農場知青問題的請示報告〉。其中提出：根據目前農場知青問題和反復做工作的情況，經過研究，我們同意四川省委向中央報告的意見，建議中央迅速作出決定，以利大局的安定。國務院後來同意了雲南省委的這個〈請示報告〉。

二十、一九七九年一月十八日，國務院迅即批准了知青辦報送的〈關於處理一些地方知識青年請願鬧事問題的請示報告〉的6條處理意見，實際上為農場知青回城開啟了方便之門。同日，第二批請願團代表分別取道重慶和上海返回雲南。隨即分頭回到本單位表明完成請願使命，表示要配合農場黨委做好知青復工的工作。

二十一、一九七九年一月二十一日，雲南省委以召開常委擴大會議的形式，邀請趙凡、四川、上海、北京等知青辦的同志共同研究協調解決農場知青問題。會上，有關各方就解決雲南農場知青回原籍安置問題基本達成共識，雲南知青大返城也由此拉開了帷幕。

二十二、一九七九年一月二十三日下午，丁惠民宣佈籌備組解散。丁還起草了一個電報給王震認錯，以便不被秋後算帳。電報只由丁惠民和胡建國、劉先國三人簽名，共同來承擔責任。文中彙報了他們離京返回雲南後的情況及思考，表示一定會在實際工作中改正以前的錯誤。

二十三、一九七九年二月六日，吳慶彤電話傳達國務院同意雲南省委對雲南國營農場知青有關問題的處理意見的批示精神。於是，當日雲南以省革委會的名義印發了雲革發[1979]二十二號

〈關於貫徹執行中央[1978]七十四號文件，統籌解決我省國營農場知青及有關問題的通知〉，由此全面打開了雲南農墾知青回城的大門。

通過以上雲南農墾知青抗爭大返城「路線圖」或「時間表」，我們可以看到：從一九七八年十月十六日由丁惠民發起的第一封公開聯名信始，到一九七九年二月六日吳慶彤電話傳達國務院同意雲南省委對雲南國營農場知青有關問題的處理意見的批示精神止，雲南農墾知青的罷工絕食要求回城活動，歷時近四個月。其中最令人驚奇的是，在當時「兩個凡是」陰霾還未散去的情況下，這起大規模知青抗爭回城的活動，最後竟以滿足知青回城的願望而勝利告終，這在二十多年的知青抗爭史上都極其罕見。

對此，我認為中國知青的回城除了自身的覺醒和抗爭之外，還要感謝趙凡和王任重等正直正義的「清官」，感謝那些敢於打破「兩個凡是」聖旨，拯救知青於苦難的鄧小平、胡耀邦、李先念等黨和國家領導人，沒有他們善良的「罩」著知青，恐怕雲南知青這次抗爭會血流成河，冤魂遍地。幸哉！我的知青兄弟姐妹……

關於這起知青如願以償返城欣喜若狂的情景，雲南景洪東風農場二分場十隊上海知青夏惠文在〈在鬧返城的日子裡〉也有較生動的片斷：……突然一天晚上，從分場部回來的知青帶回一個驚人消息說知青全部可以回家：有頂替的搞頂替，沒頂替的可搞病退。說得真真切切。大家還是將信將疑，因為官方從未正式告知過呀？

疑惑中，我給分場相關部門打了電話，消息竟然屬實，真的！確實是真的！知青們發瘋般的歡呼起來：有人脫下衣帽拋向

高空，有人相互緊緊擁抱熱淚滿面，更有知青情不自禁大哭起來，這是訴說冤屈傷心欲絕的哭，是終於逃出苦海幸福高興的哭。此時此景，我的臉上流著淚，心裡默默地說：勝利了，我們勝利了。

歡呼激動過後大家才想起手續還沒辦，於是不顧天色已晚急匆匆向遠在十公里外的分場部奔去。分場部人山人海燈火通明。辦公室的桌上放著成疊的病退表格各人隨意拿，病情愛怎麼填就怎麼填。有人在桌子上寫，有人把紙壓在牆上寫，有人趴在地上寫，每一支鋼筆後總有人在急不可耐的等待、催促。有人擔心路上丟失一連填了幾份，不少正在辦頂替的知青為了保險也填了張病退表。填完後人們即刻往總場醫院趕去，半夜三更也不管醫院是否有人。

總場醫院辦事處同樣燈光通明，除了急急趕來的知青沒有醫生或其他任何辦事人員。證明知青病情的圖章就放在門前走道的桌子上，醫院怕丟失用繩子扣住另一頭系在辦公室的窗框上。知青各自在自己的病退表上敲完章後乘著夜色再往回趕，交由分場統一寄出。

這確實是一場勝利！是沒有勝利儀式的勝利！或者說，那成千上萬異常激動、興奮的知青急不可耐連夜擁擠在辦公室裡填表敲章；在縣城景洪急切地找車、扒車；在通向昆明的公路上浩浩蕩蕩「勝利大逃亡」的壯觀場面本身就是一場特殊的勝利儀式！

多年來，人們早被出爾反爾，朝令夕改的做法嚇怕了，三十六計走為上。城裡的家長鄉里的知青、所有人都為那張繫於生命的「准遷證」捏入手中而奔忙。這國度幾十年來的戶口不就是咱的生命和魂靈嗎？……

讓人扼腕歎息的是，個別可憐的兄弟，卻看不到這樣的大

勢所趨，卻黯然倒在了黎明前的黑暗之中。原雲南兵團知青聶曉薇在〈並非「天方夜譚」〉中回憶：也講述了一個令人扼腕的故事：⋯⋯孟定農場有一個連隊很偏僻。大約離場部40多公里。一九七九年知青大返城時，場部開始發放遷移證。消息傳到這個連隊時，已是幾天以後了。欣喜若狂的知青們連夜步行40多公里，趕到場部去領遷移證。可以想像當時的場面是何等熱鬧，幾百個人滿懷期待擠在一個窗口前。

等到一個小個子知青擠到窗口前時，遷移證已發完了。小個子知青如五雷轟頂，跌跌撞撞回到了連裡，蒙頭就睡。第二天早上，人們發現他在門後上吊死了。他太絕望了，以為沒有領到遷移證，就是永遠回不了成都。其實，過了幾天，場部又開始發放第二批遷移證了⋯⋯

第七章

風起雲湧的全國各地知青
回城抗爭

第一節　文革結束後的知青回城抗爭概況

　　關於文革結束後的知青回城抗爭概況這段歷史，知青作家葉辛在〈論中國知青上山下鄉運動的落幕〉列舉的資料和事實頗為詳細：

一、「文化大革命」結束了，知識青年上山下鄉卻沒有結束

　　在一般公眾的心目中，中國知青上山下鄉運動的落幕，是和「文化大革命」的結束聯繫在一起的。甚至很多當過知青的過來人，談起那段歲月，也自然而然地說：隨著「十年動亂」的結束，千百萬知識青年的大返城，城市知識青年中大規模的上山下鄉、插隊落戶便也就跟著結束了。

　　歷史地籠統地講，這句話沒有錯。沒有「文化大革命」的結束，也不會有上山下鄉的結束。但是細究起來，知識青年上山下鄉運動的結束，是「文化大革命」畫上句號好幾年以後的事情。

　　一九七六年十二月下旬，在北京召開的第二次全國農業學大寨會議上，有208名知識青年的代表出席了大會。一來這固然是因為第一次全國農業學大寨會議召開時，只有12名知青代表參

加，毛澤東主席曾經批示：「下次應多來一些。」為實現已故領袖的願望，這一次整整來了二百多。二來這樣的舉措，也顯示出粉碎「四人幫」以後的黨和國家對知識青年上山下鄉運動的重視。

十二月二十七日晚上，黨和國家二十幾位領導人在人民大會堂接見了知青代表。根據隨後報紙的報導，接見時許多知青代表激動得熱淚盈眶。

十二月三十一日，與會的知青代表給華國鋒主席和黨中央寫了一封致敬信，信中表示：要紮根農村學大寨，成為普及大寨縣的生力軍。

正如我在上一篇論文中已經提及的，到一九七六年底，滯留在農村的上山下鄉知識青年還有809萬人。而其中的188萬人，正是翻天覆地的一九七六年中去下鄉的。

而在一九七七年八月，華國鋒在中共「十一大」政治報告中，還專門提到：毛主席關於「知識青年到農村去，接受貧下中農再教育，很有必要」的指示，必須貫徹執行。

可見，在粉碎「四人幫」以後的一段時間裡，知識青年上山下鄉運動的落幕，還沒有什麼明顯的跡象。當年，也就是一九七七年，又有171萬城鎮知識青年上山下鄉，同期因為招工、招生、病退、參軍離開農村的有103萬人。這樣，到了一九七七年底，留在農村的知識青年共有864萬人。「文革」結束一年多之後，知青人數反而比一九七六年底更多了。

二、對知青上山下鄉運動的重新思考和認識

知識青年上山下鄉的落幕出現一點跡象，或者說結束上山下鄉這件事情發生重大的歷史轉機，是在不同尋常的一九七八年。

正是在這一年，那些已經下鄉八年、十年的知識青年們，

失去了忍耐心，他們把多年積聚下來的口糧欠缺、不得溫飽、醫療無保障、住房和日常生活困難、大齡未婚、前途無望等等的怨氣，化成了對上山下鄉不滿的言行。可以說是嚴酷的生活現實造成了他們心態的不安和躁動、不滿和焦慮。

正是在這一年，黨和國家領導人也已意識到了知識青年問題的嚴重性。鄧小平在三月二十八日同胡喬木、鄧力群談話時指出：「要研究如何使城鎮容納更多勞動力的問題，現在是上山下鄉，這種辦法不是長期辦法，農民不歡迎。四川一億人，平均一人不到一畝地。城市人下去實際上形成同農民搶糧吃。我們第一步應做到城市青年不下鄉，然後再解決從農村吸收人的問題。歸納起來，就是要開闢新的經濟領域，做到容納更多的勞動力，其他領域也要這樣做。」

話說得實實在在，真正做起來在當年卻是非同小可。在此之前，一提知識青年上山下鄉，總是同培養千百萬無產階級革命事業的接班人聯繫起來，總是同反帝反修聯繫起來，總是同走與工農相結合的革命道路聯繫起來。而鄧小平的這一段話，則又實事求是地把知青上山下鄉回歸到容納更多勞動力的本質上來，也就是回歸到安置城市青年就業的本質上來了。

順便說一句，我本人是一個下鄉已經十年的老知青，在我當時正在創作的長篇小說《蹉跎歲月》中，我也只是以自己的親身體驗，寫了知青來到缺糧的農村，客觀上形成了和農民「爭」糧食吃的情形。但是小平同志則用了一個形象的搶糧吃的「搶」字，可謂一針見血。

七月三日，胡耀邦在同國務院知青辦主任許世平談話時指出：「上山下鄉這條路走不通了，要逐步減少，以至做到不下鄉。這是一個正確的方針，是可能做到的。安置方向主要著眼於

城市，先抓京、津、滬三大城市。」話很短，卻明確指出這是一個安置問題。

九月十二日，國務院副總理李先念、紀登奎、陳永貴召集國家勞動總局、知青辦、團中央等有關部門負責人專門討論知青問題。

十月九日，國務院副總理李先念主持國務院會議，第二次專題討論了知青問題。

十月十八日，華國鋒主持召開中共中央政治局會議，又一次詳細討論了知青問題。

鄧小平在第三次討論中說：「現在下鄉的路子越來越窄，總得想個辦法才行。」

李先念在第二次討論中說：「那種認為只有去農村接受貧下中農再教育，才算是教育，我歷來不同意。把青年搞下去，兩年再整上來，是『公公背媳婦過河，出力不討好』。如果說只能接受貧下中農再教育，不能接受工人階級的再教育，那我們的黨就不是工人階級先鋒隊的黨，而是貧下中農先鋒隊的黨。」

紀登奎跟著說：「下面都在等著，到了必須解決問題的時候了，再不解決會造成大問題。」

李先念在第三次討論時又說：「社會上議論很多，四不滿意是我講的。知青不滿意，家長不滿意，社隊不滿意，國家也不滿意嘛。對女孩子，母親都擔心，實際上也出了不少問題。」

葉劍英也在第三次討論時說：「同意這個文件，開會時要討論，提出具體辦法。要因地制宜找出路。」

聶榮臻說：「知識青年問題是很大一個問題，處理不好，影響國家建設，影響安定團結。」

紀登奎再次說：「知識青年問題已經到了非解決不可的時候

了。現在城裡的不想下去，農村的800萬都想回來。都待在城裡沒有事做，是一個很大的不安定因素。」

正是由於決策的上層領導有了這些和以往截然不同的認識，知青政策也開始作出了一些調整，諸如鼓勵上山下鄉知青積極地參加高考，不再一味地強調紮根農村鬧革命，不再宣揚「紮根派」。

河北、甘肅、青海、湖北、四川、江蘇六省的知青辦提出，有條件的縣鎮，不再動員上山下鄉；在回城政策中，新想出了一個「子女頂替」的臨時性辦法，那就是父母退休離休時，可以安置一個還留在農村的子女回到城市裡來工作。上海市作為一個大城市，共有111萬上山下鄉的知青，壓力更大，乾脆提出，適當放寬困退、病退的條件，對符合規定的，三年之內，有計劃地招回十六七萬知青，安排適當工作。對於尚留在農村的十幾萬插隊知青，擬給予補助，並建議兄弟省市、區協助解決知青的探親假和招工問題。同時，對於新的畢業生，再也不提「一片紅」、「一鍋端」地下鄉，而是又提出了「文革」初期就提過的「四個面向」。

正是有了這些變通的政策措施，從一九七八年秋冬開始，一直延續到一九七九年的春夏，上海的各級知青辦門前，都擠滿了探聽回滬消息和具體政策的知青，特別是下鄉多年的老知青們。每天從早到晚都擠滿了人的，就是經辦具體手續的街道知青辦門口和區知青辦門前，來訪、來詢問的人實在太多，當天接待不完，就改為第二天，故而有的區知青辦的門前，經常是連夜連夜地排著隊，詢問像自己這種具體情況，能不能回到城市裡來。

上海、北京、天津等大城市在爭著回城，還有的地方已經提出了新問題、新要求。

也是在這一年，江西省農場知青提出，他們在離開農場回到城市重新工作時，在農場工作的時間應算作工齡。經江西省勞動局向國家勞動總局請示，得到明確的肯定性答覆。

這一系列鬆動的政策措施，使得到了一九七八年底的統計表格，出現了這樣一個結果，原計劃當年上山下鄉的知青人數，應是134萬人，實際下鄉的人數是48萬人。豪言壯語不說了，「反修防修」的大道理不講了，人們就尋找出種種不下鄉的理由來表達自己不想下鄉去的心願。來自全國各省市的反映也顯示出，在這一年，動員上山下鄉遇到了前所未有的重大阻力。

而各地知識青年通過種種途徑返城的人數，也達到了前所未有的255萬人，已經顯示出了退潮般的大勢頭。這些回到城市的知青，以自己的親身經歷，敘述著下鄉以後的種種遭遇，更給當年的動員上山下鄉，增加了阻力。我本人作為一個老知青在回上海修改知青題材的長篇小說《我們這一代年輕人》和《蹉跎歲月》時，遇到家庭所住地的基層知青辦幹部，就聽他們抱怨過：我們現在做的，不是人幹的工作。

有一個當年以全部的激情，動員畢業生和街道青年上山下鄉的知青辦主任，在到小菜場去買菜時，被回滬的知青用菜籃子扣在頭上，狠狠地打了一頓。打人的知青說，當年就是聽了他的話，把插隊的地方說得花好、稻好、樣樣好，上了他的當；而如今，他竟然還要繼續騙人，不把他打一頓，實在出不了這口氣。他被打得不輕，在家裡足足休息了兩個多月。奇怪的是，當派出所民警聞訊上門去慰問他，向他打聽是哪幾個回滬知青動手的，他卻閉口不言，請派出所的民警不要追問了，他也不會說的。

從這件不了了之的事情也能看出，到了一九七八年，不但是千千萬萬親身經歷了上山下鄉的知識青年在反思，黨和國家的

上層在反思，就是具體做知青工作的方方面面人士，都在對這件事情進行反思。就是這麼一個基層做具體工作的知青辦主任，聽說了我當時正在寫作知青題材的長篇小說，特地找上門來，好心地勸說我：「你寫什麼都可以，就是不能寫知青上山下鄉。我替你想想，你怎麼寫啊，像以往那樣，為知青運動唱讚歌麼，眼面前千千萬萬知青正在退回城市，講的都是下鄉以後吃的苦、受的難，怨聲載道，太不合時宜了；可是，你要真實地反映知青們在鄉下吃得那麼多苦麼，那就是否定知識青年上山下鄉運動的大方向，過去叫反革命，現在也是絕對不允許的。我勸你算了吧，別想著當作家了，還是想個辦法病退回來吧。」這就是一個真誠地做了十幾年具體知青工作的街道幹部當年最為真實的想法。

同樣的話，出版社的編輯，上海電影製片廠文學部的編輯，也都推心置腹地對我講過，勸我寫農村題材也可以、寫歷史題材也可以，寫少數民族題材也可以，就是不要在這種節骨眼上寫知青題材作品了，寫了沒法出版。

確實，一九七八年，一些領導部門和涉及知青工作的機構，從安定團結的大局出發，一方面仍要肯定知青運動的大方向和千百萬知識青年上山下鄉所取得的成績；另一方面，他們又不願昧著良心說瞎話，根據已經發生的事實，實事求是地指出知青運動帶來的很多問題。一方面說要統籌解決知識青年紛紛反映的許多實際困難和問題，另一方面則強調文革遺留下來的問題實在太多太多，頭緒紛亂，也難理清，故而只能是逐步地、分期分批地解決知青問題。

一方面允諾要想方設法為知識青年們的回城打好基礎，或就地安排工作，或宣傳擴大招兵名額、讓大家積極去考大學、進一步放寬病退、困退返城的條件，縮小當年的下鄉名額；另一方面

還在大力宣傳知識青年中湧現的先進人物和他們的光榮事蹟，並仍說在以後的若干年裡還要動員和安排部分應屆畢業生上山下鄉。

同年十月三十一日到十二月十日召開了整整41天的全國知識青年上山下鄉工作會議，既充分肯定了成績，又大膽揭露了矛盾，同時根據當時的國情，提出了一些具體辦法，力爭要把知青問題解決得好一點。簡單地說就是統籌兼顧，全面安排。就是這樣，會議一面在說解決具體問題，一面還在說仍要實行包括上山下鄉在內的「四個面向」。

恰是在會議期間的十一月二十三日，當時頗有影響力的《中國青年報》在頭版頭條的顯著位置，發表了一篇題為〈正確認識知識青年上山下鄉問題〉的該報評論員文章。

這篇文章從三個方面論述了文化大革命以來的知識青年上山下鄉運動，那就是：正確估計十年來的上山下鄉。正確理解同工農相結合的道路；正確認識縮小三大差別的途徑。在充分肯定知識青年上山下鄉的熱情和貢獻的同時，文章也實事求是地提到了知青們下鄉以後生活不能自給，不少人婚姻、住房、疾病等問題無法解決，很多地方缺少學習政治和文化知識的起碼條件，很多知青的現狀是消極低沉，群眾怨聲載道。

在大話、空話、假話的掩蓋下，少數壞人侵吞和揮霍知識青年工作經費、收受賄賂、勒索禮物、大發「知青財」，他們壓制知青的民主權利，以泄私憤，摧殘知識青年的身心健康，以遂私欲。他們利用竊取的決定知青抽調去留的大權，搞交易、做買賣、「掉包」頂替、安插親信，使「走後門」等不正之風盛行。這種腐朽醜惡的現象，極大地毒化了社會風氣，腐蝕了一部分青年的思想意識，誘惑甚至脅迫其中極少數無知的人走上了邪路。

文章指出要充分地揭露這些問題，還要積極妥善地給以解決。

文章還指出，林彪、「四人幫」口頭上唱著青年要同工農相結合的高調，實際上天天都在誘惑青年同工農脫離，同工農對立。他們破壞招工、招生、徵兵等政策，大搞知青下鄉，農民進城，衝擊國家勞動計畫，要調整政策、改進做法，清算這些流毒和影響。

文章的第三部分論述了縮小三大差別的途徑，並指出要熱情關心知青們的疾苦，努力解決他們的困難和問題，堅決同一切危害知青利益的現象作鬥爭，要統籌兼顧、全面安排，千方百計地廣開就業門路。總之，這篇文章在當時許可的情況下，針對近十年來的知識青年上山下鄉運動，說了不少真話和大實話。

這篇文章發表以後，激起很大反響，也引起了軒然大波。贊成這篇文章的人們奔相走告，爭相傳閱報紙，認為這篇文章審時度勢，本著實事求是的態度，第一次把上山下鄉這件事的來龍去脈講清楚了，把真相告訴了廣大讀者，說出了知識青年和廣大家長的心裡話，正在上海修改長篇小說稿的我聽說有回滬知青在人民廣場、中山公園、北火車站貼出了標語，我還特意跑去看了，標語的態度十分鮮明：「擁護評論員文章！」幾位陪同我一起去看的同學對我說，看來知青問題快要解決了，你也該回上海了。

不贊成這篇文章的觀點也很清楚，認為其對上山下鄉缺乏歷史地分析，把上山下鄉完全歸咎於林彪、江青反革命集團的陰謀破壞，使統籌解決知青問題變得更加複雜了，口徑不統一，以後的工作更難做。據〈全國知識青年上山下鄉工作會議簡報〉反映：江蘇、福建的同志說，評論員文章同中央精神不一致。上海、雲南、山東、黑龍江、吉林等省市的同志說，這篇文章像一個炸彈，給我們的工作帶來許多新的問題，後果是嚴重的。上海

的同志看到這篇文章後，立即給市委領導打電話，要市知青辦做好思想準備，可能要受到上訪青年的衝擊。

對知識青年上山下鄉運動的重新思考和認識，在不斷地爭論和「拉鋸」中逐漸地為全社會的人們所關注。

三、回城的勢頭引發雪崩

但是，就在全國知識青年上山下鄉工作會議進行期間，由於農閒季節的到來，各地的知青已經等不及了，他們的思想更為波動、不安和激憤。幾乎所有的知青都在考慮著回城、期待著回城。準備辦理病退、困退的知青回到了城裡，積極地四處活動。心裡巴望回城的知青也回到了城裡，希望能夠找到一個回城的理由和門路；嘴上不說回城的知青也藉著探親和過春節的理由回到了城裡，至少也想聽聽風聲，「軋軋苗頭」，盼望著最好能給個明確的說法。

隨著255萬知青成功地將戶口辦回城市，隨著近一年多來報紙上不斷地報導的平反冤、假、錯案的消息，隨著到處都在為文革中的冤魂昭雪開追悼會，特別是自1978年5月開始的「實踐是檢驗真理的唯一標準」大討論以來，身心敏感的廣大知識青年，也以自己這些年或長或短的親身體驗，檢驗著上山下鄉這一運動，實事求是地說，他們得出的結論是顯而易見的。事實上確實也是，這一場真理標準的大討論為廣大知青的回城要求提供了理論準備。

回城，回城，到了這個時候，似乎回城成了所有知青共同的心願，到了這個時候，他們已經聽不進任何大話、套話和不切實際的「豪言壯語」，他們已經聽不進任何讓他們耐心地繼續待在農村的勸告，誰要以任何理由好心勸勸他們，他們一句話就把這些好心勸告的人頂了回去：「你講下鄉好，你去啊！這麼好的事

情，我已經去了十年，也該輪到你去了。」往往把勸告的人憋得啞口無言。到了這個時候，他們不但牢騷滿腹、情緒激烈，而且已經不願意被動地等待下去。

他們等不及了，為了共同的命運，他們不約而同地採取了自發的甚至是大膽的大規模的行動。正是在這樣的大背景下，爆發了今天人們普遍都知道的「雲南知青抬屍遊行、集體下跪」、「新疆阿克蘇知青絕食罷工、上訪請願」等事件。

事情起源於一個叫瞿玲仙的上海女知青，因為在橄欖壩農場場部醫院生產時，由於明顯的醫療事故，導致難產母子雙雙死亡，知青們聞訊紛紛起來，幾十輛手扶、鐵牛五五、豐收三五拖拉機開到了醫院門口，停靠在那裡，繼而引發了令人震驚的抬屍遊行。事態迅速蔓延擴大，一場罷工、絕食、請願、上訪的風潮就此形成。那個年頭，我作為一個知青作家已經為人所知，事態平息以後，參與大返城行動的好幾個知青，都給我寫信詳盡地描繪了他們在那一個冬春所經歷的日日夜夜。有的信寫得特別詳細，差不多有二十多頁。

又過了多少年之後，很多文章裡不約而同地提到了這件事。其中最為詳細的，是四川文藝出版社出版的《青春無悔》中「我們要回家」的紀實，和四川成都市的作家鄧賢的《中國知青夢》，他們詳盡的文字將當年雲南知青大返城的整個過程，告白於世人。

受雲南知青影響，新疆阿克蘇的上海知青也在墾區十四團開始醞釀採取行動，同樣的請願、同樣的絕食、同樣的罷工、同樣的在上訪中傾訴、同樣的露宿街頭──但新疆知青經歷的回城之路更為漫長、更為艱辛，很多人的問題，一直延續到上世紀八十年代中期才得已解決。到了現在，事隔二三十年，人們普遍認

為，面對的幾乎是同樣的知青鬧返城，但雲南和新疆採取的是截然相反的措施，故而造成了兩種解決的結果。

二十多年之後，親身參與處理這兩個事件的高層領導趙凡和劉濟民，也都寫了書來回憶雲南和阿克蘇知青返城的整個過程。趙凡的書名《憶征程》，劉濟民的書叫《秋韻集》。在他們的書中，都寫到了知青們為爭取回城而向他們集體下跪、令他們震驚不已、終身難忘的鏡頭和事實。

在那個年頭，全國每一個省都有上山下鄉的知識青年，每個省的知青都巴望著早日回城，每一個知青都有著強烈的回家的願望。那麼，為什麼恰恰是每月發一點工資的雲南和新疆的團場知青引發了風潮，而僅靠掙工分度日、生活更加窮困不堪、難以為繼的插隊落戶知青卻沒有鬧事呢？

上個世紀的九十年代，因為要把長篇小說《孽債》改編為電視劇本，我再一次踏上了西雙版納的土地，走遍了西雙版納的山山水水，車到之處，州裡面陪我下鄉的老知青情不自禁地會告訴我，你看，那是水利四團，過去一點就是水利三團，原來知青們集聚的一師一團到二十團，全都鋪展在景洪、勐臘、勐海三個縣的範圍內，十分密集，知青們一有什麼動作，消息風一般傳遍了農場大地，比廣播還要快。

二〇〇五年的盛夏時節，我應阿克蘇旅遊局的邀請，一個縣一個縣的考察阿克蘇的旅遊資源，一路之上，陪同的同志指著大片大片的棉田告訴我，你看，這都是當年的知青們墾植的，這裡是七團，那裡是十二團，剛才開過去的是六團，從一團到十六團，十六個團場全都分佈在塔河兩岸。

我猛地一下子醒悟過來，這種特定時期準軍事性質的屯墾方式和密集的安置，連隊接著連隊，團場挨著團場，使得幾萬知識

青年高度地集中在一塊兒，他們往來方便，接觸頻繁，交流資訊極為便利，為知青們的聚集、商量事情、製造輿論並形成共識，創造了別處不能替代的條件。特別是連隊、分場、農場、農場局這樣一種準軍事性質的組織結構本身，同樣也形成了回城風潮中有效的組織體系。

不但遠在雲南和新疆的知青在鬧事，同一時期，上海街頭的回滬知青們也趁元旦、春節兩節探親之際，在市革委門前靜坐、集會、要求接見，解決知青回滬問題。事態愈演愈烈，發展到一九七九年的二月五日，終於在上海火車站共和新路道口，發生了攔截火車的臥軌事件，無數的圍觀者又將滬寧、滬杭鐵路的咽喉要道堵塞了十多個小時。那個年頭雖還沒全面的開放，但是被堵的列車上都有外賓，故而這一事件當時就在國內外造成了影響。

同樣，南京市委門前，蘇北的知青在要求回城。

杭州市委大院裡，也聚集了成群結隊要求回城的知青。

江西南昌鐵路局職工子女中的知青們，在局機關上訪，要求回城。

重慶知青圍住了勞動局的幹部。

天津知青……

哈爾濱知青……

全國很多地方都在請願、靜坐、遊行、集會。回城的勢頭形成了雪崩，問題都暴露到表面來了。

四、中國知青上山下鄉運動的落幕

值得慶倖的是，也更為主要的是，一九七八年底，黨的十一屆三中全會召開了，實事求是的好傳統又回來了，全社會上上下下都開始正視知青問題，切實解決知青問題。

一九七九年，還留在農村的600多萬知識青年中的395萬人，

通過招工、招生、病退等多種途徑，回到了城市。國家計委已經列進國家預算的80萬知青的上山下鄉計畫，經過費勁地動員，只有上海、寧夏、西藏三地的24萬多人下去。到了年底，在鄉的知識青年尚有247萬人，其中插隊知青是近76萬人。也是到這一年，知青中的冤假錯案，基本上都得到了平反，其中最有名的案件，就是因寫了長篇小說《第二次握手》而入獄的張揚、寫了在知識青年中傳唱一時的〈南京知青之歌〉而被判10年的任毅。步入晚年的張揚現在是湖南省的專業作家；而任毅則在經商做外貿，他曾詳盡地向我敘述了那不堪回首的往事中的點點細節。

一九八〇年，根據中共中央書記處的指示，對當年的應屆高中畢業生，不再組織和動員上山下鄉。一九八一年十一月，經國務院批准，國家勞動總局和國務院知青辦合署辦公，具體為國務院知青辦、農副業辦公室和勞動司就業處合併，成立就業司，把知青工作的遺留問題和善後事宜統管起來。國務院知青辦的牌子對外保留。各省市及各級知青辦也隨即撤並。

至此，曾經轟轟烈烈10年的上山下鄉運動，中國大地上延續了前後27年之久的知青問題，終於宣告了它的收場。從那以後，有關知識青年的遺留問題，統一由勞動部門本著負責到底的精神，逐步地給以解決。

在結束本文的時候，我還想補充三個「最後」的事實，來把和中國知青有關的情況，說得更完整一些。

其一，謂之最後的風光。一九七九年八月十七日至二十九日，國務院知青領導小組在北京召開21個省、市、自治區上山下鄉知識青年先進代表座談會，一共有34名先進知青的代表參加了這次會議，他們中年齡最大的三十九歲，最小的二十三歲，其中28人下鄉的時間在10年以上。這些代表當中有文革之前就名聲響

亮的知青，也有文革當中湧現的知青先進，當然不乏紮根典型和後起之秀。二十六日，黨和國家領導人接見了他們，並同他們合影留念。

召開這次會議是要通過宣傳報導，發揮這些先進人物的模範帶頭作用，激勵青年志在四方、獻身四化。一九八一年國務院知青辦編寫的《真實的故事》一書，86名先進知青中，把這34名知青的事蹟大都編選了進去。可說是一本全國性的知青群英譜。現在回過頭去看，樹立這些典型，還是著眼於政治上的正面宣傳，不得已地掩蓋種種不安定的因素，爭取逐步地解決知青問題的時間。

其實，上山下鄉知識青年中的典型和名人，遠遠不止這86名，正如任何重大的歷史事件之後，大浪淘沙，泥沙俱下，總有一些人成為了歷史的犧牲品，知青中一些人曾被捧得很高很高，也曾經爬到相當高的位置，自然到了跌下來的時候，也就捧得很慘。好在隨著這一運動的落幕，一切都成了過眼雲煙。

其二，謂之最後一起返城事件。一九八五年四月二十二日到二十九日，在山西插隊的北京知青，在北京市委門前靜坐了8天，還拉出了「小平同志救救我們」的標語。此時，恰逢胡耀邦總書記在澳大利亞訪問，記者招待會上，英國《泰晤士報》記者舉著附有山西知青在北京市府前靜坐照片的報紙問：「你們中國又要搞文化大革命了嗎？」這次事件不但上了報紙，還上了廣播，受到中外記者的關注。

原來，這是一九六四年、一九六五年到山西插隊的老知青和文革當中的京津知青採取的行動，他們大多集中在欣州、原平、定襄三個縣市插隊，後來也分別在當地得到安置。但是，安置就業後的知青們在住房、醫療、子女教育、婚姻、工作等方面都不

如意，遇到很多實際困難。

這些人本來來自北京、天津，現在又和這兩個大城市有著千絲萬縷的聯繫。對比已經回到京津夥伴的情況，他們普遍地感覺不公、不平，於是就採取了行動。這一行動同樣延續了近三年時間，才在1987年年底，留在山西的一萬余名北京知青得以大部分回歸。可以說，這是有報導的最後一次返城事件。

其三，最後一個惠及知青的政策。那就是知青插隊落戶計算工齡問題。前面我已看到，早在返城之初，江西的農場知青提出他們在農場的勞動時間，應該計算為工齡，並被省勞動局批准。

到了上世紀七十年代末、尤其是八十年代初，國家開始調整工資，要計算工齡。涉及到每一個人的切身利益，於是下農村插隊知青的工齡問題就被提了出來。知識青年碰到了就在一起議論紛紛，一九八二年七月，北京市新技術研究所等53個單位的92名原插隊知青，最先上書國務院知青辦，要求把插隊落戶時間計算為工齡，以便趕上國家難得一次的調資。

一九八二年十月七日，湖南株洲湘江機器廠辦公室秘書蕭芸，也根據周圍知青們的意見，給各級領導寫了一封信，反映知識青年無學歷、少工齡、缺乏技術特長，呼籲要使「下鄉吃大虧論」無立足之地，應解決工齡問題。同時，各地知青都有此反映，並通過多種形式反映給有關部門。經國家有關部門的深入調查研究，多方徵求意見，終於在一九八五年六月二十八日，由勞動人事部正式發文，解決了「文革」期間上山下鄉知識青年的工齡計算問題。

我認為，這一惠及每個上山下鄉知青的政策，應該被歷史記錄在案。我曾經遇到許多老知青，他們只知道插隊落戶可以算工齡，但是很多人都講不清這一問題是什麼時候解決的，怎麼解決

的。故而我將這一情況補充在此。

被稱為震撼二十世紀，涉及1800萬青年，牽動10億人的心，長達二十七年的中國知識青年上山下鄉運動，在曲曲折折的過程中，終於落幕了。在它落幕的過程中，沒有掌聲，沒有閃光燈和鮮花，也沒有歡呼，有的只是一代人付出的代價和他們的頹喪、迷惑和無盡的回憶。千百萬知青把他們的青春和熱血、汗水和眼淚、歡樂和痛苦、理想和無奈獻給了這場運動。他們在這場運動中經受了難以想像的磨難，他們在這場運動中經受了慘痛的心靈創傷。

好在，它已經成為了歷史。就讓它永遠地成為歷史罷。

通過知青作家葉辛的講述，我們可以清楚地看到，如果不是鄧小平、胡耀邦、李先念等老一輩黨和國家領導人，本著實事求是的精神，果斷糾正了上山下鄉運動的錯誤做法，如果不是雲南、新疆等知青奮起抗爭、上訪請願，這數百萬的知青回城之路不知還要拖到何年何月？或許至今仍在廣闊天地裡無所作為。而錯誤的上山下鄉運動可能至今還在無休止地延續下去，貽誤我們的子孫後代。因此，我們可以毫不誇張的說，是胡耀邦、鄧小平的實事求是精神拯救了知青，也是知青自己覺醒和抗爭拯救了自己。

第二節　新疆的阿克蘇知青返城請願事件

如今回顧，時值七十年代和八十年代之交的農場知青興起的返城浪潮，並非孤立、偶然事件，它在某種程度上具有代表性和普遍性。雲南墾區知青遇到的問題和要求返城的呼聲，在新疆、內蒙古、黑龍江等地同樣存在，零零星星時有爆發，只不過沒有

形成規模。自從雲南墾區的知青帶頭請願上訪大獲成功後，無形中也在其他墾區出現了連鎖的反應。下面，先將農墾史志資料〈新疆阿克蘇的知青返城請願事件〉摘錄如下，以便於世人更好地瞭解這一事件的來龍去脈：

果然，雲南農場知青罷工，要求返城風暴發生後，衝擊波很快就傳到了西部邊疆。位於阿克蘇墾區的新疆生產建設兵團農十一師，是上海知青較為集中的地方。「文革」期間，該師十六個團場先後接受了四萬多名上海知青，分別安排在塔里木河南北兩岸。阿克蘇墾區地處塔克拉瑪幹沙漠西部邊緣和天山山脈之間，臨近蘇聯邊境，距上海數千公里。那裡地廣人稀，環境艱苦。知青們每年回家探親，都要走沙漠，跨戈壁，穿秦嶺，路漫漫，行匆匆，往返一個月，疲憊勞累，苦不堪言。多年來，已先後有一萬多人通過各種方式調離墾區，有的甚至冒險逃跑。

阿克蘇墾區知青得知雲南農場知青上訪後聞風而動，也開始了祕密醞釀集體行動，各團場相繼成立「上海青年聯合委員會」，簡稱「上青聯」。在阿克蘇設立「上青聯總部」，認真研究了上中下三個目標：上策是上海知青全部回上海，中策是轉往上海市郊農場，下策是調到工礦企業工作，不再務農。理由是：當初上海方面動員知青到新疆生產建設兵團是大冤案。

「上青聯」利用黨中央指示平反冤假錯案的時機和重視上訪工作、上訪受法律保護的合法條件，發動知青組織進京上訪活動。第一次行動是在一九七九年三月，當時十六個團場共募集了一萬多元，並選舉四十多名辦事能力強、熟悉政策、有群眾威信的上海知青，組成進京上訪請願團。代表團計畫周密，紀律嚴明，口徑統一，未經研究，禁止個人以代表團名義發表意見。

上訪團不顧阿克蘇墾區各級領導的勸告，冒著風沙，匆匆上

路。在烏魯木齊又衝破重重阻撓，終於登上開往北京的火車，四天四夜後抵達北京。國家農墾總局早已接到新疆墾區的報告，信訪處熱情接待，詳細聽取請願團的彙報，安排大家在北郊農場食宿。

不久，國家農委副主任張平化和農墾總局副局長劉濟民接見了請願團，明確表示：「當年上海動員大批知青到新疆生產建設兵團是完全正確的，不是大冤案。以此為由，要求回上海不合適。」同時，又實事求是地告訴大家：「上海現有一千一百萬人口，其中市區六百萬，每平方公里人口密度為三萬八千人，比紐約高一倍。如讓當年上海到邊疆參加建設的一百萬知青都返回上海，勢必給上海造成很大的困難，邊疆建設也會受到嚴重損失。」他們希望大家從國家利益大局出發，早日返回新疆。

但是，知青上訪團不聽勸告，堅持不解決問題不回新疆，他們在北京與國家農墾總局工人人員對峙了四十多天。為打破僵局，國務院副總理王任重同意派農墾總局副局長劉濟民帶五人調查組，隨同知青上訪團一道去新疆各地調查處理問題。調查組離京前，同請願團達成協議：上訪團迅速乘火車返回新疆團場，調查組乘飛機隨後趕到；上訪團回團場後，如實傳達國家農委和國家農墾總局領導的講話精神，停止罷工，堅守崗位；上訪團要為調查組深入基層調研創造良好環境，不得設置障礙、挑起事端。

上訪團回團場後，國家農墾總局調查組也於五月十四日飛抵烏魯木齊。出人意料的是，阿克蘇的局勢突然緊張，部分團場的上海知青在少數人發動下，竟然再次衝擊、佔據農墾局辦公樓，並在阿克蘇大街到處張貼標語，懸掛橫幅。還計畫組織上海知青的家屬數千人，到飛機場或公路上攔車、跪哭，製造緊張氣氛，施加壓力，使調查組無法正常開展工作。

　　原計劃已被打亂，為避免遭受上海知青衝擊、圍困，調查組迅即與自治區黨委取得聯繫，並請示中央，決定暫不到阿克蘇，而是改到農二十九團場去。那是一個先進團場，秩序穩定，生活正常，有利於開展工作。調查組把阿克蘇農墾局的領導、「上青聯」和上海知青的代表邀請到二十九團場開座談會。

　　座談會連續開了三天，調查組既嚴厲批評「上青聯」的頭頭不守信用、違反協定，挑起事端的錯誤，又耐心細緻地勸導他們顧全大局。「上青聯」的頭頭作了自我批評，表示願意撤出農墾局機關，配合調查組開展工作。

　　座談會結束後，上海知青紛紛返回團場，阿克蘇的局勢趨向緩和，調查組這才鬆了一口氣。但不久有人散佈謠言說「調查組回北京了」，「調查組對上海知青扣帽子、打棍子」等等，並策劃七一恢復罷工，繼續發動簽名、募捐，要組織百人上訪團再次進京請願。事態一觸即發，形勢嚴峻，刻不容緩。調查組當機立斷，火速進入上海知青最集中的十四團場，直接與連隊知青見面，宣傳、解釋中央的政策，阻止過激行動。

　　然而，當調查組抵達十四團場時，兩千多名上海知青突然從四面八方潮水般湧過來，把調查組圍困在十一連幼稚園，禁止自由行動。第二天開大會時，先發動二三十個孩子跪在地上，大聲哭喊：「我們是上海知青的子女，我們要回上海，我們要爺爺奶奶，我們要外公外婆！」然後，兩千多名上海知青全部跪下，嚎啕大哭，悲痛欲絕。

　　面對這一情景，調查組組長劉濟民也動情地流下了眼淚，但是他迅速恢復神態，嚴肅批評「上青聯」的頭頭：「你們不應該把孩子們推到前面，孩子們不懂事，你們應該快讓孩子起來！」頭頭們不聽勸告，還叫喊：這就是民意！甚至有人策劃「將劉濟

民綁起來，吊在井裡三天三夜，上海戶口就會到手。」情況十分危急，阿克蘇地委書記準備動用公安人員衝進來，武裝援救劉濟民。

形勢頓時劍拔弩張，幸好劉濟民處變不驚，沉著冷靜。他暗中捎信給地委書記，再三囑咐千萬不能派公安人員進入團場，避免激化矛盾。同時，他答應在連隊球場上主持召開大會，一方面認真聽取知青訴苦、反映情況；一方面回答問題，當眾宣傳、解釋中央的有關政策，揭穿少數人散佈的謠言，讓廣大知青瞭解真相。

大會連續開了四五天，很有效果。起初每天有兩千多人圍困鬧事，但隨著調查組每天宣講中央政策，解疑釋惑，大家逐漸瞭解真相，會場氣氛大為改觀。參加圍困的人越來越少，局勢慢慢趨向緩和。七月三日下午，受困的調查組，終於離開了十四團場，安全返回烏魯木齊。

七月下旬，「上青聯」總結了教訓，研究制定了一系列新的活動原則，強調遵守憲法，執行三大紀律八項注意：服從總部決定，統一行動，聽從指揮；實行民主決議，少數服從多數；「上青聯」委員經民主選舉產生後，要勇於自我犧牲，要有大無畏精神。七月十九日，他們開始組織第二次進京上訪。

這次上訪活動，規模、聲勢更大，選出進京代表七十三人，分期分批從阿克蘇出發，相約在烏魯木齊會合。上訪代表扛著「第二次進京上訪團」大旗，肩披「走，走，走，堅決走！」的白布標語，列隊在鬧市區遊行示威；還在大街上高懸長達二十七米長的巨幅萬民折，上書「熱血不為虧損灑，壯年回滬獻四化」十四個大字。同時，他們又在市區發表演講，演講場四周用三十米長、一米寬的白布圍成圓圈，白布上簽有一萬多名上海知青的

名字，以吸引過往行人。當時，烏魯木齊鬧得沸沸揚揚，交通堵塞，秩序混亂，人們議論紛紛。知青上訪團還分批闖進火車站，有關部門努力勸阻，未能奏效，只好將他們強行收容。部分代表登車抵達西安後，也被截留，進京上訪行動中途夭折。

儘管知青進京上訪活動一再受挫，但他們要求回上海的決心始終不動搖。各團場知青依然組織罷工、怠工、靜坐，進而又持續不斷召開「回滬誓師大會」。此後，要求病退、困退的知青越來越多，鬧得越來越凶。有人甚至聚眾搶奪團場衛生所的公章，為自己的假病歷蓋章，以便上海方面同意接收。他們從夏天鬧到秋天，繼而又鬧到冬天。阿克蘇墾區工作陷入癱瘓，秩序混亂。生產遭受嚴重損失，當年糧食減產三千八百萬斤，耕地荒蕪六萬畝，棉花留在地裡未收回達四百萬斤，財政虧損二千三百萬元。

然而，阿克蘇知青鬧事的問題並沒有解決，仍然不斷有人上訪、罷工，成了嚴重影響邊疆安寧的老大難問題。不久，中央恢復農墾部，高揚任部長，趙凡、呂清等任副部長，國務院責成國務院知青辦、農墾部、上海市會同新疆組成聯合調查組，共同處理此事。這次，調查組的規格比較高，由紅軍出身的呂清將軍任組長，新疆自治區主席司馬義·艾買提、上海市委副書記嚴佑民等為副組長。

呂清是經過長征考驗的老紅軍，曾任瀋陽軍區工程兵政委，培養過軍內外聞名的先進典型雷鋒。「文革」中，曾受林彪、「四人幫」迫害。這次，他剛剛復出就受命處理這一棘手難題，深感責任重大。幸好，此前他曾到過新疆考察，劉濟民向他彙報過有關情況，並到阿克蘇走了一趟，趙凡又介紹了處理雲南知青問題的經驗，他已心中有數。但調查組一到阿克蘇，他就發現局勢要比預期嚴重得多。

　　呂清、嚴佑民等決定坐下來，耐心聽取知青代表的意見和要求。知青代表聲淚俱下地講述了自己對邊疆的種種貢獻，又詳細講述面臨的生活、戀愛、婚姻、健康等實際問題和痛苦。座談會上，大家暢所欲言，一連開了十多天。調查組邊聽、邊記、邊思考，呂清、嚴佑民等也都有子女在農村插隊，作為知青家長當然十分同情和理解代表們的發言。

　　但感情畢竟不能代替政策，當時中央的政策是「維持現狀、穩定邊疆」。新疆自治區的領導讚揚了上海知青為邊疆建設作出的巨大貢獻，歡迎大家繼續留在邊疆作貢獻，但也不反對知青返回上海。上海方面則感到難辦，勞動局領導給代表詳細說明粉碎「四人幫」後，有成千上萬名受迫害打擊的幹部群眾，紛紛從各地返回上海要求落實政策，市裡就業和住房問題高度緊張，確實難以接收大批知青返城。

　　這種解釋雖然實事求是，合情合理，但知青代表卻難以接受。上海方面騎虎難下，再次研究調整政策，允許部分身體有病、家庭確有困難的知青可以返城。原以為這樣可以緩和矛盾，誰知這一方案把大部分知青排除在外，大家鬧得更凶，部分知青居然興起絕食鬥爭，局勢驟然惡化。隨著時光流逝，有人生命危在旦夕。調查組焦急萬分，一面動員知青態度冷靜，恢復進食，不要蠻幹；一面向中央彙報情況，請求指示。經過反復磋商，並經國務院領導同意，上海市方面決定放寬政策，合理解決上海知青的實際問題。

　　一九八一年，新疆自治區和上海市政府根據國務院的指示，雙方協商，簽定了〈關於解決新疆墾區農場支邊知識青年問題的具體規定〉，指出：「從開發邊疆、建設邊疆和鞏固國防的重大戰略意義出發，應繼續採取把大多數上海青年穩定在新疆的方

針。但是，考慮到新疆農場和青年本人或家庭的實際困難，也要在現行政策允許的範圍內，分期分批地把一部分符合本規定的青年商調回上海或遷回上海落戶，或調劑到上海市所屬的外地農場……」這一政策宣佈後，前後鬧了兩年之久的阿克蘇緊張局勢終於解除。從那以後，經各方努力，先後有一萬六千名上海知青回到上海，但留在新疆的仍有三萬多人。

關於新疆阿克蘇知青返城請願事件，在《知青年鑒》中新疆上海知青回城風潮大事記也有這樣的描述：

風起　中越自衛反擊戰打響；新疆上海知青返城號角同時吹響。

一月初在全國知青回城風的影響下，阿克蘇墾區3700名上海支邊青年聚集阿克蘇遊行，要求回上海。自治區黨委、革命委員會同上海市委、農墾部、國家勞動總局、國務院知青辦公室，經緊急座談協商，作出〈關於做好穩定新疆墾區農場上海支邊知識青年工作的座談紀要〉，提出了〈關於解決新疆墾區農場上海支邊知識青年問題的具體規定（送審稿）〉。

一月二十五日，自治區農墾總局作出決定，在部分農場實行區域化、專業化生產。

二月九日，伊犁墾區六十二團原執行「三代」任務的工交部職工及家屬600余人，集體到自治區上訪，要求回烏魯木齊。農墾總局負責同志多次做工作無效，經自治區請示國務院。五月十一日國務院批覆，肯定「三代」是正確的，他們為「三代」工作做出了貢獻，但上訪「鬧事」是錯誤的，應返回崗位，維護安定團結的政治局面。此後，對上訪的部分人員給予了妥善處理。

二月初，新疆上海知青開始為回城大事醞釀、串聯、演講、集會。最先發起的是農一師十四團的上海知青。阿克蘇地委書記

劉裕如、阿克蘇地區農墾局局長趙國勝、農一師老師長任晨、老政委杜宏鑒等領導先後下團場巡視、安撫上海知青，欲平息風波，均無功而返。

二月二十四日，新疆農場上海知青赴京上訪團出發，正團長楊東海，副團長楊清良。代表有歐陽璉。三月二日到達北京。

四月二十八日，新疆上海知青代表受到國家農委、國家農墾總局負責人張秀山、張修竹等人接見。上訪團在北京一共停留52天，五月返回新疆。本月，國家農墾總局劉濟民副局長率工作組到新疆阿克蘇。阿克蘇上海知青及子女一二千人向其「跪哭」，要求回城。劉濟民等人到達農一師十四團時，該團上海知青半路迎接，連人帶車抬走，並將劉濟民軟禁在該團十一連多日。後在團領導工作下予以放行。

七月十九日至二十二日，新疆上青第二次赴京上訪團代表先後到達烏魯木齊市。

七月二十二日晚，國務院領導向新疆等十個省、市、自治區發出電話通知：對已離疆的上訪人員沿途進行勸阻、收容、遣送回新疆。

高潮　一九八零年

一月九日至二十三日，新疆自治區召開「關於做好穩定新疆上海支邊青年工作座談會」。

一月二十一日，新疆自治區政府發佈〈通告〉，要求立即解散「上海青年聯絡總部」和「上海青年聯合委員會」等非法組織，停止一切非法行動，違者依法處理。

二月，上海、新疆、兵團幾方領導在阿克蘇召集知青座談會，產生了〈二月座談紀要〉。

十一月五日，新疆上海知青代表開會，歐陽璉等人提出：

從八日起組織上青大舉進入阿克蘇。十一月中旬，在阿上海知青佔據阿克蘇地委大樓。地委書記劉裕如逃到邊防派出所避險。地委、政府工作完全癱瘓。

十一月十三日晚，在阿克蘇的上海知青一致推舉歐陽璉為總代表，王良德為副總代表，馮晶保、俞志成、張鴻興、陳雙喜、陳加春為代表。

十一月二十三日上午十時，歐陽璉帶領500多人開始絕食。以後幾天，絕食人數增至1350多人。

十一月二十八日下午二時，絕食達到100小時，歐陽璉宣佈絕食勝利結束。

十二月十一日上午十時上海知青大篷車隊自阿克蘇前往烏魯木齊，途中一輛卡車翻車，三名知青死亡，傷十七八人。同日，阿克蘇地委發出給上海知青簽發戶口的232號文件。

十二月十二日，中央工作組抵達阿克蘇。

十二月二十六日凌晨兩點鐘，歐陽璉等上青代表被逮捕。20個月後宣判，判處歐陽璉有期徒刑四年。

尾聲　一九八一年

一九八一年三月十二日至三十日，新疆自治區政府和上海市政府根據國務院領導指示，在北京召開會議，商討解決新疆農場上海知青的問題。

「阿克蘇事件」平息後，在回城風潮期間各團場接上級通知緊急簽發的無數上海知青回滬准遷戶口一律作廢。先前很多上海知青拿到「袋袋戶口」後變賣了家產，歡天喜地的準備離疆回滬，幾乎家徒四壁。官方簽發的遷移戶口作廢後，他們在極度悲憤、極其艱難中度過了數年。最終安分守己地繼續工作，按部就班的按照政府頒佈的「頂替」等有效政策陸續回滬。不符合條件

的上海知青永遠留在了新疆。

一九六一年至一九六六年，共有45784名上海知識青年積極回應黨的號召，奔赴阿克蘇地區塔里木投身社會主義建設。截至一九八五年七月，時任中共中央總書記的胡耀邦同志到新疆阿克蘇視察工作。胡耀邦總書記在與上海支邊知青代表的座談會時關切的詢問：「上海支邊知青在阿克蘇還有多少？」上海知青幹部倪豪梅回答：「還有一萬五千三百多人。」

附注：歐陽璉與一九八四年一月刑滿釋放，同年回上海。二〇〇二年五月，歐陽璉退休。二〇〇三年返滬上海知青在歐陽璉等人組織下舉行了進疆40周年的紀念活動。一些知青仍在為解決歷史遺留問題，進行著不懈努力。

關於歐陽璉的近況，知青草心在〈無法言說的歐陽璉〉有著這麼一段補述：……二〇〇九年八月十七日，我在一次朋友聚會上聽說當年阿克蘇上海知青返城風潮總代表歐陽璉回到了阿拉爾後，立即萌生了見他的念頭。

八月二十三日，終於見到了這位離開新疆30年的老知青。初見，出乎我的想像，感覺中一個曾經的風雲人物該是高挺冷峻深邃的樣子。他瘦小，背微駝，小眼，與跟他同來的上海知青相比，顯然蒼老許多，言語不多，幾乎是問一句答一句。

當我告訴他我的來意後，他笑起來，轉身從旅行包裡拿出一條長約4米的紅色橫幅，招呼他身邊一位叫「小廣東」的高大男人展開，上面寫著一行字：「上海知青向全疆各族人民問好」，他接著告訴我，他們在烏魯木齊一下火車就把橫幅打開了。「新疆人民還是那麼熱情。」很多人圍著我們向我們問好，他接著說。

「聽說你們這次回新疆頗費了些周折？」我問。

「是的，因為是集體大行動，必須徵得上海市政府同意，還有就是七五事件嘛，出於對我們的安全考慮，當然，還有別的原因，所以一開始市政府是不同意我們來新疆的。他們對我說，歐陽璉啊，你30年前領著新疆的上海知青大鬧著要回上海，30年後你又領著這幫人鬧著回新疆，你到底在想什麼？想幹什麼？我就告訴他們，30年前是要回家，上海是我的家，30年後是想回去看看我們的第二故鄉，我們無數次地夢見新疆。」旁邊的女知青先前還熱鬧地跟從前的熟人聊天，這會也沉默起來。

之前聽從深圳回來的同學說，二〇〇九年八月初有看到香港鳳凰衛視中文台對歐陽璉的採訪，就是關於他在新疆插隊以及鬧回城時候的事。我問他當年為什麼會成為知青回城風潮的頭目，他沉默不語，旁邊的「小廣東」說：「那時候家裡來信說雲南啊什麼地方的知青都回去了，催著我們也趕緊想辦法回，自己也真想回家，不給回，就鬧了。」

「我並沒有想到事情會鬧這麼大，當時就是一個目的，回上海，沒想到後來局勢控制不住，這不是我的初衷。」歐陽璉說。

「為了這個事，你坐了四年牢，你怎麼看這段歷史？」我問，他沉默了好一會說：「天安門事件都沒有重新定性，我的事情也沒有結果的。」於是我轉移話題，問起曾在十五團四連工作過，後來調到兵團僑聯工作的魚珊玲的境況，小廣東說：「我跟魚珊玲是坐一輛車來你們這的，當年發在《中國青年報》那篇〈出生不由己，道路可選擇〉那篇文章根本就不是魚自己寫的，是中國青年報的編輯寫好，讓她簽了個名，她自己也寫過類似的文章發表，沒有那篇寫得好。現在她就是在家裡畫畫彈琴什麼的，蠻好。」

「我很小時候有個鄰居叫吳貽昆的，畫畫得很好，是不是那

個導演吳貽弓的兄弟？」這個疑問在我上中學的時候就出現過，一直沒有得到證實。「是的，現在也生活得蠻好的。」小廣東回答。

我們聊起5.12地震的事，歐陽璉說，他發動回城知青為汶川災區募得一筆錢，卻沒有地方肯接受這筆款子，國家只接受個人捐款或在政府備過案的組織機構，沒有備案的不接受，一向做事不甘罷休的歐陽璉後來輾轉交給了國際紅十字會，委託他們轉給災區。

「我跟另外兩個知青合寫了一本書，出了一本畫冊，十年前在香港買了個書號，發了2000冊，有機會你可以看看。」歐陽璉沉默了一陣後對我說。

「你會不會成為熱比婭一類的人？」我玩笑了一句。

「不會，她是搞分裂，我不是，我就是爭取我應該有的權利，為了這份權利，我還會繼續爭取下去。」

臨走時我說：「有機會我去上海看你們。」他笑著點頭：「你只要有一個上海知青的電話，就能找到我們曾經在新疆待過的十萬上海知青，誰問我，我都說新疆好。」

這句話真的很讓我感動，為了離開新疆，他們付出了很多，家庭、甚至自由，而他們對新疆，依然有割捨不斷的愛。祝福他們，晚年生活安靜平和地度過，相信他們在新疆生活的這段歷史，會成為他們一生最值得掛念的日子。

第三節　青島知青要求返城抗爭請願活動

據瞭解，類似雲南、新疆知青通過罷工絕食、上訪請願的事件，在一些地方也有發生。其中影響較大的，還有原內蒙生產建

設兵團的青島知青上訪請願活動。據宋立嘉〈青島知青與內蒙古生產建設兵團〉中介紹：內蒙兵團組建於一九六九年。先後有知青10多萬名。他們分別來自北京，上海，天津，青島，寧波，呼和浩特，保定等各大城市。其中青島知青前後到達的總計只不過4320人。

　　青島知青在內蒙兵團人數所占的比例不大，但青島知青的豪俠仗義，頗有燕趙古風。自包頭附近的白彥花起沿黃河河套西行，至烏拉山下，烏加河畔，至烏梁素海，至臨河，至海渤灣，只要聽到掩不盡鄉音的「青普話」，就可以受到同是青島知青慷慨的吃住款待。一時間青島知青的名聲傳遍整個大草原，其結夥打架兇狠常常使兵團領導頭疼不已。

　　一九七三年八月三十日，二十一團五連青島知青打了包頭知青；此日，包頭知青聚眾報復，又發生傷人事件。團領導竟然挑動群眾鬥群眾，於九月五日調動二十二團部分知青和二十一團包頭知青毆打青島知青，有80多人加入戰團，20人挨打，受傷15人，重傷8人。群毆事件造成了極惡劣的影響，消息傳到包頭、青島之後，引起了知青家長的強烈反應。大多數家長來信、來電打聽子女的安危情況。一個被打傷的青島知青的家長，4次打來電報，堅決要求孩子回青島治療養傷。有的家長則在包頭和青島知青辦公室活動，要求把子女要回去。有些青島知青家長甚至每天到火車站接自己的孩子，接不到就大哭一場……

　　當時正是落實毛澤東批復李慶霖的告狀信，全國知識青年上山下鄉工作會議剛開完不久，各大城市正在組織新的上山下鄉動員，如此大規模的知識青年群毆行為，居然在由解放軍領導的生產建設兵團發生，令人難以理解。為解決青島知青在內蒙被打事件，三師和二十一團派出工作組前往青島走訪了知青家庭並向

山東省委和知青辦彙報了情況承擔了責任，對有關人員進行了處理，經過許多安撫，才使被打事件圓滿解決。

可想而知，這樣一群具有團結勇敢精神的青島知青在回城問題上決不會逆來順受的。果然，幾乎就在雲南知青掀起罷工請願浪潮的同時，青島知青也不謀而合地為改變自己的命運開始了群體抗爭。對此，曾在內蒙兵團的青島知青「滴定管」在〈我當上三兵團總司令的經過〉帖子中講述了他們爭取返城的活動：

一九七五年六月二十四日，國務院中央軍委下達國發（75）九十五號文，改變內蒙古生產建設兵團體制。撤銷兵團、師兩級機構，把農業團隊改為國營農、牧場。位於巴彥卓爾盟烏拉特前旗的十四團改為蘇獨侖農場。那時侯知青思想波動很大，紛紛要求返城，解決遺留問題。

一九七八年底，在場黨委書記趙秀蜂，場長劉省三幫助下，十四團各連出代表帶病退報告於十一月二十六日到師部駐地——臨河，要求返城。各團青島知青聞訊紛紛湧到師部。那形勢真有點像〈今夜有暴風雨〉電視劇中的味道。巴盟農管局宋煥武書記接待知青。對青島知青的做法表示批評，同時對知青的處境表示同情和理解。經農管局領導研究後決定對青島知青返城大開綠燈。各團知青紛紛到臨河聲援，由於我認識領導較多，大家漸漸推薦我當代表。

一九七八年十二月，青島知青借放探親假之機，集體返回青島到市知青辦，市信訪科、市委反映情況，要求市政府解決原內蒙古生產建設兵團農業團隊撤銷後的遺留問題。青海建設兵團、甘肅建設兵團，還有插隊的知青聽說後便商議一起上訪，要求回城。這樣聲勢浩大一些。就在此時，我漸成總指揮。

為了達到回城目的，經大家研究決定，一九七八年十二月十一日是週一，青島市委開例會，各大領導都在，這一天去衝擊市府。想到這畢竟是犯罪的事情，而站崗的是解放軍，我們商量先把女生放前面，解放軍不敢動手抓。後來，果然如此，來自三支兵團和插隊的知青們順利包圍了市領導，強烈要求給予同意回城。

青島市委迫于形勢，於十二月十一日召開緊急常委會，當場開會下達了「十」號文件，同意接收內蒙、甘肅、青海兵團支邊青年返城。並于同日通知知青：1、打電話通知內蒙來人攜帶材料辦理病退；2、成立以知青辦王主任、區委張書記為首的領導班子專門解決內蒙知青返城問題。

為了儘快聯繫內蒙古領導來青。知青每人湊5元共湊了200多元，選舉我、韓委翔、許乃會（主要是十四團的都是滄口下鄉的）於一九七八年十二月十九日，從滄口火車站上車，趕赴內蒙古。在我記憶當中，到了濰坊又回滄口，到底發生什麼忘記了。

二十一日到達北京，住的是旅館，一宿2.1元人民幣，花10元買了煙食品之類，好送禮。火車票是一人27.4元（青島到前旗）。二十三日到了內蒙古，先到團領導家，那會領導廉正，不要禮品，為了討好領導，玩命陪領導抽煙。二十六日到臨河，經和農管局領導交流，領導答應派專人去青島，（後來派了二十團的幹部到了青島，住在中山路旅店，我還去見了一面，但忘記了那幹部叫什麼名字）。三十一號買了火車票回青島，一九七九年一月一日到了青島，我的惡夢從此開始。

有關部門先是把我的准遷戶口的證明卡下，有二十團的一個，有十四團的幾個。花了很多錢走了很多關係，幸虧我的家族在青島是個大家族，有很多人在市府工作，後來求爺爺告奶奶，

直到一九七九年年底才讓我回來。但就業時又碰上難題，開始考試四方車輛研究所，召工的幹部一調檔案，見我是上訪的「三兵團總司令」，馬上怕死了，找個我眼有毛病的托詞，不要我，後五連薛成光頂替我進了研究所。

幾經周折，我才得以就業，其中損失實在太大了。不過，我無怨無悔，都是為了知青夥伴能回青島，想想看多回了趟內蒙古，坐硬板車，搭是時間和金錢，我真是一個為知青返城奔波的革命傻子。不過，這經歷是一筆不可多得的財富，我很懷念當「總司令」的日子，幸虧當時是文革沒有完全結束，如果在現在恐怕要進「局子」了……

就這樣，內蒙生產建設兵團最後一批知青於七九年四月份離開了戰鬥天地八年之久的邊疆，回到了青島。一個轟轟烈烈的時代結束了……

而知青滄桑也在〈紀念青島知青赴青海生產建設兵團40周年〉中也講述了他們從青海兵團抗爭返城的簡況（摘要），追溯青島知青遠赴青海的歷史，還當從一九六五年夏講起：

40年前4000知青走上青藏高原

當時，正在籌建的「中國人民解放軍生產建設兵團青海省農業建設第十二師」工作組來到山東省，在濟南、青島等8個城市招收知識青年參加西部的開發建設。工作組來到青島，先是在市內五區分別選拔一名政治覺悟較高的應屆高中畢業生前往青海參觀，回到青島後向社會廣為宣傳「屯墾戍邊」的政治意義。各街道辦事處也把動員支邊作為一項重要的政治任務，在每一個街區發動。

就這樣，一九六五年的十月八日，青島市第一批800名參加青海生產建設兵團的支邊青年登上了西去的列車，拉開了青島知

青出征青海的序幕。至一九六六年四月二十二日最後一趟滿載支邊青年的專列從火車站開出，青島市先後共向青海生產建設兵團輸送了五批軍墾戰士，總人數4000人左右。

生活艱苦住地窩子吃青稞麵

這些知青到達的柴達木盆地，是我國四大盆地之一，是典型的內陸盆地，四周高山環繞。生產建設兵團的主要任務就是把土壤沉積帶的亙古荒原開墾成一望無際的農田。豪情滿懷的青島知青來到格爾木、馬海，他們看到的是滿目荒涼的戈壁、草原，住進了勞改犯的土坯監舍甚至是地窩子，吃著難以下嚥的青稞麵饅頭。

初上高原，知青們即面臨此前無法想像的嚴峻考驗。一方面是惡劣的自然環境，柴達木盆地是高原盆地，格爾木海拔2780米，馬海要更高一些，空氣稀薄，供氧量比青島少得多；氣壓低，水的沸點是88°C，吃的東西半生不熟，井水的礦物質含量嚴重超標，知青們普遍感到胸悶氣短，頭暈，以至很多人落下了心腦和腸胃疾病。氣候乾燥，日照極強；風沙肆虐，氣溫的日較差和年較差非常顯著，知青們上工經常是裡面穿一件汗衫，外面套一件棉襖。皮膚皸裂、流鼻血、骨質增生、靜脈曲張、女青年月經不調更是習以為常。

另一方面是艱苦的勞動。青島知青到青海前，都是城市學生，肩不能挑手不能提，一下子就讓他們從事修渠、墾田、播種、收割等重體力勞動，每人每天挖土十余方，打土坯800塊，割麥一畝半；夏季烈日炙烤、蚊蟲叮咬，冬季寒風刺骨，冰封雪飄……再加上吃住條件極差，交通閉塞，很多連隊十余年直到返城「拔點」時還用油燈照明。

就是在這樣惡劣的環境條件下，知青們不僅開墾了大片農

田，還修建了格爾木歷史上第一座水電站，第一個現代化飛機場。一九六六年是青海生產建設兵團農業生產和基本建設取得長足發展的一年。農作物播種面積55173畝，其中糧食作物45300畝，總產量800.74萬斤；蔬菜產量623萬斤；經營收入716.1萬元。格爾木地區興修西幹渠37公里，全部混凝土砌就（至今還在使用）；馬海二團興修幹渠20公里，支渠13公里；全師共開荒8250畝，建築各類房屋40000多平方米。

文革大災難「專政對象」青島知青最多

青島支邊青年進駐青海不足一年，文化大革命便急風驟雨般席捲而來。於是知青響應毛主席的號召，紛紛扯旗「造反」，先是整倒了師團營連各級領導，然後各派群眾組織互相鬥爭，「文攻武衛」，相互「串聯」。秋天，地裡的麥子無人收；春季，耕種、開渠灌水無人問。還有部分青年直接「打回山東家鄉鬧革命」去了。一九六八年，蘭州軍區對青海生產建設兵團實行了軍事管制，每個連隊都進駐了現役的軍代表。為了穩定文革局面，「清理階級隊伍」運動開始了。

由於青海生產建設兵團各團駐地居民稀少，且大部分是蒙古、藏、哈薩克少數民族，所以，清理的「階級敵人」只能從內部挖。軍代表在每個連隊建立了由「根正苗紅」的知青組成的「群眾專政小組」，日夜開會，研究鬥爭對象。那些出身不好的「地富反壞右」子女立即陷入了殘酷鬥爭的苦海。當時，幾乎每個連隊都有一二十個知青被「專政」。在山東各地的知青中，青島知青的家庭出身最為複雜，「專政對象」也以青島知青為最多。他們被批判鬥爭、隔離反省，很多人遭受了毒打，致殘甚至被迫自殺。更多的人被迫說假話，作假證，靈魂在摧殘煎熬中扭曲……

命運轉機3500余知青「拔點」回鄉

　　進入七十年代，由於地理環境的閉塞，另一方面出於對政治運動的厭倦，兵團的生產形勢逐漸穩定下來。有門路的找出各種理由和藉口調走或辦理病退；有的女知青嫁到了駐格爾木和西寧的廠礦企業；出身好的想方設法上大學（工農兵學員）；而絕大部分知青在前途無望的情況下選擇了結婚建立自己的小家庭。

　　知識青年支援邊疆本來就是一種移民措施，組建時就要求知青男女比例大體相當，落實到每個連隊也是如此，知青婚配就成為一次簡單的排列組合。萬般無奈之下，知青們只能選擇在昆侖山下安家落戶了。青海知青命運的轉機出現在一九七九年。文革結束後，當「實踐是檢驗真理的唯一標準」大討論似春風吹遍「萬馬齊喑」的神州，全國各地上山下鄉的知青紛紛提出了改變生活現狀的請求。

　　到了七十年代末期，大多數建設兵團的知青已經開始返城，這讓遠在青海的兵團知青看到了自己的希望。於是知青們開始一些極端的上訴行動，如罷工、上訪、靜坐絕食，甚至激化到青藏鐵路第一期工程（西寧——格爾木）竣工後的通車典禮上「抬棺臥軌」。（**據我推測，此事件應該一九七九年九月至一九八一年間**）

　　事態的一步步擴大引起了青海省委以至國務院的重視，根據當時格爾木農場總廠領導的彙報，青海省勞動廳派來了工作組，一方面穩定知青的情緒，一方面迅速落實分配計畫，將2700余名知青分配到冷湖油田和青海各州縣。而留在農場的知青又經過幾年的苦苦期盼，到一九八三年，除了極個別特殊情況，剩餘的3500余名知青全部「拔點」返鄉。

　　在經歷了18年的高原冰雪的洗禮之後，當年意氣風發的4000

青島兒女灰頭土臉地回到了海濱故鄉。走時滿臉稚氣，歸來拖兒帶女，兩手空空，並且面臨著更大的人生挑戰。返城的知青開始了第二次創業……

看了青島知青滴定管「甘當革命的傻子」幽默的述說，以及滄桑兄弟關於青海兵團知青艱辛悲涼、抬棺臥軌的述說，我只想擊掌讚歎一句：勇哉！為爭回城，理當如此。否則，不知還要等到猴年馬月？

第四節　東北知青大返城與上海臥軌事件

在劉小萌所撰寫的〈「今夜有暴風雪」——黑龍江農場知青大返城〉講述了當年黑龍江兵團知青返城的情景：……一九六二年以來，全國國營農場先後接收安置下鄉知青270多萬人，除招工、招生、徵兵和病退、困退等離場的外，一九七八年在場的還有170多萬人，約占全國國營農場職工總數的三分之一，是農墾事業中一支重要的力量。主要集中在邊疆省份，黑龍江省有47萬人，廣東省19萬人，新疆12萬人，雲南9萬人，內蒙古5萬人。其中黑龍江省國營農場的知識青年占該省農場職工總數的57％。廣大知識青年在發展農墾事業、建設和保衛邊疆的鬥爭中，做出了重要貢獻。

國營農場在安置和培養教育知識青年方面，做了大量工作。但是，大多數知識青年都不安心。造成這種狀況的原因是多方面的。如前所述，一九七八年以來，國營農場的病退、困退風迅速蔓延、不斷升級，而年底結束的全國知識青年上山下鄉工作會議在給插隊知青網開一面的同時，卻幾乎關閉了農場知青返城的大門，也就是會議文件明確規定的：農場知青一般不辦理病退和困

退，如家庭和本人確有特殊困難，可通過組織商調。在領導者眼裡，農場知青本來就是國營企業職工，基於穩定農墾職工隊伍的考慮，這樣規定至少是可以講通的。農場知青則普遍認為，自己背井離鄉幾千里到邊疆屯墾戍邊，嘗遍種種艱辛，完全是上山下鄉運動造成的。如今運動收場了，在返城問題上卻與插隊知青兩般看待，是沒有道理的。因此，全國知識青年工作會議後農場知青的返城風不僅沒有趨於和緩，反而越刮越猛。

一九七八年底，黑龍江國營農場知青通過各種管道調離的已達20多萬人。要求返城的申請表繼續成千上萬地送到領導機關。僅哈爾濱市知青辦，一九七九年三月份收到的申請表就裝了五麻袋零一箱。這年第一季度，全農場系統又有74萬知青返城，另有6萬人已報病退材料待批。這就是說，在農場名冊上暫時能掛上號的知青只剩10萬多人。

著名知青作家梁曉聲的小說《今夜有暴風雪》所描繪的，就是這一個冬季裡北大荒知青返城中最驚心動魄的場景：知識青年大返城的颶風，短短幾周內，遍掃黑龍江生產建設兵團。某些師團的知識青年，已經十走八九。四十余萬知識青年的返城大軍，有如錢塘江潮，勢不可擋。一半師、團、連隊，陷於混亂狀態。

七十年代末，國營農場系統中，相當一部分領導職務已由知青擔任越是基層單位，知青擔任領導幹部的比例越大。一九七六年三月二日《人民日報》載稱，黑龍江省黑河農場分局18個國營農場的167名領導幹部中，有33名是知青，各個分場和生產隊的主要領導幹部中，分別有40%和60%已經由知青擔任。該分局共有知青7萬名，擔任各級領導的有1800多名。其中，山河農場12名領導成員中，有6名是知青，下屬8個分場中，有5個是知青擔任黨委的第一把手，各生產隊的主要領導幹部大部分都是由知青

擔任。許多關鍵性崗位由知青負責。大批知青返城，給農場的正常生產秩序和生活秩序帶來很大影響。

一九七八年末，軍川農場場一級團委書記已走了33％，黨員走了30％，團員走了28％。一九七九年初，全農場系統連職以上幹部就走了5000人，技術骨幹走了8000人。一些單位出現機器無人開，生病無人看，學生無人教，帳目無人算的癱瘓局面。建三江管理局知青占全域職工的80％以上，到三月，知青已返城77％。勞動力奇缺，春種無法進行。該局化肥廠一些知青圍攻領導，組織靜坐，鬧返城，領導不同意，他們威脅要把尿素裝置炸掉，領導無奈，只得宣佈停產，放知青回城。浩良河化肥廠，一九七八年底一次返城560人，使很多崗位無人操作，被迫停產。香坊農場的一個奶牛場，因知青大批返城，牛奶沒人擠，產奶量大幅度下降。類似情況，不勝枚舉。

返城風波所至，給那些剩下來的知青形成越來越大的精神壓力。一個連隊，原有四五十個知青，後來僅剩下幾個。同伴都返城了，集體宿舍裡本地青年代替了城市知青，各種娛樂活動自然而然地停止。何況有些平常吊兒郎當、動輒泡病假的青年早早病退回城，而十年如一日，像牛那樣幹活的忠誠老實的青年卻留了下來。回家探親，看到左鄰右舍的青年回了城，面對家人的責難，更令人愁腸寸斷，無言以對。他們只有在失望和愁苦中煎熬。

他們不明白：既然國家放寬了對知青返城的限制，既然「病退」的有關規定已形同一紙空文，為什麼不能一視同仁地放他們回城，卻要繼續留下來吞咽辛酸的苦果呢？一位北京知青在給上級的信中這樣寫著：我們懇切呼籲：救救知識青年！殘留在東北農場的知青，實際上是最老實、最忠誠、最正直、最可憐的年輕

人。幹部子女有後門可走，特殊職業的子女有偏門可溜，我們普通工農子女能有什麼路子！紮根！不就是一小部分老百姓子女紮根嗎？……

打算分期分批解放知青嗎？那就應當把意圖告訴人民，讓他們放下心來，不要再去走邪門歪道，戕害自己的身體，浪費國家的藥材！如果說像這樣的知青政策是正確的，有門路的返城，沒門路的紮根，有人高興，有人痛苦，那簡直是對社會主義的嘲弄！難道國家對我們這一批殘留者甩手不管了嗎？難道還要逼著我們倒盡錢串、吞吃毒藥、磕頭求饒地去搞病退嗎？難道還要容忍那些貪贓枉法者繼續吸吮知青的鮮血嗎？難道還要逼出更多的血淋淋的悲慘事件嗎？

我們強烈要求不再繼續實行極端腐敗和不人道的「病退」政策，用公平合理的新政策來取代它，使那些沒有路子、勤勤懇懇、辛勤工作的知青也能夠回家與家人團圓。軍川農場北京知青明州：〈親愛的黨，親愛的祖國，救救我們吧！〉，一九七八年十一月二十五日。

病退過程中發生的「極端腐敗」和「不人道」現象並不是局部性的，不僅東北有、內蒙有、雲南有，就全國範圍講也很普遍。不過，這種現象與病退政策本身是兩回事，不應該混為一談。國家放寬病退條件以後，畢竟使大批普通百姓子弟得以返城，作用還是積極的。問題是當知青返城的勢頭不可逆轉時，本可以及時調整政策，為希望返城的知青提供更多的便利，如果是這樣的話，就會大大減少那些貪贓枉法、利慾薰心者依仗權勢，吞剝知青的機會。

黑龍江國營農場知青返城風刮得早、刮得猛，除了外省知青多，距家鄉遠，年齡普遍偏大等原因外，還因為：北大荒氣候寒

冷，生活條件艱苦，農場管理方面存在不少問題。如有的食堂、宿舍條件很差；冬天放三四個月假，攆知青回城，不發工資、糧票。住房緊張。文化生活單調，看不到電影、文娛節目。知青在農場苦幹多年，變化不大，對前景愈加失望。

知青政策反復多變。忽而說上山下鄉是「戰略措施」，忽而又說是權宜之計；忽而說可以辦病退，忽而又說不辦返城，只可調換。有人說：「知青政策是朝定夕改，像孫猴子一天七十二變。」這就增強了知青和家長的恐慌心理。一九七八年全國知識青年工作會議規定國營農場知青今後一般不辦理病退、困退。卻難以做到。實際上連省委領導和省知青辦對這種新形勢下的「一刀切」都持有異議。一些知青看到返城仍有一線希望，便像洪水決堤般地往外「沖」。他們說：「快辦，快辦，說不定啥時候又變。」於是帶動了一大片。

從省領導到整個社會輿論，對知青返城要求一般比較理解，盡力予以通融、解決。一九七九年三月一日，黑龍江省委鑒於返城風勢頭過猛，嚴重影響生產，宣佈自即日起，暫停辦理農場知青困退、病退手續，於是引起哈爾濱市知青請願事件。三月一日上午，該市知識青年500余人（一說3000人）在市革委會機關門前集會，要求返城，有青年呼喊「要民主、要自由、要工作」口號。圍觀者眾，堵塞交通達5小時之久。風波到三日始平息。省、市領導認真聽取知青意見和要求，研究解決問題的具體措施。知青代表也作了自我批評，表示不再鬧事。問題得到了解決。

省裡多次召開知青工作會議，主要是研究如何安置知青返城。省委書記提出：「要像當年歡迎他們下鄉那樣歡迎他們回來。」著名學者于光遠、邢賁思到黑龍江作報告時指出：西方發

達國家是農村人口大量進城，而不是擴大農村人口，上山下鄉違背歷史發展規律，是一種倒退。他們的講話被一些知青當作要求返城的依據，說：「我們要順應歷史發展的規律進城，而不違背歷史潮流務農。」一些知青自嘲地把自己稱作「三品官」：新生事物的試驗品，上山下鄉的犧牲品，搞「四化」（四個現代化）的廢品。一些知青典型過去上大學不去，招工不走，說了些「大話」，至此感到既吃虧又沒臉見人，自卑感代替了昔日的自豪感。在許多農場，「能回城的是英雄好漢，回不去的是傻瓜笨蛋」，成為流行的說法。

許多農場看到知青鬧返城，認為是大勢所趨，於是放任自流。每人發張返城申請表，誰願填誰填，誰願走誰走。鑲河種馬場把哈爾濱市的一千多名知青分批送回哈市，同時招收四川的盲流頂替知青工作。有的農場採取分配名額、群眾投票等辦法決定誰返城。一些農場領導認為，知青是「飛鴿牌」的，早晚要走，晚走不如早走。有的農場為保險起見，乾脆把一些原在技術崗位上的知青撤下來，換上本地青年，讓知青去當農田工。香坊農場成立了一個「返城排」，把要求返城的知青都集中在一起幹較累的活。一些知青說：「我們不走，在這也沒好了，這是逼我們走啊！」有的農場，知青返城去辦手續後，集體宿舍被改為家屬房，集體食堂散夥了，知青回場無處吃，無處住，只得再返城。有一對知青夫妻，男的是秘書，女的是打字員，其父母來一封信，與他們商量可否辦頂替，不料信的內容被領導發現，第二天就宣佈這對夫妻當農田工。

紮根與返城，兩種思潮的衝擊始終伴隨著上山下鄉運動的全過程，黑龍江省也不例外。最初，紮根輿論壓倒一切，湧現出一批又一批立志紮根的知青典型，「天涯何處無芳草，何須馬革

裹屍還」，錚錚誓言，擲地有聲。當時，返城的輿論只是一股暗流。但是，隨著時間的推移，暗流湧出了地面，涓涓細流彙集成河，終於形成壓倒一切的氣勢。在知青大返城的洪流中，紮根輿論不堪一擊，紮根派幾乎全軍覆沒。各級知青幹部，包括大名鼎鼎的「紮根典型」，都不失時宜地調整了努力的方向。上山下鄉運動鼎盛時期，報紙廣播曾大張旗鼓地宣傳過金訓華為建設邊疆貢獻寶貴生命的事蹟，與他同時下鄉的妹妹金士英，名字赫然地出現在報紙上。到一九七八年，金士英姓名前的職務是共青團黑龍江省委副書記。一九七九年，知青大返城，她毅然放棄了副廳級待遇，回到上海，當了一名工人。高崇輝，是黑龍江國營農場系統唯一的國家級標兵，也是全國聞名的知青紮根典型。八十年代，離開了農場。而那些名不見經傳的「紮根典型」和知青骨幹，早在他們之前就順遂了大流。當波瀾壯闊的返城風平息下來後，農場數十萬知青已所余無幾。

當時，東北三省的知青不僅在當地農場農村掀起了要求回城的抗爭活動，還利用回城探親之際與到其他地方上山下鄉的知青，在上海熱鬧繁華地帶發起了數萬人的遊行請願活動，要求上海市政府放寬接收知青回城政策。對此，黑龍江農場知青拾夢空間在〈我親歷的上海知青造反——紀念一九七八年十二月十日〉講述：

在知青史上，上世紀一九七八年末雲南農場知青的慘烈抗爭眾所皆知，成為扭轉知青一代命運的英勇篇章。但似乎很少人記得，上海也有一場知青「造反」事件發生過，可能比雲南事件時間上還早些，同樣可歌可泣，為鄧小平「撥亂反正」，及時終結上山下鄉錯誤，治癒千萬青年及家庭的傷痛，起了積極推動作用。我無意中參與了這場造反行動。那一天，是一九七八年十二

月十日，也理應載入史冊。

山雨欲來

一九七八年年末，剛從文革中走出來大病初愈的中國，百廢待興，百亂待治；思想解放運動如火如荼地展開，人心思變；北京十一屆三中全會正在進行著艱苦的路線較量，一些大城市隨之爆發了「革命民主運動」。上海的人民廣場從十一月二十二日開始，約一周時間，天天人山人海，真正成了「人民」的廣場。人們如饑似渴地聆聽一批北京來的「共青團宣講團」的演講，批判文化大革命、探求中國的出路，鼓動改革，福州路西藏路一帶貼出了無數的大字報，呼喚民主。一時間，一片「山雨欲來風滿樓」的氣氛。

上海這時聚集著數以萬計回來試圖通過病退或者頂替來謀求返城的知青，都從這聲勢中看到了國家的激蕩，也看到了自身的希望，大家欣喜地聚在一起，議論著，盼望著「讓火燒得越旺越好」。

我和同在黑龍江農場的弟弟都在搞病退，千波萬折之後我和弟弟的病退材料終於發回了上海，我們也回申城等待上海方面複查。然而，可愛的故鄉對流落外地的知青十分冷漠，把我們當成甩不掉的包袱，處處打官腔，敷衍、踢皮球和拖延。隔天，我又到街道鄉辦去打探何時能安排我和弟弟複查體檢，希望進程加快點。結果不僅沒能得到一點好消息，反而被告知：我倆即使複查都能通過，也只能回來一個。就是說，我回來弟弟就不能回來，或者弟弟回上海，我則一輩子呆在冰天雪地的北疆，直至終老。

看我愣在那裡，鄉辦那個一臉皺紋巫婆樣的老女人冷冷地說，讓哪一個回來你們自己決定，「猜東裡猜」或者「抓鬮」都行。世上最殘酷的莫過於讓親兄弟間血拼相爭，這不是和羅馬角

鬥場一樣沒人性嗎？當初你們要我們下鄉時是何等的笑容熱切，如今你們又是怎樣的一副嘴臉？我悲憤難抑，真想有顆手榴彈，來個當場拉弦，同歸於盡。這種在病退等辦理上飽受刁難屈辱的情況不在少數，知青們內心的怒火在積聚、在升騰。

這當口，恰逢電臺裡公佈「全國知識青年工作會議」精神，又給了我和弟弟等眾多知青當頭一棒。知青們都旱天盼雨露般地期盼這個關乎自己命運的會議能帶來好消息，相信中央會順應人心，做出讓知青回城的決定，因此在等待的日子裡，心頭大多都是喜滋滋的。但是聽到廣播大家頓時都傻掉了，完全出乎意外！會議決定：原則上對知青「就地安置」，而且農場的知青轉為農業工人。

這就是說，政策不支持知青回城，最好的出路也只不過在當地安排，我們返城夢想和所有努力都成了泡影，回上海的大門就此被關上，甚至連病退也可能被封死。這樣的新聞不亞於晴天霹靂，我和眾多知青精神支柱一下被擊垮，眼前又蒙上無盡的黑暗，胸悶至極，心中一片憤恨和絕望。依舊只有所謂的國家利益，而絲毫不管底層人民的疾苦！知青的出路在哪裡？我們的命運究竟要被擺佈到幾時？

於無聲處

鄧小平十月二十二日訪問日本後，〈追捕〉、〈望鄉〉等日本電影開始熱映，其中〈望鄉〉一片中日本政府為擺脫困境賺取外匯而驅使無數婦女到海外當妓女，犧牲了她們的青春又使她們終老難歸的情景，令知青們感同身受，很為觸動。十二月初，馬路邊的電線杆上出現了一張署名「知青望鄉團」的通告，說是定於十二月十日這天，將在人民廣場設立知青「望鄉台」，舉行集會，屆時希望知青們參加。聞訊我很興奮，窒悶的心裡有了火苗

跳動。

數著日子挨到了十二月十日，這一天，我和兩個同伴相約（記得是孫力山和曹偉偉），一大早就興致勃勃地趕往人民廣場去參加集會。

時間還早，天寒地凍的，到場的人並不多，不過幾百青年男女，在偌大的廣場上，僅像一小墨團，圍著一個高高站在燈柱座上的青年，聽他慷慨激昂的演講。沒有電喇叭，他在凜冽的寒風中聲嘶力竭，揮舞著手勢，我們不斷擠向前去才能聽清他的話。他大聲鞭撻文化大革命，聲討四人幫危害，痛訴上山下鄉給青年一代帶來的厄運，號召知青們行動起來同命運抗爭。知青們饑渴般地聆聽著，呼應著，群情激憤。他講完了，又有一個裹著大衣的知青迫不及待地登上燈柱基座接著演講。很多人拍手叫好，紛紛表示已經到了忍無可忍的地步了，知青們不能做任人宰割的羔羊，不抗爭就沒有出路。但底下也有不少人竊竊私語，搖頭歎氣，感到知青們位卑力薄，難有作為：怎麼抗爭？誰會理睬我們？鬧了有用嗎？沮喪情緒漸漸在人群中蔓延開來，銷蝕著剛剛鼓動起來的熱氣。失望開始爬上了我的心頭，雖然人越來越多，但覺得今天來人民廣場也成不了什麼氣候，只不過是又一場空談發洩湊湊熱鬧而已。

就在這時，一個穿著黃軍裝、胸前別著團徽的年輕人擠進了人群，這個自稱是團市委幹部的人向我們這些沒有戶口的上海人發出了另類的聲音：「你們不要這麼激動，要相信黨相信政府嘛！你們這麼集會不利於安定團結的，鬧有什麼用？鬧是沒有好處的。」他像說教，又像訓斥，這刺激了本來已漸漸意興懶散的青年們，頓時引發了眾怒，猶如冷水滴落油鍋裡，劈裡啪啦的炸開了。

人們蜂擁圍上去，劈頭蓋臉地責問他：「你是什麼人？」「你不是知青憑什麼混在這裡！」「你在上海活得開心，你知道我們的痛苦嗎？」「你井水淘飯吃過嗎？」好些人爭著要和他辯論，有人恨聲罵他是「走狗」「狗腿子」，揪住他，推推搡搡，還有人揮舞拳頭要揍他，場面頓時混亂不堪。他躲閃著，一邊還在叫囂，一邊驚恐地往後退想抽身走人。就這樣，拉拉扯扯，吵吵鬧鬧，人群猶如漩渦翻捲，團幹部逃向西藏路，知青們撑著他也從廣場開閘般瀉向了西藏路。

西藏路緊連南京路，是重要的商業街和南北交通要道，人車流量都極高，突如其來的人的洪流一下把西藏路給截斷了。我們大批知青擁擠在馬路上，無意中像泥石流一般堵塞了交通。一輛18路電車被迫停下，後尾各種車輛也紛紛剎車，首尾相銜，立刻排起了一條條長龍，不要說汽車、電車，這時連自行車也寸步難行。一眼望去，馬路上擠滿了車和人，喇叭聲此起彼伏，一片混亂。其中有一輛救護車被夾在車輛之間，嗚嗚叫著，也動彈不得。整條西藏路頓時狂躁不安，陷入了癱瘓。隨著知青越聚越多，氣勢震天，西藏路上的照相館、皮鞋店和食品店，紛紛驚恐地拉上鐵籬門，打烊保安全。

這時我看見，一個穿著藍棉制服外罩大白袖套的交警慌不迭地從鐵梯爬上高高的空中崗亭，在上面打電話告急。不一會兒，從福州路市公安局方向調來了大批警員，他們一到馬上插入到車輛和人群間，或推、或勸，竭力想把壅塞馬路中間的知青們清理到路邊去。

大約過了刻把鐘，花了九牛二虎之力，民警們的努力才見效，開闢出了一條窄窄的通道，電車、汽車才得以開始慢慢地蝸行。一些警員手拉手試圖組成警戒線，但他們成了知青發洩怨氣

的對象，不少人和警員發生了推搡碰撞。有個老警員拍拍我：「幫幫忙，我家裡也有上山下鄉的，心情是一樣的，但交通不要堵塞好伐？」他話還沒說完，頭上的警帽被人從背後掀落到地上，他轉身去撿，結果撅起的屁股上又被人狠踢了幾腳。

這完全是場意料之外的偶發插曲，起因僅僅是由於一個團幹部，無意中堵塞西藏路前後也不過半個多小時，卻成了事件的導火索。知青們突然醒悟過來，意識到「行動比一打綱領更有用」，知青完全有力量，也找到了抗爭的方法。有人振臂高呼：「大家回去，把插兄插妹們都叫出來，我們堵馬路堵交通，活不下去了就鬧他個天翻地覆。」眾多知青紛紛響應，互相打氣，情緒高漲。這時候已到了吃午飯時間，大家不得不四散回家，但都興猶未盡、摩拳擦掌。我和兩個同伴早擠散了，在往家走的路上，我一掃心中的陰霾，也變得格外振奮，步伐堅定而輕盈，一股搏擊命運的豪情激蕩在胸間。

驚雷滾滾

那天下午，「人民廣場鬧事了」的消息在大街小巷中飛快傳播，後來聽說好些地段開始出現了大大小小的遊行，而且受數天前「革命民主運動」的薰染，不少老頭老太也走上了街頭。他們舉著標語牌、象上向日本人一樣紮著白布條，上面墨寫的字：「還我子女！」「要戶口！要工作！」，邊走邊喊口號。到傍晚時候，很多人感覺上海像一鍋水沸騰了，全市都鬧開了，各種說法紛至遝來。此時傳來一則振奮人心的消息：外灘已經有大批人在市革委會大樓前靜坐，知青真的行動起來了！

我和兩個弟弟以及正在我家的一個女知青激動地趕往外灘。十二月的天黑得早，外灘高樓聳立，燈光昏暗，遠遠就看見市革委會樓前的地面上黑糊糊一片坐滿了人，數以千計的腦袋晃動

著，喧囂著，聲浪震天。這裡已經沒有馬路和交通的概念，變成了一個集會示威的廣場，青年們席地而坐，一遍遍喊著「彭沖出來！」「回上海，要戶口！」等口號，揮舞胳膊，宣洩怒火。有五六個知青站在大樓前的臺階上，用拳頭狠狠砸打大門旁掛著的「上海市革命委員會」和「中國共產黨××××」巨幅標牌，砰砰作響，激起一陣陣歡呼和喝彩，有人在喊叫：「砸！砸！燒掉它！」。知青的每一舉動，都大快人心，激起更大反響。我和弟弟們鼓掌助威，和我們一起去的女知青是個黨員，也按捺不住激動，連連說：「好，好！」

這時遭遇靜坐被阻擋停下的公車輛放空了乘客，一輛接一輛趴下了，一直排到了外白渡橋，成了一條見首不見尾的長龍，蔚為壯觀，初現知青的威力。打頭的一輛22路無軌電車有點不買帳，或是怕承擔責任，一再噠噠發動，按喇叭，想要往前開。立刻很多人站起來，把車堵得嚴嚴實實，我也跑過去，站在車頭前，懷抱雙手，擺出寧死不讓路的姿態。駕駛員是個年輕人，揮動著白手套還想理論，指著戴團徽的說：「你們像不像團員！」馬上遭到回擊：「你去嘗嘗下鄉的味道，我們和你對調工作好伐？」突然，騰的一下哀鳴，電車的辮子被人拉掉了，司機立刻泄了氣的皮球似的趴在方向盤上不再吱聲了。

這是當晚我見到的對知青造反唯一表示抵觸的事例，此後整個過程知青的行動都得到了上海市民一致的贊同和支持。大約在七八點鐘時，靜坐的人群有一部分起身開始遊行，沒有人組織，他們呼隆一聲往外走，不少人自發跟上去，蜂擁而形成了隊伍，我和弟弟們也加入其中。後來人越聚越多，浩浩蕩蕩從外灘遊行到南京東路，打算拐彎朝西進發。在南京路口，頭頂上閃光燈頻頻爆閃，刺破夜色，那是住在和平飯店的外國人往下對著騷動場

面拍照。大家愈加振奮，朝高樓上揮著手，希望那些窗口把中國知青的怒潮呈現給世界。

南京路，這條有著「五卅」光榮傳統的英雄馬路，又一次在展現鬥爭的無畏中變得熱火朝天。沿途有不少群眾鼓掌，不少人給我們打氣，有一個老伯跑上來拍我們的肩膀，豎大拇指，激動得滿眼淚花。隊伍一路行進，一輛又一輛的20路電車自動靠邊停下，恭敬地給遊行讓道。車上乘客探身詢問，當得知是知青遊行時，竟都歡欣鼓舞，紛紛表示，家裡也有下鄉子女或者知青兄妹，你們鬧得好，支持你們！有不少乘客還熱情伸出手來和我們緊握。這種群眾「簞食壺漿以迎王師」的感覺真好，南京路上到處鼓蕩著正義的信心和親人般的溫暖，情景相當感人。

遊行隊伍一路毫無阻攔地經過了燈光璀璨的人民廣場，那裡也已有無數知青聚集著，也一樣是人聲鼎沸。見我們隊伍過來，又都紛紛加入和匯聚進來，以致隊伍迅速發展壯闊到像水庫洩洪般宏偉，形成了確確實實的洪流或洪峰，洶湧澎湃，轟響著衝垮一切的破壞力。洪峰湧入福州路往東返向外灘。這時無數男女青年都自發地互相將手臂緊緊地挽起來，連結成人牆，挺著胸，肩並肩，勢不可擋地向前推進。

人流中，有個姑娘右胳臂剛被挽上，馬上伸出左胳臂，示意身旁的我勾住她。我有點不習慣，尤其是當著弟弟們的面，但火熱的激情已經衝破了世俗的牢籠，因此也不遲疑地伸出臂膀，和她緊緊相挽。這真是從未有過的體驗，千百知青都是親密戰友，手挽手昂首向前走，令我彷彿置身於電影〈青春之歌〉中的「一二九」運動，（十二月十日和十二月九日僅隔一天）那姑娘是林道靜，而我是盧嘉川或者誰。假如迎面再有高壓水龍朝我噴射，我會因為親身體驗偉大鬥爭而更加激奮。

在夾道而立的無數路人注目和歡呼中，我越來越為我們的力量自豪。我好幾次踮起腳回望，一眼望不到尾，排山倒海。突然覺得我們有點像閱兵似的，一排一排地踩著大地，一浪一浪滾滾向前，口號響亮而有節奏。而更令我驚訝的是，不知什麼時候開始，隊伍前面竟然出現了幾個「領袖」，他們一會兒聲嘶力竭地喊叫著帶路，一會兒擺動著手臂指引方向，身影矯健活躍。其中一個穿深色泥中山裝的青年不知從哪裡弄來一把長柄雨傘，當成指揮棒，在夜色中像模像樣地揮舞著、比劃著，點撥隊伍時行時止的節奏和保持隊形整齊。

同時，一支數十人的糾察隊也出現在遊行隊伍的前面，一色結實的男子漢，不辭辛勞地跑前跑後地為遊行隊伍開道和維持秩序。這真叫我既感動又佩服，這樣夜黑龐大而混亂的場面下，是誰，又何以能這樣組織起一套來保障遊行暢然有序？我不由感慨某個偉人說過的話無比正確，大意是，革命時期的人民群眾，是最自覺最守秩序和充滿主動精神的。

福州路上知青鐵流一路高歌和呼喊口號，經過市公安局門前時達到了最高潮，數以萬計的喉嚨激昂地唱起了〈國際歌〉向警員們示威：「不要說我們一無所有，我們要做天下的主人」「從來就沒有什麼救世主，也沒有神仙皇帝，要創造人類的幸福，全靠我們自己。」歌聲驚天動地，震得福州路兩邊的樓房嗡嗡作響。公安局大樓上日光燈接二連三地點亮了，探出了許多腦袋張望，那窗戶上一個個頭影，看不清表情，但一定是無比的驚惶。

知青們激動、自豪，我們造反了，怎麼樣吧？當戶口被一筆註銷之後，我們就淪落天涯，毫無尊嚴和人權的日子一過十年，我們一無所有，我們已無所顧忌，什麼都不怕了。這時候我突然想到，我曾經唱過無數遍〈國際歌〉，只有今天真正理解了這首

無產者戰歌，第一次感到〈國際歌〉和知青是如此親切貼合，同時我是生來第一次為了自身的命運走上街頭，而不是為了那些紅色名目下被組織參加遊行，今天我才是真正覺悟的革命青年，意氣風發，豪情萬丈。

雨後彩虹

當晚，我和弟弟們遊行回到外灘之後，繼續在市革委會大樓前聚集到半夜兩點。看到了知青們一次次地衝擊這個上海市的首腦機關，把門口的衛兵逼得連連後退到樓上。也看到青年們把一個破痰盂罐在市府樓廳裡扔來擲去，嘲弄當局。

本來因為夜深體乏了，想結束回家了，但一個情況反而挽留住了我。午夜海關大鐘剛敲響十二點，一個高音喇叭突然刺耳地響了，公安局發佈通告，說有一小撮壞人利用知青破壞安定團結的局面，要知青們趕快離開現場，不要上壞人的當，否則造成的後果自己負責云云。

這最後通牒廣播了一遍又一遍，口氣嚴厲。隨之周圍的燈光一下熄滅了，黑暗籠罩了一切，令人悚然感到了七六年天安門廣場「四五」事件鎮壓的那種恐怖。有些人驚恐地離去，有的從堵塞的馬路上退縮到人行道上，表明自己只是旁觀者而不是參與者。在這時候我猶豫了一下，如果和弟弟們在這緊要關頭也離開，雖則是回家睡覺，但會蒙上戰場逃兵的不光彩，良心上會不安，而且多一個人多一份抗爭力量，對其他知青是支撐。所以我和弟弟們選擇留了下來。

這時，又發生一個小插曲：我做夢也不曾想到，這麼深更半夜我們的母親居然來到外灘，靠步行走來的，而且居然在黑濛濛一片的人群中把我們兄弟找到，「可憐天下父母心」，她擔心知青惹不起政府，徒遭犧牲，勸我們回家去。我們竭力解釋我們的

行為，說知青要改變命運，過好日子就只能這樣，好容易才把母親勸走。就這樣，我們留下堅持著，等待警員的到來，但最終什麼也沒有發生，到了兩點多，才離開現場回家休息。

第二天十二月十一日，下午我剛起床，街道和居委幹部就上門來調查了。「弟弟啊，你們去人民廣場了嗎？」母親忙說「我們不去的，不去的！」我擋開母親挺身說：「我去的，我整天都在那裡，你們不解決問題我還要去！」「弟弟啊，鬧事不好的，有困難跟我們說，糧票嘛街道會補助的，問題總歸會解決的。」「你們解決問題？鬼才相信，我家幾個下鄉，還要叫我們自相殘殺，我們能再沉默嗎？官逼民反，不鬧不行！」我越說越氣，幹部們灰溜溜走了。

知青的造反連續爆發了三天，外灘、人民廣場、錦江飯店和徐家匯等11個地方鬧得最厲害，圍攻政府機關、設置路障、堵絕交通等，驚動了方方面面。像經臨了一場颱風暴雨，上海一時頗顯出風雨飄搖動蕩不寧，很多地方相當緊張，包括鐵路部門都加強了警戒。後來公安局發佈的通報材料中有所謂三天裡「一小撮壞人混在知青隊伍中在全市多處地方搞打砸搶，在外灘甚至企圖推翻油罐車縱火」等說詞，雖屬編造誇大，但可反映出這次上海知青造反的烈度和廣度。三天中沒有人被抓捕和處罰，說明有關方面還是認清大勢、比較明智的。

接下來一兩天局面完全改變了，彷彿是「換了人間」。街道居委幹部接連謙恭地來我家做安撫工作，先是糧票送來了，隔幾天我和弟弟「病退通知書」也送來了，至於全國知青工作會議定的「就地安排」以及複查體檢等複雜刁難手續等等一概都化為烏有，再也不提了。此後半個月，是「解放區的天，明朗的天」，知青們身上的枷鎖被一一解除，揚眉吐氣，歡天喜地。許多還在

鄉下的插兄插妹，聽說上海鬧事了，紛紛飲酒乾杯慶祝出頭有日，有的打點行裝歡欣鼓舞直奔上海。

　　一九七九年元旦前後，我和弟弟懷著喜悅各自踏上了回黑龍江遷戶口的旅途，坐在火車上扳指頭一算，這天離開十二月十日人民廣場「望鄉」集會才不過20天。後來幾個月，幾乎所有的上海單身知青陸續拿到了回上海的證明，100萬上海遊子大部分回返了故鄉。

　　「不經歷風雨，怎能見彩虹」。一九七八年十二月是知青的盛宴，全國各地特別是雲南都爆發了大規模知青的造反示威運動。上海是其中一個部分，事發偶然卻又必然，著力地顯示了草民載舟覆舟的力量，為改變知青自身命運添了一把火，意義久遠。我有幸作為親歷者，一直想把這件事記錄下來，不讓這段知青奮鬥史蒙塵湮滅，表明上海知青也並不慫樣，並且讓兒輩們從中記住：「創造人類的幸福，全靠我們自己！」

　　雖然黑龍江農場知青拾夢空間所說的在一九七九年元旦前後就拿到了回城門票，但是當時仍有許多外地的知青由於政策的門檻，沒有辦法返回上海，這其中又以遠在新疆、雲南、江西上山下鄉已婚和就業的知青居多。在這之後的一段時間裡，知青回城抗爭活動就一直沒有停止過。其中影響最大的當屬一九七九年二月五日遊行請願的知青在上海共和新路道口阻斷列車運行的事件。簡稱「2.5」臥軌事件。關於這起震驚中外事件，東北知青大荒雪在〈記上海「二‧五臥軌事件」〉中有簡練的描述：

　　……上海是全國人口最多的超大城市，知青就業、升學一向比較困難。「文革」10年，動員上山下鄉的知識青年人數高達130多萬，且具有跨省安置多，進入東北、新疆國營農場、兵團多的特點。遷往外省的70多萬知青主要分佈在東北三省、新

疆、內蒙、雲南、江西、浙江、貴州等省、區。在城市1100萬人口（其中市區600萬人）的巨大壓力下，再想為100多萬下鄉知青（何況他們中相當一部人已結婚生子）讓出一塊生存空間來，難度實在太大了。

這就註定了上海知青返城之路更為艱難坎坷。早在一九七八年十一月，上海市街頭就已出現知識青年要求返城的請願遊行活動，各地返滬知青紛紛舉行集會、靜坐，提出「我們要工作」、「我們要吃飯」的口號。形勢日趨動蕩不安。上海市知青鬧返城的請願活動歷時長，規模大，其中轟動最大的是「二.五」臥軌事件。

一九七九年春節前夕，上海迎來了從東北、新疆、雲南等地回家探親過節的數十萬知識青年。節前，上海市有關部門舉辦了內容豐富的慰問活動，以企望安撫情緒極不穩定的返城知青。然而，這一措施收效並不明顯。相反，節日期間的走親訪友，卻為知青溝通資訊，彼此串聯提供了便利。於是，日益躁動的知青要求返城的抗爭情緒藉以在悄悄蔓延……

二月五日，即春節的第九天上午，一大批知識青年（包括部分已在外地就業的知識青年）在一個所謂「行動委員會」的帶動下，走上街頭，集會遊行，高呼「返城」的口號，他們湧到市委門前，要求市委領導接見。因為要求未得到滿足，部分青年於當天下午聚集到了上海站共和新路道口，大家情緒激憤，最後竟採取了臥軌攔截火車的激烈行動。

隨之，上萬名圍觀和聲援的市民將上海站通往南京、杭州方向的鐵道咽喉堵得水泄不通。一些知青高舉著白布橫幅，墨筆大書「堅決要求市委領導彭沖、王一平接見」，「不達目的絕不甘休」，「我們要回上海參加四個現代化建設」等口號。有的知青

還揚言：如果市委不出面答覆解決問題，將乘46次列車北上赴京上訪請願。一時間，整個現場人聲鼎沸、群情激憤。上海鐵路局的幾位負責人奉命趕到現場，苦苦勸說臥軌知青撤離鐵路，但知青依然不為所動。

鐵路大動脈被阻斷的消息很快驚動了中央領導部門，六日淩晨，國務院下達電話指示。強令知青先恢復交通運輸，再協商回城事宜。隨即，部分臥軌知青聽從命令撤離了鐵道。但直至次日清晨四點，仍有少數知青盤踞鐵路堅持不走。在這種情況之下，市公安局只好調動民警和消防警員前往肇事現場，驅散人群，並將少數人扭送公安局。轟動一時的「二·五」臥軌事件至此結束……

據有關部門事後報告，這起上海火車站共和新路道口因知青臥軌攔截火車，致使鐵路中斷運行12多小時，使上海站29趟列車不能出站，31趟列車不能進站，滯留旅客8萬多人，始發晚點和停運晚點累計達632小時27分，僅此一項損失219.56萬元。

《文匯報》、《解放日報》、《中國青年報》對此均作了詳細報導，並對臥軌阻礙交通的行為給予了嚴厲的批評。

由於中斷運行的列車和候車的都有外賓，再加上上海是國際聞名的大都市，因此這一事件很快就成為了國內外的重大新聞。事後調查，參加這起請願和臥軌行動的主要成員都是上山下鄉去東北和新疆的上海知青，這些兄弟姐妹後來也受到了不少斥責和委屈。有關詳細的組織經過，還期待參與當事者，特別是「行動委員會的成員能夠大膽述說出來，以便於我們補全這一史實資料。

第五節　八十年代初知青艱難的回城之路

　　儘管一九七八年末的雲南知青罷工絕食抗爭，拉開了幾百萬知青返城的帷幕，但是在一些地方，由於各種原因，特別是一些農場農村和地方政府部門對中央的精神理解不一，許多知青返城的過程中，依然遇到了不少阻力，有些知青回城之路走得還十分曲折。據資料記載：

　　一九六二──一九七九年全國上山下鄉知識青年脫離農村後的去向分佈

　　招生1 264 600人，占脫離農村後的去向知青總數8.5％

　　徵兵 860 300人，占脫離農村後的去向知青總數 5.8％

　　招工 9 123 100人，占脫離農村後的去向知青總數61.2％

　　提幹 59 600人，占脫離農村後的去向知青總數0.4％

　　轉制 64 500人，占脫離農村後的去向知青總數0.5％

　　其他 3 532 500人，占脫離農村後的去向知青總數23.7％

　　據統計一九六二──一九七九年城鎮知青上山下鄉總計：17 764 800人；至一九七九年十二月二十日，陸續脫離農村的上山下鄉知識青年共計：14 904 600人。

　　編制說明

　　招生：大學和專業院校（含地區師範院校）的工農兵學員和恢復高考後的學員。

　　徵兵：年度徵兵、補充徵兵和特招徵兵入伍的戰士和軍校兵役制學員，不含非供給制軍工企業招工。

　　招工：各種國營企業和集體企業按國家或地方指標招收的正式工人；各級事業單位按國家或地方指標招收的正式工人；招工

包括征地農轉非就業，但不含合同制工人。

提幹：各級政府機關按國家或地方人事指標招收的工資制幹部；不包括實行工分加補貼制度或保留供給制待遇的人員。

青島知青鐵青馬講道：一九七八年底內蒙農場的各地知青大部分都已返城，只剩下我們一些青島知青沒有回城的門路，於是，有一部分就只好辦就近農村的「轉插」，或曰「曲線回城」。即先辦到離青島城市較近的農村，然後再辦理頂替或等待招工回城。這樣辦風險很大。有這樣一位知青，答應給辦轉插落戶的生產隊搞到一批鋼材，可人到了生產隊後，鋼材卻無著落，讓原來滿懷期待的農民兄弟好不失望，後來只好請客送禮，四方求人，才得以回城。

即使是在改革開放較早，知青回城較多的廣東，「四人幫」粉碎後，知青上山下鄉運動也沒有馬上停止，許多知青回城大門依然緊閉。為此不得不請求父母求助有關組織或單位出面。記者杜國慶在〈歸僑知青回城記〉講述：

……一九七八年至一九七九年間，廣州市知青辦陸續收到一些海外華僑的來信，反映早年滿腔熱情送子女回國求學，「文革」期間卻被動員上山下鄉去海南島農場務農，荒廢學業，生活也陷入窘境，要求政府安排回城就業。有些來信直接寄到時任中共廣州市委副書記鐘明同志那裡。

一九七八年，正值改革開放初期，知青回城之風四起，廣州市的下鄉知青通過種種門路先後回城，他們有父母親戚的關照，或招工頂職，或辦理病退，或創辦知青公司自謀職業，管道多多，而且回城不存在居住問題。而歸僑學生就沒有這些有利條件，父母遠在海外，回城來找誰？工作誰來安排？又往哪裡找住宿？而不少人在農場已完婚育有子女，出國或去香港當時也不容

易辦到，難度確實不小。

省僑辦有心無力，多次努力均被難住，頗感無奈。對歸僑知青即使不提照顧，起碼也應該一視同仁，問題得不到解決，會對僑務工作有不良影響，不利於爭取僑心，開拓僑務工作。

鐘明書記決定牽頭與省市有關部門共商辦法。一九七九年秋，在市委會議室召集省市兩級知青辦、僑辦、人事、勞動、教育、農墾等部門開會，討論解決辦法，要求各部門開綠燈，相互配合，妥善安排歸僑知青回城工作，以利爭取僑心。

會議開始，鐘明書記開門見山發問：「在座諸位還有誰的子女上山下鄉未回城？」見沒有人答話，他接著說：「近期陸續收到海外華僑的信，所反映的問題令人傷感，不一一贅舉，只說來信中具有共同點的內容：第一，我們送子女回國求學，是為弘揚華文母語，增長知識，後繼有人，也相信國內的教育是好的，為什麼要動員去務農？如果為了勞動，難道在海外找不到鋤頭和土地？第二，為什麼廣州市的知青可以回城，而華僑的子女就不可以回城呢？又不批准有條件的人出港投親靠友（當時出國是很難的，華僑學生本可以來去自由，但當時的僑居地政策一度就不行，出港也有指標限制）。」

經過研究討論，會議決定與會單位組成聯合工作組，先下海南摸清人員情況，並指定省僑辦負責寫一份有處理意見的報告上報國務院僑辦和廣東省政府，請示善後。

由於上世紀六十年代華僑學生被動員上山下鄉的時間有先有後，而且當時全國有五所華僑補校，即北京、廣州、雲南、廣西、福建華僑補校，國務院僑辦審閱調查報告後，認為各地情況不盡相同，不宜下發統一文件，可由廣東僑辦報省政府批示和實施。

廣東省人民政府十分重視這項工作，及時批轉省僑辦的處理意見，在各有關部門的大力協調下，經過幾年的積極安排和籌撥資金資助接受安排的單位建造住房，數千歸僑知青（含配偶子女）陸續回城走向新的工作崗位，去向遍及廣州、深圳、珠海、江門、湛江等地，行業有機關、學校、工廠、旅行社、商業、敬老院、醫院等（廣東省僑辦還創辦廣東粵僑企業總公司作為事業性安置基地）。經歷了「農轉非」這一極為不易跨越的門檻，歸僑知青十分珍惜新的工作崗位，後來，不少人被提拔到領導崗位。

安排歸僑知青回城工作，大大地爭取了僑心，如同落實華僑房屋政策一樣。如果說，家鄉祖屋是華僑的根，那麼，歸僑子女則是華僑未來的希望。歸僑知青回城，對後來廣東改革開放局面的形成，意義很大。

類似這種情況，我也曾聽到一位一九八〇年才回到勞教監管部門的同場知青講起他們回城的的經過：當時，他們在招工上學四處無門的情況下，只好將同系統的知青召集一起商量，大家分別寫信給父母，要家長們聯名寫信求助於單位領導。然後再由單位出面打報告給上級主管部門，以補充幹警缺員的名義，特殊照顧將所屬的子女搞回城來。這一招「施壓」果然奏效，上級主管部門破例開恩，下達了一定的增員指標，派人按照家長上報的名單，逐一到各農場辦理了知青的調轉手續。

但是，即使如此，至一九八一年末，廣東已經停止動員城鎮知識青年上山下鄉之時，全省仍有2.84萬人的知青身在農村農場，其中已結婚的1.25萬人，這些人走得就更為艱難。我熟悉的一個知青，直至一九八四年底才歷經坎坷從海南農場招工回來。那時，他已經三十四歲了，由於勞累蒼老，顯得象四十多歲的

人。更為奇怪的是，他對女人已不感興趣。後經私下瞭解，原來是在農場過度的「性壓抑」，常常以手淫的方式尋找快慰，結果造成陽萎，再加上在農場時又羞於開口，錯過了治癒的最佳時機，回來後也就放棄了結婚的念頭……

還有一個同場的知青，因為自己和家人沒有能耐將戶口搞回來，乾脆藉著探親的機會滯留城鎮不歸，每天靠著給人打點零工度日，農場見其不聽勸說，也就對其進行了除名處理。久而久之，這位知青也就成了沒有戶口身分，常常被人驅趕的城鎮「黑人」，有病有疼又無錢醫治，走投無路之際，最後竟用一根繩子在公園樹上了結了自己的生命……

第八章
長達五年山西京津知青
回城請願

第一節　席捲全省的知青請願回城公開信

　　不管怎樣，雲南、東北和新疆等地的知青，在經過一番激烈的抗爭後，都能如願地返回了城市。但是，對於被葉辛稱之為最後一起知青返城事件的山西京津知青來說，他們的回城之路卻走得十分艱難漫長。從一九八四年開始到省市各級政府乃至北京請願，他們歷時五年之久，一直到一九八八年底方得夢圓回城。關於這一事件，知青陳兵在〈夢的訴說——山西的京津知青返城請願事件〉中有詳細的述說（摘要）：

　　一九八四年，在中國共產黨十一屆三中全會召開後的第五個年頭，在完成思想上撥亂反正的基礎上，隨著否定文革極左東西，各項政策得到落實：受打擊的老幹部們得到平反，揚眉吐氣了；右派問題糾正了，老右們如釋重負；地富分子摘帽了，恢復了做人的權利；五七幹校撤銷了，下放人員歸故里……一切的一切，顛倒的歷史又再顛倒了過來，人們的心情開始輕鬆了。可是，文革中實行強迫式的「知識青年上山下鄉接受再教育」問題，卻沒人敢觸動它，好像成了禁區。

它真被遺忘了嗎？不可能，文革十年中，全國1700萬知青被強行被剝奪了學習權利，把他們趕到窮鄉僻壤去接受所謂的思想再教育，從理論到實踐到底對不對，該不該徹底否定，由此一個蹊蹺的問題產生了。

山西原平縣，這個位於黃土高原晉中北部的小城，在茫茫起伏、亙古滄桑的貧瘠土地上，文革時期，有七百多北京知青被「再教育」的號召驅遷至此。在山鄉、在原野，他們努力與當地人民改變著原平的面貌，在學大寨、趕昔陽，畝產糧食要超綱的口號中付出了艱辛的汗水。但多少年過去了，原平山河依舊，貧窮照樣兇狂，原平的北京知青逐漸喪失了當初的熱情。隨著歲月的流失，除了把美好的青春白白給予了這片貧窮的土地外，什麼都沒得到。

他們只得想方設法，各奔東西，到了二十世紀八十年代中期，剩下的二百來人，被安置在縣城的各個行業，為了生存奮鬥著。他們不想回北京嗎？當然不是。北京，他們的故鄉，他們的親人仍在那裡。北京的文化、物質生活，不能與原平同日而語，孩子在北京能長見識，受到更全面的教育，上大學要比全國其他地方優惠的多。北京的繁華、北京供應、北京的一切都被全國人民羨慕。回北京，享受大城市的文明，是他們求之不得的夢想。

但是，當時想調回北京簡直像如今乘太空船到太空旅遊，國家嚴格控制北京的正式戶口增長，原則是出一個進一個。知青要想回去，只能搞對調。有些兩地分居的在京工作的外地人，家屬進不了京，只好回外地，知青就與他們對調。但對調是要付出沉重代價的，主要是金錢交易。當時一般人的工資每月只五、六十元，而對調戶口，調出方就索要三、四千元，在當時簡直是天文數字。

　　為對調回京，就要傾家蕩產。在北京工作的外地人知道北京戶口的價值，是不還價的，就是這樣的對調對象也極其難覓。在這種情況下，知青們能輕易調京嗎？所以筆者就把山西知青奮鬥回京的經歷繼續叫夢的訴說。上個夢想是由農村戶口變城鎮戶口，已經實現了。這個夢想是由小城鎮戶口變北京戶口，這是在外地的北京知青夢寐以求的事。這個夢想真能成為現實嗎？可以說在當時叫人不可思議。

　　回京如此的艱難，原平的知青中幾個政治敏感者在看到《人民日報》的〈全面徹底否定文化大革命〉社論後，立即認識到這正是爭取北京知青回京的極好機會。徹底否定文革，就應該否定文革中的上山下鄉運動。否定了文革的上山下鄉，現還在外地的北京知青就有回京的希望。

　　邏輯推理的結果令他們異常興奮，一位名叫甄里的知青一次與幾個平時關係較好的知青聊起了否定文革的事，發表了一番議論：既然文革中的一切都必須否定，那文革中提出的「再教育」，並中斷中學生學業，強迫上山下鄉的做法，肯定在否定之列，我們要利用這個機遇，解決回京問題，否則誰也不會想到我們。

　　「對，這是最後的機會了，有背景的知青早回去了，我們的年齡不小了，孩子快大了，再不奮鬥，不會有出路了，從來就沒有神仙皇帝，只有自己救自己。」另一知青表示了見解。「當前只有把我們的觀點變為知青們的共識，向北京市反映大家的願望，讓政府理解同情才有成功的希望。」

　　「不過，這是很艱難的事情，北京是首都，又是大城市，人口不能增長太快，而且還要考慮全國的連鎖反應。」一個叫求實的知青分析道。「但我們是文革中被迫中斷學業下來的，是文革

的受害者，不管有多難，也要奮鬥，世上無難事，只要肯登攀，但要有理、有利、有節。俗話說法不責眾，要聯繫全省北京的、天津的知青共同奮鬥，團結就是力量。」甄里說。於是大家決定再召開知青討論會，進行動員發動。

一個休息日，在靜靜的原平縣城，一些知青聚集在一所中學開了第一次討論會。回京的願望很快使知青們統一了思想，提出「否定文革、否定再教育，堅決要求返回北京」的行動口號，決定了兩件重要事情：一、起草一封致北京市及各級領導的公開信，表明願望，提出要求。二、派代表到北京上訪，上訪經費由知青們自願集資。當時知青們可能不會想到：這兩項決定，拉開了山西乃至全國知青否定上山下鄉運動的序幕，為知青運動的歷史增添了新的一頁。

很快，致北京市委及各級領導的第一封信起草出來，這封2500多字的信中明確指出：「六十年代末七十年代初的所謂知識青年上山下鄉運動，完全是文革的產物，是極左路線的產物。要想全面否定文革，就必須徹底否定文革中的上山下鄉運動，否則，對文革的否定，就只能是部分的、不徹底的。」

信中還說：「北京人口太多是拒絕我們進京的理由，但文革以來北京人口增加了幾百萬，賬算不到我們頭上。數以萬計的鐵道兵轉業人員能在北京上戶，難道北京就再容不下我們區區故鄉人？文革中上山下鄉的北京知青是文化大革命的最大受害者，他們在物質和精神上做出的犧牲，他們坎坷的經歷、不平的待遇、歷盡艱辛的磨難與錯劃右派、文革老幹部的遭遇相比有過之無不及。」

信中又說：「小平同志一貫提倡實事求是，有錯必糾，五七幹校問題、遣返人員問題、右派摘帽問題、兵團人員返城問題、

知識份子問題等不都順利解決了嗎？我們認為該是為我們徹底落實政策的時候了。」251名原平北京知青鄭重地在信上簽上了名字，列印了二百多份，發往北京市委、市政府、人大、政協、中共中央、國務院、中央各部委、各新聞媒體和一些知名人士，這是在一九八四年十月的事。十二月，《人民日報》海外版摘要轉載了信的部分內容，還有人把信的內容張貼在北京東單的報欄櫥窗上，引來了眾多人的圍觀。

原平知青的願望與公開信隨著微寒的秋風迅速傳到了山西各地北京知青那裡，離原平最近的欣州知青與原平知青一起組成了上訪代表團赴京，走訪了北京市、國務院、國家勞動部信訪部門。北京市信訪處的人員表示：這是第一次有人提出否定「再教育」問題，也是一個蹊蹺的問題，要儘快反映。因為這個問題讓人始料不及，既有道理，又很為難，並且牽扯面太廣，所以其他部門都以一時不好解決為由，拒絕回答。

山西臨汾市，位於晉省南部，又稱堯都，相傳華夏創始人之一的堯曾在此建都。這裡聚集著大批北京知青，是全省北京知青人數最多的地區，返京的目標，已化作他們的統一行動。在臨鋼的燈光球場，五百多知青在初冬的寒風中舉行集會，宣讀了給北京市的公開信，選出了赴京上訪代表，提出堅決返京的口號。

他們的代表到京走訪了北京市、國務院有關部門，得到答覆是：你們現在已不是知青了，但對「再教育」如何否定問題都躲閃，不肯作答，這真是棘手的問題。北京市信訪辦一個年輕接待員竟出言不遜說：這是胡鬧，文革遺風！知青代表非常氣憤道：你知道什麼，知青們遭受的苦難你理解麼？人民的正當要求就是人民政府的義不容辭的職責！

緊接著，原平、欣州、代縣、繁峙、定襄等地知青代表第二

次進京上訪，臨汾地區知青向北京發出第二封公開信，幾個知青還拜訪知名作家梁曉聲。他說：他收到知青給他寄的材料後寫過五千餘字的材料給當時中共中央總書記胡耀邦，要求在《人民日報》上發表，後胡辦秘書答覆說：總書記意見暫不發表。

臨汾、運城等晉南地區知青又再次進京上訪，同時還發動每個知青都給北京市有關部門寫信，幾天內近千封信發往北京。但各地代表再次上訪、寫信依然沒有結果。此期間，《山西日報》發表了評論，嚴厲斥責欣州、原平地區知青作法是採用文革串聯形式，搞上訪，是文革遺風等等。一些知青的代表人物情緒開始激動，醞釀大規模的行動了。

就在這時，在晉中介休縣鐵路工作的一位北京知青瞭解到這些情況，立即寫信給《人民日報》通報情況。一九八五年四月九日《人民日報》內參〈情況彙編〉特刊第七期刊登了他的這篇來稿，題目為〈山西的北京知青正集資擬進京上訪〉。這篇內參被送至黨和國家領導人，提供了重要資訊。

文章說：當年在山西插隊的北京老知青正在組織起來，準備派代表到北京上訪。這個活動先由欣州地區知青開始，他們每人捐款一元，作為派出代表去北京上訪的工資、路費等開支。臨汾、侯馬、聞喜、運城等地知青也紛紛集資，有出三元的、有出五元的，也準備要派代表到北京上訪。他們這樣做的目的是什麼呢？他們認為，他們這代人受盡了痛苦的折磨，三年困難時期他們趕上了，文革他們趕上了，上山下鄉他們趕上了，如今他們沒學歷、工資低、父母在千里之外不能經常照顧。他們都已結婚有了孩子，子女教育問題也不好解決。

為此，他們在山西工作不安心，一心想回京。現在對調一個北京戶口，對方要價四千元，這對於一個每月只有幾十元工資的

人來說，就實在難辦了。他們提出一些解決辦法：一、凡是從北京出來的文革時期知青戶口應允許轉回北京。二、工作問題，本著專業、工種對口由政府妥善安排，不一定非在市區，可在郊區或郊區衛星城裡安排。三、如工作暫不好安排，可允許先將戶口轉回北京。

由於篇幅關係，這裡只是摘要了內參的部分內容，但從這些內容來看，在當時的背景下是非常大膽的提法，要不此篇內參怎麼能注有「機密」字樣呢。

從一九八四年秋天到一九八五年春天，時間過去了半年，山西北京知青在堅決返京的旗幟下，結成了一個特殊的整體，太行山麓、汾河兩岸，凡有北京知青的地方，都有了聯絡網路，產生了代表人物。這些也稱為頭面人物的基本都是業餘時間進行有關活動，冒著被單位乃至有關部門監視、斥責甚至處分開除的危險，為了知青的事業孜孜不倦地忘我奮鬥著。

知青們上訪結果一次次令人失望，問題解決無限期拖延，急躁情緒逐漸增長，幾乎到了山窮水盡的地步了。於是，一個更大的過激行動在孕育之中了，終於在一九八五年春天發生了影響中外的北京市委門前靜坐事件。

第二節　各地知青代表的聯合到京大上訪

一九八五年四月，山西的北京知青從過去分地區上訪形式開始轉變為全省聯合上訪，他們認識到團結就是力量的真理。四月十五日，來自欣州、原平、臨汾等地的二百來名知青集合到北京市信訪處，繼續詢問他們以前多次上訪提出的返京問題解決結果。信訪辦主任分兩批接見二十余名知青代表，對知青返京問題

進行對話。

在激烈的談話中，欣州地區一名叫李立的代表發揮了他能言善辯的特長，把「再教育」與上山下鄉運動結合起來進行批駁：再教育否認我們文革前得到的良好思想文化教育，說我們是修正主義教育路線培養的黑苗子，強行驅趕尚未完成學業的、不到就業年齡的中學生去從事艱苦繁重的體力勞動，摧殘人才，踐踏人權，不否定就不得人心。插隊知青是文革的直接受害者，要求返京是正當權利，如果沒有文革，就不會有大規模的、不分情況的上山下鄉，我們中學生也不至於絕大部分被中斷學業驅出北京。反右時期，許多人被打成右派，被迫到外地改造，現在不是都落實政策回京了？難道我們被迫接受「再教育」就不應該落實政策嗎？

信訪辦主任對此無法回答，只能說明目前北京沒有什麼知青回京新政策，你們的問題無法解決。知青見此次談話沒有結果，就集合起隊伍從信訪辦門口到市政府西門請願，要求市委、市政府領導接見，但當天沒有得到答覆。

四月十六日清晨，知青們又來到市府西門外，他們鐵了心，不見到市領導不甘休，有些人還到市府東門靜坐。下午兩點，迫於壓力，一名副市長終於同意接見知青代表。很快，欣州、原平、臨汾、定襄等地知青選出的代表進入了市府。參加接見的除一名副市長外，市勞動局長、信訪辦人員都在座，這是自知青多次上訪以來，接見規格最高的一次。

知青代表又一次申述觀點：否定文革，必須否定「再教育」，否定「再教育」，就要給知青落實政策，這是大前提。副市長強調知青全部返京有困難。代表們提出：文革到山西插隊的北京知青十萬八千人，如今只剩一萬五千人，大部分已回京。如

政府有困難，可分幾步解決，一是先解決戶口進京；二是解決不了戶口能否先讓知青在京長住或先解決知青子女戶口；三是動員復員在京而家在外地的原工程兵與知青對調；四是將知青家長戶口與知青對調。

這四條今天看來有的算不了什麼難事，但當時卻是難以答覆的問題。副市長答覆說：否定文革中上山下鄉問題，中央有關部門在研究，目前可辦理三種情況的北京知青回京：一、兩地分居，一方在京的；二、大齡未婚的；三、雙方均是北京知青的喪偶者（被稱「三種人」），並表示北京將組成調查團到山西調查。

副市長的答覆使人看到希望，但又不令人滿意。畢竟開始解決「三種人」的問題了，這在過去也是非常困難的，但「三種人」畢竟只占知青中極少部分，滿足不了大多數知青的要求。下步如何辦？知青們意見不一，有人主張回去等待調查團，有人提出繼續留京上訪，理由是：調查團不知何時去，也許是政府的緩兵之計，現在要趁熱打鐵才能成功，執意發動一次市委門前的大規模靜坐。這種意見符合了當時大部分頭腦發熱知青們的想法，一場靜坐的準備開始了。

從十六日到二十一日的五天裡，電話、電報從北京打回山西，有人由京返晉發動組織，準備參加靜坐的知青們紛紛到京，他們群情激昂，認為：大鬧大解決，小鬧小解決，不鬧不解決。進行了近半年的知青返京活動只換來個「三種人」返京，對一代人前途命運的冷漠態度，對歷史的回避推脫，加劇了知青們的逆反心理。

四月二十一日，北京中山公園內，知青頭面人物在此碰頭，部署了次日的靜坐方案，大家認為：我們的行動就是為表達回京

的迫切心情，達到回京的目標，不摻雜政治目的，所以靜坐時要有秩序，避免壞人介入；出現情況不要亂，有專人解決；不許與外國記者交談；一切行動由各地區負責人安排；就餐、飲水統一從集資款中解決。這些規定很快傳達到準備參加靜坐的知青中，一場發生在市委、市府前的風波即將來臨了。

四月二十二日，季春時節的北京，春風中開始夾雜著熱氣，心情激動的知青們從京城四面八方彙集到市信訪辦門前，他們分別是在近幾天裡自山西的原平、欣州、定襄、太原、長治、呂梁、介休、榆次、臨汾、侯馬、運城等地，約有五百來人。上午九點，知青的頭面人物將靜坐人員組織好四人一排，列隊來到市委正門，在樓前臺階依次坐定，要求市領導接見。

市委的工作人員開始感到震驚，雖然前幾天也有知青鬧事，但規模沒有這樣大，組織也沒這樣好，看來這次有來頭。市委派工作人員抬來飲水桶，為知青供應開水。靜坐開始後，不斷有陝西、內蒙、東北的北京知青加入，靜坐隊伍不斷擴大。過往的行人、市民和中外記者迅速將此事傳遍了四面八方。

將近中午十二點，信訪處傳達市委指示：選出幾名代表，市長準備接見。很快，代表晉北、晉中、晉南知青的九名代表產生了，其中包括那名能言善辯的李立。信訪辦主任帶著九名代表要從市委左側門進去，代表們不願意，他們表示：我們是正當的要求，要堂堂正正地從正門進去，決不走偏門。信訪辦主任只好請示市委領導，得到准許。看來中國人的門第觀念真是無所不在啊。

到了市委三樓會議室，還是上次接見知青代表的那位副市長，另外市勞動局長、信訪處處長也在座。知青代表再次闡述了「再教育」理論的荒謬，列舉了文革式上山下鄉給國家造成的危

害，指出了知青們所遭受的不合理待遇，論證了要求回京的合理合法性。副市長及在座的官員們對理論上、政治上的問題盡量繞開不談，在知青代表們一再追問下，態度開始不耐煩……

對話的情緒越來越激烈，氣氛也逐漸緊張。有的知青代表激動地說：「有門路的知青全回京了，沒有一個高幹子弟還留在山西。山西好，他們為什麼不留在哪兒，回北京還算好的，往國外跑也大有人在！」一時，官員們語塞，不知怎麼答好，那位市領導對知青剖析「再教育」理論的根源時竟說：「誰讓你們趕上文化大革命呢呢！」

這句話使知青代表們譁然，作為領導幹部，在無法解釋問題時，竟如此表現，引起知青們的氣憤。事情到了這樣的境地，對話無法再進行下去，只好不歡而散。代表們回來後向靜坐的知青們進行了傳達，那句「誰讓你們趕上文化大革命」的話語，在知青中引起極大的反感，激發了他們繼續靜坐的決心。

四月二十三日清晨八點，靜坐繼續進行，市委大樓門前又坐滿了知青，不同的是一些知青家長也加入了靜坐隊伍。市委大樓正面掛出大幅標語「六八年北京赴山西知青堅決要求返回故鄉」，兩側掛出橫幅，分別是「知識青年是文革的直接受害者」、「六八年的插隊是文革的直接產物」。圍觀的人聚集很多，堵塞了交通，中外記者集中了一堆，攝影、錄影忙個不停。對國內記者，知青們向他們表明觀點，送交材料，對國外記者，知青們則無可奉告，拒絕他們的採訪與饋贈，但多家外國新聞媒體仍向全世界連續報導了這次靜坐事件。

靜坐繼續，到了四月二十五日，市委無人理睬了，開水供應也停止了。煩躁、絕望的情緒開始產生，再加上驕陽暴曬，大風狂吹，知青們所在的山西單位派人進京動員返回，靜坐人數由高

峰時的七百人降至三百人，靜坐面臨夭折的可能。就在這困難時期，援軍到來了，侯馬、運城、欣州等地知青一百多人由山西匆忙趕來支援，一下火車，直奔市委大樓，加入靜坐隊伍，給堅持靜坐的知青以極大鼓舞。這期間，市委有關部門也在積極工作，他們派人到知青代表的家中走訪，動員家長制止知青鬧事。但大部分家長同情子女，效果自然很不明顯。

四月二十九日，知青在北京市委門前已靜坐了八天，「五一」勞動節臨近，如何收場，知青、市委都在研究對策。到了下午四時傳來消息，市委主要領導要接見全體靜坐知青，看來要給靜坐定性，徹底解決。幾百知青列隊走進市委第二會議室，市委書記、市長、兩位副市長、勞動局長都到會。四周警衛林立，戒備森嚴，錄音攝像設備開啟，氣氛異常嚴肅。

市委書記首先講話：你們這次集體靜坐是非常錯誤的、又是違法的，主要是干擾了市委、市政府的正常工作；阻礙了交通；給國家聲譽帶來影響；破壞安定團結大好局面。市長接著講：你們好多事做出了圈，跳得很歡，鬧得很起勁的，警告個別的一、二、三，不要走得太遠，上山下鄉大方向是正確的，你們要立即回山西去，有問題在當地解決。

也就是這位市長，後來因貪污受賄，生活腐化被免除從中央政治局委員到北京市長職務並被判刑。他斥責知青因要求正當回家的權利採取行動是走得太遠，而他自己卻沒有嚴於律己，遠遠地走偏了路。馬列主義要求別人多麼冠冕堂皇，而自己卻胡作非為，這樣的官員如果長期當政，國家人民的前途將不堪設想！

情況急轉直下，市委領導的接見講話，給靜坐的知青們當時以意想不到的打擊，大家的心一下子涼了，灰溜溜地返回了山西。隨後，中央電視臺新聞聯播、中央廣播電臺新聞節目及全國

部分報紙報導：北京市委妥善處理了一起靜坐事件。

山西各級政府組織也在公安部門參與下，對知青頭面人物進行全面調查，各單位採取了輪番談話、強迫交待、停職檢查等手段對他們進行審查。北京方面還調回部分知青代表的檔案調查有無後臺。以後這些知青頭面人物一直是山西、北京有關部門密切注意的對象，直到五年後知青問題的全部解決。當然這些知青代表人物對山西知青返京問題的最後解決，確實起到核心關鍵的作用。

對於這次知青靜坐問題，在一九八五年五月二十一日中央五省二市工作會議上，中共中央常委、國務院副總理萬里講：對他們提出的合理要求，能馬上解決的要解決，不能馬上解決的給解釋清楚，答應以後解決，群眾會通情達理的。現在我們應轉變一下思想，群眾鬧事，不要首先考慮有階級敵人搞亂沒有，這個思想方法要轉變過來。遇到鬧事問題，首先應研究是什麼原因？是不是我們有哪些失策的地方？鬧事的也不一定想推翻共產黨，或想復辟資本主義，或者想把帝國主義拉進來。

談到這裡，胡耀邦總書記插話：最近看到一個材料，山西的一個北京知青，說什麼下次來京，就準備豁出去了。這個問題要注意啊！有沒有該回來的沒回來，不該回來的反而回來了，或者走後門回來的情況？要把工作做在沒出事之前。胡耀邦同志還就此事件批示：查知青靜坐始末。山西知青的靜坐雖然以北京市委的嚴肅批評而結束，但影響是巨大的，引起了中央領導的注意。他們在積蓄力量，準備繼續他們的返京奮鬥。

第三節　奇特風趣的春節知青赴京大拜年

有奮鬥就會有收穫。山西的北京知青在市委門前靜坐被嚴屬

斥責之後，當年六月，為安撫穩定這些知青，山西省委、省政府便做出解決北京知青困難問題的六條決定，包括：一、北京知青的直系親屬為農業戶口的轉為城鎮戶口；二、北京知青夫妻雙方本省兩地分居的調在一起；三、在集體鄉鎮企業工作的北京知青轉入國營企業；四、集體所有制身分的北京知青轉為全民身分；五、調整從事危險、有毒、有害工作的北京知青從事較好的工種；六、改善北京知青的住房條件。

這六條措施在當時山西來說確實是非常優惠的。單說知青親屬農轉非來說在當地人中就是夢寐以求的事情，多少有親屬在農村的人為弄個城鎮戶口而舍去一切。還有解決兩地分居、調整工種等問題，都是當地有權有勢有關係的人才能想法敢辦的事情。強硬包含柔和，當局原想知青活動在一系列的安撫措施下得到終結，可這些知青不屈不撓，鐵了心要回北京，晉省那些優惠條件對他們來說沒有太大的吸引力。

流火的七月，首開知青返京活動先河的欣州地區北京知青，在每個週末，召開街心花園知青納涼會，幾百知青聚集在一起，討論返京事態發展，探索下步行動。他們之中確實有幾個高水準的頭面人物，不論從思維上、語言表達能力上都有過人之處，前面所提的叫李立的知青就是其中之一。幾次的北京上訪，李立竟把北京有關部門人員反駁得啞口無言。

李立在納涼會上鼓動大家：當前我們面臨非常困難的時刻，北京、山西的領導給我們的活動定了性，好像一切希望破滅了。但分析當前的形勢，思想基本解放，言論相對寬鬆，再利用「文革」時那種思想禁錮、高壓手段已不可能。實踐是檢驗真理的標準，知青提出否定「再教育」，落實政策返京沒有錯，人心不可欺，民意不可辱……一席話，把大家的情緒激發起來，討論發言

群情激昂，同時又認為團結才有力量，必須發動全省北京知青共同奮鬥。

很快，消息傳遍三晉大地，晉南地區的臨汾是北京知青人數最多的聚集地，原來的知青活動召集人受到嚴密的監控，一批新的代表人物產生了。七月中旬，在臨汾公園，召開了靜坐結束後的第一次知青集會，160多人聽取了新的頭面人物的激昂演說：我們不能氣餒，奮鬥才有希望！頭面人物的宣傳加上四月底北京市委靜坐的結果，使不少知青認識到從來沒有救世主，要靠自己救自己。為了充分發動絕大部分知青，臨汾的知青的頭面人物開始分工聯絡各單位的知青。他們利用業餘時間跑遍了太行、呂梁兩山的各個縣城，做宣傳、送材料，點燃了新的希望之火。

在此期間，各地區的信訪、上訪活動逐漸恢復。從八月開始，欣州、臨汾、長治、陽泉、榆次、太原等地區的知青代表幾次赴京與北京市有關部門會談，提出一些解決的設想，但沒有什麼效果，領導們仍是老調常談，對知青們的建議一一否決。這時候知青們認識到返京的奮鬥確是長期持久的，要保持勁頭，決不能氣餒。為統一協調，及時交流，又建立了全省京津知青返回家園活動資訊交流例會制度，會議常設地點在臨汾，每月由各地區派代表到會交流情況，統一部署。為做到有理、有利、有節，在法律許可下活動，還聘請了知青中從事法律工作的人擔任法律顧問。這樣晉省一個沿南北同蒲鐵路線，放射太行、呂梁山脈的知青網路形成了，知青活動進入了成熟階段。

這期間，政府有關部門也在積極工作，北京市勞動局、人事局下發了文件，承認知青插隊期間算工齡，北京市教育局下發了文件允許知青子女在京借讀，待遇視同北京戶口的學生。這些規定已顯示出知青活動的效果。插齡算工齡可以在調資、分房上佔

優勢，子女借讀可以解決部分在文化教育落後地區知青子女教育的問題。這些都是有積極意義的措施，但知青最根本的返京要求仍沒有進展。

時間進入了一九八六年初，寒風不斷侵襲著黃土高原。北京知青的返京活動之火從八四年點燃，經過了八五年靜坐高潮，中途雖受挫折，但後又復燃，開始進入了新的年頭。為了使知青問題引起重視，顯示知青的力量，臨汾知青搞一次遊行。他們把遊行日期、路線、人數事先上報了臨汾地委，地委領導立即出面制止，但沒有效果。

一九八六年一月十二日上午十時，臨汾的700多名京津知青聚集在平陽廣場，知青的頭面人物先發表了慷慨激昂的演講，隨後，「在京津知青堅決要求返回家園」、「我們是文革的直接受害者」的大幅標語引導下，開始了山西京津知青史上的第一次遊行。一路上，知青們揮舞小旗、散發傳單、高呼口號，群情激昂，繞著臨汾城轉了一圈，知青所在單位領導、公安民警緊緊跟隨，但沒強行干涉，沿途圍觀者甚多，很快波及到全省，傳達到北京。給人感覺到：知青活動又升級了！

很快，政府拿出了新措施。山西省政府從各地北京知青中找了幾十個平時聽話，對返京興趣暫時還不太大的知青組成了一個名曰「好兒女志在四方」彙報團，在全省各地及北京進行講演彙報，以抵消知青活動的影響。一月二十八日，彙報團在北京中山公園演講後，中央領導胡啟立、李鵬、郝建秀等接見了他們，這些都是當時的中共中央書記處的成員，表示了中央對彙報團的支持。

郝建秀還講話說：知青上山下鄉是文革前的做法，今後還要堅持這個方向。當時的北京市長陳希同隨後也接見彙報團成員，

稱他們才是山西北京知青的真正代表。不可否認，彙報團裡大部分人是不錯的，在各單位幹的也比較出色，但他們心裡不是不想回京，有一個彙報團成員私下就說：回京是我夢寐以求的想法，只不過現在說說違心話，風光風光罷了。實踐證明他的說法才是心裡話，現在這些人沒有一個留在山西的，他們當時講演中的冠冕堂皇的話語只是宣傳的需要，當了一回槍手罷了。

但是，彙報團的講演並沒有影響知青們的活動情緒，相反增加了他們的逆反心理，他們不滿意彙報團在北京講演的內容，認為代表不了廣大知青的心聲，他們要讓政府傾聽他們真正的想法，於是一次震動京城奇特的拜年活動發生了。

臘月二十九上午，600多名知青按照事先的佈置，從京城的四面八方湧向了北京市委門前，市委秘書長、信訪處長出面接待。面對大量的警員、攝像機、照相機，知青們毫無懼色，一位臨汾知青的頭面人物主持這次活動，他的嗓門真大，站在眾人前頭，大聲說：「今天我們給北京市各位領導拜年啦！」，一時掌聲雷動，一條大標語迅速打起來：「六八年北京下放中學生向中央及北京市各位領導拜年。」另一位知青頭面人物則宣讀了拜年信，再次代表知青要求各級領導正視歷史、正視現實、儘快解決返京問題。

隨後，主持人又宣佈：「把拜年禮物送上來！」立即，一個知青快步跑上，把17個土豆、5斤小米、2斤紅棗、兩瓶老陳醋送上。掌聲又熱烈響起，市信訪處的人把禮物收下，隨後知青們點燃了爆竹，一時響成一片，震耳欲聾的，好像把知青的氣憤一起發洩出來。北京市委門前發生了自一九八五年四月靜坐後的又一次知青活動高潮，真有點「野火燒不盡，春風吹又生」的味道，兩小時後，一些西方國家的新聞媒體報導了這次事件。

這次奇特的拜年事件又一次引起有關部門的震動。從二月七日晚到十二日，正值春節期間，組織拜年的知青頭面人物分別被北京東城、豐台、海澱、朝陽、門頭溝等公安分局拘傳，受到審問。一位原平知青被東城分局被帶到分局後，拒理力爭，被兩個年輕警員拳打腳踢，身帶傷痕。北京市公安局宣佈接管北京市信訪接待站，所在的街道兩頭戒嚴，公共汽車停駛，幾百名警員和大量警車佈置在市委、市政府、信訪處周圍，整個春節期間籠罩在森嚴的戒備之中。

被各公安分局拘傳的知青頭面人物春節後放出後，那位被打的原平知青上書全國人大、中紀委、公安部、北京市委，要求對抓人、打人事件做出處理，否則將予起訴。隨後北京東城公安分局政委、紀檢書記專門赴山西原平這位知青家裡賠禮道歉，出示了對隨意打人的兩名警員拘留五天的處理副本和審訊記錄。一個打人的警員談到：我真不知道他是知識青年，受了那麼多苦，那麼委屈，我們卻動手打了他，感到非常痛心。由此看來，知青們的遭遇得到了廣大民眾的同情……

第四節　印滿知青簽名請求回城「萬民折」

陽春三月，大地復甦，廣袤的山西高原的黃山禿嶺上開始泛綠，枯草返青，楊柳吐芽，一九八六的春天能否給知青們的夙願帶來新的生機嗎？此時，春節返京探親的知青基本返晉，他們在北京市委門前的拜年活動著實發洩了一番悶氣。與此同時，在京作了演講的「好兒女志在四方」彙報團也回師返晉，分成若干組，在晉省各地巡迴講演。

於是，全省境內便出現了一個奇特的現象。凡是彙報團所到

之處，知青活動就形成高潮，一邊是彙報團講演，一邊是知青集會遊行，形成了尖銳的對立。彙報團成員的彙報說服不了知青，而知青們卻不斷地慷慨陳詞進行反駁。在欣州，彙報團兩位成員在欣州劇院裡面講演，不少知青在劇院外面講演，內容卻大相逕庭。會後，知青們要求與彙報團那兩位成員座談，遭到與行的省委副秘書長的拒絕，兩位成員急忙鑽進汽車，受到知青們的哄笑，一位成員心中極為難過，甚至休克了，被送進醫院搶救。

這樣的彙報講演怎麼能代表知青呢？他們成了工具，真夠難受的。還是到晉中演講的兩位彙報團成員明智，他們在講演結束後與知青們一起進行了座談，表示了自己是迫於無奈，知道大部分知青反對他們的演講內容。所以說，有些東西不是某些人想的或說的就正確，實踐才是檢驗真理的標準，得民心者得天下就是這個道理。

在臨汾，彙報團的講演受到更大的抵制，知青們集會，散發了宣傳資料。一位知青在宣傳材料中寫道：請問彙報團的同志，當你被突然哄抬起來接受殊榮的時候，你是否更多地想到文革給祖國帶來的深重災難？當你慷慨激昂發表演講的時候，你是否意識到在充當混淆是非的工具？同時文章對某些人的無力說教尖銳指出：如果當前搞什麼「好兒女志在四方」理想教育的話，那麼首先接受教育的應該是一些領導同志及其子女們，他們還有幾個子女留在異地、邊疆？他們有什麼資格在濫用特權之後對歷盡磨難的平民子弟指責、說教？

官方的宣傳與知青的宣傳，開展了對陣。官方可以憑藉掌握的宣傳媒體進行，而知青們只能利用自己印刷的宣傳品進行，而印宣傳品的費用還是集資來的。知青們編輯的《知青簡報》開始出刊了，上面刊登各地知青活動的消息、批駁文章。一些理論水

準高、寫作能力強的知青紛紛撰文，從理論高度批駁「再教育」的謬論，更堅定了大家為返京而奮鬥的決心。一個新的、向國家最高機關及北京市政府反映民意的形式又醞釀形成了。

四月十三日，欣州地區500來名知青舉行集會，知青李立宣讀了由他執筆的〈致中共中央及各級政府的公開信〉，號召同意此信觀點的知青在上面簽名，發起了全省萬人簽名（又俗稱「萬民折」）活動。因為晉省在二十世紀六十年代末的「文革」期間來了北京知青10萬來人，到了八十年代中期，只剩萬人左右了，大部分知青已利用各種手段返京或遷移他處，剩下這部分人，大都無背景，無錢財，返京無門，反映上訪多次無結果，現在又只好採取聯名形式再次表達心聲。

歷史上採取「萬民折」上書的情況不少，但記入史冊的不多。清朝時期，康有為等1300多學子上書朝廷，史稱「公車上書」是著名的一次，結果沒什麼作用。如今知青要聯名上書能起作用嗎？這個暫且不表，先摘要「公開信」的部分內容在此披露：「中共中央及各級領導：黨的十一屆三中全會以來，在黨中央、國務院和各級黨委、政府領導下，各地區、各部門在糾正極左思想指導下處理錯的歷史問題，做了許多工作，產生了很好的影響。」

「但是，在如何看待文革中的老三屆中學生下放農村接受『再教育』問題，至今還沒有一個完整的、清晰的、統一的看法和公正的解決方案。我們認為一九六八年的所謂『再教育』運動，無論從理論上還是實踐中都是完全錯誤的，它是在徹底否定『十七年劉鄧修正主義教育路線』的前提下，以不正當的手段把北京的幾十萬老三屆中學生『一刀切』地趕到農村，與當年大批幹部下放『五七』幹校一樣，去接受觸及靈魂、脫胎換骨的改

造。這一運動實際上是所謂『無產階級專政下繼續革命』理論指導下的產物。」

「在黨中央提出徹底否定文革之後，我們至今仍留在山西的原北京知青向黨和政府提出落實政策，返回故鄉的要求，當然是順理成章，合情合理的……令我們不解的是：為什麼十八年來在山西的大部分知青以明返城、暗返城都可以被人默認和理解，東北軍墾建設兵團神話般地一夜之間幾十萬人大返城也被史詩般再現中央電視臺螢幕，而我們現在留在山西的知青僅僅因為提了一個返城要求，就受到斥責和警告，甚至被公安部門跟蹤盯梢，收容審查，傳喚通知，個別知青遭到看守人員毆打侮辱？」

「『雲稀未必天無淚，位卑豈敢忘國憂』，請黨和政府相信您的兒女，我們這一代人懂得：歷史是公正的，人民群眾是通情達理的，我們堅信黨的領導，一切歷史遺留問題會在正確的政策面前迎刃而解。」這裡面沒有過激的言語，完全是講道理，反映問題的口氣，得到大多數知青的贊同。

於是針對這封信的簽名活動開始了。當時沒有網路，沒有手機，通訊方式很不發達，基本靠人跑。從太行到呂梁，從汾河兩岸到晉北高原，凡有知青的地方就有簽名活動的進行。各地區、城鎮的知青頭面人物不辭辛苦，走家串戶徵求簽名，但本著自願原則，絕不勉強。由於關係到自己的切身利益，知青們簽名踴躍，有些擔任領導職務的知青也打消了顧慮。

所有名字統一簽在十六開的白紙上，最後彙集在知青定期召開的例會上。經過兩個月的時間，徵集到知青簽名6900余人，可以說當時仍留在山西的北京知青，大部分都簽了名，最後製作了有80多頁的「萬民折」，裝訂成厚厚的一本。上面密密麻麻的各種筆跡簽名，表達了知青們堅定的返京決心。在這樣浩大的知青

表達心願的浪潮中，那區區幾十人的彙報團講演可謂相形見拙，不屑一顧了。

「萬民折」複印了50份，由36名知青分為6個小組進京遞交國家最高機關和新聞媒體。五月，在京城，知青代表們遞送「萬民折」，在山西，各地知青以集會遊行方式進行聲援。

中南海新華門，戒備森嚴，衛兵持槍挺立，威風凜凜，一般百姓路過此地都是快步匆匆。三個知青代表手持「萬民折」勇敢地走向大門，衛兵發出警告：不許靠近！裡面快步走出一名軍官，自稱為003號，說有事可跟他說。知青們說明來意，說要把「萬民折」交給中共中央胡耀邦總書記。003號翻看「萬民折」，上面的眾多簽名令他驚訝，建國以來，這樣的簽名極為罕見，可不是，在思想禁錮的年代，人們哪能隨便表達自己的想法呢？他小心地拿起「萬民折」，神情嚴肅，「啪」地一個立正，敬了個軍禮說：「請放心，我一定轉交！」

公安部，站崗的軍人擋住送「萬民折」知青代表的去路，知青說明來意，軍人擰著眉毛說：「你們知青的事與公安部有什麼關係？」不讓進，也不肯通報。還是知青李立耐心說明：當初我們下鄉時，2分錢就被登出了北京戶口，現在快20年了，還沒返回，戶口歸公安局管，公安局歸公安部管，怎能沒關係呢？接著又講了知青痛苦的遭遇和要求返京的願望，說得軍人動了心，通報了裡面，放知青代表進去，「萬民折」交給了一位處長。

國務院信訪處和北京市信訪處是重點，他們接到「萬民折」後答覆：「上山下鄉」大方向是正確的；不許集體上訪，萬人簽名是不安定因素；有困難找當地政府。知青代表談了自己的觀點；1、我們反對六八年「再教育」式的上山下鄉；2、不能說知青活動是少數人鬧事，「文革」期間到山西的大部分知青已返

京，為什麼剩餘少數人一提返京就是鬧事？3、只有反對極左路線，解決歷史遺案，才能剷除不安定因素；4、既然上山下鄉正確，你們現在再發動一次；5、我們提供原在山西插隊的，現已返京的200個高幹子女名單，讓他們再返回山西，哪怕當縣長、縣委書記的，我們就不再提返京的事。這些問題叫信訪處人撓頭，不知如何回答。

這次「萬民折」活動進一步顯示了知青們活動的能力，比以前有更深的進展，不再局限於北京，而又上書到中央。六月十四日，《人民日報》內部刊物〈群眾來信摘編〉又刊登了曾經在一九八五年四月九日《人民日報》內參〈情況彙編〉上反映過知青返京要求的介休鐵路工作的那位知青的來信，反映了後來知青春節在北京市委門前拜年，在晉省舉行集會遊行，抵制「好兒女志在四方」彙報團講演，搞萬人簽名活動等情況，並談到：知青們的要求與願望如不能圓滿解決，平息這個風波是困難的。

這是國家級內部刊物再次登載山西知青情況，還是頭條，表達的觀點在當時是夠大膽的，表明晉省知青活動波及面的深廣。大有知青問題不解決，知青活動不止息的趨勢。「萬民折」活動廣泛發動了晉省知青，造成了很大影響，從此知青活動如火如荼，此起彼伏，成了當時山西、北京首要對付的問題之一，在知青運動史上譜寫了悲壯的歌。

第五節　聲勢浩大的省城知青遊行及返城

在歷史的長河中，一九八六年僅僅是一剎那，但在山西的北京知青史上卻有波瀾壯闊的一頁，也為中國知青史增添了色彩。知青年初的拜年，年中的萬人簽名活動，反映到中央上層，波及

到京城、山西、天津、陝西等地，其實當時就是三個直轄市存在知青返回原籍的問題，況且這三個城市留在外地的知青並不是很多了，可有關部門就是不答應，總是說大城市的人口膨脹太快，要嚴格控制。可山西的北京知青有話說：幾十萬工程兵當時集體轉業留京，怎麼就不怕人口無限制增長？

轉眼到了金秋十月，晉省各地京津知青紛紛舉行紀念粉碎「四人幫」十周年的慶祝活動，他們在街頭打出標語，集會發表演講，繼續控訴極左路線，徹底否定「再教育」。就在這期間，發生了一椿報復知青頭面人物的事情。前面提到的知青活躍人物李立，能說善辯，思路敏捷，幾次到京上訪，都是他主說，搞得信訪處人員都不知如何答覆，不過暗地裡也稱他是個人才，因此，李也成了出頭鳥。他所在的欣州某單位，迫於上頭的壓力，把他從銷售科調到車間勞動。李不服，立即表示要辭職。

原平地區知青們聞此後，立即向省、地有關領導及各地知青發出函電，披露事實真相，反對壓制、報復知青頭面人物的行為。各地知青紛紛聲援，迫不得已，李立所在單位只好又任命李為該單位的三產企業副經理。但這一情況再次激發知青們的情緒，他們的正當要求總被認為是錯誤，時刻會遭到打擊報復，如不讓有關領導知道知青們的決心與信心，問題的解決可能還要不知拖多久。在這種情況下，為了形成大的影響，知青們的計畫又一次擬訂了：集全省北京知青骨幹，到省城舉行一次遊行，顯示知青的力量、決心與信心。

一九八六年十月二十六日，已近深秋，山西省省會太原的清晨冷風颼颼。上午九點，太原火車站一下聚集了近千名知青，他們是來自大同、榆次、臨汾、運城、長治、欣州、原平等全省各地區的京津知青代表，都是連夜乘車趕來。組織分散在多山的晉

省各地知青統一時間來省城行動，在當時通訊、交通遠沒有現在發達的條件下，需要有周密組織和嚴格的紀律，這一事實說明，當知青們在堅決返京的旗幟下一旦有了共同的目標與理想時，就會迸發出極大的熱情與力量。

經過簡單的佈置，九點十五分，近千人排成四列縱隊，由八名知青組成前導隊在前引路，隊伍由車站廣場出發，浩浩蕩蕩經五一廣場、迎澤大街、解放路向省委所在地進發。八幅大標語穿插隊列之中，主要內容有：京津知青堅決要求返回家園；請求黨中央對文革中「再教育」問題給予明確答覆；不允許以任何藉口對知青進行迫害；大人物與小百姓在政治上應人人平等。

知青們揮舞小旗，振臂高呼，口號聲直沖雲霄，沿途圍觀者不下十萬。遊行隊伍通過路口時，四個紅燈同時開啟，各路各種車輛全都自動停駛，好讓隊伍順利通過。太原的交警說：自打太原解放以來，路口四個紅燈一起開啟的事從沒有過。

何等壯觀的場面！多麼令人激奮的時刻！知青們喊啞了嗓子，喊出了多年的悶憤，喊出了社會對他們的不公，喊出了對未來的渴望。中午十二點，遊行隊伍到達省委門前，一知青頭面人物宣讀了致省委、省政府的公開信，並遞交省委辦公廳主任。至此，又一次達到高潮，群情振奮，口號此起彼伏，延續了一段時間後遊行結束。這次省城知青大遊行震動了山西。太行、呂梁為之吶喊，靜靜的汾水掀起了波濤，山西的各級領導事先卻沒有防備，可見知青的保密程度和組織能力了。

遊行的餘波還沒完全逝去，知青又開始策劃另一行動。他們準備於十一月三十日在臨汾召開記者招待會，屆時公佈京津知青一系列的新聞資料，回答記者的問題，並向有關新聞單位發出了請柬。但有關部門接受上次太原遊行的教訓，及早做了防備。十

一月三十日早八點，知青們在臨汾賓館掛出橫幅：歡迎你，來自
各地的記者，並在火車站安排了接待站。可到了十點，仍沒有記
者來，據瞭解，《中國青年報》等幾家記者來後被臨汾公安局出
面制止與知青接觸。記者招待會沒開成，但第二天，知青們又派
代表進京補課，將有關材料與照片送到五十餘家新聞單位，一些
新聞單位表示了對知青遭遇的同情。

就在知青活動逐漸升級的勢態時，一九八六年十二月四日，
北京發生了大學生遊行的事件，他們的遊行帶有明顯的政治色
彩，同時，國家遊行管理條例也即將實行，這些給知青活動帶來
複雜的情況。下步知青活動如何進行，需要冷靜的思考和正確的
分析。

在一個寒冷的冬日，九名知青核心人物在山西欣州研究下步
知青活動的部署。有的知青主張：八五年在北京市委搞了靜坐，
八六年在北京市委搞了拜年，八七年春節快到了，乾脆在北京搞
次知青遊行，何況有了上次太原遊行的經驗，讓知青活動造成更
大聲勢。也有的知青反對：目前形勢複雜，大學生在北京剛遊行
完，有關部門有了戒備，遊行管理條例開始實施，我們的遊行有
違法的嫌疑，如再與大學生遊行目的摻和起來，知青活動有可能
陷入絕境。

雙方各抒己見，爭論非常激烈。還是李立力排眾議，分析了
兩種意見，說：當前在京還是不遊行為好，我們知青活動只是為
了達到返京的目的，而沒別的想法，現在錯綜複雜的政治形勢要
求我們頭腦冷靜，不能輕易被人利用。物極必反，真理與謬誤只
差一步。為了保護知青活動的成果，退一步天地會更加廣闊。在
關鍵時刻，李立冷靜的思考，表現出知青們的成熟。會後，各地
區知青同時給中共中央總書記胡耀邦及北京市委發出電報：山西

北京知青要做安定團結的促進派。事後，公安部內參上寫到：知青在欣州玻璃廠某知青家表決，以五比四的微弱多數取消了北京遊行。

一九八七年春節，北京信訪處終於鬆了口氣，雖有大批知青返京探親，卻沒發生大事。二月二日，正月初五，李立等22名知青代表再次到北京信訪處上訪，信訪處領導出面接待，態度有所好轉，談到：你們今年沒遊行，出乎意料，這樣很好，有利於問題的解決。知青們提出了解決回城的十六字方針：允許回京，鼓勵留下，統籌兼顧，綜合治理。由此看來，知青們的有理、有利、有節活動，把握火候，掌握政策、遵守法律、因勢利導取得了一些效果。

但是，事情並沒有很快解決，知青要求回城請願不願與學潮混在一起，但活動又要堅持下去。於是一些知青想出了新法子，出現了假離婚、假死亡等情況。有的知青為達到返京目的，自願離婚，成為「三種人」，以便返京。他們花五十元錢到民政部門協議離婚，變成獨身以符合政策，返京後再復婚。有的甚至在有關部門開出了死亡證明書，成為喪偶者回京。一時真假難分，離婚者甚多，一些地區的北京知青中50%人辦了離婚證，鬧得北京方面弄不清真假，又規定只有八五年前的離婚證才有效。離婚、復婚成了遊戲，真叫人感到可笑。

轉眼到了夏天，知青問題解決仍無音信，孩子們放暑假了，有些知青們按奈不住焦急的心情，認為春節沒在北京遊行，現在趁孩子放假時期應該到北京舉行遊行，促一下問題快點解決。由於八七年已開始實行遊行必須批准的規定，他們向北京市公安局提出五千知青遊行的申請，公安局的回執上寫著：不同意。此回執為八七年第二號，第一號是大學生提出的，自然也沒同意。遊

行夭折了，雖然申請提出五千人遊行，可實際上到京的只區區二百來人。不過虛張聲勢也造成了影響，北京有關部門進行了防範，一萬多名警員在知青提出遊行的那天出動準備維持治安。

艱難的回城之事，在一九八八年下半年終於有了轉機。一九八八年十月十五日，北京市勞動局、公安局、教育局、糧食局聯合發出關於解決在外地的原北京下鄉青年子女回京就讀入戶問題的通知（京勞青發字[1988]四百九十六號），規定每戶知青允許一名未婚、未就業的子女將戶口遷入北京，辦理轉學或就業手續。這是知青活動的重大勝利。

接著，知青子女陸續返京，後來有關部門默認知青本人只要在京找到接收單位，北京市允許戶口遷入，而且如果夫或妻不是北京知青的，也可一同戶口遷京，有的知青有兩個子女的也給解決了北京戶口，當然，這些沒有正式文件通知，只是內部掌握進行的，多麼優惠的政策！

知青們的夢想終於真的實現了！知青們的目的完全達到了！從一九八四年至一九八八年，漫長的五年歲月裡，一個從最底層自發喊出的聲音，引起國家最高領導的重視，並在世界造成影響，最後得到圓滿的解決，這在共和國歷史上並不多見。其中包含了歷史的機遇、合理的奮爭等綜合因素，表現了國家有關政策在文革後的明顯轉變，各項工作務實的情況，非常值得記載、總結。

這是繼北大荒、雲南知青實現返城夢想之後的又一個知青夢的實現，但是北大荒、雲南知青實現返城夢是當時集體在兵團、農場就業，相互緊密聯繫，而且大部分知青還沒有組成家庭的情況下實現的，而山西的京津知青實現返城夢想，是在先為插隊，後分配了工作，並建立了家庭，有了孩子的情況下進行的，解決

讀者回函卡

感謝您購買本書，為提升服務品質，請填妥以下資料，將讀者回函卡直接寄回或傳真本公司，收到您的寶貴意見後，我們會收藏記錄及檢討，謝謝！如您需要了解本公司最新出版書目、購書優惠或企劃活動，歡迎您上網查詢或下載相關資料：http:// www.showwe.com.tw

您購買的書名：＿＿＿＿＿＿＿＿＿＿＿＿＿＿＿＿＿＿＿＿＿＿＿

出生日期：＿＿＿＿＿年＿＿＿＿＿月＿＿＿＿日

學歷：□高中 (含) 以下　　□大專　　□研究所 (含) 以上

職業：□製造業　□金融業　□資訊業　□軍警　□傳播業　□自由業
　　　□服務業　□公務員　□教職　　□學生　□家管　　□其它＿＿＿

購書地點：□網路書店　□實體書店　□書展　□郵購　□贈閱　□其他

您從何得知本書的消息？

　□網路書店　□實體書店　□網路搜尋　□電子報　□書訊　□雜誌
　□傳播媒體　□親友推薦　□網站推薦　□部落格　□其他＿＿＿＿＿

您對本書的評價：(請填代號　1.非常滿意　2.滿意　3.尚可　4.再改進)

　封面設計＿＿＿　版面編排＿＿＿　內容＿＿＿　文／譯筆＿＿＿　價格＿＿＿

讀完書後您覺得：

　□很有收穫　□有收穫　□收穫不多　□沒收穫

對我們的建議：＿＿＿＿＿＿＿＿＿＿＿＿＿＿＿＿＿＿＿＿＿＿＿

＿＿＿＿＿＿＿＿＿＿＿＿＿＿＿＿＿＿＿＿＿＿＿＿＿＿＿＿＿＿＿

＿＿＿＿＿＿＿＿＿＿＿＿＿＿＿＿＿＿＿＿＿＿＿＿＿＿＿＿＿＿＿

＿＿＿＿＿＿＿＿＿＿＿＿＿＿＿＿＿＿＿＿＿＿＿＿＿＿＿＿＿＿＿

11466
台北市內湖區瑞光路 76 巷 65 號 1 樓

獨立作家讀者服務部　　　收

....

（請沿線對折寄回，謝謝！）

姓　　名：＿＿＿＿＿＿＿＿＿　年齡：＿＿＿＿　性別：□女　□男

郵遞區號：□□□□□

地　　址：＿＿＿＿＿＿＿＿＿＿＿＿＿＿＿＿＿＿＿＿＿＿＿＿＿

聯絡電話：(日) ＿＿＿＿＿＿＿＿＿＿＿　(夜) ＿＿＿＿＿＿＿＿＿＿＿

E - m a i l：＿＿＿＿＿＿＿＿＿＿＿＿＿＿＿＿＿＿＿＿＿

Do歷史43　PC0524

中國知青半個世紀的血淚史（四）
——青春驚恐的逃亡

編　　纂／自由兄弟
責任編輯／林千惠
圖文排版／周政緯
封面設計／王嵩賀

出版策劃／獨立作家
發 行 人／宋政坤
法律顧問／毛國樑　律師
製作發行／秀威資訊科技股份有限公司
　　　　　地址：114 台北市內湖區瑞光路76巷65號1樓
　　　　　電話：+886-2-2796-3638　傳真：+886-2-2796-1377
　　　　　服務信箱：service@showwe.com.tw
展售門市／國家書店【松江門市】
　　　　　地址：104 台北市中山區松江路209號1樓
　　　　　電話：+886-2-2518-0207　傳真：+886-2-2518-0778
網路訂購／秀威網路書店：https://store.showwe.tw
　　　　　國家網路書店：https://www.govbooks.com.tw

出版日期／2015年10月　BOD一版　定價／520元

|獨立|作家|
Independent Author

寫自己的故事，唱自己的歌

中國知青半個世紀的血淚史, 四, 青春驚恐的逃亡 / 自由兄
　弟編纂. -- 一版. -- 臺北市 : 獨立作家, 2015. 10
　　面；　公分.
　BOD版
　ISBN 978-986-92064-1-9(平裝)

　1. 中國史　2. 知識分子

628.7   104013224

國家圖書館出版品預行編目